Francisco:

Una guía para nuestras estrategias de marketing.

Un enfoque simple y claro para Identificar, Diferenciar, Interactuar y Personalizar nuestro servicio para los diferentes Clientes.

Un libro para hacer circular entre nuestra gente de San Antonio Caracas (Oriente y Occidente ya tienen el suyo), a fin de comenzar a establecer un lenguaje común, primer paso para un cambio cultural.

Alex Lafont
Enero 14, 2001

Herramientas para poner en práctica su plan de marketing

DON PEPPERS, MARTHA ROGERS Y BOB DORF

Herramientas para poner en práctica su plan de marketing

Javier Vergara Editor
GRUPO ZETA ⋍

Barcelona / Bogotá / Buenos Aires
Caracas / Madrid / México D. F.
Montevideo / Quito / Santiago de Chile

Título original: *The One to One Fieldbook*

Edición original: Doubleday

Traducción: Laura Paredes

Diseño de tapa: Raquel Cané

Diseño de interior: Cecilia Roust

© 1999 Don Peppers, Martha Rogers, Ph., and Bob Dorf
© 2000 Ediciones B Argentina s.a.
　　　　　Paseo Colón 221 - 6º - Buenos Aires - Argentina

ISBN 950-15-2107-9

Impreso en la Argentina / Printed in Argentine
Depositado de acuerdo a la Ley 11.723

Esta edición se terminó de imprimir en
IMPRENTA DE LOS BUENOS AIRES
Carlos Berg 3449, Buenos Aires, Argentina,
en el mes de marzo de 2000.

A todos los pioneros
de la estrategia individualizada

Índice

Hoy en día, las empresas de todos los sectores se enfrentan a un descenso de la lealtad de los clientes y de los márgenes, aunque algunas cosechan un éxito sorprendente, al concentrarse en los distintos clientes y usar la tecnología para establecer relaciones individualizadas y duraderas. En pocas palabras, la estrategia individualizada se basa en la simple idea de tratar de modo distinto a los distintos clientes. Las empresas inician programas de marketing uno por uno para fidelizar y aumentar la rentabilidad de los clientes, así como para impedir el deterioro de los márgenes unitarios. Las mecánicas reales y detalladas de una estrategia de marketing de este tipo se basan en conocer las distintas formas en que los clientes difieren y en cómo esas diferencias deberían afectar el comportamiento de la empresa hacia cada uno de ellos.

Existen cuatro pasos clave para implantar un programa de marketing uno por uno. Aunque no son del todo secuenciales, representan fases progresivas de la puesta en práctica de los principios básicos de este tipo de programa. Cualquier empresa que desee implantarlo, debe poder identificar a sus clientes, diferenciarlos entre sí, interactuar con ellos y personalizar algún aspecto de sus productos o servicios para satisfacer sus necesidades individuales. Estos pasos son tan importantes para comprender el proceso de marketing uno por uno que constituyen la base del resto del libro.

Aunque existen muchos motivos por los que poner en marcha el programa de marketing uno por uno será difícil, también hay muchas formas de generar resultados importantes a corto plazo. Antes de comprometerse demasiado en la teoría y la práctica del marketing uno por uno, con todas las consecuencias que comporta para su empresa, quizá desee examinar algunas ideas de inicio rápido para impulsar el proceso. Por supuesto, aun con un inicio rápido, tendrá que relacionar los resultados del programa con algunas medidas cuantificables de los beneficios. La idea básica del inicio rápido consiste en asegurarse de que una gran parte de los costes iniciales de implantar estrategias más exhaustivas de marketing uno por uno puedan financiarse con los beneficios a corto plazo de tácticas que resultan prácticas de inmediato.

Se trata del primero de los cuatro pasos para poner en marcha la estrategia. Si no puede identificar a un porcentaje considerable de sus clientes más valiosos con la información suficiente para distinguirlos entre sí, no podrá aplicar el marketing uno por uno. Estos datos comprenden la dirección postal, el código de cuenta, la dirección electrónica, el número de teléfono o cualquier otro identificador exclusivo. Sin embargo, en muchas empresas de consumo, en especial las que dependen de sistemas grandes de distribución o de venta al por menor, es difícil obtener la identidad de los clientes individuales, e incluso en el caso de que se logre, es igual de difícil seguirlos de una transacción a otra. A menudo también resulta difícil identificar a un cliente que trabaja con distintas divisiones o ubicaciones. Si bien las firmas que comercian en una situación interempresarial no suelen tener tantos problemas para identificar a las empresas con las que trabajan, normalmente tienen dificultades para localizar a los ejecutivos que deciden las compras o que influyen en ellas.

Para realizar operaciones rentables es importante saber qué clientes son más valiosos y cuáles lo son menos. Definir el valor de un cliente es peliagudo, pero una vez que lo haya hecho, el plan debería consistir en ordenar a los clientes según esta variable y establecer estrategias diferentes para sus distintas categorías. Si el concepto de "valor" aplicado a los clientes resulta difícil de por sí, puede sustituirlo por "importancia para la empresa". Después de ordenar a los clientes por su valor, la tarea siguiente consiste en diferenciarlos según sus necesidades. Concéntrese primero en los clientes más valiosos y examine los modelos de las transacciones para identificar varios grupos basados en las necesidades. A menudo, algún tipo de interacción con el cliente ayudará también a averiguar esas necesidades.

Si puede identificar a los clientes por separado, clasificarlos en función de su valor y diferenciarlos según sus necesidades, el siguiente paso es interactuar con ellos, lo que constituye (para ellos) el signo perceptible de su programa de marketing uno por uno. La interacción en sí puede producirse en varios foros y medios. Cabe destacar dos aspectos: en primer lugar, su empresa querrá canalizar las interacciones con los clientes hacia medios más rentables, como Internet, los puntos de venta (para los minoristas) o el intercambio electrónico de datos (IED); en segundo término, querrá centrarse en obtener más información útil en cada interacción (datos que le permitan tomar decisiones o implantar nuevas estrategias respecto a los clientes). Si quiere ofrecerse al cliente una imagen "racional" de la empresa durante el proceso de interacción, deben resolverse muchos conflictos que existen en la actualidad respecto al trato de los clientes individuales, de modo que de la interacción surgirán muchas de estas cuestiones integradoras.

Si no cambia su modo de tratar a un cliente a partir de lo que sabe de él, ¿qué sentido tiene hablar de relación "individualizada"? Cuando el cliente le indica algo sobre cómo desea que lo traten y usted actúa en consecuencia, está personalizando. Sin embargo, la única forma en que podrá personalizar los productos y servicios que están a disposición de su base de clientes de modo más generalizado consiste en adoptar como mínimo algún tipo de personalización en masa. Además, tratar de modo distinto a los distintos clientes significará que la empresa intente lograr un grado de integración mayor que nunca. Se necesita lograr una integración funcional para que el departamento de producción o de prestación de servicios haga lo que el departamento de ventas o de marketing ha averiguado que desea cada cliente concreto. Con el tiempo, la adopción de un mayor grado de integración llevará también a la empresa a buscar alianzas estratégicas con otras firmas no competidoras.

Para la mayoría de las empresas, el primer paso antes de poner en marcha cualquier iniciativa nueva consiste en saber hasta dónde desea llegar con ella, las medidas que se deberán adoptar, y la facilidad o dificultad que pueda plantear. Este capítulo comprende tres actividades para evaluar la situación de la empresa y su disposición actual para lanzar una iniciativa de marketing uno por uno:

1. Una "evaluación rápida", formada solamente por cuatro preguntas básicas, paralelas a los cuatro pasos para poner en práctica el programa de marketing uno por uno.

2. Un "análisis de la distancia" para un examen más exhaustivo de la capacidad organizativa y cultural de la empresa de poner en marcha y mantener una iniciativa de marketing uno por uno.

3. Un "planteamiento de estrategias", diseñado para conocer mejor la base de clientes y sus capacidades actuales. También le permitirá elaborar una "migración" hacia el marketing uno por uno.

CAPÍTULO OCHO
Los sistemas de información

203

Ya se han escrito muchos libros sobre los sistemas de gestión de la información. En este capítulo se usan sólo los aspectos técnicos más vitales a fin de permitirle diseñar y gestionar una infraestructura de la información que se adapte a las prácticas individualizadas. Señalaremos las características de un sistema de información y de base de datos que favorezcan, en lugar de obstaculizar, un ciclo continuado de mejoras de los programas de marketing uno por uno de la empresa. Todo este sistema, con independencia del *hardware* y del *software* usado, debe estar estructurado de modo que facilite interacciones individualizadas muy ágiles con los clientes, con una frecuencia y profundidad cada vez mayores. Pero pocas empresas, en caso de haberlas, se desprenden por completo del sistema existente, así que también deberían tenerse en cuenta las limitaciones de sus sistemas de legado. El objetivo último es obtener acceso a los datos de clientes individuales, almacenarlos y ponerlos a disposición de todas las entidades de la empresa. Es probable que el resultado conlleve una transformación cultural y organizativa realmente revolucionaria de la empresa.

CAPÍTULO NUEVE
La infraestructura

235

Tratar de modo distinto a los distintos clientes no sucede por las buenas, sino que la organización tiene que estar preparada para ello. Obtener la información necesaria para que funcione un programa de marketing uno por uno es importante, pero también tendrá que decidir qué va a hacer exactamente la empresa con esa información y quién tendrá acceso a ella. Las funciones y las divisiones tienen que funcionar mejor juntas, y los empleados deben saber lo que se espera de ellos. ¿Qué clase de personal necesita y cómo va a formarlo? ¿Deberían cambiarse los sistemas de compensación para reflejar el interés de la empresa en el aumento de valor de los clientes? ¿A qué valores culturales debería aspirar la empresa una vez que sea capaz de tratar de modo distinto a los distintos clientes a nivel técnico?

DIRIGIR

Para prosperar en los mercados competitivos de la actualidad, las empresas deben establecer relaciones sólidas e interactivas con los socios del canal que controlan a menudo las relaciones con los usuarios finales, por lo que se requiere una profunda colaboración para que todo el mundo tenga éxito. Este capítulo documenta con detalle los procedimientos para establecer unas relaciones muy estrechas entre la empresa y los miembros del canal, beneficiosas para ambos. Sugiere que las empresas identifiquen a todos los miembros importantes del canal y los ordenen por su valor. Lo mismo que sucede con las relaciones individualizadas con los clientes, empieza entonces a ser importante averiguar sus necesidades y preferencias, y a actuar en consecuencia a fin de lograr y fortalecer la implicación de los socios en el éxito mutuo.

Si está intentando dirigir una transición hacia la empresa individualizada, el departamento de ventas se situará con casi toda seguridad en el centro de sus planes organizativos, como un aspecto positivo, un obstáculo, o ambos. Las empresas tienen que darse cuenta de la función fundamental del departamento de ventas directas no sólo en la captación de nuevos clientes sino en el fortalecimiento y la ampliación de las relaciones con los ya existentes. En este capítulo tratamos aspectos como la compensación y los incentivos por las ventas, y sugerimos que, si las empresas desean aumentar la lealtad y el crecimiento de los clientes, tienen que empezar a recompensar a los vendedores por encontrar clientes leales y que crezcan. También comentamos tendencias tecnológicas en la automatización de las ventas y la gestión de las relaciones con los clientes que prometen transformar la función del departamento de ventas y permitirle tratar las necesidades y preferencias de los clientes de un modo más inteligente.

En una era de interactividad y establecimiento de relaciones, los centros de atención telefónica asumen una función cada vez más fundamental en la empresa. Si bien antes eran menospreciados como meros gastos de estructura, las empresas inteligentes comprenden las posibilidades de averiguar las necesidades de los clientes y de ganarse su lealtad a través de la interacción con estos centros. Casi todos los tipos de empresas, de cualquier tamaño y sector, pueden mejorar muchísimo las ventas progresivas de productos y servicios, así como aumentar la cuota de los clientes, a través de un centro de atención telefónica que, hoy en día, debería catalogarse de "centro de interacción con el cliente". Las nuevas tecnologías potencian la eficiencia y la eficacia de los centros de interacción en el establecimiento de relaciones con los clientes.

Internet constituye un entorno extraordinario para llegar a los clientes de modo interactivo e individualizado. Las iniciativas para establecer relaciones individualizadas en Internet se han comentado hasta la saciedad. Por desgracia, es mucho más fácil diseñar una página y conferirle un aspecto elegante que integrarla con eficacia en la empresa. En este capítulo, comentamos los retos asociados a la aplicación en Internet de los principios del marketing uno por uno y sugerimos formas de tratarlos. Internet no es para timoratos. Si el proceso se hace como es debido, resulta caro y difícil, aunque revoluciona a casi todas las empresas. Así que esté preparado.

Puede que los medios de difusión estén perdiendo importancia relativa frente a formas de comunicación más directas e interactivas, pero seguirán con nosotros durante mucho tiempo. Los medios que no son ni direccionables ni interactivos (desde la televisión y la radio hasta las publicaciones impresas) siguen siendo importantes en las estrategias de muchas empresas para atraer la atención de posibles clientes desconocidos. Las empresas inteligentes encontrarán el modo de usar estos medios para complementar las estrategias interactivas más potentes y atrayentes que desarrollen para fidelizar a los clientes. Este capítulo examina cómo usar los medios de difusión, de impresión y externos, así como el correo directo, los catálogos, los quioscos y otras formas para favorecer los objetivos de una campaña de marketing uno por uno. También analizaremos cómo deberían ajustarse algunas de las tareas de marketing más tradicionales, como el lanzamiento de productos, con objeto de representar el programa de marketing uno por uno.

Está a punto de iniciar un viaje lleno de retos, pero que promete grandes recompensas. En este capítulo, le ofrecemos un plan de diez pasos para llevar a la práctica las ideas recogidas en este libro. Aconsejamos un enfoque iterativo, que debe iniciarse con proyectos específicos del departamento o división, e ir progresando hacia un conjunto más extenso y ambicioso de iniciativas, y volver a empezar para ampliar el programa. También indicamos los pasos que deberá seguir a fin de obtener apoyo para sus esfuerzos y de dirigirlos de modo coherente y eficaz.

En el ámbito no lucrativo, existen todo tipo de organizaciones, incluyendo las fundaciones y las asociaciones, las universidades, las instituciones sanitarias y los organismos gubernamentales. Cada una de ellas posee sus propios componentes y posibilita oportunidades especiales para individualizar sus ofertas. Aunque estas organizaciones no están enfocadas a generar beneficios, se enfrentan a una dura competencia. Por tanto, los enfoques individualizados son tan fundamentales para su éxito a largo plazo como en las empresas lucrativas. Este capítulo ofrece algunas ideas para ayudar a estas empresas a examinar sus oportunidades para implantar principios individualizados a fin de fortalecer las relaciones con sus clientes y miembros.

Agradecimientos

En 1993, cuando se publicó *Uno por uno: el marketing del siglo XXI* Don y Martha todavía no conocían a Bob. Al aparecer *Enterprise One to One* en 1997, ya se había desatado el torbellino. Don y Martha habían fundado Peppers and Rogers Group (inicialmente llamado Marketing 1:1, Inc.), y Bob lo dirigía. *Uno por uno: el marketing del siglo XXI* presenta el qué y el porqué del marketing uno por uno. Poco después de su publicación, se hizo evidente que las estrategias individualizadas no se limitaban al marketing, y que cualquier sugerencia sobre las medidas que tenían que adoptarse debería abarcar toda la empresa. Así pues, *Enterprise One to One* ofrece algunos ejemplos del mundo real, muchos de ellos procedentes de proyectos que habían funcionado para los clientes que se enfrentaban a los retos reales de aplicar una estrategia individualizada. El presente libro es fruto de más trabajo de este tipo (en las trincheras) con los clientes, los lectores y los visitantes de nuestra página Web. Se propone responder esta pregunta: ¿Cómo convertir nuestra organización en una empresa individualizada? Trabajamos juntos en el libro: Don y Martha seguían concentrados en el papel de las nuevas tecnologías en la estrategia empresarial y Bob estaba al frente de la asesoría de Peppers and Rogers Group.

Sin embargo, libro surge de la colaboración de otras personas aparte de los autores. Se trata en realidad de la obra de los clientes y otros empresarios ingeniosos e inteligentes que van avanzando en la difícil transición del marketing tradicional al individualizado: la plana mayor de una nueva forma de hacer negocios. Asimismo, es obra del resto de las personas dedicadas a desarrollar el modo de utilizar las nuevas tecnologías para mejorar las relaciones entre empresas y clientes (pensadores y escritores que trabajan juntos para dar forma al nuevo marketing), y de los fabulosos socios y empleados de Marketing1to1/Peppers and Rogers Group, que han actuado como una caja de resonancia para las ideas, como inspiración para seguir adelante y cumplir plazos, y como fiduciarios del sinfín de detalles que, esperamos, hagan que este libro resulte de utilidad a los lectores. Gran parte de lo que funciona mejor de esta obra se debe a ellos. Cualquier posible error debe achacarse a los autores.

Estamos en deuda en muchos sentidos con las brillantes personas que se enfrentan a las cuestiones empresariales actuales, aquellas que nos han acompañado de la mano mientras, entre todos, inventábamos las mejores respuestas a los impresionantes desarrollos en el ámbito del tratamiento de la información y la interactividad. Al trabajar con ellos como clientes o como colegas (a menudo ambas cosas), hemos aprendido mucho, no sólo sobre cómo establecer relaciones de aprendizaje duraderas con los clientes más valiosos de una organización sino también sobre cómo definir y superar los obstáculos de la cultura, la organización y la compensación, y cómo sacar provecho de las personas que aportan sus propias experiencias y cuestiones al proceso de transición. Lane Michel de Hewlett-Packard, Steve Blank de Epiphany, Joe Pine y Jim Gilmore de Strategic Horizons LLP, el doctor Pehong Chen de BroadVision, John Acton de BellSouth, y Steve Smoot de Owens, Corning nos han ayudado a avanzar en nuestras reflexiones.

También queremos dar las gracias a Bruce Hamilton de 3M, Dave Euson de Carlson Marketing Group, Collin Bruce y David Radoff de Chordiant, Nick Noyes de Executive Perspectives, Gayle Christiansen de FedEx, Sandra Nicholls y Dave Ropes de Ford Motor Company, Pat Kennedy de Guestnet, Andy Danver de Hewlett-Packard, Gordon D. Shank y Sanjay Choudhuri de Levi Strauss & Company, Scott Randall de Media Designs Interactive, Inc., Jack Mitchell de Mitchells of Westport y Richards of Greenwich, Peter Boulter de NCR, Greg Padovani de la

Northwestern Medical Faculty Foundation, Anne Lockie del Royal Bank de Canada y Seth Godin de Yoyodyne.

Nuestro agradecimiento especial a aquellos que realizaron comentarios a capítulos determinados o compartieron puntos de vista y experiencias concretas, sobre todo respecto a los aspectos relativos a la gestión de la base de datos, la automatización de las ventas y la infraestructura. Además de Lane Michel y Steve Blank, figuran Christine Lennick del Alleris Group, Neil McClumpha de Cambridge Management Consulting, Craig Wood y David King de KnowledgeBase Marketing Inc., Richard Cross y Alan Steele de Cross World Network, Inc., Linda Dumas de Lucent Technologies, Neil Mendelson de Oracle, Bob Runge de Pivotal, Jon Anton de Purdue University, Linda Winterbottom en nombre de Sky Alland Marketing, y John Santaferraro de Compaq Computer Corporation. Deseamos agradecer también de forma especial a D. S. (Stu) Coleman, Keith Carr y Chris Yanik, de NCR, por su trabajo inicial en el programa de autoanálisis que, más adelante, se convirtió en el "análisis de la distancia" del capítulo siete.

Gracias a todos nuestros socios y empleados, ya que, tarde o temprano, un proyecto de esta envergadura acaba involucrando a todo el mundo. Un agradecimiento especial a nuestros socios Bruce Kasanoff, Tom Shimko, Tom Niehaus y Trish Watson. Nuestro reconocimiento y agradecimiento a nuestros brazos derechos, Mary Cavello, Deanna Lisk y Alesa Cunningham, que son excepcionales. Queremos dar las gracias de modo especial a nuestro equipo de Internet, Andrew Vernal, Felicia Bates, Melissa Martinez y Michael Vernal, por el importante apoyo que han prestado a este libro. Muchas gracias a nuestros equipos de investigación y redacción, en especial a Julia Johnson (ahora en Gartner Group), Diane Kroll, Britton Manasco y Mike Barlow. Guardamos un lugar especial en nuestro corazón para Stacey Riordan, incansable, siempre jovial y con gran talento, que nos ha enseñado mucho sobre cómo manejar los detalles con elegancia y precisión.

Queremos dar las gracias sobre todo a nuestras familias y a nuestros cónyuges, Pamela Devenney, Stuart Bertsch y Fran Dorf, por su paciencia y apoyo.

DON PEPPERS, MARTHA ROGERS Y BOB DORF
Julio 1998

Prefacio

DON PEPPERS, DRA. MARTHA ROGERS Y BOB DORF

Todos los días, en todo el mundo, los directores se preocupan por la pérdida de lealtad de sus clientes, a quienes una competencia cada vez más febril intenta atraer con precios y tratos mejores. A medida que la lealtad de los clientes se reduce, disminuye el margen, ya que la táctica de captación de clientes que funciona mejor es la rebaja de precios, y la única defensa en el arsenal de la mayoría de las empresas consiste en igualarla. El futuro no augura nada mejor: varios participantes nuevos están abriendo caminos innovadores y muy amenazadores en el terreno interactivo para reducir todavía más estos márgenes. En la actualidad, ya es posible acceder a Internet y encontrar el automóvil deseado a sólo unos cuantos dólares por encima del precio al concesionario o precio mayorista, o negociar 10.000 acciones de General Motors y pagar una comisión inferior a los 8 dólares.

A medida que la información sobre los clientes se vuelve más abundante y detallada, y que éstos interactúan más con las firmas a las que compran, usted y su empresa se enfrentan a una competencia radicalmente distinta. Si nunca fue fácil diferenciar sus productos o servicios, ahora, todavía menos. Su éxito competitivo depende cada vez más de usar la información sobre los clientes y la interacción con ellos para establecer relaciones individualizadas, rentables y duraderas.

La magnitud de esta revolución es asombrosa. Las empresas más prósperas en una amplia gama de sectores y disciplinas son precisamente las que adoptan principios de marketing de relaciones individualizadas. Dell Computer representa ahora el punto de referencia del éxito en el sector de los ordenadores portátiles. En el de los seguros personales, USAA constituye el punto de referencia. Cisco, FedEx, Owens-Corning, American Express, Amazon.com, Hewlett-Packard, BellSouth, Royal Bank of Canada y Belgacom han basado su éxito en los conocimientos sobre los clientes y la interacción con ellos.

Todos los días, en todos los continentes, los directores y los ejecutivos se enfrentan a la cuestión de cómo manejar esta revolución. Los directores generales de información se plantean cómo gestionar mejor la información disponible ahora en sus bases de datos de clientes nuevas o mejoradas. Los directores del producto piensan si tiene sentido lanzar otra ampliación de la línea para satisfacer las necesidades de un segmento recién identificado de clientes. Los directores de ventas reflexionan sobre cómo integrar el sistema de automatización de las ventas en su programa global de marketing. Los webmasters intentan averiguar cómo conocer la reacción de los clientes que acceden a su página Web interactiva y cómo beneficiarse de ella. Los directores generales desean fomentar las ventas cruzadas entre las divisiones y aprovechar la fuerte relación con el cliente en una división para obtener beneficios en otros lugares, y los directores financieros necesitan cuantificar el progreso de todas estas iniciativas.

Por esta razón escribimos este libro.

Podría considerar *Uno por uno: herramientas para poner en práctica su plan de marketing* como un "libro de listas". Está lleno de listas de control para poner en marcha programas de marketing de relaciones, junto con preguntas para evaluar el progreso de la empresa o su disposición para llevarlos a cabo. En él hemos enumerado las tareas necesarias para implantar con éxito un programa táctico de marketing uno por uno, junto con los pasos que hay que seguir y el orden en que debería seguirlos. Hemos indicado las barreras al éxito, los obstáculos que se encontrará, así como algunas formas para evitarlos o superarlos.

Así pues, debería leer este libro si alguna vez ha pensado poner en práctica un programa de marketing de relaciones en su empresa y le gustaría saber por dónde empezar, cómo medir los resultados, cuándo aumentar o reducir la velocidad de la iniciativa, y a quién asignar la responsabilidad. Léalo también si desea lograr un avance regular y progresivo del marketing uno por uno en su empresa, y verificar y documentar los resultados a cada paso, pero no "llegar hasta el final"... todavía.

Lea este libro si ya conoce la teoría del marketing uno por uno y lo que quiere ahora es una guía simple y detallada para convertir su compañía en una empresa individualizada, o si ya ha lanzado uno o más programas o iniciativas de marketing de relaciones y está buscando una mejor forma de agruparlas en un programa coherente y estratégicamente viable.

Lea este libro si se plantea en serio poner en marcha por lo menos algunos programas de marketing de relaciones en su empresa y necesita conocer los pasos precisos que hay que seguir en este proceso; si precisa convencer al resto de la dirección de su empresa de la viabilidad del mismo; si ya ha lanzado una o más iniciativas de marketing de relaciones y necesita ahora tratar las barreras organizativas y culturales que limitan un mayor progreso.

También puede optar por no leer este libro. Limítese a hojearlo y a tenerlo como guía de consulta sobre controles y herramientas de planificación para implantar programas de marketing de relaciones: una "red de seguridad" para aquellas situaciones desconocidas que todavía no se han presentado pero que sabe que ocurrirán tarde o temprano.

Los lectores del libro pueden conectarse a Internet para obtener herramientas electrónicas, hojas de cálculo y descuentos.

Puede considerar *Uno por Uno* como un manual de instrucciones para poner en práctica programas de marketing de relaciones. Se trata básicamente de eso: un manual de instrucciones detallado para planear, aplicar, evaluar y mejorar su programa de marketing de relaciones, tanto si es una iniciativa única, sólo táctica, como si forma parte de un esfuerzo más amplio y coordinado. Nuestro objetivo es ayudarlo a identificar a sus mejores clientes, conservarlos más tiempo y aumentar su crecimiento a fin de competir con éxito en la era de la interacción.

Junio 1998

CAPÍTULO UNO

El marketing uno por uno: en qué consiste

LOS CUATRO PASOS PARA PONER EN PRÁCTICA UN PROGRAMA DE MARKETING UNO POR UNO

En su origen, el marketing uno por uno se basa en las relaciones. Sin embargo, no todo lo que puede denominarse "marketing de relaciones" es en realidad marketing uno por uno o marketing individualizado. Para ser un verdadero experto en este tipo de marketing hay que estar capacitado y dispuesto a cambiar la actitud de la empresa hacia cada cliente a partir de lo que se sabe del mismo y de sus necesidades.

Así, el marketing uno por uno se basa en una idea sencilla:

Tratar de un modo distinto a los distintos clientes.

La mecánica real de la estrategia del marketing uno por uno se fundamenta en el conocimiento de las diferencias entre los clientes y de cómo éstas deberían influir en la conducta de la empresa hacia cada cliente en concreto. Si bien la idea es muy sencilla, instaurar un programa de marketing uno por uno no lo es. Este tipo de marketing implica mucho más que la venta y el marketing porque la empresa debe ser capaz de cambiar la configuración de sus productos o la prestación de sus servicios según las necesidades particulares de cada cliente.

Cuando una empresa domina realmente todos sus recursos para intentar satisfacer las distintas necesidades de cada cliente, para instaurar un programa de marketing uno por uno, la denominamos empresa individualizada. Una empresa, un cliente. Una verdadera empresa individualizada considera que cultivar y gestionar su relación con los clientes es su meta más importante; asimismo, comprende que la fortaleza o debilidad de esas relaciones constituye el elemento clave que determina la rentabilidad y el éxito de la empresa a largo plazo.

Las empresas inteligentes han fomentado siempre la participación activa de los clientes en el desarrollo de sus productos, servicios y soluciones. Aun así, en la mayoría de casos estar orientado al cliente ha significado siempre orientarse a las necesidades del cliente típico del mercado, o cliente estándar. A fin de establecer relaciones individualizadas y duraderas, una empresa debe aprender en todo momento de las interacciones con cada cliente. Debe reaccionar de modo dinámico a la información que le proporcionan esas interacciones. La empresa debe conservar a sus clientes, en especial a los mejores, y asegurarse de que no quieran marcharse nunca.

La mecánica real y precisa del establecimiento de una relación individualizada se basa en el conocimiento de las diferencias entre los clientes y de cómo éstas deberían influir en el trato de la empresa hacia cada cliente concreto. Se trata de una idea que resulta fundamental para tener éxito en una época en que existe mucha competencia y en que todo sucede con gran rapidez. Reconoce que no hay dos clientes iguales y que las empresas inteligentes pueden sacar provecho de esas diferencias inherentes y esenciales.

¿Quién es el cliente?

La mayoría de las empresas no venden directamente a los consumidores ni a los usuarios finales sino a intermediarios (agentes de compras, concesionarios, distribuidores, minoristas o revendedores). Tanto si su empresa vende productos de consumo a través de establecimientos al por menor como maquinaria industrial a los ejecutivos contratantes de grandes empresas industriales, el primer paso consiste en definir la naturaleza de todos sus "clientes". Ahora bien, aunque una empresa no venda directamente al usuario final de su producto, sigue teniendo interés en establecer una mejor relación con ese cliente final. Es ese usuario o cliente final quien mantiene a todos los implicados en una red de relaciones que generan valor.

La empresa Ford Motor Company vende casi todos sus automóviles a concesionarios en lugar de a clientes, pero aun así tiene que reconocer que los conductores finales de sus vehículos piensan que mantienen una relación directa con Ford. Aunque Hewlett-Packard vende su caro equipo de pruebas a los agentes de compras de las grandes empresas fabricantes de microchips, los usuarios finales de sus productos son los ingenieros que desarrollan nuevos productos y prueban los actuales. Incluso aquellas empresas que consideramos dedicadas al marketing del consumidor acostumbran a vender sus productos a cadenas minoristas, mientras que gastan millones de dólares en publicidad para que los consumidores acudan a esas tiendas a comprar sus productos.

Con independencia de la definición exacta del cliente, uno de los motivos por el que tantas empresas empiezan a centrarse en el marketing uno por uno es que este tipo de marketing puede generar una lealtad intensa del cliente y, como parte del proceso, contribuir a proteger los márgenes unitarios de la compañía. Estas ventajas atraen a las empresas de todo el mundo, en todos los sectores, porque en la actualidad todos los negocios están amenazados hasta cierto punto por el descenso de la lealtad del cliente y por una especie de "creciente articulización" que va acabando con los márgenes.

Se puede aumentar la lealtad y la rentabilidad de los clientes (de uno en uno) con el establecimiento de una "relación de aprendizaje" con cada uno de ellos, empezando por los más valiosos. Una relación de aprendizaje es aquella que se va volviendo más inteligente con cada nueva interacción. El cliente le cuenta alguna necesidad y usted personaliza el producto o servicio para satisfacerla. Así, con cada interacción y personalización, la adaptación de su producto a este cliente concreto irá mejorando. Entonces, aunque un competidor ofrezca el mismo tipo de personalización y de interacción,

Aprendizaje, lealtad y rentabilidad

el cliente no obtendrá el mismo grado de satisfacción hasta que transmita al competidor lo que ya ha dedicado tiempo y energía a enseñarle a usted. En efecto, al implantar un programa de marketing uno por uno, su producto va adquiriendo más valor para el cliente con cada nueva interacción y transacción satisfactoria.

Cuatro pasos para implantar un programa de marketing uno por uno

Existen cuatro tareas clave que pueden usarse como guía para poner en marcha una iniciativa individualizada: *identificar, diferenciar, interactuar* y *personalizar.* Estos principios figuran por orden más o menos creciente de dificultad y complejidad, aunque, como veremos, pueden presentarse muy solapados. Aun así, estos cuatro pasos pueden considerarse un proceso secuencial para llevar a la práctica un programa de marketing uno por uno.

1. *Identificar* a los clientes. Es crucial conocer a los clientes con todo detalle. No sólo su nombre y dirección sino también sus costumbres, preferencias, etcétera. Y no sólo algo puntual —un cuestionario único, por ejemplo—, sino que abarque todos los puntos de contacto, todos los medios, todas las líneas de productos, todas las ubicaciones y todos los departamentos. No se trata de una mera "fijación de objetivos". Es importante conocer y recordar a cada cliente por separado, y enlazar toda la información sobre el cliente que circula por la empresa, mientras dure la relación comercial con él. Si una empresa no ha obtenido la identidad e información básica de un número aceptable de sus clientes más valiosos, no está preparada para lanzar una iniciativa individualizada. (Quizá no haya definido adecuadamente a sus clientes. La única opción consiste en intentar establecer una relación, no con los usuarios finales sino con los intermediarios y los miembros del canal de quienes conoce la identidad.)

2. *Diferenciar* a los clientes. Los clientes difieren principalmente de dos modos: representan distintos grados de valor (algunos son muy valiosos, mientras que otros no lo son tanto), y sus necesidades son distintas a las de la empresa vendedora. Así pues, una vez que se ha identificado de los clientes, el paso siguiente consiste en diferenciarlos a fin de priorizar esfuerzos y sacar el máximo provecho de

los clientes más valiosos, y adaptar el trato de la empresa a cada cliente en función de sus necesidades. El grado y los tipos de diferenciación respecto a los clientes de la empresa servirá también para decidir qué estrategia individualizada es la más adecuada para su situación empresarial concreta.

3. *Interactuar* con los clientes. El siguiente paso consiste en mejorar tanto la rentabilidad como la eficacia de las relaciones con los clientes. Para que las interacciones sean más eficientes, hay que conducirlas a canales más automatizados y rentables. Canalice las interacciones del centro de atención telefónica hacia su página Web y las ventas personales, hacia el centro de atención telefónica. Para aumentar la eficacia de cada interacción, reúna sólo la información relevante cuando se necesite para captar mejor las necesidades individuales de un cliente, o cuantificar con mayor exactitud el posible valor de un cliente. Además, cada interacción con un cliente debería producirse en el contexto de todas las interacciones previas con ese mismo cliente. Una conversación debería reanudarse desde donde finalizó la última, tanto si la interacción anterior tuvo lugar la noche anterior o el mes anterior, en el centro de atención telefónica o en la página Web de la empresa.

4. *Personalizar* algún aspecto del trato de la empresa hacia el cliente a partir de sus necesidades y de su valor. Para atrapar a un cliente en una relación de aprendizaje, la empresa debe adaptar algún aspecto de su conducta para satisfacer las necesidades particulares que éste haya expresado. Eso significaría la personalización en masa de un producto fabricado, o implicaría la adaptación al cliente de algún aspecto de los servicios que acompañan al producto —quizá la forma de facturación o el embalaje del producto (los mecanismos de la personalización en masa se comentarán en el capítulo seis). En cualquier caso, para practicar el verdadero marketing uno por uno, la parte de producción o de prestación de servicios de la empresa debe ser capaz de tratar a cada cliente de modo distinto a partir de lo que ese cliente dijo durante una interacción con el departamento de ventas o de marketing de la compañía.

Estos cuatro principios se solapan considerablemente. Por ejemplo, quizá la primera intención de una empresa al crear una página Web no sea interactuar con los clientes sino atraer a los más valiosos y empezar a identificarlos. Aun así, los principios se han presentado por orden ascendente en cuanto al grado de complejidad y de beneficios para la empresa. Así pues, estos pasos pueden utilizarse como una especie de macrolista de control para guiar los esfuerzos al poner en marcha un programa de marketing uno por uno. Si no puede identificar a cada uno de sus clientes, no podrá diferenciarlos, y mucho menos adaptar la conducta de la empresa para satisfacer las necesidades concretas de los clientes.

¿Es el marketing uno por uno una cuestión de "todo o nada"?

Es imposible incorporar una campaña de marketing uno por uno y seguir haciendo negocios de manera tradicional. Algunas empresas, como Dell Computer Corporation, USAA o Amazon.com, consiguen establecer relaciones individualizadas con sus clientes porque, desde el principio, basaron sus operaciones empresariales en la interacción directa con ellos.

Sin embargo, aunque es mucho más fácil poner en práctica un programa exhaustivo de marketing uno por uno empezando desde cero, eso no es imprescindible. Si su negocio ya funciona, puede progresar para convertirse en una empresa individualizada si se concentra en los cuatro pasos principales para implantar la estrategia que se ha expuesto.

Otras empresas ya lo están haciendo. Compañías grandes y afianzadas como Pitney Bowes, Wells Fargo, 3M, Owens-Corning, American Express y British Airways han empezado a entablar relaciones cada vez más sólidas e interactivas con sus clientes. Ponen en práctica estas estrategias por partes, primero en una unidad de negocio y luego en otra, y se enfrentan a las dificultades de una en una. No obstante, están efectuando progresos considerables y logrando unas ventajas competitivas importantes.

Consideremos Hewlett-Packard, una empresa con más de cien mil empleados en setenta y seis unidades de negocio independientes que operan en decenas de países. Esta enorme empresa está avanzando mucho en su conversión en una compañía individualizada, simplemente centrándose en cada uno de los pasos expuestos. Por ahora, ya cuenta con unas cien iniciativas individualizadas en marcha, cuyo progreso se refleja en la red interior de la empresa.

La mayoría de las firmas deben ser capaces de avanzar en ese sentido sin minar su negocio actual y este libro trata exactamente sobre cómo lograrlo. La empresa que desea aplicar una política individualizada necesita visión y estrategia. También precisa planes tácticos detallados para alcanzar sus objetivos.

Qué esperar de *Uno por uno*

Los cuatro pasos mencionados (identificar, diferenciar, interactuar y personalizar) constituyen una guía sumamente útil para el estratega del marketing uno por uno. En nuestras asesorías, los utilizamos para evaluar los puntos fuertes y las posibilidades de un cliente concreto en este tipo de marketing.

Estos cuatro pasos son tan útiles que nos basaremos en ellos a lo largo de todo el libro. En la primera mitad, le pediremos que los analice de uno en uno y que piense en las consecuencias que tendrían en su negocio. Además, aportamos gran cantidad de ejemplos para ilustrar cómo compañías totalmente distintas en situaciones empresariales totalmente diferentes pueden adoptar en estos pasos como guía general.

En la segunda mitad del libro, examinaremos varios procesos y funciones empresariales, desde los centros de atención telefónica hasta la publicidad, desde los sistemas de información hasta la gestión del canal. Intentaremos mostrar cómo afectará cada área de actividad a la tarea de implantar un programa de marketing uno por uno mediante estos cuatro pasos y cómo se verá afectada.

Cómo usar *Uno por uno*

Hemos diseñado este libro como una caja de herramientas. Pensamos que va a usarse como una guía de transición. En nuestra experiencia, los directores que empiezan a poner en práctica programas de marketing uno por uno descubren pronto que deben interactuar y colaborar con otros departamentos, e incluso con otras divisiones, de su empresa. Las compañías serias suelen crear una especie de equipo multidepartamental de directores que se encargan de guiar la transición. Este equipo debería incluir entre diez y quince de las personas más brillantes y osadas de la empresa, de distintos departamentos y con diferentes funciones, incluyendo marketing, ventas, servicio y atención al cliente, finanzas, producción, entrega y logística, dirección de la producción y sistemas de información.

Intente evitar lo siguiente en su lista de participantes:

- Más de una persona (dos como máximo) dedicada a cualquier función empresarial
- Cualquiera con un cargo muy superior al resto
- Los vanidosos y los retorcidos (incluido cualquiera con un interés creado en el *status quo*)

Hemos escrito este libro para ayudar a esta especie de equipo de transición. Asimismo, puede considerarse también un "libro de listas", ya que incluye listas de control de actividades para identificar a los clientes o para interactuar con ellos de un modo más rentable. Se presentan listas de tareas y responsabilidades, dificultades, ventajas y aspectos con los que debe tenerse cuidado. Se ofrecen listas detalladas de ideas y conceptos "inspiradores".

Asimismo, hemos incorporado varios "supuestos". En ocasiones proponemos diversas situaciones y le pedimos que elija aquella que se adapta mejor a su caso con objeto de proporcionarle una mejor clave para su autoevaluación. Otras veces los usamos como ejemplos de determinadas situaciones empresariales que, a nuestro parecer, le resultarán útiles para analizar los problemas que deba resolver.

Este libro constituye, incluso al entrar en imprenta, una obra en desarrollo. En las pocas semanas o meses que transcurran desde la redacción y composición del libro y su lectura, estamos seguros de que muchos de estos conceptos se habrán actualizado y mejorado. En todo el mundo los directores de empresas como la suya amplían sin cesar la base de conocimientos del marketing uno por uno. La revolución se está acelerando, y escribir este libro ha sido como intentar disparar a un blanco móvil. Por esa razón, hemos hecho todo lo posible para vincular esta obra a una sección especial de nuestra página Web (http://www.1to1fieldbook.com).

Davis, Stan y Christopher Meyer, *Blur: The Speed of Change in the Connected Economy*, Addison-Wesley Pub., 1998.
Davis y Meyer ofrecen un acercamiento muy valioso a la naturaleza de la nueva economía y a la "conjunción, velocidad y crecimiento del valor intangible" que yacen en su centro. Cabe destacar su perspicacia al comentar las relaciones y los papeles cambiantes de las empresas y los clientes.

Dyson, Esther, *Release 2.0*, Ediciones B, Barcelona, 1998.
Dyson ofrece una visión amplia de cómo puede esperarse que las nuevas tecnologías digitales cambien las economías y las organizaciones, además de nuestra vida social. La autora analiza una serie de cuestiones, desde la educación y la intimidad hasta el comercio electrónico.

McKenna, Regis, *Real Time: Preparing for the Age of the Never Satisfied Customer*, Harvard Business School Press, 1997.
Un análisis interesante e informativo de las tendencias de alta tecnología y alta velocidad que moldean la nueva economía y la nueva empresa. McKenna destaca las estrategias basadas en la inmediatez y los resultados, y nos muestra cómo las nuevas tecnologías pueden facilitar esos esfuerzos.

McKenna, Regis, *Marketing de relaciones: cómo crear y mantener un vínculo permanente entre la empresa y sus clientes*, Paidós, Barcelona, 1995.
Este libro contribuyó a sentar las bases para los expertos en marketing de relaciones, al demostrar las posibilidades de conocer de un modo más eficaz las necesidades del cliente y de ganarse su lealtad. McKenna aporta una gran cantidad de anécdotas, ideas y consejos prácticos sumamente útiles para todos los ejecutivos comprometidos con la creación de relaciones.

Newell, Frederick, *The New Rules of Marketing: How to Use One-To-One Relationship Marketing to Be the Leader in Your Industry*, Irwin Professional Pub., 1997.
Este libro contiene ideas prácticas sobre la gestión de la información de los clientes y la actuación frente a ella. Newell ofrece una explicación excelente sobre por qué y cómo crear un sistema de marketing centrado en el cliente valorado por toda la empresa.

Novak, Thomas P., Donna L. Hoffman, y Y. F. Yung, "Modeling the Structure of the Flow Experience Among Web Users".

Se trata de un resumen detallado presentado ante el INFORMS marketing Science y la Miniconferencia sobre Internet en MIT, en marzo de 1998. Los autores afirman que las empresas deberían desarrollar páginas Web que sean "continuas" e "intrínsecamente agradables" si esperan tener éxito en este nuevo medio. Donna Hoffman y Thomas Novak, que dirigen un estudio en curso sobre marketing en Internet llamado Project 2000 en la Universidad de Vanderbilt, se refieren a este concepto de navegación continua como "flujo". En este artículo comentan modelos y estructuras que prometen contribuir a que la empresa sepa cómo interactuar de un modo más eficaz con los clientes virtuales.

Payne, Adrian, Martin Christopher, Moira Clark y Helen Peck, *Relationship Marketing for Competitive Advantage*, Butterworth-Heinemann, 1995.

Se trata de un manual compacto sobre la capacidad y las posibilidades del marketing de relaciones. Los autores presentan un enfoque integrado para analizar temas como la conservación de los clientes, la satisfacción de los empleados, las relaciones con los proveedores y la gestión de la calidad de los servicios.

Peters, Tom, *El círculo de la innovación: amplíe su camino hacia el éxito*, Deusto, Bilbao, 1998.

Peters ofrece otro análisis perspicaz de las tendencias que están dando forma al mundo empresarial e insta a las empresas a priorizar la "innovación perceptiva". Peters opina que las empresas tienen que innovar (no reducir el personal o consolidarse) si desean prosperar en los mercados caóticos e implacables de la actualidad.

Pine, B. Joseph II, y James H. Gilmore, "Welcome to the Experience Economy", *Harvard Business Review*, julio/agosto 1998, pp. 97-105.

Más allá de los bienes, los productos y los servicios, las "experiencias" y las "transformaciones" constituyen la fuerza de la nueva economía. Pine y Gilmore argumentan que las empresas deben vender un conjunto convincente y memorable de experiencias si desean conservar las relaciones con sus clientes.

Pine II, B. Joseph, Don Peppers y Martha Rogers, "Do You Want to Keep Your Customers Forever?", *Harvard Business Review*, marzo/abril 1995, pp. 103-114.
Este artículo clásico introduce por primera vez el concepto de relación de aprendizaje, así como el concepto de Broker de aprendizaje. Con el estudio de Andersen Windows, Individual Inc. y Peapod, explica la estrecha relación entre interacción, aprendizaje y personalización masiva.

Sheth, Jagdish N. y A. Parvatiyar, *Relationship Marketing: Theory, Methods and Applications*, Emory University 1994.
Excelente visión de conjunto de los retos y las oportunidades a los que se enfrentan las compañías cuando emprenden una iniciativa de marketing de relaciones. Este libro se basa firmemente en la investigación y la teoría académicas.

Taylor, Jim; Watts Wacker, y Howard Means, *The 500-Year Delta: What Happens After What Comes Next*, HarperCollins Publishers, 1997.
Los autores proporcionan una amplia visión de los negativos cambios económicos y sociales que creen que van a producirse en los próximos años. Entre otras cosas, predicen el desmoronamiento de los "mercados de consumo controlados por el productor" y la aparición de una nueva "Era de la Posibilidad".

Wayland, Robert E. y Paul Michael Cole, *Customer Connections: New Strategies for Growth*, Harvard Business School Press, 1997.
Los autores proponen un sistema exhaustivo para desarrollar las relaciones con los clientes a fin de aumentar los beneficios y el crecimiento de la empresa. Uno de los aspectos más interesantes de este libro es su análisis sobre la "economía del cliente".

Wiersema, Fred, *Customer Intimacy: Pick Your Partners, Shape Your Culture, Win Together*, Knowledge Exchange, 1996.
Con ejemplos convincentes como Airborne Express, Nike y Staples, Wiersema comenta las estrategias y las técnicas que se han utilizado para establecer relaciones duraderas con los clientes. El libro muestra cómo ofrecer soluciones completas a las necesidades de los clientes, cómo crear una relación de asociación en lugar de una de vendedor-comprador y cómo diferenciar a los clientes.

Actividad 1A

Aspectos generales para ser analizados por el equipo de transición

Fecha de finalización propuesta: _____

1. Charla de ascensor:* Si su jefe le pidiera que describiera la importancia de pasar a una estrategia individualizada, ¿qué le diría?

_____

_____

_____

2. ¿Cuáles son los puntos débiles y los problemas más graves de su sector y de su organización a los que una iniciativa individualizada podría enfrentarse?

_____

_____

_____

3. ¿Qué le atrajo al concepto de crear una empresa individualizada?

_____

_____

_____

4. ¿Cuáles son algunos de los obstáculos más importantes para poner en práctica las estrategias individualizadas en su organización? (Utilice todo el papel que necesite, pero no deje que su lista lo intimide; a lo largo de este libro lo ayudaremos a superar esos obstáculos.)

_____

_____

_____

Una charla de ascensor es aquella que no dura más de treinta segundos, el tiempo que podría retener a un "público sin escapatoria posible" en un ascensor. La idea consiste en ser lo más conciso y convincente posible para hacer su observación antes de que se abran las puertas del ascensor.

---

5. Imagine su organización tras cinco años funcionando como empresa individualizada. Si fuese un cliente, ¿cómo habría cambiado su percepción de la compañía? Dicho de otro modo, ¿cómo quiere que un cliente vea a su empresa de aquí a cinco años?

_____

_____

_____

Actividad 1B

Diez formas de pensar en la estrategia individualizada

Fecha de finalización propuesta: _____

Número	Ejercicio
1	• Identifique cuatro motivos para que su empresa adopte una estrategia de marketing uno por uno
2	• Nombre los principales competidores directos para su empresa que están poniendo en práctica estrategias de marketing uno por uno • Identifique las prácticas que conoce
3	• Identifique a tres de los mejores expertos en marketing uno por uno que le afectan como empresa compradora y dos que le afectan como consumidor general • Indique dos actividades de cada uno de ellos que le hayan llamado la atención
4	• ¿Cuáles son los mayores obstáculos a los que podría enfrentarse su empresa para implantar una estrategia individualizada según lo que sabe hasta ahora? • Identifique al dirigente de su empresa que le permitiría superar esos obstáculos • Inclúyala en el proceso desde el principio
5	• ¿Cuáles son los principales orígenes de descontento o de quejas de los clientes respecto a su empresa? • ¿Y respecto a su sector? • Señale con un asterisco aquellas que, a su entender, pueden beneficiarse de los programas individualizados

6	• Cuando sus clientes hablan bien de su empresa, ¿qué citan más a menudo?
	• ¿Cuál de estos aspectos es un reflejo de la estrategia individualizada como usted la conoce?
7	• Piense en un minorista local al que solicite sus servicios: una tintorería, una farmacia o un garaje. Escriba las distintas formas en que cualquiera de ellos podría usar tácticas individualizadas, según lo que sabe ahora, para hacer más negocios con usted
8	• Piense en su organización benéfica favorita. ¿Cómo usaría prácticas individualizadas para concienciarla de algo o para animarla a hacer donativos con mayor frecuencia?
9	• Considere las formas en que una empresa de bienes de consumo, como una gran gasolinera, podría utilizar las relaciones individualizadas para aumentar sus operaciones con usted
10	• ¿Qué área o función de su empresa es más débil en cuanto a relaciones con el cliente?
	• ¿Qué le sería más fácil hacer a su empresa para fortalecer esta área?

CAPÍTULO DOS

Un inicio rápido

CÓMO OBTENER RESULTADOS INMEDIATOS CON EL MARKETING UNO POR UNO

Los principios básicos que se esconden tras la competencia del marketing uno por uno podrían parecer simples y, en la época de la interacción y la personalización masiva, quizás inevitables. Aun así, existen muchos motivos que podrían llevarlo a desistir de instaurar un programa de marketing de este tipo:

- La informática desempeña un papel fundamental. Las capacidades de la base de datos de clientes, la comunicación entre sistemas y el seguimiento de las interacciones con cada cliente son requisitos que sitúan de lleno la tarea en la cola del departamento de informática, donde se apilan todos los demás proyectos.
- Suele ser preciso invertir capital, y sólo algunos de los cargos más altos llegan a plantearse esa situación. Pocas veces se ve a los directores de ventas y de marketing a la puerta del tesorero. Lo mismo sucede con el servicio de atención al cliente.
- Los conflictos en la organización dificultarán el progreso. Es fácil delegar la responsabilidad de un producto, pero ¿quién

asume la responsabilidad de expandir la relación con el cliente en las distintas unidades de negocio de la empresa? ¿A qué unidad "pertenece" ese cliente?

- La gente ya está demasiado ajetreada con sus trabajos diarios como para aceptar otra tarea. Tanto si se trata de la microdirección de las cuotas de ventas trimestrales como de la campaña de toda la empresa para obtener una máxima puntuación en calidad o grado de satisfacción, todos los empleados trabajan ya al 110%, y asignarles algo más resulta muy difícil.

- Se requiere un cambio cultural de primer orden. Cambiar la actitud y la conducta de los auxiliares de vuelo, los dependientes de una tienda o los representantes de los centros de atención telefónica no será sencillo, por no hablar de los vendedores, los directores de marketing o los especialistas en prestación de servicios.

- Ya está harto de cambios, al igual que todos en su empresa. La compañía ha probado todas las modas pasajeras y ahora reina el escepticismo.

La competencia del marketing uno por uno es tan distinta de la tradicional, basada en el producto, que hemos observado que muchos ejecutivos la descartan por ser inalcanzable para su empresa. Ven los obstáculos y consideran que la posibilidad no está al alcance de su empresa. Lo observamos una y otra vez. Si se sigue este camino, una organización puede quedarse paralizada con sólo pensar en la magnitud del cambio al que se enfrenta.

Sin embargo el mero hecho de que no vaya a convertir su empresa en una compañía individualizada con todas las de la ley de la noche a la mañana no significa que iniciar el proceso no aporte beneficios considerables. Muchas compañías obtienen beneficios rápidamente realizando una serie de mejoras a corto plazo en el funcionamiento de su negocio. Algunas veces los beneficios adoptan la forma de una reducción de los costes y otras, de un aumento de los ingresos o de una mejor reputación en cuanto al servicio al cliente, pero en todos los casos, con sólo empezar a reorientar la empresa hacia un enfoque de relaciones individualizadas con cada cliente ya se obtienen beneficios.

Así pues, antes de proseguir con la lectura del libro, nos parece oportuno destacar algunas ideas para efectuar "un inicio rápido".

Su objetivo inmediato debería ser financiar su iniciativa, lo cual puede hacerse mostrando unos beneficios que superen el coste de implantarla a corto plazo, sin dejar de obtener por ello beneficios a largo plazo.

El primer paso consiste en acordar cuáles son los beneficios reales en efectivo. ¿En qué criterios se basará para juzgar si el intento ha tenido éxito? El beneficio más importante a largo plazo del marketing uno por uno es que aumentará el valor total de su base de clientes. Ahora bien, si suponemos que hablamos a corto plazo, y se da el caso de que aún no tiene capacidad para medir el valor del total de la base de clientes, ¿qué parámetros a corto plazo puede usar para juzgar si la iniciativa ha sido un éxito o un fracaso? Existen varias:

1. El aumento de las ventas cruzadas. Con sólo seguir unas cuantas transacciones de su negocio, puede comparar la cantidad de beneficios añadidos que obtiene de las ventas cruzadas y de las *up-selling.** Esto debería reflejarse también en unos márgenes unitarios más altos, siempre y cuando utilice esta medida respecto al cliente.

2. La reducción de los costes de las transacciones o del procesamiento. El marketing uno por uno constituye una disciplina básicamente orientada a lograr que comprar sea cada vez más cómodo para el cliente. Esto posee la ventaja añadida, en muchas situaciones, de reducir sus propios costes de procesamiento, y muchas veces resulta más fácil seguir esta reducción del coste que cuantificar el valor del aumento de lealtad de los clientes.

3. La reducción del desgaste de los clientes. Uno de los principales beneficios del marketing uno por uno es que genera

* Término aplicable a la venta de productos o servicios adicionales que mejoran, complementan o aumentan el valor del producto o servicio básico ofrecido (N. de la Ed.).

mayor lealtad entre los clientes. Mida, pues, el índice de defección de los clientes, haga un seguimiento y averigüe cómo reducirlo.

4. La mayor rapidez de los ciclos de las compras y de otras transacciones. La comodidad del cliente se traduce directamente en una mayor rapidez para la empresa. Si un cliente tiene que especificar menos cosas en este momento, se puede procesar la transacción más deprisa. Mídalo.

5. La mayor satisfacción de los clientes y otros índices "blandos". Huelga decir que la satisfacción de los clientes no da de comer. Pero si hace bien su trabajo, los clientes estarán más contentos con el servicio que les presta. Además, si su gestión está orientada a aumentar el grado de satisfacción de los clientes, es probable que pueda presentar resultados rápidos con un programa individualizado.

Si se ajusta a estas cinco únicas medidas y diseña unos cuantos mecanismos de seguimiento para valorar su progreso, puede llevar a la práctica programas a corto plazo que le proporcionen resultados mensurables. Los primeros tres elementos de esta lista pueden medirse de inmediato en términos de beneficios en efectivo para la empresa, y así es como deberían medirse si es posible. Los dos últimos aspectos se refieren a beneficios no monetarios. Un ciclo temporal más rápido puede convertirse a veces en un equivalente en efectivo, pero cambiar el grado de satisfacción de los clientes no resulta tan sencillo, a pesar de que muchas empresas hacen lo imposible para lograrlo.

Sin embargo, tanto da cómo llegue el dinero a la empresa, ya que en realidad el dinero es lo importante. No es tan difícil obtener beneficios a corto plazo con la aplicación de los principios del marketing uno por uno. Considere estos dos sencillos ejemplos:

• Un famoso comerciante por catálogo interempresarial compra una impresora láser de alta velocidad y una modesta base de datos para encargarse de la correspondencia respecto a la satisfacción de los clientes y de las notas individualizadas de agradecimiento, e incorpora a dos empleados a este sistema. Cubre los costes totales con la inclusión de una posdata en todas las cartas en que presenta una oferta especial de *up-sell* con descuento a sus mejores clientes. Resultado: el sistema de la base de datos de clientes le sale "gratis".

- Una importante estación de esquí quiere que la unidad de respuestas telefónicas (URT) de su centro de atención telefónica sea más ágil y agradable para el cliente. Revisa la URT, recompone la "ramificación" para que los clientes reciban la información que desean más deprisa y ahorra 45 segundos por cada llamada. Multiplicado por más de medio millón de llamadas por año, la empresa se ahorra 6.000 horas en llamadas a larga distancia, lo que paga con creces los 35.000 dólares que costó la mejora en el primer año.

De hecho, es posible empezar el camino para convertirse en una empresa individualizada sin tener que adoptar una visión exhaustiva que lo abarque todo. En la Actividad 2A hemos listado decenas de ideas "inspiradoras" para conseguir un inicio rápido, y las hemos clasificado en función de a cuál de los cuatro pasos para instaurar la estrategia respaldan. Algunas de estas sugerencias podrían funcionar ya en su empresa, mientras que otras estimularán sus ideas. ¿Por qué esperar?

Actividad 2A

Ideas inspiradoras para un inicio rápido

Fecha de finalización propuesta: _____

Actividad	Pasos a considerar
Identificar	
Reúna e introduzca más nombres de clientes en la base de datos existente	• Utilice un servicio externo para escanear o introducir los datos • Intercambie nombres con empresas del sector o de la zona que no supongan competencia
Reúna más información sobre los clientes	• Utilice diálogos "de goteo": Pregúnteles una o dos cosas cada vez que hable con ellos
Verifique y actualice los datos de los clientes y borre a los que se han ido	• Establezca un día de "limpieza completa" de los ficheros de información de los clientes
Diferenciar	
Identifique a los principales clientes de su organización	• Deduzca cuál es el 5% de sus clientes más importantes a partir de las ventas del año anterior o de otros datos simples y fácilmente disponibles
Determine qué clientes cuestan dinero a su organización	• Busque algunas reglas sencillas para aislar el 20% de sus clientes menos importantes y reducir, por lo menos a la mitad, la correspondencia que les remite en la actualidad
Seleccione varias empresas con las que quiera trabajar el año próximo	• Inclúyalas en su base de datos con tres nombres por empresa como mínimo
Averigüe qué clientes se han quejado de sus productos o servicios más de una vez en el último año	• Preocúpese por los pedidos de estos clientes. Llámelos para comprobar la marcha de todo el proceso. Póngalos en contacto con una persona del departamento de control de calidad o de producción lo antes posible

Busque los clientes importantes del último año cuyos pedidos se han reducido a la mitad o han sido menos en el presente año	• Vaya a visitarlos ahora, antes de que lo haga la competencia
Averigüe qué clientes compran sólo uno o dos productos de su empresa, pero adquieren muchos de otras	• Hágales una oferta que no puedan rechazar para que prueben más productos de su empresa
Clasifique los clientes en A, B y C	• Reduzca las actividades y/o los gastos de marketing para los del grupo C y auméntelos para los del A
Interactuar	
Llame a las tres personas más importantes de su 5% de clientes más destacados	• Salúdelas y compruebe cómo va todo. No venda nada; limítese a charlar y a asegurarse de que están satisfechas
Llame a su propia empresa y haga preguntas. Compruebe si cuesta que le atiendan y le respondan	• Pruebe entre ocho y diez supuestos distintos como si fuera un "comprador misterioso". Registre las llamadas y critíquelas
Llame a sus competidores	• Repita la actividad anterior
Utilice las llamadas recibidas como oportunidades de ventas	• Haga ofertas especiales, por liquidación de existencias y de prueba para generar beneficios
Cronometre la unidad de respuesta telefónica de su centro de atención al cliente	• Determine cómo lograr que las grabaciones sean más agradables y útiles, y que los clientes sean atendidos más deprisa
Siga la pista de las interacciones por escrito en su organización	• Intente eliminar pasos y acotar el proceso para acelerar la respuesta a los clientes
Inicie un mayor diálogo con los clientes valiosos	• Añada mensajes personalizados en las facturas, los informes y los sobres • Haga que firmen las cartas representantes concretos de ventas en lugar de directivos de mayor rango • Inicie un programa regular para que la gente adecuada de su organización llame a los ejecutivos adecuados de la empresa del cliente

	• Llame a los clientes que su empresa ha perdido en los últimos dos años y déles un motivo para regresar
Utilice la tecnología para que hacer negocios con su empresa sea más fácil	• Obtenga las direcciones electrónicas de los clientes y haga un seguimiento con ellas • Ofrezca opciones de correo no postal para todo tipo de comunicaciones • Considere la respuesta y la divulgación por fax como el primer paso • Encuentre formas de escanear la información de los clientes para la base de datos
Mejore el tratamiento de las quejas	• Determine cuántas quejas recibe al día e intente mejorar el índice de las que se resuelven a la primera llamada
Personalizar	
Personalice el papeleo para ahorrar tiempo a sus clientes y dinero a su empresa	• Utilice versiones regionales de los catálogos • No remita el catálogo completo a los clientes que no lo desean
Personalice su correspondencia directa	• Utilice la información sobre los clientes para individualizar las ofertas • Simplifique la correspondencia
Realice formularios para sus clientes	• Utilice el equipo láser existente, que ahorra tiempo y dota de mayor calidad a la presentación
Pregunte a los clientes cómo y con qué frecuencia quieren tener noticias suyas	• Utilice el fax, el correo electrónico, el correo postal o las visitas personales, según lo especifique el cliente
Averigüe qué desean sus clientes	• Invite a grupos reducidos de clientes a reuniones para que expresen su opinión • Solicite su opinión respecto a sus productos, políticas y procedimientos
Pregunte a sus diez mejores clientes qué puede variar para mejorar su producto o servicio	• Haga lo que le sugieran • Haga un seguimiento y repita el proceso
Implique a los altos cargos en las relaciones con los clientes	• Déles listas de preguntas basadas en la historia particular del cliente

Actividad 2B
Lluvia de ideas para un inicio rápido

Fecha de finalización propuesta: _____

Objetivo:

El objetivo de esta actividad consiste en acordar varias actividades o programas individualizados para ponerlos en práctica de inmediato.

Paso 1: Reúna a un equipo de gente brillante, incluidos los que ya forman parte del equipo del proyecto o los que se incorporarán pronto al mismo.

Paso 2: El grupo no debe pasar más de quince minutos comentando las ideas expuestas en la Actividad 2A. Identifique aquellas que podrían aplicarse con facilidad a su organización.

Paso 3: Pida a cada miembro del equipo que dedique cinco minutos a escribir un mínimo de tres ideas más para un inicio rápido, concentrándose primero en la tarea de "identificar" y, después, en cada uno de los restantes pasos para poner en práctica la estrategia.

Paso 4: Pasado este período de cinco minutos de "reflexión" para cada paso, cada persona dispone de quince segundos para describir una idea. Por turnos, haga que expongan una idea cada uno hasta que se hayan presentado todas. También se expondrán las ideas que surjan a partir de otras presentadas. Durante este ejercicio, debe hacerse un listado de las ideas en una tabla organizada como la de la página siguiente. Asegúrese de consolidar o eliminar las ideas duplicadas durante el proceso.

Paso 5: Puntúe las ideas de 0 a 3 en el margen derecho. La puntuación debería basarse en el grado en que cada idea

   (*a*) podría ponerse hoy en práctica
   (*b*) sería detectada por los clientes y
   (*c*) aumentaría los beneficios.

Cero puntos significa "imposible" y tres puntos, "excelente". Tache aquellas ideas que pierden peso tras comentarlas.

Paso 6: Multiplique las puntuaciones entre sí y anote el resultado final en la columna situada en el extremo derecho. Las ideas con mayor puntuación son las que deberían implantarse primero.

Actividad 2C

Muestra de la tabla de evaluación individualizada

Identificar	A	B	C	Puntuación total
1.				
2.				
3.				
4.				
5.				
6.				
7.				
8.				
9.				
10.				

Clave

A = ¿Podría ponerse en práctica en la actualidad?

B = ¿Notarían el cambio nuestros clientes?

C = ¿Nos reportaría más dinero?

CAPÍTULO TRES

Identificar a los clientes

CÓMO OBTENER MÁS INFORMACIÓN PERSONAL SOBRE UNA MAYOR PARTE DE SUS CLIENTES

Identificar   Diferenciar   Interactuar   Personalizar

PASO 1 PARA PONER EN PRÁCTICA LA ESTRATEGIA:
Creen un sistema que le permita identificar a cada cliente concreto
cada vez que se ponga en contacto con él.

La primera fase de una iniciativa individualizada consiste en identificar a todos los clientes posibles. Hasta que su empresa conozca y recuerde la identidad de por lo menos una parte de sus clientes, será imposible instaurar ningún tipo de programa que se base en tratar de un modo distinto a los distintos clientes. No tiene que conocer a ningún cliente concreto para descubrir cuáles son las mejoras que la mayoría de los clientes realizarían en su producto ni para idear un método mejor para hacer frente a las consultas o las quejas, aunque puede mejorar sus servicios en general o aumentar la calidad de sus productos. Sin embargo, este tipo de productos o servicios no constituyen ejemplos de marketing uno por uno, que implica tratar de un modo distinto a los distintos clientes, de uno en uno. Una empresa individualizada no puede funcionar sin conocer la identidad concreta de por lo menos algunos clientes (los más importantes).

La "información que identifica al cliente" es cualquier información que pueda usar para diferenciar a un cliente concreto de otro, seguir las transacciones e interacciones con el cliente a lo largo del tiempo, o ponerse en contacto con él. Puede ser el nombre, la categoría o el número de serie. Otros ejemplos son la dirección postal, el número de teléfono, la dirección de correo electrónico, la descripción del cargo o el número de cuenta. Éste es el primer y fundamental componente de un programa de marketing uno por uno. Así pues, pregúntese lo siguiente:

- ¿Cuántos clientes concretos conoce realmente su empresa?
- ¿Posee una base de datos de clientes con información identificadora de todos o de parte de ellos?
- ¿Hasta que punto está actualizada y es precisa esa base de datos?
- ¿Cuánta información contiene sobre cada cliente?
- ¿Cada unidad de negocio de su empresa tiene su propia base de datos de clientes?
- ¿Existen otras fuentes de información para identificar a los clientes?
- ¿Puede aumentar fácilmente la cantidad de datos disponibles sobre los clientes de su empresa?

En este capítulo, trataremos estos y otros temas.

Por supuesto, la primera cuestión consiste en cómo definir al cliente. Cada definición de "cliente" generará tipos distintos de problemas para la empresa individualizada y requerirá estrategias diferentes. ¿El cliente es simplemente el siguiente paso en su canal de distribución o es el usuario final del producto?

La actividad principal de Owens-Corning es la fabricación y distribución de sistemas de materiales de construcción a través de diversos canales. El usuario final de la empresa podría ser un contratista de obras o una gran constructora, y podría llegar a él a través de distribuidores mayoristas, de cadenas minoristas o de varios tipos de intermediarios independientes. La empresa ha definido tradicionalmente al cliente como el revendedor al "primer comprador" y no como el usuario final, lo cual influye en su estrategia de marketing de relaciones. El valor de los clientes del canal está muy sesgado, con una consolidación de grandes miembros del canal que representan una creciente cuota de las operaciones de los primeros compradores. Sin embargo, más abajo en el canal, entre los clientes dedicados a la construcción residencial, se produce una fragmentación mucho mayor, con unos 250.000 constructores residenciales con licencia en Estados Unidos, y otros 300.000 subcontratistas especializados. Además, existen millones de otros tipos de agencias y personas que intervienen en el proceso de la construcción, desde arquitectos hasta agentes inmobiliarios.

Para una empresa como Owens-Corning (o cualquier otro negocio con un conjunto razonablemente complejo de canales de distribución), la definición de los clientes puede afectar en gran medida los tipos de programas de relación con los clientes más eficaces. En el capítulo diez, examinaremos con mayor detalle las consecuencias de tratar a los miembros del canal como clientes.

Si los usuarios finales de los productos o servicios que vende son otras empresas en lugar de consumidores, la cuestión de identificar a los clientes adquiere aún mayor complejidad. ¿Es la propia empresa su cliente o se trata del agente de compras de esa empresa? ¿O acaso es su cliente real el usuario final del producto en la empresa a la que vende? (Respuesta correcta: "Todos los anteriores".) Identificar a los clientes en una situación interempresarial difiere tanto de identificar a los consumidores como clientes que analizaremos el marketing entre empresas y el marketing del consumidor por separado.

Identificar a los clientes en un negocio basado en el marketing del consumidor

En algunos tipos de negocios basados en el marketing del consumidor, la identidad de los clientes se obtiene durante el transcurso natural de las operaciones. Si trabaja en el sector bancario o telefónico, o si dirige un servicio de contabilidad, la consulta de un médico o una organización sanitaria, parte de su negocio implica obtener información que identifique a los clientes y hacer el seguimiento de cada uno de ellos por separado.

Incluso en otros negocios de consumo suele haber algunas empresas de venta directa que prescinden de los canales que muchos de sus competidores utilizan para distribuir productos o servicios. Dell Computer Corporation y Gateway venden ordenadores personales directamente a los consumidores a través de Internet, por teléfono y por correo, a pesar de que la mayoría de fabricantes de los ordenadores personales venden a través de detallistas y revendedores. USAA contrata seguros directamente con los consumidores, pero la mayoría de las aseguradoras distribuyen sus productos a través de correidurías de seguros. La mayoría de las prendas de vestir se compran en tiendas al por menor, pero L. L. Bean, Lands' End y otras empresas hacen un buen negocio vendiendo directamente a los consumidores.

¿Qué cantidad de información para identificar a los clientes posee ya su empresa? Antes de establecer programas y promociones para identificar a sus clientes, valdría la pena averiguar cuántas identidades conoce y cuántos datos tiene. Debería seguir un proceso que consta de tres pasos:

Paso 1   *Haga un inventario de todos los datos de los clientes que ya posee en formato electrónico.* Antes de seguir adelante, debería encontrar en su empresa toda la información para identificar a los clientes a la que se pueda acceder de inmediato en la actualidad. Consulte la base de datos de clientes, por supuesto, si dispone de una, y conozca su alcance y limitaciones. La información de los clientes se incluye en muchos programas distintos y, debido a ello, puede encontrarse en otras partes. Quizá tenga una página Web que permite que los clientes actuales y potenciales se inscriban, o puede que cuente con un centro de atención telefónica que anota la identidad del cliente como parte rutinaria de abordar las quejas y las consultas. Podría tener información sobre las tarjetas de crédito, ya sea de una tarjeta de la empresa o de otros registros de compra.

Paso 2   *Localice la información identificadora de los clientes "archivada" que no está compilada electrónicamente.* Debe buscar información sobre los clientes que quizá no esté aún en una base de datos o que se incluya en una que no suele considerarse útil a efectos de marketing, como en un sistema de facturación, en un servicio de garantías o en un sistema de resolución de quejas. Puede que varios departamentos y divisiones dispongan de su propia "reserva" de nombres, o quizá distintas divisiones de la empresa tengan sus propios archivos de clientes pero nadie haya identificado a los que no aparecen duplicados en el conjunto de la empresa.

Paso 3   *Idee estrategias para obtener más información.* Una vez que haya reunido toda la información que "circula por" la empresa, debería idear estrategias o programas para captar más información sobre los clientes de un modo rutinario y rentable. Existen empresas de bases de datos de terceros que venden información sobre los clientes (por ejemplo, Metromail Corporation o R. L. Polk en el sector de la automoción, Carol Wright en el de bienes empaquetados y Dun and Bradstreet en las relaciones interempresariales), y quizá pueda clasificar los datos que le ofrecen de tal modo que le permita identificar a sus propios clientes. Tal vez el personal que contacta con los clientes pueda dedicarse a reunir y documentar más información sobre los clientes después de cierta preparación, o quizá decida poner en marcha un concurso, una promoción de marketing de frecuencia o cualquier otro programa para obtener más nombres. No obstante, sea cual sea el mecanismo que utilice para identificar a los clientes, implicará un gasto. Si vende a los consumidores, es probable que no le resulte económico intentar identificar a todos los clientes. En lugar de eso, querrá centrarse en identificar a aquellos que son más valiosos para su empresa (el próximo capítulo ofrece más métodos de valoración de los clientes).

Analicemos, por ejemplo, la situación de un detallista. Si usted es un detallista convencional, todos los días los clientes pasan por su tienda sin identificarse. Entran, echan un vistazo por los estantes, conversan con los vendedores, se prueban las prendas o examinan los productos, y compran. Le dan dinero, pero no su nombre. Usted y sus mejores vendedores acostumbran a reconocer a los mejores clientes y les dedican atenciones especiales, pero como no existe ninguna información identificadora vinculada a cada transacción con ellos, su capacidad de tratar de modo distinto a los mejores depende de la pericia y la personalidad de cada vendedor.

De nuevo, podría diseñar un modelo distinto de negocio. Podría decidir que recordar a cada cliente es tan importante que necesita instalar un sistema para registrar su identidad. Eso es exactamente lo que Bill y Jack Mitchell han aplicado a su tienda de ropa Mitchells of Westport en Westport, Connecticut (EE.UU.), y a su establecimiento asociado, Richards of Greenwich. El proceso se inicia con la identificación de los clientes que llegan a la tienda, una tarea que resulta más sencilla al haber asignado un vendedor personal para cada uno.

Mediante una base de datos en el sistema informático IBM AS/400 vinculada directamente a las terminales de caja de la tienda, Mitchells registra todos los elementos que compra cualquier cliente, así como sus preferencias personales (cada vez que entra en la tienda, el vendedor se escabulle con discreción un momento para consultar su registro y refrescarse así la memoria). Por ese motivo, el dependiente será capaz de encontrar la falda que hace conjunto con su blusa, incluso aunque hayan pasado cuatro meses desde que compró la blusa.

Aunque Mitchells tiende a evitar las rebajas y los descuentos, la mayoría de los clientes consideran que el valor añadido de sus servicios, en concreto el servicio personalizado, vale la pena. Si compra en este establecimiento con regularidad, en dos años todo lo que guarde en el armario conjuntará entre sí. Mitchells conocerá sus gustos, su entorno laboral, sus hábitos de viaje y su presupuesto, incluso aunque no compre ropa de diseño exclusivo. Para que el servicio sea aún más especial, Mitchells remite cartas personalizadas de agradecimiento a los clientes en las que les agradece sus compras, les ofrece descuentos especiales en las próximas compras e incluso invita a sus clientes más valiosos a desfiles de modas y cócteles.

En Mitchells cuesta unos treinta minutos comprar dos trajes, tres camisas y cuatro corbatas, lo cual podría costar seis meses en otra parte. Los esfuerzos de la empresa por establecer una relación con los clientes aumenta la cuota de compra de cada uno de ellos, a la vez que conserva unos márgenes de beneficios superiores a los de la mayoría de los competidores.

Zane's Cycles en Branford, Connecticut (EE.UU.), ha logrado establecer una relación de gran lealtad con sus clientes y depende en gran medida de la recomendación de éstos para captar otros nuevos. Zane's ofrece a los compradores de sus bicicletas un servicio gratuito de garantía de por vida que cubre todas las reparaciones. Además, regala aquellos productos que cuestan menos de un dólar, conocedora de que estos detalles no pasan desapercibidos y se comentan.

Indigo, un conocido restaurante de Atlanta, no acepta reservas, salvo las de sus clientes más frecuentes y leales, que reciben un número que no figura en las guías para reservar mesa.

Estos ejemplos se refieren a establecimientos al por menor bastante compactos, con una o dos tiendas principales, productos de gama alta y un personal de ventas formado para reconocer de vista a la mayoría de los clientes regulares. Sin embargo, ¿qué sucede con una gran cadena minorista con múltiples puntos de venta, dedicada a productos más baratos con una menor intervención de los vendedores *in situ*? Algunas veces basta con ofrecer a los clientes la comodidad o la distinción de una tarjeta de crédito propia de la tienda, pero hoy en día es tan fácil obtener crédito que la mayoría de los clientes la rechazará si no existe ningún otro incentivo. Otro método, especialmente popular en Europa, es el plan de marketing de frecuencia basado en tarjetas, que recompensa a los clientes con puntos o descuentos, de modo que tengan que identificarse en el departamento de caja cada vez que acuden a la tienda. Aunque en realidad no se trata de los programas de "fidelidad" que afirman ser, proporcionan incentivos a los clientes para que se identifiquen en cada compra. Algunos ejemplos actuales de este tipo de programa son:

- Groupe Casino, la cadena francesa valorada en 14.500 millones de dólares que posee hipermercados, supermercados, tiendas y cafeterías, puso en práctica un programa de marketing de frecuencia basado en una tarjeta llamada Casino para sus supermercados que registró más clientes en seis meses que la tarjeta de crédito propia de la tienda para sus hipermercados, llamada Géant, en los seis años anteriores.

- Albert Heijn, el detallista holandés, inició un programa con una tarjeta que tuvo tanto éxito que captó más de dos millones de clientes durante las primeras semanas.
- Sainsbury y Tesco, dos detallistas de comestibles en el Reino Unido, cuentan con sus propios programas de marketing de frecuencia. En ambos casos, un cliente se interesa por el programa, rellena un breve cuestionario con información que lo identifica y recibe una tarjeta de cliente. Al presentarla al pagar en caja en cada visita a la tienda, gana puntos que le dan derecho a descuentos, servicios adicionales y ofertas especiales.
- Las franquicias de McDonald's Dallas/Fort Worth introdujeron hace poco la "Tarjeta McBreak" en 212 de sus restaurantes como parte de un programa de fidelidad. Los clientes consiguen puntos canjeables por elementos del menú. Se trata de una tarjeta térmica, sin banda magnética, por lo que no sólo resulta más barata, sino más fina y más cómoda de llevar para el cliente. Sin embargo, la tecnología térmica puede almacenar información básica de las transacciones en la tarjeta, que se convierte en una base de datos portátil. Todos los días, los franquiciados envían los datos de la Tarjeta McBreak a través del módem a una base de datos centralizada del departamento de marketing de McDonald's.

PROGRAMAS DE MARKETING DE FRECUENCIA

En todo el mundo se ponen en marcha programas de marketing de frecuencia, como programas para clientes habituales en tiendas y muchos otros, a fin de fortalecer los lazos con cada cliente. Sin embargo, ¿se trata en realidad de programas de marketing uno por uno, o se trata de meras tácticas de promoción para comprar la "fidelidad" de los clientes? La respuesta a esta pregunta depende de la naturaleza del programa.

Un programa de marketing de frecuencia debería considerarse una táctica del marketing uno por uno, pero no una estrategia en sí mismo. Es una táctica diseñada para que el experto en marketing pueda reunir información sobre los clientes cuya identidad podría no lograr de otro modo o cuyas transacciones no podría relacionar entre sí. La gente entra en una tienda de comestibles, en una librería o en un restaurante sin dejar el nombre ni dar la oportunidad al propietario del negocio de que la identifique personalmente.

En muchos negocios minoristas, el vendedor carece de medios para determinar que un cliente que entra hoy es el mismo que entró ayer o anteayer a comprar otro artículo. Por lo tanto, el objetivo clave de un programa de marketing de frecuencia consiste en animar a los clientes a identificarse a cambio de puntos, premios en efectivo, etcétera. Esta información del cliente es básica para establecer una relación individualizada.

La información sobre las compras de cada cliente, que muestra tanto las necesidades del consumidor como su valor para la empresa, permite a la compañía adaptar su trato al cliente o personalizar su producto o servicio. Cuanto mayor sea el grado de personalización, más leales serán los clientes.

Sin embargo, en muchas empresas se considera que un programa de marketing de frecuencia constituye el mecanismo básico para crear fidelidad. Es decir, el programa se aplica con miras a lograr la lealtad del cliente recompensándolo por sus compras. A menudo eso funciona, por lo menos a corto plazo, pero a largo plazo es una táctica contraproducente. Si el programa de frecuencia tiene éxito, la competencia lo imitará y ofrecerá recompensas iguales o similares para volúmenes de compras parecidos o para tipos de comportamiento semejantes. ¿El resultado? Una batalla de marketing de frecuencia entre competidores en la que el intercambio de recompensas se convierte en una forma sofisticada de competencia de precios, cliente a cliente.

En lugar de eso, es mejor generar mecanismos para cambiar el comportamiento de su empresa a partir de las compras de cada cliente. Ésta es la mejor forma de sacar el máximo provecho de un programa de marketing de frecuencia, a la vez que se recompensa a los clientes por su lealtad y se los anima a identificarse. Por ejemplo, una tienda de comestibles cuyos clientes utilizan una tarjeta de fidelidad para registrar su compra cada vez que van a la tienda podría obtener a lo largo del tiempo un registro bastante bueno de los comestibles que se consumen en el hogar de cada cliente. Ese registro podría utilizarse para ahorrarle una cantidad considerable de tiempo al cliente (siempre que la tienda pudiera cambiar su comportamiento para satisfacer las necesidades de compra de cada cliente).

Un método es la entrega de productos a domicilio. Reponer automáticamente los productos que el cliente consume con regularidad es otra estrategia, al igual que generar un informe electrónico de la lista de la compra del cliente y ofrecérsela para efectuar actualizaciones regulares.

Algunos de los mejores ejemplos de personalización para beneficiar al cliente en el ámbito de las tiendas de comestibles son Peapod, Streamline o NetGrocer. En la actualidad, existen muchos servicios de entrega de comestibles que permiten a los clientes mantener y actualizar su lista de un modo regular, con lo que la experiencia de la compra de comestibles mejora sin cesar. Sin embargo, para que eso sea posible no hay ninguna razón de peso que exija entregar los comestibles a domicilio. La tienda podría ofrecerse simplemente para encargarse de la lista de la compra del cliente. Al entrar en la tienda, éste podría pedir que le confeccionaran la lista para esa semana y, luego, añadir artículos o modificarla.

Si decide poner en práctica un programa de marketing de frecuencia para identificar a sus clientes, piense en el programa como en una forma de "oferta explícita" para cada cliente concreto. Recuerde que la finalidad del programa consiste en lograr que los clientes se identifiquen cada vez que tratan con usted.

A fin de conseguir que el programa de marketing de frecuencia cumpla este objetivo fundamental, deben tenerse en cuenta los siguientes aspectos clave:

1. Un programa de marketing de frecuencia puede ser adecuado para su negocio si todavía no conoce el nombre o la identidad de sus clientes, o si carece de una forma sencilla de vincular sus transacciones a lo largo del tiempo. En ambos casos, este tipo de programa obedece a la finalidad primordial de proporcionar una recompensa a los clientes por identificarse cada vez que van a su tienda o cada vez que le compran algo.

2. Facilite las cosas al cliente todo lo que pueda. Si es posible, evite el uso de tarjetas y otros certificados que el cliente deba llevar consigo. Intente encontrar un mecanismo que le permita identificarlos y recuperar su registro en el departamento de caja. En algunos casos, basta con el nombre y la dirección, con el nombre y el número de teléfono, o con sólo el número de teléfono. La clave es reducir o eliminar la molestia de identificarse.

3. Automatice el proceso. Establezca un vínculo electrónico, si es posible, entre la caja registradora y el programa de frecuencia. Esta medida debería eliminar el papeleo manual y agilizar el proceso de identificación.

4. Cuando establezca las reglas para definir a los clientes adecuados para el programa de marketing de frecuencia, compruebe que imponen algún tipo de mecanismo de autoevaluación del conjunto en el programa. Es decir, no es de desear que este programa resulte beneficioso a los clientes no leales. Así pues, debería asegurarse de que el incentivo que se ofrece, sea cual sea, sólo favorece a los clientes que se comportan de un modo que refleja un valor relativamente elevado para usted.

5. Promocione el programa entre todos sus clientes. Asegúrese de que todas las personas que llegan a la tienda o entran en contacto con cualquier área de su empresa reciben información sobre el programa y se les ofrece la posibilidad de participar en él.

6. Antes de poner en marcha el programa de marketing de frecuencia, debe definir cómo utilizará la información de los clientes para cambiar su estrategia respecto a cada uno por separado. Tiene que esforzarse siempre en potenciar la sensación de comodidad y de valor adquirido del cliente.

Es posible que el personal de su empresa en contacto con el cliente necesite recibir formación para obtener y documentar la información sobre cada cliente. Patrick J. Kennedy es director general de La Mansion del Rio, un hotel de lujo independiente de San Antonio, y ex presidente de Preferred Hotels and Resorts Worldwide, asociación a la cual pertenece La Mansion. El nombre comercial Preferred Hotels se incorpora a las estrategias de marketing combinadas de una asociación de hoteles de lujo de todo el mundo explotados en forma independiente, desde The Charles Hotel en Boston (EE.UU.) hasta el Grand Regency Hotel en Nairobi (Kenia). Hace unos años, tras ser elegido presidente de Preferred, Kennedy decidió concentrar los esfuerzos de la asociación en elaborar una base de datos de clientes con sus nombres, preferencias e información sobre las estancias de cada uno de los huéspedes de los hoteles miembros. Preferred Hotels fue fundada hace treinta años para que los hoteles independientes compartieran su clientela, de modo que Kennedy afirma que una base de datos de clientes sería la manifestación física de esa idea fundadora. Kennedy cree que una sólida base de datos de clientes proporcionaría una ventaja estratégica insuperable a Preferred Hotels.

El motivo de que una asociación de hoteles como Preferred desee tener información de este tipo resulta obvio. En primer lugar, poseer una base de datos de huéspedes permitiría a todos los hoteles del grupo identificar a aquellos que repiten, Aunque esto pueda parecer sencillo, no es fácil que un hotel recopile datos sobre sus huéspedes a través de los sistemas informáticos de gestión inmobiliaria orientados a la producción que la mayoría posee. Si un hotel pudiera cubrir tan sólo un pequeño porcentaje de sus plazas con huéspedes que repiten, el coste del sistema quedaría más que justificado. Kennedy afirma que éste era el objetivo más importante de la iniciativa: identificar a los huéspedes habituales. Además, si se conocen sus gustos y preferencias particulares, se puede tratar de un modo distinto a los distintos clientes, según el trato que quieran recibir. Si se conocen las preferencias del cliente, a éste le resulta más fácil registrarse, disponer de la almohada adicional que desea u obtener información sobre los acontecimientos locales relacionados con el golf que sean de particular interés.

Sin embargo, Kennedy sabía que preparar una base de datos y usarla no iba a ser fácil, ya que no era algo que pudiera añadirse sin más al funcionamiento habitual de cada hotel. De hecho, comenta lo siguiente:

Nos dimos cuenta de que el proceso constaría de tres partes. La primera consistía en obtener la información. En la segunda, teníamos que incorporar la infraestructura adecuada para alimentar, mantener y usar la base de datos. En tercer lugar, teníamos que descubrir cómo comunicarnos con los huéspedes y establecer un diálogo con ellos. En cuanto al proceso de obtención de la información, nos reunimos y nos preguntamos: "¿Cuáles son los puntos de contacto diarios en un hotel donde es lógico reunir información sobre los clientes?". Identificamos esos puntos, así como a las personas que probablemente intervendrían en esa tarea. Esto resultó revelador. A pesar de llevar mucho tiempo en este negocio, no me había percatado de cuántas oportunidades desaprovechábamos.

Al final, sólo veinte Preferred Hotels decidieron instalar el sistema de base de datos de clientes patentado. Por tanto, Kennedy compró el *software* y montó su propia empresa, Guest Information Network, Inc. ("Guestnet") con el objetivo de proporcionar a todos los hoteles la capacidad de obtener información sobre huéspedes concretos y acceder a ella.

Para facilitar la obtención de la información sobre cada huésped y sus preferencias, Kennedy recomienda que sus clientes utilicen un sistema que incluya, entre otros elementos, "tarjetas de preferencias del huésped" en poder de todas las personas de contacto del hotel. De ese modo, siempre que un huésped exprese un deseo, formule una queja o efectúe una sugerencia, el empleado correspondiente del hotel sólo debe introducir la información en una tarjeta de preferencias y dejarla para que se introduzca en la base de datos al final de la jornada.

¿Para qué tomarse tantas molestias? ¿Para qué crear un sistema como éste? Kennedy puede resumir las ventajas de identificar y recordar a los clientes en un santiamén:

Damos al hotel los medios y la oportunidad para lograr la lealtad de los huéspedes, y sabemos que para ello hay factores importantes que no tienen nada que ver con lo que cuesta la habitación. Uno de los elementos clave consiste simplemente en recordar detalles de las estancias anteriores de los huéspedes, cosas que para ellos son importantes y que les permitirán disfrutar más en su siguiente estancia.

Por otra parte, quizá no tenga la suerte de ponerse en contacto con sus clientes en persona. Puede que su canal primordial de ventas a los consumidores sea a través de los establecimientos al por menor de otras empresas. Una empresa de bienes de consumo empaquetados (BCE), por ejemplo, se anunciará para aumentar la demanda de sus productos entre los consumidores, pero éstos los compran en una tienda de comestibles al por menor y no entrarán nunca en contacto directo con la empresa. No sólo la empresa de BCE desconoce la identidad de esos consumidores, sino que la mayoría de los minoristas que venden sus productos no conocen a la gran mayoría de sus clientes.

Por descontado, una estrategia que podría aplicar la empresa de BCE, o cualquier otra que vende a los consumidores a través de los canales minoristas, consistiría en establecer relaciones individualizadas con los miembros de esos canales. Sin embargo, tarde o temprano, a medida que la tecnología introduzca a todas las empresas en un entorno empresarial más interactivo y con abundante información, será importante identificar a un mayor porcentaje de los usuarios finales a fin de consolidar las relaciones interactivas con ellos.

Si trabaja en una empresa de BCE, es probable que no tenga problemas para trabajar con la información de la que ya dispone sobre sus clientes porque lo más seguro es que sea poca. Así pues, deberá centrarse en generar más contactos directos con los clientes, sin poner por ello en peligro la relación con sus socios del canal minorista. Algunos programas ya existentes o que podría plantearse poner en práctica comprenden los siguientes:

- Páginas Web de productos e inscripciones
- Asociaciones culinarias para los consumidores de productos alimentarios

- Consejos de limpieza para los consumidores de detergentes
- Concursos y sorteos
- Programas de muestras si se va a comercializar un nuevo producto
- Clubes infantiles
- Información gratuita sobre los productos y centros de sugerencias
- Canje de cupones
- Programas de reabastecimiento automático

En la mayoría de las empresas con múltiples productos, del marketing y/o de las ventas se encargan principalmente divisiones distintas, o directores de producto o grupos comerciales diferentes. A menudo, distintas organizaciones de marketing de la misma empresa venden a bases de clientes que se superponen. Si ése es el caso, una forma sencilla de obtener más información que identifique a los clientes consiste en coordinar los esfuerzos de las distintas divisiones y comparar los datos. "Os enseñaremos los nuestros si nos enseñáis los vuestros."

Al margen de la esperada resistencia territorial y política, el principal obstáculo a la hora de obtener información de otras divisiones puede radicar en que hayan desarrollado un formato único e incompatible para reunirla y almacenarla. Puede que una división identifique los hogares, mientras que otra identifique a los consumidores que los componen. Tal vez una división obtiene el nombre y el número de teléfono, mientras que otra, el nombre y la dirección postal.

No es preciso disponer al principio de un formato general para identificar a los clientes, aunque cuanto antes pueda lograrse uno, mejor. Lo que sí es importante es no apresurarse a poner en marcha un programa adicional para identificar a los clientes sin conocer primero con exactitud cómo se integrará la información obtenida en las bases de datos que ya posee la empresa.

También resulta útil que alguien a nivel corporativo muestre interés en unificar las bases de datos y los formatos dispares, adoptando un enfoque global de toda la empresa. Ford Motor Company consta de varias divisiones diferentes, las cuales venden con distintos nombres comerciales que no sólo comprenden Lincoln-Mercury, sino también Jaguar y Mazda. Dave Ropes, el primer director de publicidad corporativa y marketing integrado de Ford, fue contratado a nivel corporativo para supervisar la consolidación de las medidas de marketing orientadas al cliente adoptadas por el conjunto de la empresa. El primer paso en la "reorganización" de esos esfuerzos de la compañía consistió en combinar la información de cada cliente que se encontraba en las distintas bases de datos no relacionadas entre sí de la empresa. Según Ropes:

> Hemos consolidado la mayoría de las bases de datos de cada división en una única base de datos para toda la empresa que incluye a unos treinta y cinco millones de propietarios y arrendatarios de nuestros automóviles. En la actualidad, la base de datos está estrictamente limitada a la información sobre los propietarios y los arrendatarios (no incluye a posibles clientes). Ya hemos efectuado algunas pruebas iniciales para proporcionar incentivos de mayor valor a los propietarios actuales de nuestros productos para que adquieran un automóvil mejor dentro de la gama del que poseen, y la respuesta ha sido muy atractiva. Un ejemplo de este tipo de incentivo de valor añadido es el siguiente: si un cliente posee en la actualidad un Explorer de un modelo de entre 1992 y 1997, podríamos ofrecerle un incentivo para comprar un modelo de 1998. Sin embargo, pronto pasaremos a los propietarios de una marca a otra dentro de Ford Motor y los beneficios reales consisten en aumentar nuestra cuota del cliente durante el período de su vida en que posea un automóvil.

Si sus compradores son empresas, éstas pueden identificarse de modo distinto según el país o el producto que compren. Ello puede deberse a que están muy descentralizadas o a que eso les suponga obtener una ventaja de sus vendedores. En cualquier caso, su empresa necesita saber si el cliente que compra a la División A en el País 1 es el mismo que compra a la División B en el País 2.

En 3M, una importante iniciativa para centrarse más en el cliente y convertirse en una empresa individualizada está generando preguntas en este sentido. Dado que se trata de una empresa mundial con múltiples divisiones, vende una amplia gama de productos a distintos tipos de clientes. Según Bruce Hamilton, encargado del marketing centrado en el cliente en 3M:

> Elaboramos nuevas bases de datos para conocer bien quiénes son nuestros principales clientes. Además de eso, queremos saber, por supuesto, lo rentable que es nuestra relación con cada cliente. Para ser honestos, todavía faltan dos o tres años para lograr este objetivo debido al modo en que cerramos las operaciones en la actualidad. Cuando vendemos a una filial de IBM en Asia que quizá no se identifica como IBM, no podemos detectarla como una venta a IBM. No podemos registrar las compras de IBM ni siquiera en Estados Unidos si las efectúa a través de varios canales o distribuidores distintos. En muchos casos, los socios de los canales de distribución que usamos en la actualidad no tienen que identificar al usuario final sino limitarse a vender nuestro producto. Sin embargo, trabajamos en esa dirección.

Decidir un identificador de los clientes

¿Cómo "etiquetar" la identidad de cada cliente? Es evidente que conocer su nombre no es siempre suficiente ("¿Cuál de los varios Bill Smith es éste?"), y que los nombres están sujetos a erratas y a formatos inconsistentes ("¿Era Bill Smith, William Smith o William D. Smith? ¿Es Grover J. Schmidt la misma persona que Grover J. Schmitt?"). Las direcciones postales presentan dificultades parecidas, aunque cuando se identifica a alguien por el nombre y la dirección, se trata sin duda de una etiqueta mucho más precisa.

Independientemente de cómo decida etiquetar a los clientes su unidad de negocio, deberá prever cómo trasladar estos datos a las distintas unidades de negocio de su empresa, que permita comparar los datos del modo más eficaz posible. Hewlett-Packard, por ejemplo, ha establecido un estándar de recopilación de información sobre los clientes, de modo que los datos identificadores de los clientes que obtienen las distintas unidades de negocio de esta empresa tan grande pueden compartirse entre todas.

Toda base de datos necesitará, en algún momento, asignar un número de cuenta o identificador único y fiable a cada registro individual. ¿Verdad que sería maravilloso que sus clientes supieran de memoria el código de su cuenta cuando llaman por teléfono o van a su tienda? Los códigos de cuenta serían el método perfecto para distinguir a los clientes, pero, por supuesto, eso no sucede.

Una empresa automovilística que utiliza el número de identificación del vehículo como identificador del cliente se está buscando problemas, puesto que los clientes se resisten a tomarse la molestia de buscar ese número en la documentación del automóvil o en la póliza de seguros. Además, algunos clientes tienen más de un vehículo.

Si lleva a cabo un programa de marketing de frecuencia, podría tener sentido pedir a los clientes que llevaran consigo una tarjeta de miembro. Intente que resulte lo más cómodo posible para el cliente, pero tenga presente que seguirá encontrando resistencia. A no ser que venda un producto insignia de gran importancia, a los clientes no les gustará tener que llevar una tarjeta más sólo para que usted pueda identificarlos cuando vayan a su tienda o lo llamen por teléfono. Pedir que lleven esa tarjeta desanimará a algunos miembros y, en muchos casos, reducirá las ventajas del programa.

Es posible que pueda establecer un servicio útil o cómodo para los clientes que le permita identificarlos y registrar sus compras. Veamos el programa del Speedpass de Mobil. El Speedpass es un pequeño dispositivo que se adhiere al llavero o a la ventanilla trasera del automóvil. Si lo lleva incorporado al llavero y lo pasa por el "Cuadrado Speedpass" situado en la bomba de gasolina, o si llega con él en la ventanilla trasera, puede pagar el combustible sin utilizar dinero en metálico ni tarjetas de crédito, lo cual le ahorra tiempo. Al igual que un pase de autopistas carga automáticamente en su cuenta el importe cuando cruza el peaje con el automóvil, el Speedpass descuenta el importe de la tarjeta de crédito indicada. Así, el cliente se evita tener que especificar si pagará con tarjeta de crédito o de débito, en cuál debe cargarse el importe y si desea un recibo. Tampoco hay que esperar ninguna autorización. La ventaja para Mobil es que el Speedpass proporciona un registro perfecto de la identidad del cliente y de todas sus transacciones.

Vale la pena considerar en diversos casos los chips controlados por radiofrecuencia como los que permiten el funcionamiento del programa del Speedpass. Imagínese que puede equipar al cliente con una tarjeta de crédito con los mismos resultados en el departamento de caja que el Speedpass en la gasolinera.

Otra tecnología que debe tenerse en cuenta es la "tarjeta inteligente", una tarjeta de crédito con un microchip en lugar de una banda magnética. El microchip registra información, de modo que la tarjeta de crédito se convierte en una base de datos que transporta información del cliente de un sitio a otro. En Europa, donde las tarjetas inteligentes están mucho más desarrolladas y extendidas que en Estados Unidos, esta tecnología podría ser el modo más sencillo de elaborar un programa que favorezca que los clientes se identifiquen.

La PTT holandesa (compañía de correos y telégrafos) ha desarrollado un sistema de quioscos que permitirá a los usuarios cargar su tarjeta inteligente con dinero de sus cuentas bancarias. Desde el quiosco (o desde un ordenador en casa), el cliente podría comprobar los asientos disponibles en un estadio para un acontecimiento próximo, comprar una entrada electrónicamente y actualizar la tarjeta para reflejar la operación. Unas semanas más tarde, cuando acudiera al estadio, los organizadores reconocerían la entrada al pasar la tarjeta por el torniquete. Por supuesto, si se combinaran las tarjetas inteligentes con los chips de interferencia por radiofrecuencia, el cliente se limitaría a pasar por el torniquete y "se leería" automáticamente la entrada de su tarjeta (¿no quiere llevar siquiera una tarjeta? No se desanime. En unos pocos años, podríamos llevar los microchips de interferencia por radiofrecuencia instalados en el reloj de pulsera).

Supongamos que no tiene acceso inmediato a este tipo de tecnología y que no desea lanzar un programa que exija que sus clientes lleven una tarjeta de fidelidad. Seguirá necesitando un método para identificar a cada cliente cuando interactúe con él. Algunas posibilidades son las siguientes:

Número de teléfono. La gente recuerda su número de teléfono sin dificultad. Así pues, al acceder al centro de atención telefónica, ese número puede identificarse por adelantado. Si el cliente llama desde casa, el representante del servicio puede confirmar su identidad con bastante facilidad. Llame a Pizza Hut para pedir una pizza y le pedirán el número de teléfono. Cuando la tienda lo introduce en su base de datos, obtiene su registro de cliente con los nombres de la gente que vive en su hogar que ha encargado pizzas en el pasado y con el detalle de sus pedidos.

Por otra parte, algunos clientes se resistirán a darle su número de teléfono cuando se lo pida por miedo a que los llame y los moleste con algún tipo de oferta. Además, en la mayoría de los hogares existe un único número de teléfono para todos sus miembros, de modo que éste no sería suficiente para identificarlos por separado. Lo mismo es también cierto a la inversa: un hogar con varias líneas y números telefónicos termina por extenderse por toda la base de datos.

Número de la Seguridad Social. Aunque parezca increíble, algunas empresas toman el número de la Seguridad Social de sus clientes a fin de identificarlos sin lugar a dudas. MCI, por ejemplo, pide de modo rutinario este número a sus clientes al abrirles una nueva cuenta. La empresa decidió utilizarlo porque constituye el método más fiable de seguir a un cliente de un lugar a otro. Así, cuando un cliente "nuevo" solicita sus servicios en Abilene, sabe que es el mismo que "dejó" MCI cuando se marchó de Chicago.

Sin embargo, a medida que la protección de la intimidad adquiera mayor importancia, conseguir que un cliente proporcione su número de la Seguridad Social será más difícil. Eso es bastante conflictivo porque, en la mayoría de los casos, son los clientes más valiosos (aquellos con los ingresos más altos y que gastan más dinero) quienes menos desean proporcionar este tipo de información.

Datos combinados. El método más usado consiste en combinar el nombre y la dirección. Eso es incómodo si necesita procesar las transacciones deprisa. Presupone que el cliente interactuará con un operador humano o una persona de atención al cliente con acceso inmediato a la base de datos para poder comprobar la información rápidamente, pero es sencillo, natural y fiable.

Contraseñas personales. Otro modo de permitir a los clientes identificarse sin que lleven tarjetas consiste en asignarles un nombre de usuario, algo que las páginas Web y los servicios por Internet ya utilizan. El nombre de usuario no tiene que reservarse para las transacciones en Internet. Puede pedir a un cliente que especifique su apellido, así como cuatro números, de tres a siete letras, el nombre de un animal o lo que sea. Luego, lo único que debe preocuparle es que el cliente consiga recordar lo que ha especificado. Para facilitar el proceso podría sugerirle que utilizara las últimas cuatro cifras de un número de teléfono o el mes y el día de un cumpleaños. También podría proporcionarle una tarjeta de miembro con su identificador personalizado en lugar de un código de cuenta asignado.

Identificar a un cliente en una situación interempresarial

Un experto en marketing entre empresas debe identificar también a los clientes para conseguir aplicar una estrategia individualizada, y muchos de los aspectos coinciden. Sin embargo, en esta categoría existen algunas diferencias importantes que merecen una consideración adicional. Por ejemplo, cuando sus clientes son empresas, ¿quién debería encontrarse al otro lado de la relación? ¿Debería ser el director de compras o el ejecutivo que firma los pedidos? ¿Debería ser el vicepresidente financiero que aprobó el contrato? ¿O debería ser el supervisor de producción que utiliza el producto?

La forma correcta de enfocar esta situación es pensar en cada una de estas circunscripciones como en una parte de la base de clientes. Cada una es importante a su manera y debería seguirlas por igual. Con los sistemas de automatización de las ventas cada vez más sofisticados que existen, no hay motivo para no hacerlo. Sólo tiene que asegurarse de que su personal de ventas está de acuerdo (véase capítulo once).

Para muchas empresas que venden equipos a otras empresas, el mayor problema es identificar a los usuarios finales reales del producto. Saber quiénes son los directores de compras y quiénes aprueban los contratos es fácil, pero averiguar qué persona de la empresa utiliza su producto y depende de él para trabajar, suele ser bastante más difícil.

Entre los métodos para identificar a los usuarios finales figuran los siguientes:
- Si su producto lleva elementos que deben reponerse (tinta, bocas de barrena, papel de grabación, productos químicos, etcétera),

proporcionar un método cómodo para pedir estos suministros es un servicio evidente para sus usuarios finales. Obtendrá su identidad cuando rellenen las órdenes de pedido, cuando lo llamen por teléfono o cuando se conecten a su página Web para hacer el pedido.

- Si su producto es de difícil manejo y requiere un manual de uso detallado o quizá distintos folletos de instrucciones de uso, un modo de obtener la identidad de los usuarios finales consiste en ofrecer esas complejas instrucciones en un formato adaptado y simplificado: "Rellene el cuestionario para indicarnos cómo usará nuestro equipo y le enviaremos una versión más corta, sencilla y específica de las instrucciones de uso".

- Si su producto precisa un mantenimiento o calibrado periódico, o si necesita una revisión regular por cualquier motivo, puede utilizar esas ocasiones para identificar a los usuarios finales.

- Considere equipar a su maquinaria con una conexión habilitada para Internet: "Instale la máquina, conéctela con su red de área local y podremos controlar y mantener su equipo a distancia."

- Solicite que el principal usuario final "inscriba" la máquina tras instalarla. Puede aceptar las inscripciones por teléfono, correo o correo electrónico, pero lo importante es asegurarse de que esa inscripción del equipo suponga una verdadera ventaja para el usuario final.

- Incluya algún tipo de promoción para el usuario final. Envíe las máquinas con ofertas en los catálogos de nuevos equipos o información útil para el sector. También puede incluir una suscripción gratuita a una revista para usuarios.

- Incorpore algún programa en la máquina que reconozca a los usuarios por separado y les permita usar el equipo de modo más productivo.

Test and Measurement Organization de Hewlett-Packard vende muchos tipos de equipos, desde sencillos osciloscopios hasta complejas máquinas de verificación de microcircuitos que pueden costar medio millón de dólares o más. Un sistema complejo de verificación de HP suele instalarse en una empresa donde lo usan varios ingenieros y técnicos para comprobar, cada uno de ellos, su propio circuito o para realizar una tarea única y específica. Efectuar todos los ajustes necesarios antes de terminar una sola verificación puede llevar entre varios minutos y media hora. Tras la prueba, el ingeniero regresa a su departamento y el siguiente ingeniero, de otro departamento, utiliza la máquina.

Otro problema exclusivo del comercio interempresarial es que las empresas son clientes menos permanentes que los consumidores. Su identidad cambia con mayor frecuencia. Un director puede ser transferido o promocionado a un área distinta de responsabilidad, o puede marcharse de la empresa. Eso exige prestar una atención especial a la actualidad de la información de la base de datos de este tipo de clientes. El personal de ventas debe confirmar constantemente la identidad de los clientes y la información sobre las cuentas.

De todos modos, habrá muchos otros aspectos que el personal de ventas querrá saber y confirmar respecto a sus clientes. Así pues, con un grado razonable de interacción, no debería resultar demasiado difícil mantener actualizada la base de datos de los clientes, siempre y cuando usted venda directamente. Una buena regla afirma que la información que identifica a los clientes debería actualizarse o verificarse como mínimo una vez cada dos años. Eso significa actualizar un 5% de los nombres de la base de datos cada mes, en un proceso de "confirmación de la situación" que puede realizarse a mano, con personal de oficina y un teléfono corriente (si lleva a cabo este tipo de programa, no olvide que quizá desee obtener, de paso, otros datos de sus clientes).

Si, por otra parte, vende a través de un canal indirecto, para actualizar la información necesitará los mismos recursos que para identificar a los usuarios finales en primer lugar. Deberá preocuparse de mantener actualizados los datos. En la medida de lo posible, proporcione a los usuarios finales incentivos y mecanismos para notificarles cualquier cambio de la situación.

Para realizar un seguimiento de su cliente en una situación interempresarial, pueden asignarse contactos concretos a ejecutivos concretos (no necesariamente todos ellos de ventas) de su empresa. Cada ejecutivo debería tener una pequeña lista de contactos de los posibles clientes y de los clientes actuales a quienes conoce por el nombre de pila. Se trata de la "lista de nombres de pila" del ejecutivo, cuyo mantenimiento puede asignarse al departamento de operaciones de marketing o gestión de ventas. Cada ejecutivo es el "patrocinador" de todas las personas de su lista de nombres de pila, y su política de clientes debería garantizar que la correspondencia y las interacciones con esos clientes se realizan sólo a través del patrocinador, con su firma o con su conocimiento. Esto funciona muy bien cuando se posee un número muy limitado de empresas cliente, o se trata de clientes preferentes (VIP).

No importa cuál sea su definición de "cliente" ni cómo los **Sea flexible** identifique y etiquete en su base de datos, debe poder dar cuenta de las situaciones en que su sistema no funciona a la perfección. Al final, los límites que separan a cada cliente pueden ser autoimpuestos (por el cliente, no por usted). El "cliente" consiste en lo que éste diga, y si quiere tratar de un modo distinto a los distintos clientes, tendrá que contemplar definiciones individuales.

Schwab utiliza el teléfono y las conexiones a través de Internet para realizar la inmensa mayoría de las transacciones con sus clientes. Dado que, por regla general, los clientes no tienen asignado ningún representante concreto, quien responde la llamada debe tener acceso inmediato a la cuenta del cliente, tal como éste la entiende. Por lo tanto, el sistema de Schwab permite que los representantes mezclen y combinen cuentas a fin de reunir todo lo que para un cliente constituyen sus inversiones. Por ejemplo, si el cliente posee una cuenta personal y un negocio estrechamente controlado con su cuenta propia en Schwab, y el nombre y la dirección de la cuenta de negocios no coinciden con los datos personales del cliente, los procedimientos de rutina no relacionarán estas dos cuentas entre sí. Sin embargo, un representante de Schwab puede modificar manualmente las relaciones entre las cuentas, de modo que cuando se solicita el registro de ese cliente, aparezcan las dos cuentas, ya que él controla ambas.

Es importante ser flexible. Así es cómo se genera la sensación de "continuidad" que facilitará las transacciones y fortalecerá la lealtad del cliente. Cuando identifique a los clientes, tiene que hacer lo imposible para reflejar la propia idea de identidad de éstos en su sistema de clasificación. Por regla general, al cliente no le importa ni desea saber cómo lo identifican. Lo único que quiere es que lo traten como a una persona. Respetar la individualidad de sus clientes —lo que, al fin y al cabo, es de una profundidad infinita— constituye la base de la empresa individualizada.

Lecturas recomendadas

Gordon, Ian H., *Relationship Marketing: New Strategies, Techniques and Technologies to Win the Customers You Want and Keep Them Forever*, John Wiley & Sons, 1998.
Gordon es una de las voces pioneras en marketing de relaciones. Este libro incluye algunas herramientas y técnicas muy prácticas para ayudar a las empresas a poner en práctica una estrategia con éxito. Lo analiza todo, desde la tecnología y hasta la gestión del marketing de relaciones.

Rapp, Stan, y Thomas L. Collins, *The New Maximarketing*, McGraw-Hill, 1996.
Rapp y Collins demuestran con eficacia cómo enfocar los retos de un marketing y una publicidad crecientes. Analizan aspectos como la selección de objetivos, la exploración de los medios de comunicación, la responsabilidad, el impacto de la publicidad y las relaciones con los clientes.

Woolf, Brian, *Customer Specific Marketing: The New Power in Retailing*, Teal Books, 1996.
Woolf describe el eclipse del marketing de masas por lo que denomina "marketing específico del cliente". Muestra cómo los minoristas pueden desprenderse de sus "estrategias de marketing basadas en la fijación de un precio para todos" y ofrecer ventajas y precios específicos a los distintos clientes. Un manual indispensable para aquellos detallistas que no quieren quedarse atrás en la era de la información.

Actividad 3A

Aspectos de la identificación para ser comentados por el equipo de transición

Fecha de finalización propuesta: _____

1. Charla de ascensor: Algunas personas de su organización consideran que "identificar a los clientes" significa "captar a los compradores con más posibilidades", pero usted sabe que "identificar" significa reconocer al cliente en cada interacción, a través de todos los canales, en todas las divisiones y áreas. ¿Cómo explicaría la diferencia en pocas palabras?

_____

_____

_____

_____

_____

2. ¿Cómo obtiene su organización la información que identifica a los clientes? Si se encuentra en un entorno interempresarial, ¿cómo obtiene la información sobre las personas clave en la toma de decisiones?

_____

_____

_____

_____

_____

3. ¿Cuáles cree usted (y su equipo) que serán los beneficios inmediatos de conocer a sus clientes por separado?

_____

_____

_____

_____

_____

Actividad 3B

Inventario/fuente disponible de identificación de los clientes

Determine qué métodos de identificación de los clientes y de obtención de datos se utilizan en su organización. Evalúe cuántos criterios cumple cada fuente de la lista. Dado que estos criterios son progresivos, de izquierda a derecha, cuantos más "vistos" anote junto a una fuente, más valiosa será.

Fecha de finalización propuesta: _____

Número de nombres disponibles	Método de identificación de los clientes	Disponible en formato digital (√)	Aplicable a su unidad de negocio (√)	Parece preciso (√)
	Registros de facturación			
	Formularios de sorteos y concursos			
	Registros de garantía			
	Canje y cupones descuento			
	Comentarios de los clientes y datos de las investigaciones			
	Informes del personal de ventas u otro personal de campo			
	Registros de reparaciones y servicios			
	Mailings y promociones locales o regionales			
	Programa de frecuencia/tarjeta de fidelidad para los clientes más valiosos			
	Grupos de usuarios, clubes y grupos de afinidad relacionados con su empresa o producto			
	Revistas o boletines informativos de su sector			
	Operaciones cooperativas con detallistas, revendedores y distribuidores			

Otras alianzas con empresas cercanas al cliente	
"Intercambio de listas" con otras empresas del sector	
Intermediarios de listas de *mailing* y suminitradores de datos del sector	

Actividad 3C

Para empezar: Lista de control para la identificación de los clientes

Utilice esta lista de ideas para identificar a los clientes e inicie su propio plan de actuación. Priorice estas y sus propias ideas según la importancia que tengan en su caso.

Fecha de finalización propuesta: _____

Todas las empresas	
Prioridad (1-5)	**Descripción de la tarea**
	Adopte medidas para asegurarse de obtener la identidad de los clientes nuevos
	Identifique a los clientes y/o los usuarios finales actuales a través de los registros financieros de la empresa existentes
	Identifique a los clientes y/o los usuarios finales actuales a través de los encartes en los embalajes
	Identifique a los clientes y/o los usuarios finales actuales a través de la remisión de las tarjetas de garantía
	Identifique a los clientes y/o los usuarios finales actuales a través de las llamadas de consulta y/o el servicio de atención al cliente
	Identifique a los clientes y/o los usuarios finales actuales a través de las visitas y las inscripciones de la página Web

	Identifique a los clientes y/o los usuarios finales actuales a través de los registros de asistencia a exposiciones comerciales
	Identifique a los posibles clientes a través de seminarios
	Identifique a los posibles clientes a través de boletines informativos gratuitos
	Identifique a los posibles clientes a través de la página Web
	Identifique a los posibles clientes a través de concursos, promociones o publicidad
	Identifique a los posibles clientes a través de las consultas o las llamadas telefónicas

Sólo empresas dedicadas al comercio interempresarial

Fecha de finalización propuesta: _____

Prioridad (1-5)	Descripción de la tarea
	Para cada cliente (que será una empresa), identifique y localice quién toma las decisiones y quiénes influyen en ese proceso, los compradores o los usuarios del producto
	Cuando el miembro de una empresa cliente se va a otra, establezca un sistema para detectar esos cambios y dirigir los informes al nuevo representante de ventas o persona de contacto
	Cree una iniciativa para toda la empresa de modo que un cliente no tenga que repetir dos veces lo mismo
	Elabore "listas de nombres de pila" con las personas más importantes de las compañías que constituyen los clientes más valiosos para que el personal de ventas y los ejecutivos clave se concentren en conocerlos mejor uno a uno

	Identifique a todos los posibles patrocinadores de listas de nombres de pila en su organización y asigne algunos clientes a cada uno de ellos
	Identifique y controle y los registros duplicados de individuos y clientes. Asigne a alguien para que elimine los registros duplicados y consolide la información de diversas fuentes
	Prepare un boletín informativo con instrumentos de respuesta para mantener un contacto continuo con los posibles clientes de las listas de nombres de pila
	Organice seminarios y visitas con los posibles clientes de las listas de nombres de pila
	Prepare programas telefónicos para mantener un contacto continuo con los posibles clientes de las listas de nombres de pila
	Prepare programas de correo electrónico para mantener un contacto continuo con los posibles clientes de las listas de nombres de pila

Actividad 3D

Lista de tareas para identificar a los clientes

Fecha de finalización propuesta: _____

¿Quién lo hará?	¿Para cuándo?	Tarea	Acabada al 75% (√)	Acabada al 100% (√)
Tareas aplicables a las compañías de consumidores e interempresariales				
		Determine de cuántos usuarios finales se conoce la identidad		
		Idee programas o iniciativas para aumentar el porcentaje actual de clientes cuya identidad se conoce		

Establezca un formato común para identificar a los clientes

Determine cómo vincular la identidad de un cliente con todos sus contactos y transacciones en todas las divisiones, departamentos, productos y funciones

- ¿Es preciso que ese vínculo se produzca en tiempo real?

  Sí _____ No _____

- En caso afirmativo, determine cómo hacerlo posible

Facilite a los empleados y directores la obtención de la información sobre los clientes

Permita a los clientes introducir y actualizar ellos mismos la información que los identifica

Determine cómo reunir datos no transaccionales en la base de datos (por ejemplo, consultas telefónicas que no generan ninguna venta, devoluciones, etcétera)

Desarrolle un sistema que garantice que los datos de contacto se actualizan

Identifique todos los registros de clientes que aparecen en más de una base de datos en su organización y asigne un patrocinador a cada uno de ellos

Averigüe los parámetros "enviado a" y "enviado por" para todos los clientes reales y posibles

Plantéese programas para lograr que los clientes actuales le traigan más clientes nuevos

Tareas aplicables sólo a las compañías de consumidores

Garantice que la identidad de los nuevos clientes se obtiene cuando se convierten en clientes, mediante:
- el correo
- el teléfono
- el fax
- la página Web
- el punto de compra, a través de:
    - la tarjeta de crédito
    - el cheque
    - el efectivo/el cargo
    - otros: _____

Tareas aplicables sólo a organizaciones interempresariales

Si es fabricante, decida cómo obtendrá la información sobre:
- los especificadores
- los usuarios finales
- el personal que toma las decisiones
- los que influyen en las decisiones
- las empresas afiliadas

Desarrolle un método para seguir la pista a cada persona de contacto cuando cambie su posición en la organización del cliente

Establezca listas de nombres de pila del personal de ventas y de los ejecutivos clave en la organización del cliente
- Identifique a las personas de su organización que conocen a estas personas por el nombre de pila
- Asigne a una de esas personas como contacto principal para actuar como patrocinador de cada una de estas personas clave en la organización del cliente
- Centralice esta lista y manténgala actualizada para asegurarse de que los profesionales de toda su empresa pueden acceder a ella con facilidad

Identificar: Ejemplo de hoja de trabajo para la lluvia de ideas

La idea:

_____

Los detalles:

_____

Los datos necesarios:

-
-
-
-
-
-

-
-
-
-
-
-

Puntuación/Grado de prioridad: **Beneficios para la organización:**

Impacto	_____
Asequibilidad	_____
Beneficios	_____
Volumen posible	_____

_____ A corto plazo _____ A largo plazo

¿Precisa la cooperación de otros?

Dirección corporativa _____

Dirección de empresa _____

Alto = 1   Bajo = 5   Organización _____

CAPÍTULO CUATRO

Diferenciar a los clientes

CÓMO SABER LO QUE VALEN PARA USTED
LOS DISTINTOS CLIENTES Y LO QUE NECESITAN DE USTED

Identificar   *Diferenciar*   Interactuar   Personalizar

*PASO 2 PARA PONER EN PRÁCTICA LA ESTRATEGIA: Primero,
ordenar a los clientes según el valor que tienen para su empresa y, luego,
diferenciarlos por lo que necesitan de su empresa.*

Para tratar de un modo distinto a los distintos clientes, tiene
que saber lo que diferencia a un cliente de otro. La diferenciación
de los clientes es quizás el más poderoso de los cuatro principios
para instaurar una estrategia individualizada, ya que establece el
modo como la empresa se comporta hacia cada cliente.

Diferenciar a los clientes es una parte tan importante de una
estrategia basada en una relación individualizada que ya hemos escrito con profusión sobre ello. En el capítulo cuatro de *Uno por uno:
el marketing del siglo XXI* y, de nuevo, en los capítulos dos, tres y cinco
de *Enterprise One to One*, desarrollamos la idea de la diferenciación
de los clientes en una teoría bastante detallada.

En este capítulo, necesitamos aportar herramientas, no sólo para
conocer la teoría de la diferenciación de los clientes sino también

para llevarla a la práctica. Nuestro objetivo es mostrarle formas prácticas de usar la información sobre sus clientes para diferenciarlos entre sí, ya que eso será fundamental para beneficiarse como empresa individualizada. Así pues, la primera mitad de este capítulo consiste en un repaso general resumido y conciso de los principios implicados en la diferenciación dc los clientes, y la última parte consta de un conjunto de sugerencias para utilizar la información sobre los clientes a fin de llevar a la práctica estas teorías.

Diferenciación de los clientes: la teoría

Los clientes difieren entre sí en función de dos aspectos principales: tienen un valor distinto para la empresa y necesitan cosas distintas de la empresa. Dicho de otro modo, los factores clave de la diferenciación son lo que el cliente quiere y lo que vale. El valor de un cliente, en relación con otros clientes, permite a la empresa priorizar esfuerzos y dedicar más recursos para conseguir que los clientes más valiosos sigan siendo leales y que aumente su valor. Asimismo, satisfacer las necesidades de un cliente concreto es la base para establecer una relación y ganarse su lealtad.

El proceso de diferenciación de los clientes debería contar con dos fases, en este orden:

1. Clasificar a los clientes por su valor.
2. Diferenciar a los clientes según sus necesidades.

En primer lugar debe conocer el valor de cada cliente. Después, debe diferenciarlos entre sí por lo que necesitan, empezando por los clientes más valiosos.

Valor real de un cliente. El valor real y actual de un cliente para la empresa equivale al valor neto actual de todos los beneficios futuros que proporcionará ese cliente. El término "todos los beneficios futuros" incluye el margen que ganará la empresa en las ventas futuras de productos y servicios al cliente, una vez deducidos los costes del servicio concretos para ese cliente. Además, este término debe incluir factores tales como los beneficios obtenidos con las personas que remite este cliente, el valor monetario de su colaboración en el diseño de nuevos productos o servicios, la ventaja que supone su reputación entre los clientes actuales y potenciales, etcétera.

La cifra que se obtendría si se pudiera operar con todas estas variables sería el valor real del cliente, o valor vitalicio (VV). Podría considerarlo como el índice de funcionamiento con su empresa.

Valor estratégico y cuota del cliente. Existe otro elemento fundamental del valor del cliente: su posibilidad de crecimiento como cliente, o valor estratégico. El valor estratégico es el valor adicional que generaría un cliente si usted dispusiera de una estrategia para obtenerlo. Piense en un cliente de un banco con una cuenta corriente y una cuenta de ahorro. Cada mes el cliente aporta cierto beneficio al banco, y el valor neto actual de este flujo continuo de beneficios representa el valor real del cliente para usted. Sin embargo, la hipoteca que ese cliente ha contratado con un banco de la competencia representa el valor estratégico, es decir, el posible valor que usted podría lograr si contara con la estrategia activa para obtenerlo. Conocer el valor real y el valor estratégico le permite calcular su cuota del cliente. Evidentemente, desde un punto de vista purista, cabría lograr el mismo nivel de detalle en el cálculo del valor estratégico que en el del valor real. De hecho, existen aún más variables que deben tenerse en cuenta al calcular el posible crecimiento de un cliente que las que deben utilizarse para calcular el índice de progresión de la relación previsto y el VV actual del mismo.

Lo "bastante bueno" es suficiente. Por supuesto, ningún negocio logra el éxito siendo purista. En el mundo real es preciso tomar atajos, comprometerse y aceptar medidas "bastante buenas" del valor de los clientes. Resulta útil pensar en el VV de un cliente, pero hay que comprender que ese VV constituye una idea teórica para cuyo cálculo nadie dispone de la información y la perspectiva de previsión suficientes. En lugar de eso, hay que preparar un modelo financiero, intentar manejarlo cada vez mejor y, por fin, aceptar una "variable representativa" bastante buena: una variable sustituta.

Una variable representativa es bastante buena si le permite clasificar a los clientes en una jerarquía, según su valor o importancia para la empresa, porque gracias a ello, se pueden fijar objetivos y priorizar esfuerzos con respecto a cada cliente. Así pues, no pierda tiempo intentando calcular algún aspecto del valor del cliente que al final no tendrá demasiada importancia. Por ejemplo, muy pocos directores incluyen las remisiones de nuevos clientes al calcular el

VV, a no ser que, debido a su tipo de negocio, esas remisiones sean muy importantes como elemento de valor (por ejemplo, un constructor de viviendas que trata una sola vez con cada cliente puede considerar importante determinar el entusiasmo con que le remiten nuevos clientes).

Clasificar a los clientes por su valor. Tras establecer una jerarquía de clientes, el paso siguiente consiste en identificar a aquellos que se incluyen en uno de los siguientes tipos de valores: CMV, CMC y BC. Estos "tipos de valores" representan clientes a los que deberían aplicarse objetivos y estrategias distintos.

CMV: *Clientes Muy Valiosos.* Son los que poseen un VV más elevado. Representan el núcleo de su negocio actual y su objetivo principal debería ser conservarlos. Las estrategias para conservar a los clientes abarcan desde su reconocimiento hasta el aumento de la calidad, la consecución de la lealtad y el establecimiento de las relaciones de aprendizaje.

CMC: *Clientes con Mucho Crecimiento.* Son aquellos con el valor estratégico menos realizado. Suelen tener un VV menor que los CMV, pero a menudo cuentan con una mayor posibilidad de crecimiento. Estos clientes podrían aportarle más beneficios que en la actualidad, por lo que debe plantearse como objetivo principal su crecimiento. Las estrategias de crecimiento son más caras que las de conservación. En muchas empresas, la estrategia de crecimiento de los clientes más importante se basa en las ventas cruzadas, mientras que en otras situaciones, consiste en aumentar la longevidad del cliente.

BC: *Bajo Cero.* Lo más probable es que estos clientes no aporten jamás unos beneficios suficientes para justificar los gastos incurridos para atenderlos. Todos los negocios poseen clientes de este tipo, y la estrategia sería crear incentivos para que sean más rentables o animarlos a convertirse en clientes no beneficiosos de otra empresa.

Aunque no todos los clientes podrán incluirse en uno de estos tipos de valores, en la medida en que pueda identificar a aquellos que pueden clasificarse, podrá fijar objetivos y estrategias para ellos. El proceso puede parecer complicado, pero existen muchos ejemplos prácticos de empresas que establecen una jerarquía de los clientes basada en los valores para fijarse objetivos diferentes en los distintos tipos de clientes:

- FedEx calcula una medida de rentabilidad para cada cliente, utilizando la información para negociar el aumento de precios con los Bajo Cero o para cerrar sus cuentas. Al concentrar esfuerzos en sus clientes más rentables, FedEx logró un crecimiento enorme de sus beneficios y sus acciones alcanzaron cotas impresionantes.

- Roden Electrical Supply, un distribuidor de toda la gama de productos y servicios eléctricos con sede en Knoxville, Tennessee (EE.UU.), ordena a sus clientes por el volumen de ventas real del año más reciente y, luego, añade información de terceros para evaluar su valor estratégico. En la distribución mayorista, los márgenes suelen ser ajustados, y se produce una tensión constante entre satisfacer las necesidades del cliente y generar unos beneficios suficientes, por lo que adquiere mayor importancia para los mayoristas diferenciar con cuidado a los clientes. El personal de ventas utiliza la información vinculada a los clientes para identificar a aquellos que merecen una atención o servicio adicionales.

- En 1988, Custom Research Inc., una empresa de asesoría e investigación de Minneapolis (EE.UU.), empezó a concentrarse exclusivamente en sus CMV: clientes habituales de volumen elevado de compras en la categoría de Fortune 500. En un año, había reducido la lista total a la mitad para quedarse con sesenta y siete clientes (lo que supone deshacerse de muchos BC), a la vez que aumentaba la cantidad de CMV de veinticinco a treinta y cuatro. Al poner en marcha esta nueva estrategia, la empresa ha cosechado unos índices de conservación muy elevados y ha doblado sus ingresos. También se ha ganado el entusiasmo de sus clientes, un activo intangible que no debería pasarse por alto. Más del 60% de las nuevas operaciones de Custom Research se realizan con nuevos clientes remitidos por sus clientes existentes. En 1996, CRI se convirtió en la empresa más pequeña (120 empleados) que ha ganado el premio Malcolm Baldrige a la calidad nacional.

- La librería Harry W. Schwartz de Milwaukee (EE.UU.) lanzó el programa "Schwartz devuelve" (SD) para fortalecer la lealtad de los clientes a la vez que apoyaba varias causas locales. Los clientes que se unen al programa pueden designar una organización sin ánimo de lucro de una lista de diecinueve. La organización benéfica designada recibe un 1% de todas las compras que efectúe ese miembro. Mientras tanto, Schwartz puede identificar a los miembros del SD en la tienda y hacer un seguimiento de sus compras, con lo que no sólo determina qué categoría de libros prefiere cada cliente sino también qué clientes son más rentables. Además del boletín informativo mensual del SD, Schwartz centra ahora sus *mailings* de agradecimiento en el 5% superior de la lista de clientes (los CMV) y ha logrado un considerable 70% más de canje de cupones en un margen de treinta días cuando los proporciona. El programa SD representa, en la actualidad, una tercera parte del total de ventas al por menor de Schwartz, y sus miembros suelen gastar un 50% más por visita que quienes no lo son.

- El Charles Hotel de Harvard Square, en Boston, identificó como CMV a los huéspedes que se alojaban en él seis o más veces al año y gastaban una cierta cantidad de dinero durante esas estancias. El hotel remitió una carta a su grupo de CMV ofreciéndoles la posibilidad de pertenecer al Programa para Clientes Distinguidos del Charles Hotel. Con objeto de servir a sus clientes distinguidos adecuadamente, el hotel ha agilizado el procedimiento para registrarse, de modo que no es preciso que se detengan en recepción. También asigna la habitación a partir de las preferencias anteriores del huésped, coloca un albornoz especial con su nombre en ella y le ofrece preferencia en el restaurante.

- Charles Schwab diferencia a sus clientes según su actividad comercial y los activos que pueden invertir. La empresa presta especial atención a un grupo que denomina los "Schwab 500", personas que efectúan más de cuarenta y ocho operaciones al año. Tienen asignado un equipo de entre seis y ocho personas que los conoce individualmente y los ayudan a buscar y a ejecutar las operaciones adecuadas a sus objetivos individuales.

Diferenciar a los clientes según sus necesidades. Una vez que se ha ordenado a los clientes por su valor, el paso siguiente consiste en diferenciarlos por sus necesidades, empezando por los clientes más valiosos.

Una relación de aprendizaje exitosa con un cliente se basa en que la empresa cambie su comportamiento con ese cliente. Éste le indica lo que necesita, usted adapta su servicio o personaliza su producto para satisfacer esa necesidad y, luego, con cada interacción, su servicio se acerca cada vez más a las preferencias individuales del mismo. Conocer lo que los clientes necesitan, es decir, sus preferencias y prioridades personales, es fundamental para lograr convertirse en una empresa individualizada.

Necesidades comunitarias. Las preferencias o prioridades que un cliente tiene en común con otros pueden considerarse como "necesidades comunitarias" (aquellas compartidas por una comunidad de clientes). Si lleva una librería, por ejemplo, puede observar un tipo de cliente que suele leer ficción y otro que lee biografías. La comunidad de "ficción" y la de "biografías" necesitan cada una algo distinto de su tienda, pero los clientes de cada comunidad comparten una necesidad común.

Conocer las necesidades de una comunidad de clientes permite a una empresa prever lo que el cliente desea, en ocasiones incluso antes de que él mismo lo sepa. Una biografía de Winston Churchill, por ejemplo, podría interesar a alguien a quien le gustan las biografías; sin embargo, no tendrá demasiado interés para quien prefiere la ficción. Si, al interactuar con unos cuantos de sus lectores de biografías averigua que ésta en concreto es bastante buena, podrá recomendarla a otro lector de biografías, incluso antes de que éste sepa que el libro existe.

Necesidades individuales. El otro tipo de necesidades, las "necesidades individuales", son las que un cliente concreto no comparte con ningún otro, o por lo menos con ninguna cantidad importante de otros clientes. La floristería que le envía una nota cuando se acerca el cumpleaños de su madre para recordarle que el año pasado le envió rosas, satisface una necesidad individual y no comunitaria. La fecha en que su madre celebra su cumpleaños no puede "proyectarse" a ninguna comunidad concreta de clientes. Conocer esa fecha confiere a la floristería una ventaja para venderle más flores a usted, pero no a ningún otro cliente. Aun así, resulta útil averiguar y recordar las necesidades individuales de los clientes, aunque sólo sea para ahorrarles el tiempo que, en caso contrario, deberían dedicar a explicarlas una y otra vez.

Diferenciación de los clientes: de la teoría a la práctica

La diferenciación de los clientes funciona porque permite tratar de un modo distinto a los distintos clientes, a partir de la información que se posee sobre el valor y las necesidades de cada cliente. No obstante, es importante tener en cuenta que un negocio ya suele tratar de un modo distinto a los distintos clientes, por lo menos en el sentido de que no atiende igual a las distintas bases de clientes. Así por ejemplo, es probable que un negocio que vende a empresas pequeñas y grandes tenga diferentes estrategias de ventas para estos dos tipos de clientes, quizás ejecutadas en canales distintos y con un personal de ventas distinto. El primer paso práctico para analizar a los clientes según sus diferencias consiste, pues, en dividir la base de clientes en sus elementos constitutivos.

División de la base de clientes. Si vende tanto a empresas como a consumidores, lo más seguro es que disponga de dos operaciones de ventas distintas. Un departamento de ventas podría atender directamente a los clientes que son empresas, mientras que los consumidores comprarían a través de minoristas o por correo directo o telemarketing. Mientras tanto, en el grupo de las empresas pueden existir varios subgrupos, basados en el tipo de negocio a que se dedican o en el tipo de productos y servicios que compran. Si su compañía vende equipo informático, por ejemplo, puede contar con un tipo de iniciativa de ventas sencillas, sólo de equipos, a la vez que se aplique otro proceso a las ventas más grandes y complejas de sistemas y servicios.

Si desea diferenciar a los clientes por su valor y sus necesidades, tiene que decidir cuáles son los distintos elementos de la base de clientes y dividirla en subgrupos para analizar cada uno de ellos. Al final, tendrá que elaborar un mecanismo para volver a unir esos elementos y obtener la "imagen general" de la empresa. Sin embargo, por ahora, la única forma razonable de pensar en la diferenciación de los clientes es empezar comparando manzanas con manzanas.

No existe ninguna regla absoluta que explique cómo dividir la base de clientes. De hecho, no es preciso que la divida si no hay ninguna razón. No obstante, esto tiene sentido si vende a clientes que son lo suficientemente distintos para precisar canales de ventas o planes de marketing distintos, y a menudo suele estar justificado incluso aunque se use un único canal de ventas o plan de marketing. Si su base de clientes se caracteriza por una inclinación muy pronunciada del valor (con un pequeño número de clientes de gran valor que representan una parte desproporcionadamente grande del valor total de los clientes), es probable que los clientes con valores muy distintos presenten un comportamiento distinto, así como un grado de sensibilidad ante las iniciativas de su empresa diferente. Sería razonable que una compañía aérea esperara que sus pasajeros de negocios frecuentes reaccionaran de modo distinto a sus iniciativas de marketing que los poco frecuentes. Por ello, podría considerar a los pasajeros de negocios y a los turistas como dos partes separadas de una base de clientes. Aunque los hombres y mujeres de negocios efectúan a veces viajes turísticos, cada individuo encajaría en un solo grupo, aquel que permitiera a la empresa atenderlo mejor en conjunto. Una vez que la compañía aérea ha clasificado a los viajeros por clase de negocios turista y clase, podría examinar a los incluidos en el grupo de negocios y pensar si viajan con más o menos frecuencia y separarlos así en subgrupos.

Crear un modelo de hoja de cálculo del valor de los clientes. Para cada parte de la base de clientes, cree un modelo de hoja de cálculo del posible ciclo de vida de un cliente en su empresa. Este libro no pretende enseñar modelos financieros, pero el mejor tipo de hoja de cálculo representaría una imagen de la "trayectoria" por su empresa del cliente "promedio" en cada una de las bases de clientes que ha identificado. Debería empezar con la captación inicial del cliente y seguir hasta su marcha final. Añada los beneficios y los costes de esta trayectoria, descuente como corresponde los valores actuales netos y obtendrá el cálculo del VV del cliente. (En la página Web de este libro encontrará algunos ejemplos de hojas de cálculo para distintos tipos de negocio.)

En el modelo de cada base de clientes, algunos de los factores que deberían tenerse en cuenta en el cálculo del valor de los clientes son:

a. El coste de la captación inicial del cliente
b. El coste de atenderlo (tanto un coste fijo asignado como un coste variable por cliente)
c. Los beneficios de las ventas de productos en todas las divisiones y unidades operativas
d. Los beneficios de la prestación de servicios continuados
e. Los beneficios de los clientes remitidos por otros clientes
f. La probabilidad y magnitud del crecimiento del volumen o del aumento de los beneficios
g. Las predicciones de lealtad o de desgaste
h. Los valores de clientes relacionados (divisiones asociadas, parientes, colegas)
i. La capacidad crediticia o probabilidad de fallida
j. La variable ficticia para representar el prestigio, la influencia o los beneficios o costes no cuantificables

¿Cómo decide qué cifras debe introducir en el modelo una vez creado? Incluya las que sean importantes para el cálculo, y razonablemente predecibles y comprensibles. Predecir estas variables es cuestión de ciencia y arte. La mejor predicción del comportamiento futuro de un cliente es su conducta pasada, de modo que si posee una base formada por millones de clientes, y su base de datos de clientes incluye millones (o miles de millones) de datos, su modelo será muy sofisticado desde el punto de vista estadístico. Ésa es la parte científica.

Por otro lado, la conducta pasada de sus clientes ya es historia, y lo que intenta es predecir el futuro, por lo que también tendrá que usar el sentido común. Cuanto más dialogue con sus clientes, más podrá mejorar el modelo cuantitativo de la conducta pasada de un cliente concreto con la incorporación de sus ideas más subjetivas en el futuro de éste.

Eso adquiere especial relevancia cuando se trata de evaluar el valor estratégico de un cliente. La mejor fuente de información sobre el posible crecimiento de un cliente es el modo en que éste valora su empresa. Así, cuando un vendedor visita a un cliente, uno de los temas más importantes que puede tratar con él es el de sus planes de gasto futuros, su presupuesto para el año próximo o su disposición a volver a tratar con la empresa vendedora. En este tipo de conversación, el vendedor sondea al cliente para conocer mejor su valor estratégico. Sin embargo, la pregunta real es la siguiente: ¿Introducirá el vendedor los resultados de esta conversación de sondeo en su base de datos de clientes?

El diálogo con el cliente y las evaluaciones subjetivas del mismo son aún más importantes si el tipo de negocio que dirige no se presta a ser reflejado en un modelo de una hoja de cálculo, o si resulta imposible cuantificar el "valor" de un cliente por sí mismo. Los aspectos no económicos del valor del cliente son más importantes si lo que se analiza es una empresa sin ánimo de lucro, una profesión como la asistencia sanitaria o un organismo gubernamental.

Ordenar a los clientes por su importancia para la empresa. Si la hoja de cálculo no capta con exactitud el valor de sus clientes, o si en su negocio el "valor" de un cliente es un concepto difícil de reflejar, tendrá que utilizar un método distinto para clasificar a sus clientes.

Algunas profesiones, por ejemplo, suelen tratar con "clientes" cuyo valor se reduce cuando el profesional tiene éxito. Si es médico y cobra a sus pacientes cincuenta dólares por visita, cuanto más tiempo esté enfermo un paciente, más valor monetario tendrá para su consulta. Sin embargo, por supuesto, la responsabilidad profesional del médico consiste en que los pacientes mejoren sin tener en cuenta ninguna burda implicación empresarial. En lo que se refiere a la empresa individualizada, eso significa que hay algunos negocios en los que no tiene sentido clasificar a los clientes por su valor monetario.

Un modo de priorizar a los clientes en este tipo de situación consiste en sustituir la palabra "valor" por "importancia". Pregúntese lo importante que es cada cliente para el éxito de la empresa. Puntúe a sus clientes en una escala de importancia, del 1 al 5, si es preciso.

Algunos de nuestros mejores clientes no son clientes "de pago", sino que son elementos importantes que no pueden juzgarse de manera significativa en términos de ganancias y pérdidas. Sin embargo, a pesar de que su contribución a nuestro éxito no es monetaria, son fundamentales. Sus opiniones y acciones tendrán un impacto importante en las decisiones de los clientes situados en las primeras posiciones de nuestra lista de valores. Los denominamos "influyentes clave".

En Pitney Bowes, por ejemplo, los influyentes más visibles son miembros del Servicio Postal de Estados Unidos y otros servicios de "Correos" de todo el mundo. De hecho, en Pitney Bowes existe un departamento, que depende directamente del presidente del consejo, cuyo objetivo principal consiste en tratar las necesidades e inquietudes de estos valiosos elementos.

En muchos sectores, estos influyentes son asesores, directores de asociaciones, organizadores de conferencias, editores, redactores y periodistas. Cada vez que su empresa emite un comunicado de prensa, va dirigido a un influyente. Los periodistas y los redactores son los guardianes que deciden cómo se presentará esta información a los clientes actuales y potenciales. Cada vez que el presidente de su empresa efectúa una presentación en el consejo o ante algunos analistas de inversiones, el objetivo es llegar a los influyentes y ganarse su confianza, ya que sus opiniones contribuirán a decidir el futuro rumbo de la empresa o afectarán al valor de sus acciones.

Entre las organizaciones sin ánimo de lucro, los influyentes clave podrían ser las organizaciones cívicas locales, los dirigentes políticos y los voluntarios. Aunque estos influyentes no contribuyan económicamente en la organización, pueden aportarle un valor "intangible", ya sea remitiéndole un donante o permitiendo que su reputación refuerce la credibilidad de la organización.

Por consiguiente, su organización, con independencia de cómo sea, debe prestar mucha atención a estos elementos clave. Debe tratarlos como individuos, e incluso ordenarlos por su importancia, tal como haría con cualquier otro grupo de clientes. En algunos casos, quizá quiera clasificarlos junto con otros clientes. Esto no difiere demasiado de confiar en un cliente importante no por los beneficios que genera sino para tenerlo como "cliente de referencia" y mencionarlo ante la prensa empresarial o ante posibles clientes. Estas formas de valor intangible adquieren cada vez más importancia en la economía actual y las organizaciones requieren formas sofisticadas para tratarlos.

Para abordar la cuestión de los influyentes clave, puede aplicar fácilmente los cuatro pasos para poner en práctica la estrategia:

1. Identificar a los influyentes clave
- Miembros de la prensa
- Líderes de la comunidad

- Clientes de referencia
- Analistas de inversiones
- Intelectuales y líderes de opinión
- Otros

2. Diferenciar a los influyentes clave
* Ordénelos según la importancia que tienen para su empresa
- ¿En cuántos clientes actuales o potenciales puede influir esta persona?
- ¿Qué respeto merece la opinión de esta persona?
- ¿Cuánta gente lee los artículos de este periodista?
- ¿Qué puntuación concedería a la importancia de este analista en la comunidad inversora?

* Diferéncielos por sus necesidades
- ¿Es preciso que sólo trate con esta persona su director general?
- ¿Quiere esta persona información o sólo confirmación?
- ¿Quiere este influyente beneficiarse de estar asociado a su organización?

3. Interactuar con los influyentes clave
- ¿Dispone de una conexión electrónica con sus influyentes clave?
- ¿Con qué facilidad pueden contactar e interactuar con usted?
- ¿Obtiene la reacción adecuada de ellos?

4. Personalizar para los influyentes clave
- Concédales la atención adecuada
- ¿Quién se encarga de controlar las relaciones que mantiene con estos elementos?
- ¿Qué pasos pueden adoptarse para mejorar estas relaciones?

Los influyentes clave pueden desempeñar un papel fundamental en el futuro de su organización y, de hecho, lo harán. Cuando desarrolle la estrategia individualizada, asegúrese de incluir a estos "no clientes" y de atender del modo adecuado su relación con ellos.

Su objetivo al clasificar a los clientes por su valor o importancia es priorizar las iniciativas de marketing y de ventas respecto a los distintos clientes, es decir, situar a algunos clientes en lo más alto de la lista, a otros en segundo lugar, etcétera. Eso es de especial importancia para planear la transición hacia una organización cada vez más orientada al cliente. ¿Con quién contacta primero? ¿A quién elegirá para realizar un cambio importante en cuanto a la atención al cliente? Es evidente que ninguna organización puede permitirse hacerlo todo de golpe, así que priorizar es fundamental.

La empresa de divisiones múltiples. Conocer las diferencias entre los clientes puede resultar difícil cuando deben cruzarse fronteras entre divisiones. Una empresa telefónica, por ejemplo, con una división de "líneas terrestres", una de páginas amarillas, una de telefonía móvil y quizás otra que venda conectores y otro tipo de accesorios, puede encontrar que una empresa cliente es muy valiosa para una división, pero carece de valor para las demás. Un anunciante importante y valioso para las páginas amarillas puede tener sólo una o dos líneas terrestres y ningún teléfono móvil o conector.

El mecanismo más sencillo de traducción entre las divisiones es el valor económico para la empresa. Si tiene un algoritmo que pueda usarse para calcular el VV en cada una de las divisiones, el VV de un cliente en la división de las páginas amarillas podría sumarse a su VV en todas las demás. De este modo, podría ordenarse toda la base de clientes de la empresa según el VV de cada cliente para el conjunto de la misma.

Efectuar comparaciones entre las divisiones mediante una cifra de VV económico es la situación ideal, pero lo cierto es que pocas grandes empresas logran llegar a ella fácilmente. En lugar de eso, quizá desee idear una serie de puntuaciones subjetivas a corto plazo. Cada división podría ordenar a sus clientes en una escala de cinco puntos de importancia creciente (del 1 al 5, por ejemplo). Esta clasificación podría proceder directamente de un cálculo explícito, basado en el valor, efectuado por una división que tiene acceso a suficientes datos como para crear un modelo estadístico, o bien de una evaluación más subjetiva de la importancia de un cliente para una división, en caso de que los cálculos cuantitativos plantearan más dificultades. Por ejemplo, un cliente con un "5" en las tres divisiones se consideraría un "15" para el conjunto de la empresa. Es probable que tenga que ponderar las clasificaciones de los clientes realizadas por diferentes divisiones con el objeto de tener en cuenta que en cada base existen diferentes parámetros de valor, o que todos los clientes de la base de una división son mayores y más valiosos para el total de la empresa que cualquier cliente de otra base.

Una forma más frecuente de clasificar a los clientes cruzando las fronteras interdivisionales es crear una medida *ad hoc* transdivisional. La organización informática de Hewlett-Packard quería decidir qué clientes consumidores deberían figurar en la lista para recibir un boletín de noticias especial y gratuito, titulado *HP-At-Home*. Al final, la empresa decidió que lo recibieran aquellos clientes que habían comprado una impresora LaserJet de color de la gama alta, o bien un ordenador personal de la gama alta, o bien un ordenador personal, una impresora y otro tipo de accesorio HP (incluyendo cámaras digitales, escáneres, etcétera) como mínimo. Estos productos se venden en distintas unidades de negocio de HP y el boletín informativo se distribuye ahora a medio millón de consumidores que, en su mayoría, tratan con diversas de estas unidades.

Captar las necesidades de los clientes. Si ha consultado alguna vez un buen estudio de mercado, habrá visto ejemplos de "grupos de clientes basados en sus necesidades", los cuales representan comunidades de clientes con necesidades parecidas. Los expertos en marketing utilizan estas agrupaciones para orientar sus programas de marketing segmentado. Si un experto en marketing puede identificar tres, cuatro o cinco segmentos distintos, según las necesidades, el siguiente paso en un programa de marketing segmentado consiste en relacionar esas necesidades con distintos tipos de medios (por ejemplo, la revista *Outdoor Life* para el aventurero al aire libre frente a *Esquire*, para la población que sigue la moda). El experto en marketing publica un anuncio en cada revista diseñado para apelar a los temas específicos que son más importantes para el grupo, o segmento, de clientes con mayores probabilidades de leer esa revista.

Conocer diversos tipos de necesidades comunitarias de los clientes de una empresa facilitará su clasificación, de tal modo que será mucho más rentable tratarlos por separado. Existe una analogía útil entre la mecánica de la personalización masiva y el concepto de necesidades comunitarias. La personalización masiva se basa en modularizar el proceso de producción, producir en serie los módulos y después combinarlos para satisfacer especificaciones individuales. Levi's® fabrica 227 tallas de cintura/cadera y 25 de pernera en su programa de vaqueros Original Spin™. La empresa toma las medidas del cliente en la tienda, y así puede entregar una de las más de 5.700 tallas distintas y exclusivas de vaqueros por encargo. Dell y Gateway utilizan el mismo principio básico para fabricar ordenadores por encargo. Otras empresas con estrategias de personalización en masa utilizan también el principio de la modularización.

Cuantos más módulos se incluyan en el proceso de personalización masiva, mayor "granularidad" tendrá el producto final y más se adaptará a las necesidades de cada cliente. De modo parecido, las necesidades comunitarias pueden utilizarse para "modularizar" la base de clientes (en esencia, enfocar de un modo diferente la relación empresarial con cada cliente).

Diferenciar a los clientes según sus necesidades suele ser el objetivo principal de los estudios de investigación de marketing. Una empresa de investigación puede enfocarlo de varias formas, pero la mayoría de ellas se centran en desarrollar un mejor conocimiento de las distintas necesidades que los clientes intentan satisfacer al adquirir un producto o servicio concretos. Así pues, el primer lugar donde hay que buscar las diferencias entre los clientes en función de sus necesidades es en el departamento de investigación de marketing. Analice todos los estudios de mercado disponibles, tanto los referentes a su empresa como a su sector.

Ahora bien, en esta investigación tendrá que buscar una idea clave que muchos estudios pasan por alto. Lo que quiere encontrar, además de la descripción de los tipos de necesidades concretos de los clientes, es alguna pista sobre cómo identificar cada tipo en una interacción directa. Imagine que un cliente anónimo visita su página Web o llama a su centro de atención telefónica. Para atender mejor a ese cliente, usted desea saber qué necesidades quiere satisfacer con su producto o servicio. Si el cliente ha pensado en su banco para solicitar un préstamo para un negocio, por ejemplo, ¿desea obtener "las mejores condiciones posibles" o prefiere "trabajar con un banco que le merezca confianza"? Si el cliente compra un televisor,

¿está más interesado en satisfacer el deseo de su familia de tener una gran pantalla o prefiere algo sencillo y fácil de mantener? ¿Qué le preguntaría a un cliente para conocer sus necesidades y saber en qué grupo debe incluirlo?

La diferenciación de las necesidades no tiene que ser demasiado sofisticada. Puede aplicarse usando el sentido común al pensar en los distintos tipos de clientes con los que trabaja su empresa. Lo importante es que abandone la tendencia a pensar primero en el producto y pase a pensar primero en el cliente. Concéntrese en los distintos tipos de clientes que compran a su empresa en lugar de en las diferentes clases de productos que ésta vende.

En 3M, la iniciativa individualizada consiste, en primer lugar, se clasificar a los clientes por perfiles. Establece una diferencia por sector vertical, como los muebles, el montaje de automóviles o los servicios públicos, así como por "consumidor", un perfil aplicado al tipo de cliente que iría a unos almacenes tipo Wal-Mart o Sears. Entre estos perfiles de clientes, la empresa reúne varias ofertas de productos diseñados para satisfacer las necesidades de esos clientes concretos. En 3M existe, por ejemplo, una organización de construcción y mejora del hogar que reúne distintos grupos de productos 3M adecuados para los clientes amantes del bricolaje y para los profesionales de la construcción. Bruce Hamilton, de 3M, afirma: "No se trata tanto del tamaño del cliente sino más bien del perfil del cliente en relación con sus necesidades".

Identificar y atender las necesidades individuales. Algunas veces, tiene sentido pensar en su empresa de un modo diferente. Si empieza por las necesidades de un cliente en vez de por su propio producto o programa, puede obtener una buena ventaja frente a la competencia. Se trata de una idea sencilla, pero lo bastante inusual para que, cada vez que una empresa trabaja de este modo, valga la pena estudiarlo:

La Universidad de Franklin, con sede en Columbus, Ohio (EE.UU.), empezó a centrarse en las necesidades individuales de los alumnos a fin de elaborar una potente estrategia de conservación. Esta institución, que cuenta entre sus filas con más de cinco mil alumnos "no tradicionales" (el 85% de ellos trabaja a jornada completa), asigna un asociado de atención al alumno (AA) para proporcionar un único punto de contacto a todos los matriculados.

En lugar de tener que hacer cola para tratar temas como la matriculación, la transferencia de crédito, el consejo académico, el aparcamiento y la ayuda económica, cada alumno puede utilizar su AA como enlace con los departamentos pertinentes. Antes, la universidad se regía por políticas uniformes para tomar decisiones, mientras que ahora los AA cuentan con libertad para tratar las necesidades y las peticiones individuales de cada alumnos. Se ha personalizado así la relación entre los alumnos y la universidad. Franklin ha comunicado que este enfoque le ha supuesto un aumento del porcentaje de alumnos que siguen matriculados (del 65% al 70%), así como un incremento de los ingresos docentes de más de 500.000 dólares.

Experiencia en productos frente a experiencia en clientes. Cuanto más sepa sobre las necesidades de sus clientes, mejor situado estará para ganarse su confianza si les recuerda cosas o les recomienda productos concretos. Para llevar a cabo esta tarea es fundamental contar con dos clases de experiencia. Debe tener experiencia en productos a fin de conocer el mejor tipo de producto o servicio, con todas sus especificaciones y matices. Dicho de otro modo, debe "conocer su negocio", es decir, ser un experto en su campo. Sin embargo, también debe tener experiencia en clientes. Debe conocer las necesidades de cada cliente concreto a fin de poder dar las recomendaciones adecuadas.

Cualquiera de sus competidores podría igualar su experiencia en productos en cualquier momento. No puede impedir que una empresa competidora logre conocer mejor el producto que su compañía, pero nadie puede lograr la misma experiencia en clientes sin la participación y el consentimiento activos de éstos. Si su experiencia en el cliente se basa en lo que éste le ha revelado sobre sus necesidades, su competidor tendrá que asegurarse primero la participación del cliente para duplicar este grado de conocimiento.

Una y otra vez, cuando una empresa pone en marcha una iniciativa individualizada, descubre que debe generar o reconocer explícitamente estas dos áreas específicas de experiencia: producto y cliente. Identificar ambas áreas es un requisito previo a la gestión racional del programa de marketing de relaciones en conjunto. Steve Smoot, director de servicios de información al cliente de Owens-Corning, se ocupa del marketing interactivo de la empresa respecto a los materiales de construcción. La organización de este proceso se integra en varias unidades de negocio y ha identificado tres procedimientos distintos para gestionar las relaciones de la empresa con clientes concretos y proporcionarles la información que necesitan sobre la empresa y sus productos:

En primer lugar, nuestros procesos de "comunicación y cumplimiento" representan el mecanismo, o el "cómo" de la prestación de servicios interactiva. Creamos nuestra organización en torno a la necesidad de una mayor integración y un mejor aporte de información exacta y consistente al mercado a través de todos los medios de interacción, que incluyen 1-800 servicios, Internet y comunicaciones multimedia, así como en torno al cumplimiento.

En segundo lugar, el proceso que llamamos "gestión de conocimiento del producto" incluye la infraestructura de gestión de documentos y datos necesaria para establecer el contenido de nuestras comunicaciones y servicios. Una estrategia empresarial clave para nosotros consiste en integrar cada producto de material de construcción en un sistema de soluciones en la construcción y restauración residencial, así como en otros mercados comerciales. Para ello, necesitamos gestionar los elementos de nuestra oferta de productos e integrar los elementos individuales en un sistema de soluciones de varios materiales. Así pues, el alcance del conocimiento del producto abarca la información técnica y de marketing, las herramientas de configuración y las herramientas de diseño de sistemas para modelar la actuación térmica y acústica, así como el diseño estético de los materiales de construcción exteriores. Este proceso dota de la capacidad para conseguir la personalización masiva de los materiales de construcción en el proceso de diseño y construcción.

En tercer lugar, y quizá sea lo más fundamental, está la forma en que conocemos a nuestros clientes. Tras todos los mecanismos de comunicación interactiva de entrada y de salida, debemos ser capaces de explotar nuestros contactos con cada cliente longitudinalmente a lo largo del tiempo, y en cada oportunidad de ofrecer un servicio posterior, conectar con el registro de los contactos anteriores de ese cliente. Adoptamos un punto de vista individual para ofrecer un servicio de "contacto inteligente" en nuestro centro de atención telefónica y en los servicios por Internet en el más puro sentido del concepto de personalización. También utilizamos los datos totales de estos contactos en un "bucle de aprendizaje" en el segmento de clientes con el fin de mantener alineada nuestra oferta de servicios. Llamamos a este proceso "gestión del conocimiento del cliente".

Bruce Hamilton, de 3M, afirma que la empresa dirigirá cada vez más sus iniciativas de ventas hacia "soluciones integradas" para determinados tipos de clientes, incluidos los sectores verticales. En la actualidad, como sucede en la mayoría de las empresas con múltiples divisiones y productos, el personal de ventas está organizado en especialidades de productos. En el pasado, eso tenía sentido porque los productos son bastante complejos como para precisar un considerable grado de experiencia. Para desenvolverse en el área de abrasivos, por ejemplo, el vendedor tenía que conocer los papeles de lija adecuados para trabajar el metal, la madera, el plástico y otros materiales. Sin embargo, cuando trata con un fabricante de muebles, no es tan importante ser tan ducho en metales y plásticos, sino que sería mejor conocer las clases de cintas métricas, productos químicos y colas utilizados en la fabricación de muebles y los productos de seguridad adecuados para una fábrica de este producto. Eso permitiría a 3M centrarse cada vez más en los procesos y las necesidades del cliente, no sólo para vender una mayor variedad de productos y aumentar su cuota de ese cliente, sino quizá para lograr también un menor coste de las ventas. Sin duda, hacer negocios con 3M sería más sencillo.

Diferenciación de los clientes: información práctica, decisiones prácticas

Para que los datos de los clientes sean útiles, deben estar digitalizados y guardados en un solo lugar. La mayoría de las empresas poseen una mayor cantidad de datos de este tipo que la que utilizan. La "pantalla de presentación" de una sencilla base de datos de contacto-gestión como *GoldMine* suele contener más datos que los que una empresa puede utilizar en el día a día.

El reto real al convertirse en una empresa individualizada consiste en evaluar y conocer los datos ya disponibles, y decidir cómo actuar a partir de ellos. La clase de información que estamos comentando se incluye en cuatro categorías principales:

1. *Datos y cifras actuales*

Empiece examinando los datos que ya posee sobre sus clientes. Lo más seguro es que pueda sacar algunas conclusiones útiles. Esta clase de información engloba lo siguiente:

- Cifras de ventas por cliente: por mes, ejercicio hasta la fecha, estableciendo comparaciones con períodos anteriores
- Productos pedidos: por artículo o código del producto, por categoría y por volumen de ventas
- Envío a ubicaciones: número de ubicaciones del cliente, unidades o filiales
- Frecuencia de las compras
- Frecuencia del servicio/reparación: por producto, por ubicación y por tipo de incidente
- Antecedentes de pago y crédito: puntualidad, capacidad crediticia y límites del crédito

2. *Datos imputables y computables del cliente*

Demasiado a menudo, las empresas son incapaces de reconocer la información "oculta tras" los datos y cifras actuales. En el Sands Casino de Atlantic City (EE.UU.), por ejemplo, las bases de datos recogían las fechas de las visitas de los clientes y la cantidad de dinero que jugaban en campos de datos estáticos. Sin embargo, un análisis más profundo de esos datos resulta mucho más instructivo, ya que proporciona información sobre si un cliente ha visitado el casino con mayor o menor frecuencia y si ha jugado más o menos dinero en cada visita. La base de datos muestra si los clientes juegan entre semana o los fines de semana, y en temporada alta o baja.

En este caso, se ven con facilidad las posibilidades de elaborar iniciativas de marketing individualizadas basadas en este tipo de aprendizaje "imputado" (por ejemplo, un programa "de recuperación" de aquellos clientes que pierden interés). Aunque se juegue menos con el dinero en la venta de ordenadores, el alquiler de automóviles, las estancias en hoteles o los viajes en avión, pueden aplicarse los mismos principios.

Así, además de analizar los datos y cifras actuales, no olvide comprobar:

- Los aumentos y descensos del volumen en metálico, la frecuencia de las compras y los códigos de los artículos
- La cantidad de usuarios finales de los productos en una empresa, a menudo disponibles para los bienes de consumo duraderos, la tecnología, y los productos de *software* en que las inscripciones de usuarios son superiores
- El número de unidades de negocio, divisiones o filiales que efectúan compras
- La cantidad de compradores en cada unidad (suele ser necesario repasar datos como facturas, registros de envío u órdenes de compra)
- La estacionalidad de las compras: ¿Cuándo compra el cliente todos los productos o servicios, o su mayoría? La estacionalidad suele variar según el sector (los colegios, los bufetes contables y los impresores de tarjetas de felicitación y calendarios tienen modelos de compra distintos, lo mismo que muchos otros tipos de negocios, pero también según el cliente (quienes hacen vacaciones en invierno frente a los que las toman en verano)
- Los costes de ventas o servicios únicos: ¿Requiere cada venta el envío en un vuelo solo a una ciudad cara? ¿Se precisa siempre un servicio o entrega fuera de horas de oficina? ¿El cliente utiliza mucho las líneas de atención al cliente, los instructores o los técnicos?
- Los servicios auxiliares vendidos: ¿Adquiere este cliente accesorios, servicios, suministros, financiación u otros productos o servicios relacionados de la empresa?

3. *Datos observables del cliente*

Algunos de los datos con más relevancia pueden obtenerse sólo a través de la observación. La mayoría de los vendedores no comparten estos datos, como si fueran de su propiedad personal, en lugar de pensar que pueden interesar a la empresa. Captar estos datos puede suponer un desafío, pero vale la pena intentarlo.

Recuerde que, cuando los datos observados se entierran en las "notas" de campo del informe de un contacto o en una pantalla de telemarketing, como suele suceder, tendrán escaso valor para la empresa en el día a día. Compare la importancia de un campo de la "pantalla de presentación" que indica: "afición a nuestros productos: ALTA", frente a una frase sepultada en el texto, del tipo: "le gustan mucho nuestros productos". La información es exactamente la misma, pero cuantos más datos procedentes de la observación se incluyan en un campo o módulo específico, en lugar de encajarlo en bloques de texto, más útil será la información a fin de adoptar medidas reales.

Los datos observables serán a menudo muy subjetivos debido a su naturaleza inherente, pero también pueden ser uno de los mecanismos más potentes para diferenciar a los clientes según sus necesidades. Si puede sistematizar las observaciones e identificar las necesidades comunitarias concretas que distintos clientes tienen en común, su empresa podrá utilizar los datos para idear estrategias específicas para tipos concretos de clientes en función de sus necesidades. Algunos datos observables de los clientes que deben tenerse en cuenta son los siguientes:

- Amigo o enemigo: ¿Esta persona recomienda su empresa o la critica?
- Conocimiento del producto: ¿Utiliza el cliente nuestros productos o servicios de un modo inteligente?
- Posibles recomendaciones: ¿Podría esta empresa servir de referente entusiasta?
- "El poder de la pluma": ¿Esta persona es el comprador, el influyente, el usuario final o el investigador cuando llega el momento de decidir si hay que comprar?
- Salud de la empresa: ¿Parece que esta empresa cliente es vigorosa y crece?

Estas categorías son amplias. La lista de posibles categorías es casi infinita. Recuerde elegir sólo aquellas características que pueden valorarse desde el punto de vista de una o más personas de su empresa.

4. *Datos del cliente que se pueden obtener*

Además de utilizar empresas externas de bases de datos para obtener datos que identifican a los clientes, los vendedores externos también pueden proporcionar a veces datos importantes para la diferenciación de los clientes. Eso resulta especialmente útil en situaciones interempresariales, en las que la cuota del cliente es una de las cifras que más se ansía conocer. Los servicios de investigación del sector suelen informar, por ejemplo, de los presupuestos corporativos en informática, de las compras de fotocopiadoras, de los gastos de viaje, etcétera. En la categoría farmacéutica, todos los competidores conocen los fármacos que receta cada médico y que vende cada farmacia.

Entre los datos que pueden obtenerse figuran los siguientes:

- *Características de la empresa:* El código de actividad empresarial, el crecimiento respecto a sus iguales, los nuevos planes de producción, la facturación, la rentabilidad y la reputación en el sector constituyen la clase de datos que se obtienen con facilidad a partir de las publicaciones comerciales, de los servicios de investigación y de los numerosos servicios de información empresarial en Internet. Los vendedores inteligentes leen la memoria anual de una empresa o visitan su página Web antes de establecer un contacto de venta, aunque la cantidad de esa información que llega al fichero de datos del cliente es poca o nula.
- *Valor de referencia:* ¿Observan otras empresas el comportamiento de esta compañía? ¿Mejorará la reputación de la empresa vendedora —o empeorará— por su conocida implicación con la compradora? Cientos de proveedores de recambios, asesorías y otras han levantado su negocio gracias al recurso de "vendemos a GM" (o IBM, HP, etcétera).
- *Oportunidades inherentes:* ¿La empresa tiene otras divisiones o filiales que podrían verse influenciadas a hacer negocios con la

empresa vendedora a partir de esta adopción inicial o prueba? ¿La empresa utiliza a la compañía vendedora como uno de varios proveedores, y podría ésta acabar superando a los demás proveedores, con lo cual aumentaría su negocio?

Empiece por estos temas bastante globales y determine los datos estratégicos más valiosos para la base de clientes de su empresa. Simplifique la tarea, y recuerde que los datos que ya posee son mucho más valiosos que los que todavía debe obtener.

Incluso en el entorno del marketing de consumo, existen empresas suministradoras de datos de terceros que pueden contribuir a diferenciar a los clientes según sus necesidades. Varios de estos suministradores utilizan la información reunida en grandes bases de datos generales para clasificar a cada consumidor u hogar en grupos distintos a partir de las necesidades individuales o características externas de cada hogar. Cuando se usan bien, este tipo de datos puede facilitar que una empresa orientada al consumidor conozca con rapidez los distintos tipos de clientes con los que trabaja.

En Guestnet, el perfil de un cliente puede mejorarse con la información que proporciona Looking Glass Inc., una empresa de Denver que proporciona datos de terceros. Looking Glass posee una base de datos de aproximadamente treinta y seis millones de hogares, que ha subdividido en veintisiete clases de "cohortes" distintas (parejas casadas, hombres o mujeres solteros), y han incluido un grupo "omega" para englobar a aquellos consumidores que no encajan en ninguna otra cohorte. A partir de esta información, Guestnet puede ofrecer a un hotel el análisis instantáneo de un huésped concreto, siempre que ese huésped se encuentre en uno de los grupos del archivo de Looking Glass. Así, en lugar de tener que esperar a generar la información sobre un cliente a partir de las repetidas estancias en un hotel, el hotel puede empezar conociendo de entrada algunos detalles del huésped. En la mayoría de los casos, Guestnet puede proporcionar información inmediata a un hotel cuando éste interactúa con un huésped nuevo. Este tipo de datos permiten que el hotel inicie el proceso de diálogo con eficacia.

Necesidades y valores

Es evidente que hay que tener en cuenta muchos aspectos a la hora de diferenciar a los clientes. Debe analizar los distintos valores, reales y estratégicos, de sus clientes. Es fundamental reconocer a los mejores clientes con objeto de poder idear estrategias para conservarlos. También tiene que desarrollar los procesos y la capacidad que le permitan averiguar las necesidades, los intereses y las prioridades de cada cliente. Cada cliente es único. Las empresas que reconocen y asumen estas diferencias inherentes son las que cabe esperar que prosperen en los años venideros.

Lecturas recomendadas

Blattberg, Robert C. y John Deighton, "Manage Marketing by the Customer Equity Test", *Harvard Business Review*, julio/agosto 1996, pp. 136-144.

Blattberg y Deighton formulan la pregunta adecuada para juzgar los nuevos productos e iniciativas de atención al cliente. No se trata de "¿será rentable este producto?", sino de "¿aumentaremos así nuestro activo de clientes?". El artículo describe cómo calcular el grado óptimo de gastos de una organización en iniciativas de este tipo. La cuestión es: cuando los directores dedican sus esfuerzos a aumentar el activo de clientes, piensan primero en el cliente al idear su estrategia.

Cleland, Alan S. y Albert V. Bruno, *The Market Value Process: Bridging Customer and Shareholder Value*, Jossey-Bass Business & Management Series, 1996.

Este libro analiza por qué las empresas deben ocuparse del valor de los clientes y de los accionistas conjuntamente. Cleland y Bruno ofrecen un plan práctico de doce pasos para garantizar que eso suceda.

David Shepard Associates, *The New Direct Marketing: How to Implement a Profit-Driven Database Marketing Strategy*, Irwin Professional Pub., 1994.

Este libro clásico constituye una guía práctica y detallada sobre métodos y técnicas de marketing directo que hace hincapié en las clases de análisis estadístico, los modelos de predicción y la tecnología necesarios para diferenciar a los clientes.

Hallberg, Garth y David Ogilvy, *Todos los consumidores no son iguales: la estrategia del marketing diferencial para conseguir la fidelidad de los consumidores a las marcas*, Deusto, Bilbao, 1997.

Hallberg y Ogilvy reconocen que la publicidad de masas no hace mella y defienden el "marketing diferencial" (centrado en los clientes más valiosos de la empresa) como medio para cultivar una base de clientes leales. Afirman que las ventas de cifras elevadas pueden mantenerse a través del marketing integrado, la gestión de bases de datos y el establecimiento de una relación individualizada.

Heskett, James L., W. Earl Sasser y Leonard A. Schlesinger, *The Service Profit Chain: How Leading Companies Link Profit and Growth to Loyalty, Satisfaction, and Value*, Free Press, 1997.

Heskett, Sasser y Schlesinger sientan una base sólida y muy estudiada para las iniciativas de vincular la lealtad de los clientes y los empleados al crecimiento y los beneficios. Asimismo, ofrecen un plan meticuloso para valorar y presentar los resultados.

Reichheld, Frederick F., *El efecto lealtad: crecimiento, beneficios y valor último*, Ariel, Barcelona, 1996.

La lealtad, tanto si se refiere a clientes, empleados o accionistas, es una de las principales inquietudes de la época. En este libro importantísimo, Reichheld analiza las estrategias empresariales que permiten que las empresas establezcan y mantengan relaciones de lealtad. Demuestra que las empresas inteligentes pueden aumentar mucho sus beneficios con una simple mejora de la conservación de sus clientes y empleados.

Actividad 4A

Aspectos de la diferenciación para ser comentados por el equipo de transición

Fecha de finalización propuesta: _____

1. Charla de ascensor: Explique por qué satisfacer las necesidades individuales es la mejor forma de lograr una ventaja competitiva a largo plazo (su respuesta puede incluir la relación de aprendizaje, la protección de los márgenes unitarios, la consecución de la fidelidad del cliente, etcétera).

_____

_____

_____

_____

2. Antes de empezar los ejercicios y tareas expuestos a continuación, intente mencionar a algunos de sus clientes más valiosos. ¿Comparten alguna característica común? ¿Tienen a veces necesidades parecidas? En caso afirmativo, ¿cuáles?

_____

_____

_____

3. ¿Tiene clientes que cuestan tanto a la organización que lo más probable es que no valga la pena conservarlos? ¿Quiénes son? ¿Comparten alguna característica?

_____

_____

_____

4. ¿Quiénes son sus clientes con mayor crecimiento? ¿Comparten alguna característica? ¿Tienen algunas necesidades parecidas?

_____

_____

_____

Actividad 4B

Inventario para la diferenciación de los clientes actuales

Fecha de finalización propuesta: _____

Contacte con los departamentos clave de su empresa. Determine si poseen algún programa formal o informal para ofrecer un mejor servicio a algunos tipos de clientes. Formalice y amplíe los programas que tienen sentido y elimine el resto. A continuación, le presentamos algunos ejemplos:

Mejores clientes

- Gestión especial de los envíos

- Trato especial a cargo de los ejecutivos de la empresa

- Condiciones de pago y descuento más generosas

- Mayor disponibilidad de códigos de artículos o de volumen de productos

- Publicidad más flexible de las políticas de devolución

- Interpretación liberal de las políticas de garantías y servicios

- Números de teléfono o personas especiales de contacto

Peores clientes

- Cargos adicionales en los pedidos más pequeños

- Servicio o tiempo de respuesta de las ventas más lentos

- Obligación estricta del cumplimiento de las condiciones de pago

Departamentos que pueden incluirse

- Centro de atención telefónica

- Publicidad cooperativa

- Atención al cliente

- Correo directo

- Dirección general

- Gestión de productos

- Ventas

- Servicios y reparaciones

Actividad 4C

Cálculo del valor vitalicio

Fecha de finalización propuesta: _____

Cada empresa debería establecer una fórmula para clasificar a los clientes en función de una aproximación factible de su valor vitalicio, el cual se determina calculando el flujo de beneficios futuros durante cierto período (después de haber deducido los costes), y descontándolo a un tipo adecuado para obtener su valor actual neto. Dados los retos asociados a determinar el valor vitalicio, la mayoría de organizaciones deberán elegir una lista de "variables sustitutas", entre las cuales figuran las siguientes:

Variables sustitutas	Usado como variable sustituta	Para usar como variable del VV más adelante
Ingresos pasados y previstos para el futuro que aporta el cliente		
Beneficios pasados y previstos para el futuro que aporta el cliente (los ingresos menos el coste de las ventas y los servicios)		
Expectativas sobre la lealtad en el futuro		
Posibilidades de *up-selling* y ventas cruzadas		
Valor de la colaboración (disposición a comunicar/ participar/responder a encuestas, etcétera)		
Cuentas pagaderas (la rapidez con que paga el cliente)		

Una vez que haya elegido las variables que le ayudarán a calcular el valor, divida la base de clientes en sus elementos constitutivos (por ejemplo, empresas cliente frente a consumidores, concesionarios frente a distribuidores, etcétera), y con CADA base de clientes por separado haga lo siguiente:

- Clasifíquela en cinco grupos de igual tamaño

- Determine el porcentaje de beneficios que cada grupo representa para su empresa

- Investigue formas de levantar una "valla" alrededor del grupo superior para poder concentrarse en estos clientes y aumentar su lealtad

Actividad 4D

Relacionar el valor y la lealtad del cliente

Cuando se plantee cómo mejorar la lealtad del cliente y reducir su desgaste, la primera pregunta que debe hacerse es: ¿Cuáles son los principales clientes que desea que sigan siendo leales?

Este ejercicio le servirá para concentrarse en la lealtad y el desgaste de los clientes adecuados, aquellos que aportan el máximo valor a su empresa.

Fecha de finalización propuesta: _____

¿Quién lo hará?	¿Para cuándo?	Tarea	¿Es aplicable a nuestra organización? (√)	Acabada al 75% (√)	Acabada al 100% (√)
		1. Determine si se ha calculado el valor de los clientes o si éstos están ordenados de algún modo • En caso afirmativo, determine en qué manera • En caso negativo, establezca qué factores intervendrían en la valoración si se dispusiera de datos mejores			

2. Determine si la priorización de los esfuerzos de marketing y de ventas de la empresa aporta alguna pista para conocer el valor real y potencial de los diversos tipos de clientes que posee

- Determine las medidas prácticas que existen en la actualidad para clasificar a los clientes según su valor real o potencial
- Relacione las oportunidades de ventas cruzadas y/o *upselling*
- Emprenda una iniciativa para medir el valor vitalicio (VV) en las distintas divisiones a fin de modificar su comportamiento hacia cada cliente

3. Adopte medidas para mejorar la lealtad de los clientes

- Compruebe si en la actualidad puede disponer de alguna información para predecir el desgaste y/o la lealtad
- Analice a los clientes más antiguos y permanentes, y anote las características que los hacen distintos
- Averigüe si se puede seguir la pista de esas diferencias
- Conceda una mayor prioridad a captar más clientes con características similares a las de sus clientes más permanentes

4. Analice a los clientes que han abandonado su empresa y anote los motivos que les pueden haber impulsado a ello

- Plantéese establecer "entrevistas de salida"
- Determine si el desgaste puede preverse con anterioridad
- Clasifique a los clientes que se han ido según su valor, si es posible
- Pruebe adoptar medidas preventivas para evitar el desgaste. Para ello, céntrese primero en los clientes más valiosos con mayores probabilidades de marcharse

Actividad 4E

Lista de tareas: diferenciar a los clientes por su valor

El objetivo de este ejercicio consiste en identificar a los clientes más valiosos (CMV), a los clientes con mayor crecimiento (CMC) y a los clientes bajo cero (BC). No es imprescindible ser totalmente preciso en la predicción. Piense en función de la clasificación de sus clientes por su valor.

Fecha de finalización propuesta: _____

¿Quién lo hará?	¿Para cuándo?	Tarea	¿Es aplicable a nuestra organización? (√)	Acabada al 75% (√)	Acabada al 100% (√)
		Divida la base de clientes en sus elementos constitutivos (por ejemplo, empresas cliente frente a consumidores, intermediarios profesionales frente a distribuidores de almacén, etcétera). Realice este ejercicio para cada grupo de clientes. Entre los posibles elementos de una base de clientes figuran los siguientes: • Cuentas nacionales o estratégicas • Grandes empresas • Pequeñas o medianas empresas • Regiones geográficas • Consumidores • Usuarios habituales frente a usuarios poco frecuentes • Otros _____			
		También puede clasificar a sus clientes según la importancia que tengan para la empresa. Los grupos pueden incluir: • Influencia en terceros			

- Valor de la colaboración
- Reputación pública
- Cuentas de "prestigio"

Tarea a corto plazo: A partir de la información que posee en la actualidad, decida cómo ordenar a sus clientes

---

Tarea a largo plazo: Empiece a planear cómo calcular el valor de los clientes a partir de este momento
- Pida a su equipo que determine qué variables deberían incluirse y la importancia aproximada de cada una de ellas
- Pregunte a los clientes cuántas operaciones cierran con la competencia
- Calcule la cuota de cliente para cada uno de ellos
- Plantee posibles algoritmos en la base de datos de clientes. Para ello, tenga en cuenta las preguntas de los clientes durante una interacción, las medidas prácticas adecuadas para ordenarlos y el modo de controlar su valor
- Opcional: Realice la Actividad 4F ("Instantánea longitudinal de los clientes")
- Opcional: Póngase en contacto con una empresa de investigación/previsión para que lo ayude con el modelo del VV. Aplique este modelo a los datos de cada cliente a fin de calcular su valor

---

Decida quiénes son sus CMV
- ¿Qué porcentaje del total de clientes?
- ¿Qué porcentaje del total de su negocio?

Decida quiénes son sus CMC
- ¿Qué porcentaje del total de clientes?
- ¿Qué porcentaje del total de su negocio?

Decida quiénes son sus BC
- ¿Qué porcentaje del total de clientes?
- ¿Qué porcentaje del total de su negocio?

Una vez que ha clasificado a los clientes por su valor, piense en algunas formas rápidas de invertir más en los CMV y menos en los BC. Quizá le sea más fácil empezar esta tarea considerando lo siguiente:
- Los centros de atención telefónica (véase capítulo doce)

- La atención al cliente
- La cantidad de diálogo
- El grado de personalización
- La página Web
- El modo en que esperan su turno los clientes, tanto en sentido literal como figurativo
- El grado de resolución de las quejas
- Entre empresas: ¿A qué clientes les proporciona su número de buscapersonas que lleva conectado fuera del horario laboral?

Actividad 4F

Obtenga una instantánea longitudinal de los clientes

Fecha de finalización propuesta: _____

Este ejercicio está diseñado para ofrecerle un modo sencillo de visualizar y quizá cuantificar las "trayectorias" de los componentes de su base de clientes. Aunque implicará introducir datos y analizarlos estadísticamente, se trata de un ejercicio que debe realizarse usando más el sentido común y el juicio que los análisis o modelos matemáticos.

1. Busque en los archivos de su empresa una gran cantidad de registros muy antiguos de clientes. Con los de hace diez años bastará, pero si no dispone de registros tan antiguos, utilice los más antiguos que tenga. Es posible que estos registros no estén informatizados —quizá se conserven en microfichas, por ejemplo—, y si lo están, es probable que estén almacenados fuera de sus instalaciones. Eso no supone problema alguno, ya que puede efectuar este ejercicio analizando los registros de cada cliente e introduciendo usted mismo los datos en su propio ordenador personal, si es preciso. Se trata de un ejercicio de muestra y proyección.

2. Extraiga al azar una muestra de registros de clientes de estos archivos. Necesitará los suficientes para conseguir una precisión estadística, pero si lo hace a mano, puede limitarse a unos millares de registros para empezar. Asegúrese de que se trata de una muestra aleatoria de toda la base de clientes.

3. Obtenga los registros de cada uno de estos clientes para cada año sucesivo hasta llegar al año actual. Asegúrese de detectar el momento en que los clientes se marchan, y esté atento a si vuelven a hacer negocios con la empresa en un año posterior (quizás aparezcan con

un código de cuenta u otro sistema identificador diferente). Si tiene clientes que son empresas y se fusionan entre sí, no olvide registrar este dato. Si su empresa es convencional, el número de registros de clientes que obtenga será menor año tras año, a medida que los clientes de su muestra original se marchan, cierran el negocio o se fusionan con otros. No añada ningún registro para compensarlo, ya que eso frustraría el objetivo del ejercicio. Debe obtener los registros suficientes al principio para que, al llegar al año actual, le puedan quedar todavía unos doscientos.

4. Ahora posee una "imagen instantánea longitudinal" completa de su base de clientes, es decir, una muestra de la trayectoria de los clientes. Puede observar qué porcentaje de clientes tiende a marcharse y qué porcentaje, a crecer. Cuantos más clientes contenga su muestra original, más podrá clasificarlos y más conclusiones extraerá (por ejemplo, podrá saber cuáles son las características de los clientes con más probabilidades de marcharse o de crecer más).

Advertencia: No exagere con sus conclusiones. Recuerde que la situación de su mercado habrá cambiado mucho desde hace diez años, cuando obtuvo la primera muestra de registros de clientes.

Actividad 4G
Pautas para la diferenciación de las necesidades

1. Analice en el proceso de compra que vende su organización desde el punto de vista del comprador:
   • Averiguar la existencia del producto o servicio
   • Establecer el contacto inicial
   • Decidir qué comprar
   • Decidir la configuración
   • Elegir el tamaño, el color, etcétera
   • Decidir el precio (por ejemplo, "compre tres a mejor precio")
   • Establecer la financiación
   • Decidir la recogida o la entrega
   • Averiguar qué sucede cuando algo falla
   • Averiguar si es sencillo efectuar la siguiente compra

2. Determine en qué medida difieren sus clientes respecto a cada uno de los factores anteriores.

3. Determine si, en la actualidad, dispone de alguna estrategia de segmentación o nicho para satisfacer las necesidades de los clientes basadas en los diferentes procesos y necesidades.

4. A partir de la investigación disponible o de su propio juicio, relacione toda la información que ya posee sobre las distintas necesidades de sus clientes.

   a. Averigüe si algún cliente ha diseñado un producto con su organización.
- En caso afirmativo, describa cómo se produjo la colaboración.
- En caso negativo, decida cómo podría producirse la colaboración para personalizar su producto o servicio.

   b. Relacione toda la información personal sobre los clientes que podría utilizar en beneficio de ellos o en beneficio de su empresa (por ejemplo, la edad de los hijos, el colegio en que estudian, los animales domésticos, etcétera).

   c. Averigüe si los clientes tienen acceso a la información referente a ellos mismos que su empresa obtiene o intercambia.

   d. Idee un método para prevenir que los clientes se lleven esa información y la entreguen a la competencia, o déles un motivo para que no deseen hacerlo.

   e. Describa todos los grupos de clientes, en caso de que los haya, que tienen una relación actual con su organización y el modo como se mantiene dicha relación (por ejemplo, servicios añadidos, compras repetidas, mayor calidad de los servicios y mejora de los productos).

   f. Describa cómo estos grupos de clientes varían en cuanto a las necesidades que satisfacen con los productos o servicios de la organización.

Actividad 4H

Matriz de estrategia de relaciones

Consideramos que los "segmentos" son grupos en los que los clientes no se gestionan de modo individual. Si un grupo de clientes no puede identificarse individualmente, y sus miembros no mantienen un contacto interactivo con la empresa, sería apropiado denominarlo segmento. Bastante a menudo, es la forma más sensata de gestionar ciertas relaciones con los clientes. Admitimos que las empresas suelen tener que empezar desarrollando relaciones individualizadas con sus clientes más valiosos, pero intentar establecer una relación individualizada con cada cliente, todos a la vez, mina los esfuerzos realizados para convertirse en una empresa individualizada.

En cambio, una "cartera" es un grupo no duplicado de clientes gestionado por un director de clientes. La gestión de la cartera es el tipo de estructura organizativa necesaria si se va a adjudicar a alguien de la empresa la tarea de mantener la lealtad de clientes concretos, aumentar sus operaciones y asegurarse de que se vuelvan más valiosos para la empresa. Cuando una compañía reúne una serie de carteras, se supone que los clientes se pueden identificar por separado y que, en ocasiones, éstos mantienen un contacto interactivo con la compañía.

Piense en las características de su base de clientes y anote algunos segmentos que los describen. El objetivo consiste en describir los segmentos en cuanto a las necesidades comunitarias concretas que sus miembros puedan tener en común. "Los entusiastas de las vías de alta tecnología", por ejemplo, podrían formar un segmento de clientes en una empresa de telecomunicaciones. "Las madres de niños pequeños" podrían constituir un segmento para una empresa de juguetes.

Realice el siguiente ejercicio para cada segmento identificado. El objetivo es encontrar formas en que su empresa podría empezar a tratar de un modo distinto a los distintos clientes en función de sus distintas necesidades con respecto a la empresa.

Fecha de finalización propuesta: _____

Definición de la estrategia de relaciones	Nombre del segmento
¿Qué necesidades usaría para diferenciar este segmento?	
¿Qué objetivo (por ejemplo, conservar, crecer, privar, archivar, emigrar, etcétera) establecería para este segmento?	
¿Qué valor propondría para este segmento?	
¿Qué vehículos de comunicación bilateral e interactiva existen para este segmento?	
¿Puede personalizar —de modo rentable— cualquier aspecto del conjunto de productos/servicios para este segmento?	
¿Cómo asignaría la responsabilidad de marketing para este segmento?	
¿Cómo controlaría sus relaciones con los clientes de este segmento?	

Interactuar con los clientes

CÓMO OBTENER MÁS INFORMACIÓN
SOBRE SUS CLIENTES DE UN MODO MÁS BARATO

Ícono:

Identificar   Diferenciar   *Interactuar*   Personalizar

PASO 3 PARA PONER EN PRÁCTICA LA ESTRATEGIA: Establezca un diálogo continuado con sus clientes para conocer cada vez más sus intereses, necesidades y prioridades particulares.

Supongamos que puede identificar a cada uno de sus clientes por separado y que dispone de la información suficiente para clasificarlos por su valor o importancia para su organización. Consideremos también que puede diferenciar como mínimo a sus clientes más valiosos por sus necesidades y que ha descubierto comunidades concretas de clientes con necesidades parecidas. El siguiente paso consiste en buscar el modo de mejorar las interacciones con sus clientes.

La interacción suele ser la primera, y a veces la única, iniciativa individualizada que puede ser percibida por el cliente. La identificación y la diferenciación de los clientes pasa totalmente desapercibida, ya que se oculta por completo bajo la superficie de la relación entre empresa y cliente. Sin embargo, la interacción requiere la participación e implicación activas de este último. Tiene un impacto directo en él y el hecho de que sea consciente de la interacción es una parte indispensable del proceso.

La interacción con los clientes produce unos beneficios indirectos importantes, independientes por completo de la estrategia individualizada. Como la interacción es perceptible, el cliente tiene la impresión de que la empresa se interesa por la información que proporciona. Tanto si incorpora esos datos en el trato que su organización dispensará al cliente como si no, es probable que éste posea una opinión más favorable de su empresa, por lo menos a corto plazo.

Debido a esta gran perceptibilidad inmediata, la interacción es el elemento crucial de casi todas las estrategias individualizadas de inicio rápido, como vimos en el capítulo dos. Si desea mejorar de modo considerable e inmediato el perfil individualizado de su empresa, vaya directamente al paso de la interacción. No espere hasta haber obtenido información sobre los clientes. En realidad, los cuatro pasos para poner en práctica la estrategia no son del todo secuenciales, sino que se presentan bastante solapados. En la mayoría de los casos, una mejor interacción le permitirá, por sí sola, identificar a una mayor proporción de clientes y diferenciarlos con mayor precisión.

Así pues, ¿por qué esperar? ¿Por qué situar la interacción en tercera posición en lugar de en la primera? Porque si no conoce un gran número de características de sus clientes, no podrá fijar ningún objetivo coherente en su programa de diálogo, ni sabrá si tiene éxito. Si no está preparado para incorporar el diálogo en una estrategia más amplia para establecer una relación individualizada con cada cliente, sus intentos por interactuar se deteriorarán con rapidez para convertirse en una molesta pérdida del tiempo del cliente; será una comunicación más de un especialista en marketing que intenta captar un poquito la atención del cliente.

La interacción es un concepto positivo en general, pero no siempre. Hoy en día, cada vez más, las empresas obtienen los beneficios indirectos de la interacción sin intención alguna de incorporar la información del cliente en una estrategia individualizada. El resultado es que los clientes de una amplia gama de sectores y negocios están sometidos a demasiadas encuestas y demasiados contactos: el hotel que lo llama a la habitación sólo para asegurarle que el conserje está "a su disposición"; la tarjeta de crédito que remite un "mensaje importante" a todas las personas de su base de clientes para informarles sobre un nuevo tipo de tarjeta que, de hecho, sólo interesa a menos del uno por ciento de ellas; la compañía automovilística que lo llama a casa e interrumpe sus quehaceres en tres ocasiones distintas para comprobar que la reparación de la semana pasada fue aceptable. En un caso verídico, una firma dedicada a materiales de ingeniería recibió la llamada de un cargo elevado de uno de sus clientes para solicitar que dejaran de preguntar y encuestar sin cesar a sus ingenieros con respecto a lo satisfechos que estaban con el equipo o a cómo podría mejorar el servicio. ¡Ya basta!

El efecto más lamentable de la reciente tendencia hacia la interacción excesiva con los clientes es que ahora muchas personas creen que el marketing de relaciones se limita a eso. En un artículo de *Harvard Business Review*, escrito por tres catedráticos que tendrían que hablar con mayor propiedad, se identificaba erróneamente el aluvión de ofertas por correo y de llamadas de telemarketing no solicitadas como un intento de las empresas de lanzar programas de marketing de relaciones.

Sin embargo, existe una metodología correcta para interactuar con el cliente. La interacción no debería ser un acontecimiento aleatorio y sin conexión. Si su interacción tiene como objetivo establecer una relación individualizada:

1. Debería reducir al mínimo las molestias al cliente.
2. El resultado debería aportar algún beneficio real para el cliente.
3. Debería influir en su trato específico de ese cliente.

Por esta razón, la interacción constituye el tercer paso para poner en práctica la estrategia en vez de el primero. La interacción en sí debe contribuir al intento global para convertirse en una empresa individualizada. Eso significa que el tipo de interacción en que elige incluir a un cliente concreto dependerá de lo que ese cliente necesita de usted y de lo que vale para usted.

Pero, ¿por qué me llama?

Está presente también la cuestión del motivo. Por encima de la sensación de "bienestar" que pueda generar o no en una relación con un cliente, ¿cuál es la razón real tras la interacción? ¿Cuáles son los objetivos de ésta? ¿Qué quiere usted averiguar y por qué?

En el contexto de convertirse en una empresa individualizada, existen algunas clases de información que se obtienen con mayor facilidad en las interacciones directas que durante las operaciones con los clientes:

Valor estratégico. A no ser que esté dispuesto a interactuar con un cliente, no podrá saber qué posibilidades de crecimiento tiene en su empresa. Puede modelar el comportamiento del cliente y prever su VV a partir de un índice de funcionamiento. Puede contactar con bases de datos externas para conseguir cifras de penetración y similares. Sin embargo, en la mayoría de las situaciones, no hay ninguna forma más fiable de averiguar qué negocios efectúa un cliente específico con la competencia, o qué planes de expansión tiene, que preguntárselo directamente.

Si utiliza la interacción para obtener información sobre el valor estratégico de un cliente, debería estar también preparado para sistematizar los datos. Es decir, tiene que idear un formato para calcular y documentar el posible crecimiento de un cliente a fin de poder compararlo con otro o a fin de comparar diversos grupos de clientes entre sí. En un centro de atención telefónica, podría tratarse de un simple botón en la pantalla del representante que indicase el grado de posibilidades que el cliente tiene en el mercado para una determinada categoría del producto. Para el personal de ventas directas, el sistema de automatización debería incluir la "mejor estimación" de cada vendedor respecto al valor del siguiente posible proyecto y debería poderse registrar no en un mero campo de "notas" sino en uno que permitiera acceder con facilidad a la cifra con fines comparativos.

Necesidades de los clientes. A menudo tiene que interactuar con un cliente para lograr conocer bien sus necesidades. Por supuesto, los distintos clientes tendrán tipos diferentes de necesidades (por ejemplo, las empresas farmacéuticas frente a las refinerías de petróleo, o los hombres solteros frente a las familias con hijos). Suele ser posible intuir las necesidades de un cliente si se observa lo que compra, en especial si su empresa dispone de una amplia variedad de productos, servicios y otras alternativas entre las que elegir.

Sin embargo, como ya vimos en el comentario del capítulo anterior sobre la diferenciación basada en las necesidades, dos clientes de apariencia similar pueden comprar el mismo producto por motivos totalmente diferentes, es decir, para satisfacer dos necesidades totalmente distintas. Así pues, la interacción con el cliente puede resultar útil para definir con exactitud lo que el cliente está intentando satisfacer. Por este motivo, si encarga un estudio de mercado para agrupar a sus clientes según sus necesidades, también querrá averiguar qué podría preguntarles para incluirlos en alguno de estos grupos.

Descubrimiento de la satisfacción y las quejas de los clientes. Otro tipo de información que resulta útil tener pero que cuesta obtener sin ningún tipo de interacción individual es el grado de satisfacción del cliente respecto al producto o servicio que usted vende; aunque el cliente lo compró, y puede que se trate de la quinta vez que se lo compra, ¿quedó satisfecho en esta ocasión? Puede interactuar para averiguar lo que puede hacer su empresa para mejorar la satisfacción del cliente en la próxima compra. Llamamos a este tipo de interacción "descubrimiento de las quejas" (véase capítulo tres de *Uno por uno: el marketing del siglo XXI,* pp. 51-94 y *Enterprise One to One,* pp. 266-269) porque una mayoría aplastante de quienes tienen quejas, tanto si los clientes son consumidores como empresas, "sufren en silencio". No están contentos con algo, pero no toman la iniciativa de quejarse, aunque puede que incluso hablen con desdén de la empresa vendedora con sus amigos o colegas.

Interactuar con un cliente para conocer su satisfacción o si tiene alguna queja no expresada constituye otra forma más de obtener información sobre sus necesidades. A la empresa individualizada le interesa saber cómo mejorar el servicio para ese cliente la próxima ocasión. Si puede averiguarlo, podrá empezar a incluir a ese cliente en una relación de aprendizaje con su empresa. Si cada vez que un cliente que trabaja con usted está más satisfecho que la anterior (percibe una mayor calidad), usted está estableciendo una relación de aprendizaje con el cliente, y tras unas pocas interacciones, se habrá ganado su lealtad.

Advertencia: No utilice este tipo de interacción en exceso, ya que sus clientes empezarán a resistirse a interactuar. Un buen principio es comprobar la satisfacción de un cliente cada vez que sucede algo fuera de lo corriente en la relación: una compra importante y compleja, un problema en la instalación o la financiación, una queja o un conflicto en la facturación que se había resuelto (a su entender), o una petición de información inusual. Tras uno de estos acontecimientos fuera de lo ordinario, no es mala idea que alguien contacte con el cliente a fin de comprobar que todo va bien y de averiguar si es posible tratarlo mejor la próxima vez. Si la información indica la necesidad de realizar algún cambio, su empresa tiene que contar con un sistema fiable de respuesta para aplicar ese cambio, para ese cliente, la próxima vez.

NORMAS DE PARTICIPACIÓN

- No inicie una interacción con un cliente sin un objetivo claro.
- No pregunte lo mismo a un cliente más de una vez.
- Interactúe en el medio que elija el cliente.
- Cuando participe en una interacción, empiece con el cliente en vez de con el producto.
- Haga que la interacción sea personal, y personalizada.
- Asegúrese de que todas sus interacciones con los clientes son siempre bien recibidas.
- Utilice principios de personalización masiva (y tecnología) para reducir el coste y aumentar la personalización del diálogo.
- Asegúrese de que todos los CMV son identificados de inmediato y tratados como corresponde.
- Proteja la intimidad de los clientes.
- Invite al diálogo imprimiendo los números gratuitos y la ubicación de su página Web en todas partes.
- Asegúrese de que el cliente se percata del valor de cada interacción. Proporcione la información o el valor que refleje lo que se ha averiguado.
- Respete el tiempo del cliente. No intente averiguarlo todo de golpe.

A medida que la información personal se vuelve cada vez más valiosa para el éxito de las empresas, también se convierte en un tema más peliagudo para quienes la proporcionan. El telemarketing a la hora de la cena y la gran cantidad de propaganda recibida por correo —posibles gracias a la distribución y redistribución despreocupada de listas de clientes— ha generado una reacción violenta por parte de los consumidores. Las personas se muestran cada vez más inquietas respecto a cómo se usa su información, o se abusa de ella.

Con esto en mente, debería contar con una política explícita para proteger el derecho a la intimidad de sus clientes. Para establecer una relación duradera con ellos, es fundamental tratar esta cuestión. Los clientes tienen que sentirse seguros al ofrecer sus datos personales para participar en las formas de diálogo que son claves para la empresa individualizada.

Su política de protección de la intimidad debería explicar a los clientes qué clase de información precisa de ellos, cómo se utilizarán esos datos y cómo no se utilizarán. También debería indicar los beneficios que tiene el cliente al compartir su información personal. Si establece medidas de este tipo para proteger la intimidad, promociónelas con un *mailing* especial, inclúyalas en una factura mensual, o expóngalas en su página Web. Una política de intimidad fortalecerá las bases sobre las que se construye la relación con cada cliente. La confianza es fundamental, y una política de intimidad contribuirá a crearla.

DIEZ PUNTOS QUE CABE TENER EN CUENTA PARA EL DESARROLLO DE LA POLÍTICA DE INTIMIDAD DE SU EMPRESA

Cada empresa que posee una página Web o que obtiene información personal de cualquier tipo sobre sus clientes debería adoptar medidas explícitas para proteger la intimidad. Puede llamar a esta política "compromiso de intimidad", "declaración de intimidad" o simplemente "política de protección de la intimidad", pero deberían cubrirse los siguientes puntos:

1. Detalle la clase de información que se obtiene sobre cada cliente.
2. Especifique cómo utilizará la empresa la información personal. Si su política consiste en usar este tipo de información sólo en la empresa cuando sea necesario y no dejarla en

ningún momento a disposición de empleados no autorizados, debe explicarlo de modo explícito.

3. Adopte los compromisos que pueda en lo referente a cómo no se usará nunca la información de cada cliente (por ejemplo, la información personal no se vende ni se cede nunca a terceros, ni se consulta para cambiar precios o primas de seguros, etcétera).

4. Exponga las ventajas que el uso de esta información por parte de la empresa proporcionará al cliente (un servicio más rápido o preferente, reducción de costes, etcétera).

5. Enumere las opciones que tiene el cliente para indicar a la empresa que no utilice ni revele determinados datos.

6. Exponga cómo puede cambiar o actualizar un cliente la información personal que ha obtenido su empresa. Por ejemplo, ¿puede acceder el consumidor a la información sobre su perfil o a su cuenta de Internet y modificarla?

7. Identifique qué acontecimientos podrían precipitar una notificación de la empresa al cliente. Por ejemplo, si un tribunal le exige presentar registros de sus clientes, ¿lo notificará a aquellos cuya información se ve afectada?

8. Mencione al ejecutivo de la empresa que ha designado como "administrador de los datos", responsable de garantizar que la empresa cumple las políticas de información e intimidad.

9. Especifique en qué situaciones la empresa asume o rechaza la responsabilidad por los daños incurridos con la obtención y utilización de los datos de clientes, como en el caso de fraude o uso indebido de la tarjeta de crédito.

10. Indique procedimientos específicos por los que el cliente pueda ordenar a la empresa que deje de recopilar datos sobre él o que elimine los que ya posee.

Con la proliferación de Internet, y con la gran disponibilidad de información que ha conllevado, muchas páginas comerciales incluyen políticas explícitas sobre la intimidad que cubren puntos como los mencionados. Algunos ejemplos de políticas de derecho a la intimidad los encontrará en las siguientes páginas Web:

- American Express en: http://www.americanexpress.com/corp/consumerinfo/privacy/privacystatement.shtml
- Dell en http://www.dell.com/policy/privacy.htm
- America Online en http://www.aol.com/info/privacy.html
- Hewlett Packard en http://www.hp.com/ahp/privacy/privacy.htm
- Marketing 1to1/Peppers and Rogers Group en http://www.1to1.com/member/privacy.html

TRUSTe es una organización independiente, sin ánimo de lucro, dedicada a revelar las prácticas de obtención y difusión de la información en Internet, de modo que los usuarios puedan tomar decisiones con conocimiento de causa sobre si desean hacer negocios con determinadas páginas Web. La organización se describe como "una iniciativa global para que el consumidor confíe en el comercio electrónico".

La organización es el resultado indirecto de la Electronic Frontier Foundation. Tal como explica Esther Dyson, miembro del consejo de la EFF y presidenta de EDventure Holdings: "Este sistema es importante tanto en sí mismo como en calidad de modelo que indique cómo la industria puede autorregularse de un modo eficaz en lugar de esperarse la intervención del gobierno. Proporciona un cumplimiento flexible y descentralizado, y permite que los clientes dispongan de una oferta máxima para elegir".

El sistema TRUSTe se basa en un "indicador de confianza": un ícono (Trustmark™) vinculado a la declaración de la política de intimidad de una página Web. El indicador de confianza advierte a los consumidores de cómo se utilizará la información que aparece en Internet.

TRUSTe es un paso importante en la dirección correcta. Proporciona a las empresas un método sencillo y muy perceptible para manifestar cómo usarán la información individual. Estamos de acuerdo con Dyson en que la clave para evitar la regulación gubernamental, que sin duda ralentizaría la velocidad de la innovación en Internet, es la autorregulación agresiva de las empresas punteras. Con ese objetivo, TRUSTe se ha ganado el apoyo de muchas empresas líderes, como America Online, Excite, IBM, Lands' End, el *New York Times* en Internet, State Farm Insurance Companies, Wired Digital y Marketing 1to1/Peppers and Rogers Group.

Las empresas reciben autorización para usar el indicador de confianza tras obtener un contrato de licencia y una factura incluidos en la página Web de TRUSTe. Los costes de licencia oscilan entre 250 y 5.000 dólares estadounidenses, según los ingresos anuales de la empresa y la confidencialidad de la información. Se invita a los firmantes de este contrato a mostrar de modo destacado el logotipo de TRUSTe en sus páginas Web y en todos los puntos de las mismas donde se obtiene información.

Cada interacción con un cliente concreto implica un gasto. Incluso sin tener en cuenta el coste o la molestia de acaparar el tiempo y la atención de un cliente, existe un "coste de transacción" para casi todos los tipos de interacción imaginables, aunque algunos resultan más costosos que otros. Clasificar a los clientes por su valor le permitirá adoptar un enfoque más racional en la gestión de este proceso.

Hacer más rentable la interacción

El objetivo es establecer relaciones, pero algunas formas de interacción son más caras que otras. Así pues, utilice distintos enfoques para clientes con valores diferentes. Para un cliente sumamente valioso, es probable que valga más la pena una visita personal de un representante de ventas, mientras que otro no tan valioso quizá no merezca siquiera una llamada telefónica.

A medida que la tecnología reduce su coste, las empresas pueden permitirse interactuar con una gama cada vez más amplia de clientes de un modo económico. Las interacciones ricas e intrincadas ya no deben limitarse a un reducido grupo selecto de CMV. Por una parte, eso abre canales totalmente nuevos a los negocios, lo que permite que una empresa trate con clases de clientes con los que no hubiera podido contactar de no ser por Internet. Por otra parte, permite que una empresa agilice y automatice muchas de las interacciones manuales necesarias para atender a los clientes, lo cual reduce costes y ahorra tiempo, a menudo considerablemente. Algunos ejemplos son los siguientes:

Cisco Systems fabrica e instala encaminadores y conmutadores muy complejos que precisan una configuración detallada y bien diseñada. En consecuencia, su personal de ventas y de apoyo ha trabajado a menudo durante semanas seguidas en el problema de configuración de un solo cliente, en contacto constante con su director general de información y su director de compras, y ha documentado sus progresos en montañas de papeleo que es probable que tenga errores.

Sin embargo, Cisco ha agilizado y potenciado este complejo proceso de ventas a través de su página de Internet, llamada Cisco Connection Online. La página permite a los clientes configurar y reconfigurar su propio sistema, así como acceder a las especificaciones de los sistemas y a los productos de Cisco en cuestión de segundos. Las ventajas recibidas suelen citarse como una validación de la idea básica del comercio electrónico. En lugar de tardar semanas, un "pedido limpio" puede introducirse y encajarse en el extremo final del sistema de producción y distribución de Cisco en sólo quince minutos. Cisco facilita que los clientes registren la configuración de su propio sistema de cara a realizar posteriores actualizaciones.

Eso ahorra tiempo y reduce los costes de las transacciones, pero además, garantiza que ningún cliente deba volver a introducir información sobre su configuración. La página Web permite, en la actualidad, efectuar transacciones por un valor de varios miles de millones de dólares al año, a la vez que reduce en varios centenares de millones de dólares los costes del servicio. También fortalece las relaciones con los clientes y hace disminuir su propensión a marcharse.

Owens-Corning utiliza su página Web para dirigirse a diversos públicos y para interactuar cada vez más con constructores y contratistas, a los que equipa con herramientas para montar su propio negocio. Según Steve Smoot, director de los servicios de información al cliente:

> [...] la única forma en que un constructor o un contratista puede mejorar en gran medida sus beneficios sostenibles consiste en ejercer un control más estricto de los procesos de construcción, en concreto de la planificación y la previsión de costes, a fin de eliminar derroches e ineficacia. En colaboración con expertos del sector, en particular, BuildNet, Inc., nos centramos en la integración con el proceso de gestión de proyectos de la construcción. Las herramientas que estamos desarrollando utilizarán las técnicas en Internet como una plataforma para conseguir una mayor productividad respecto al modo en que trabajan nuestros clientes profesionales, y unimos el acceso a esos servicios con otras herramientas de marketing y de administración de empresas en una serie de programas con objeto de fortalecer nuestra franquicia, de un cliente en uno.

Hewlett-Packard fabrica, además de equipos informáticos, una amplia gama de instrumentos de verificación y medición, que comprenden desde osciloscopios de 400 dólares hasta sistemas de verificación de microchips de 500.000 dólares. Algunas de estas máquinas de verificación y de medición precisan un mantenimiento y una calibración regulares, servicio que la propia HP ofrece a sus clientes. En Australia, la Test and Measurement Organization de la empresa tiene una página Web donde permite a los clientes que han comprado muchos elementos del equipo de verificación hacer un seguimiento de los mismos, desde cada puesto, y programar en el tiempo la calibración y el mantenimiento de cada máquina, e incluso contactar con HP para fijar la visita de un ingeniero de campo. Asimismo la página Web de la empresa permite que los clientes se inscriban y hagan un seguimiento del equipo de verificación y medición que no es de HP.

Ford Motor Company está desarrollando una página Web para los propietarios de sus automóviles. Además de facilitarles la comunicación con Ford y sus concesionarios, los servicios a través de Internet que esta empresa se plantea incluyen la configuración y la fijación de precios de las compras de vehículos nuevos, los servicios de financiación y de *leasing*, y la documentación de las revisiones de cada automóvil. Ford, lo mismo que otras compañías automovilísticas, se enfrenta al problema de averiguar en qué momento exacto un cliente está "en el mercado" para comprar un vehículo nuevo; esta información forma parte del "valor estratégico". Si bien existen algoritmos y técnicas estadísticas para efectuar un cálculo aproximado, el único modo de saberlo es preguntárselo directamente al cliente. Sin embargo, para ello, la empresa tiene que preparar primero un mecanismo rentable que respalde el diálogo, así como una relación con el cliente basada ya en interacciones regulares.

Por supuesto, hay toda una colección de empresas nuevas que se han lanzado a Internet, las cuales suelen girar en torno a alguna forma de interacción rentable o automatizada. Puede buscar un automóvil o llevar a cabo una operación comercial. Puede comprar libros, discos compactos, programas informáticos, vídeos, vitaminas, gatos, perros, sillas de montar, compresores o lentillas. Puede pedir que le lleven comestibles a domicilio, que le lean el horóscopo o que le revisen la máquina de fax, así como hacer una llamada de larga distancia. También puede organizar contenedores de transporte, configurar una instalación de tratamiento de aguas o comprar un conjunto complejo de ordenadores, programas informáticos y equipo de red para su oficina.

Sin embargo, Internet es sólo un medio para interactuar con los clientes y es la interacción en sí lo que establece una relación. Existen otras tecnologías. Muchas empresas han usado centros de atención telefónica para establecer relaciones interactivas. USAA, una compañía aseguradora, ha levantado un negocio multimillonario que se basa casi por completo en la interactividad de los centros de llamadas, al igual que Dell Computer, Gateway 2000, 1-800-FLOWERS y otros.

Ahora bien, en cualquier forma de interacción, incluida la telefónica, es fundamental destacar la importancia de cultivar una relación con el cliente. First Direct, el banco telefónico con sede en el Reino Unido, levantó con muchísimo éxito un negocio de servicios financieros que atendía a los clientes por teléfono y les permitía realizar transacciones en efectivo en los cajeros de otros bancos. El banco subraya la importancia de las relaciones con un interesante ejercicio que se plantea a todos los nuevos empleados. Se venda los ojos a cada nueva incorporación y se le ofrece un limón normal y corriente. Se le da tiempo para que palpe el limón y estudie su tamaño y su tacto para memorizar sus diversos bultitos y asperezas, su forma y su textura únicas. Luego, se colocan todos los limones en un cuenco y se pide a cada nuevo empleado, con los ojos aún vendados, que recupere el limón que acaba de llegar a conocer tan bien. El banco hace así hincapié en la importancia de conocer por separado a cada cliente, a cada personalidad exclusiva, incluso aunque la interacción se limite a una conversación telefónica y el empleado no vaya a conocer nunca al cliente en persona ni a verle nunca la cara.

El correo directo puede resultar también útil para cultivar las relaciones individualizadas con los clientes, aunque es importante complementar el correo postal con formas de interacción electrónicas más rápidas que permitan un contacto más inmediato del cliente con el especialista en marketing. AT&T y otras sofisticadas empresas de *mailing* directo suelen dividir cada población de *mailing* en centenares de grupos distintos de clientes a partir de lo que la empresa sabe de ellos: sus gustos, su sensibilidad a los precios y sus marcas preferidas.

Sin embargo, es importante saber que los clientes también tienen sistemas de comunicación preferidos. Es probable que clientes distintos quieran usar medios diferentes para interactuar con usted. De hecho, en un día concreto, quizás un mismo cliente elija interactuar con usted de modos distintos. Así pues, ser capaz de asegurase de que sus diversos canales interactivos se comunican entre sí constituye otra parte fundamental del establecimiento de unas auténticas relaciones individualizadas con los clientes. Según Mary Kelley, de Schwab:

> Nuestros clientes quieren y utilizan diversas formas para contactar con nosotros; no todos usan Internet. Incluso aquellos que lo usan en la mayoría de las ocasiones, no lo utilizan siempre. Puede que no dispongan del ordenador portátil en ese momento o que lleven el teléfono móvil y deseen utilizar nuestros servicios de telefonía electrónica o de reconocimiento de la voz. Puede que necesiten recibir la ayuda de un agente en persona, quizá para resolver un problema. Tal vez necesiten un cheque hoy, no mañana. Quizá necesiten ayuda con algún papeleo. Por este motivo, nuestro sistema se ha adaptado a estas diferencias, no sólo entre clientes sino también en un mismo cliente según el momento.

Oportunidades para reconocer la interacción

Crear una página Web, un centro de atención telefónica o un programa exhaustivo de correo directo implica el inicio de una actividad o un departamento totalmente nuevos centrados en la interacción con los clientes. No obstante, en el transcurso normal de las operaciones, ya interactúa con ellos, por lo menos de vez en cuando. Les manda facturas y ellos le remiten dinero. Un cliente puede pedirle más información o una entrega más rápida. Usted les envía los productos, procesa sus pedidos, recibe sus quejas y soluciona los conflictos.

Existen tantas posibles oportunidades para interactuar con los clientes que identificar y catalogar todos los "puntos de contacto" de la empresa con ellos puede resultar difícil. En *Enterprise One to One* (pp. 259-264), sugeríamos elaborar un inventario de interacciones y comparar todos los medios interactivos que podrían utilizarse, así como todos los motivos que una empresa o un cliente podrían tener para usarlos. Elaborar este tipo de inventario le permitirá detectar de inmediato las oportunidades para mejorar las interacciones. Se trata de una parte fundamental de cualquier programa de inicio rápido.

Sin embargo, el cliente tiene derecho a que usted lo conozca y a que eso agilice la interacción, con independencia de su finalidad o del tipo de medio empleado para ella. Hoy en día, los clientes no esperan menos, y si desea establecer una mejor relación con ellos, tendrá que cumplir ciertas condiciones mínimas. Eso significa, por ejemplo, que cuando el propietario de un automóvil llama, el servicio del concesionario debería tener acceso inmediato a la marca, el modelo, el año, la fecha del último servicio y cualquier cuestión pendiente. Los vendedores por catálogo deberían conocer la fecha de los envíos anteriores, la situación de las devoluciones o de los créditos, y la información sobre el tamaño, el transporte, el crédito y el pago. Lo ideal sería que conocieran las ofertas especiales o las próximas rebajas de los productos que ese cliente concreto suele comprar. Las interacciones que "recibe" el sector servicios deberían reflejar el conocimiento de las cuestiones pendientes y próximas, así como los aspectos nuevos y las oportunidades que puedan ser de interés.

En la actualidad, se habla mucho sobre la saturación de información disponible. El caso es que los clientes no desean recibir más información, sino una información mejor, adaptada a sus necesidades personales. Existen muchos modos de cumplir este objetivo. Greg Padovani, director de marketing de la Northwestern Medical Faculty Foundation (NMFF) de Chicago, ha averiguado cómo usar una simple factura médica como vehículo para remitir comunicaciones muy personalizadas.

Cada mes, su grupo médico envía facturas que incluyen boletines informativos personalizados, llamados "Notas de salud". Gracias al enorme depósito de datos demográficos y terapéuticos de los clientes, el grupo de marketing de Padovani, formado por dos personas, hace coincidir el contenido (e incluso la prioridad con que aparece) con las necesidades e intereses inferidos para cada cliente. Según cuenta, del total de cincuenta mil boletines informativos que se publican al mes, "no hay dos iguales".

Los boletines informativos son el vehículo de respuesta directa que los especialistas médicos de todo tipo usan para informar a los posibles clientes sobre los procedimientos que ofrecen. El rendimiento de la inversión, en especial para los procedimientos facultativos, puede ser fantástico. Se espera que varios artículos desarrollados para los oftalmólogos del grupo generen unos ingresos anuales de 54.000 dólares en cuanto a procedimientos cosméticos (eliminación de las patas de gallo y las bolsas bajo los ojos). La inversión anual en los boletines informativos para estos artículos sólo asciende a 8.000 dólares. Los costes asociados a los boletines informativos son, pues, relativamente mínimos.

Padovani aprendió el proceso de facturación a los clientes a principios de los años noventa, cuando la organización decidió rediseñarlo, y se dio cuenta de que podía incorporar un recurso de marketing y de comunicaciones a la propia factura. Los resultados han sido formidables. Ha demostrado ser un modo excelente para la venta cruzada de la amplia gama de servicios médicos de la organización y para establecer relaciones con los clientes. Ahora, Padovani estudia modos de poner cada mes el boletín informativo a disposición de todas las partes interesadas (incluido los pacientes de los profesionales de la salud de la competencia).

Una empresa del sector servicios suele tener muchas ocasiones para interactuar con sus clientes. Las mejores compañías han destacado siempre la cortesía, el conocimiento y el auténtico "servicio", en el sentido anticuado de la palabra. Sin embargo, ¿cómo puede asegurarse incluso la mejor empresa de servicios de que su personal de contacto recuerde a cada cliente, así como sus preferencias? Hoy en día, el ordenador lo permite. La interacción sigue siendo cortés, cálida y personal, pero el ser humano tras ella está dotado de una memoria mejorada con silicio.

British Airways actualizó hace poco sus programas de relación con los clientes con un sistema nuevo que intenta proporcionar respuestas integradas y continuas a las preferencias de sus CMV en todos los emplazamientos físicos de ese sistema en el mundo. Ahora bien, en lugar de iniciar el proceso con una encuesta larga y odiosa para pedir a sus mejores clientes información sobre sus preferencias en cuanto a asiento y otras cuestiones parecidas, British Airways ha puesto en marcha un sistema para observar a sus mejores clientes y recordar sus preferencias.

El peso de este programa lo lleva un ordenador personal situado en la cocina de a bordo de los aviones y que usan los auxiliares de vuelo. En él se actualizan las preferencias de los clientes mientras

se vuela a quinientos nudos en un 747 o se cruza el Atlántico a sesenta mil pies de altitud en un *Concorde*. La empresa empezó, por
supuesto, con un personal ya formado en la atención cortés a los
clientes, pero ahora, estos mismos empleados pueden observar cualquier petición de un cliente concreto y utilizar su propio juicio para
decidir si introducen sus observaciones en el ordenador. Eso actualizará el perfil del cliente para futuras interacciones.

British Airways hace hincapié en que el ordenador no dirige
la tripulación sino a la inversa, con objeto de realizar mejor aquello
para lo que ya está preparada, es decir, proporcionar un servicio
excelente. Según un ejecutivo de estas líneas aéreas:

> Es la tripulación que ese día está a bordo o en el aeropuerto
> quien toma las decisiones. El ordenador proporciona la informa-
> ción, pero nuestro personal toma las decisiones. Así, por ejemplo,
> si tenemos un pasajero nervioso, un miembro de la tripulación
> podría utilizar el ordenador para anotar que "este pasajero se
> pone nervioso y hemos hecho lo siguiente [...]" Sin embargo, no
> queremos que el sistema establezca que en cada vuelo, pasados
> veinte minutos, el miembro de mayor rango a bordo tome la
> mano al pasajero y le diga que todo irá bien. En lugar de eso, un
> día convendría llevar al pasajero nervioso a la cabina de mando,
> mostrarle la vista y los instrumentos de vuelo y dejar que charle
> con el comandante y el segundo piloto, mientras que otro día po-
> dría ser mejor limitarse a preguntarle al pasar si todo va bien.
> Queremos que nuestro personal utilice su propio juicio para adap-
> tar la situación a ese vuelo, pero con un conocimiento preciso de
> las necesidades de ese cliente.

En el punto de venta, las interacciones pueden resultar costo-
sas o ser sumamente rentables. Quizá debería equipar a su personal
con "tarjetas de preferencias del cliente", que contengan un formato previo de categorías específicas de necesidades y que se rellenen
en el momento cada vez que un cliente solicita algo o manifiesta
una preferencia. Es lo que hace el Ritz Carlton. La información llega así al sistema de reservas Covia en Internet. O quizá decida situar
un ordenador personal en medio de la zona de atención para que su

personal de contacto con el cliente pueda introducir los datos de inmediato, como hace British Airways. Tal vez pueda mejorar sus departamentos de caja para que no sólo cobren y registren cambios en el inventario sino que también muestren y obtengan información sobre cada cliente. O quizá se limite a usar la facturación para transmitir la información que le resultará más útil a cada uno de ellos.

Independientemente del método que adopte, lo único necesario para convertirse en una empresa individualizada es reconocer y aprovechar todas las oportunidades existentes para interactuar con los clientes.

Como la interacción es el primer aspecto de una estrategia de relaciones individualizadas que el cliente percibirá, tiene que asegurarse de que parezca racional a ojos del cliente. Tanto si la interacción se produce a través del centro de atención telefónica como en una conversación con un vendedor, tanto si interactúa con la división 1 como con la división 2, la empresa debe parecer racional y conocedora de sí misma de cara al cliente. Quiere recordarlo tan bien como él lo recuerda a usted y tiene que ser capaz de coordinar sus actividades y su comportamiento en relación con él.

Para satisfacer estas necesidades será preciso algún grado de gestión de los clientes. En el capítulo nueve, "La infraestructura", comentaremos el tipo de estructura organizativa necesaria para asignar a alguien de la empresa la responsabilidad de la conservación y el crecimiento de los clientes. Para un director de relaciones con el cliente, las herramientas clave son la interacción y el diálogo.

La interacción es básica para integrar la empresa

Las consecuencias de esta afirmación son importantes. Lo que sucederá realmente mientras se esfuerza en actuar de un modo racional en las interacciones que mantiene con cada cliente es que se verá obligado a luchar contra muchos de los conflictos entre departamentos y de las rivalidades entre divisiones que acosan cualquier organización compleja, así como a solucionarlos. La interacción es un comportamiento, y para coordinar el comportamiento de su propia empresa tendrá que solucionar primero los conflictos internos.

Esto no supondrá ninguna sorpresa para cualquier persona de una empresa grande y con múltiples divisiones que haya intentado habilitar un centro de atención telefónica o una página Web para interactuar o atender a cada cliente. Steve Smoot, de Owens-Corning, resume parte del aprendizaje de su empresa:

> Cuando planteamos a nuestros empleados la cuestión de Internet y lo que queremos hacer con ella, el problema es que muchos todavía la ven en su limitada función de herramienta de comunicaciones y marketing, sin más. En cuanto a la dinámica entre las distintas unidades de negocios, el entorno interactivo pone mucho más de manifiesto el funcionamiento interno de una organización. Además, no podemos permitirnos esperar hasta que otros lo averigüen. Prepararse para las interacciones individualizadas exige soluciones en el proceso e infraestructura que transcienden las organizaciones típicas en unidades de negocio y líneas de productos. Integrar la tecnología es ciencia, [pero] lograr que la gente conozca estos nuevos enfoques y confíe en ellos es arte.

Dicho de otro modo, crear una página Web o un centro de atención telefónica, o intentar siquiera racionalizar y automatizar las ventas directas exigirá, como mínimo, cierto grado de integración de la empresa alrededor de objetivos y estrategias comunes respecto a los clientes. No se trata sólo de comunicaciones de marketing sino de interactuar con los clientes por separado, y como consecuencia de ello, de tratar a cada uno de modo distinto.

Si consigue integrar los conocimientos que adquiera a través del diálogo con cada cliente en su oferta de productos y servicios, se encuentra en una situación muy competitiva. Ha establecido una relación fuerte, cuya sustitución resulta muy difícil y cara. Ha permitido a los clientes invertir algo en la relación, y ha hecho que su éxito continuado les interese.

La interacción no es un fin en sí misma, sino una táctica que empleamos ahora y que es posible gracias a la tecnología. No se reduce a hacer sentir mejor al cliente como si fuera una especie de "atención" simulada. A través del diálogo obtenemos la información

Diálogo equivale a beneficios

que nos facilita hacer por nuestro cliente algo que nadie (ningún competidor) puede hacer porque no posee la información que nuestro diálogo con el cliente nos ha facilitado. El diálogo se encuentra en el centro de la relación de aprendizaje.

Con el diálogo implicamos al cliente; averiguamos sus preferencias y necesidades. La empresa individualizada convierte este diálogo en información localizable y utilizable. Si la combinamos con las capacidades de nuestra empresa, esta información se convierte en conocimientos. Como nadie puede actuar a partir de lo que nosotros sabemos de un cliente, nadie más puede atenderlo tan bien.

Así pues, los conocimientos sobre el cliente se traducen directamente en lealtad, ya que éste tendrá que volver a crear la relación para obtener el producto equivalente en cualquier otra parte. Las investigaciones de los distintos sectores demuestran que la conservación y la lealtad del cliente se traducen en un aumento de los beneficios. El diálogo facilita a la empresa la entrega del producto adecuado en el momento correcto para ese cliente. El diálogo equivale a beneficios. Piénselo de este modo:

> Diálogo = Información
> Información = Conocimientos
> Conocimientos = Lealtad
> Lealtad = Beneficios
> *Por tanto...*
> **Diálogo = Beneficios**

Lecturas recomendadas

Cross, Richard y Janet Smith, *Customer Bonding: Pathway to Lasting Customer Loyalty*, NTC Business Books, 1994.

Cross y Smith muestran que un servicio excelente, una publicidad fantástica, una base de datos potente y unos precios bajos no bastan para captar clientes. Los autores presentan un sistema de marketing diseñado para mantener la fidelidad duradera del cliente. En su libro, identifican los cinco "grados" de vinculación con el cliente: concienciación, identidad, relación, comunidad y defensa. Analizan todo, desde los programas de fidelización de los pasajeros de avión y las tarjetas de crédito propias de empresas hasta la organización de las bases.

Forrest, Edward y Richard Mizerski (editores), *Interactive Marketing: The Future Present,* American Marketing Association, NTC Business Books, 1996.

Este libro incluye ensayos convincentes de algunos de los pioneros del campo del marketing de relaciones con los clientes. Los colaboradores examinan las estrategias y las tácticas de marketing, las tácticas y las técnicas de los medios de comunicación, así como la obtención y el análisis de los datos. Don Peppers y Martha Rogers contribuyen con un ensayo titulado "One to One Media in the Interactive Future". Otros artículos corresponden a Richard Cross y Janet Smith ("Customer Focused Strategies and Tactics"), Richard Hodgson ("Focusing on the Basics in the New Environments"), y Rob Jackson y Paul Wang ("The Convergence of Database Marketing and Interactive Media Networks").

Hoffman, Donna L. y Thomas P. Novak, "A New Marketing Paradigm for Electronic Commerce", *The Information Society, Special Issue on Electronic Commerce,* enero/marzo 1996, pp. 43-54.

Este importante artículo comenta el impacto transformador de Internet en el marketing. Los autores afirman que, para que el marketing tenga éxito en este nuevo medio, su función debe desempeñar un papel integral en el comercio electrónico.

Schultz, Don E., Stanley I. Tannenbaum y Robert Lauterborn, *Integrated Marketing Communications,* NTC Pub. Group, 1994.

Este libro anima a los ejecutivos a enfrentarse al fracaso de la comunicación y la publicidad de masas. Schultz, Tannenbaum y Lauterborn propugnan el marketing centrado en el cliente y muestran a los expertos en marketing cómo llegar a los clientes en un mercado diverso y fragmentado. Proporcionan orientación para planear, coordinar y gestionar estos esfuerzos.

Thissen, Carlene y John Karolefski, *Target 2000, The Rising Tide of TechnoMarketing,* American Book Company, 1998.

Los autores proporcionan una perspectiva muy perspicaz y progresista de cómo las nuevas tecnologías transformarán la venta al por menor y el sector de bienes empaquetados. Este libro, lleno de estudios interesantes, examina el impacto y el potencial de las nuevas tecnologías que se están incorporando a la venta detallista y a través de Internet.

Wunderman, Lester, *Being Direct*, Random House, 1997.
Este libro describe la evolución personal de Wunderman, ya que
contribuyó a sentar las bases del ahora omnipresente marketing directo, e incluye historias fascinantes sobre la propia obra pionera
de su empresa con clientes como American Express y el Columbia
Record Club.

CAPÍTULO CINCO: INTERACTUAR

Actividad 5A

*Aspectos de la interactividad para ser comentados
por el equipo de transición*

Fecha de finalización propuesta: _____

1. Charla de ascensor: ¿Por qué es importante interactuar con los clientes?

_____

_____

_____

2. Complete la tabla siguiente:

Mencione todas las formas que se le ocurran en que su organización puede hablar con un cliente	Mencione todas las formas que se le ocurran en que un cliente puede hablar con su organización

Nota: No se sorprenda si la lista de la izquierda es mucho más larga que la de la derecha. Parte de su objetivo debería ser igualarlas.

3. ¿Cómo podría su organización convertir las interacciones con los clientes en datos que le permitieran ofrecer un producto o servicio que la competencia sería incapaz de igualar?

_____

_____

_____

Actividad 5B

Control: Resolución de las quejas

Una de las oportunidades más importantes (y aun así no explotadas) para la fidelización del cliente se encuentra en la resolución de las quejas. Estas interacciones influirán de un modo fundamental en el concepto que el cliente tenga de su organización y en cómo hablará de ella. También supone una oportunidad para determinar las necesidades que su organización podría satisfacer en un cliente concreto. Éstas son algunas preguntas que debería responder:

Responda sí o no a las siguientes preguntas. Repita esta actividad un año después de haberla finalizado.

Fecha de finalización propuesta: _____

	Ahora	En un año
¿Trata su empresa una queja como una oportunidad para desarrollar una relación más fuerte con el cliente que la formula?	☐ Sí ☐ No	☐ Sí ☐ No
¿Utiliza la queja de un cliente como una oportunidad para averiguar más cosas sobre él y sus necesidades particulares?	☐ Sí ☐ No	☐ Sí ☐ No
¿Se reflejan con eficacia la experiencia y la comprensión (los conocimientos sobre el cliente) que se adquieren al tratar una queja en el registro del cliente y resultan accesibles con facilidad a las demás personas que trabajarán con él en el futuro?	☐ Sí ☐ No	☐ Sí ☐ No

			Sí ☐ No ☐	Sí ☐ No ☐

¿Trata su empresa la resolución de una queja como una oportunidad para la venta cruzada o la up sell de productos? — ☐ Sí ☐ No   ☐ Sí ☐ No

¿Se reconoce en su empresa a los CMV y a los CMC cuando presentan una queja, y se les trata con la adecuada atención adicional durante su resolución? — ☐ Sí ☐ No   ☐ Sí ☐ No

Actividad 5C

Lista de tareas sobre la interacción

Fecha de finalización propuesta: _____

¿Quién lo hará? (iniciales)	¿Para cuándo? (fecha exacta)	Tarea	Acabada al 75% (√)	Acabada al 100% (√)
		Utilice las actividades 5C, 5D y 5E para realizar un "inventario de las interacciones" sistemático y una comprobación de la calidad en toda su empresa		
		Diseñe una estrategia para interactuar con los clientes durante el tiempo y a través de los canales que éstos prefieran		
		Ponga a alguien (un "gestor de clientes") a cargo de la gestión del diálogo con sus CMV y CMC para asegurarse de que las conversaciones se reanudan donde finalizaron y de que esos clientes tienen una imagen de una empresa que los conoce y los recuerda		
		Elimine a los CMV (y quizá también a los CMC) de sus listas de *mailing* y campañas de telemarketing corrientes y asigne la responsabilidad de su diálogo a los gestores de clientes mencionados anteriormente		

Cree más oportunidades de diálogo:
- Un programa de descubrimiento de las quejas
- Facturas y otros contactos rutinarios
- Boletín informativo
- Grupos de debate en la página Web
- Otros _____

Establezca una política formal de protección de la intimidad para sus clientes:
- Notifique a los clientes su política de intimidad
- Asegúrese de que todos en su organización conocen la política de intimidad
- Obligue a cumplir la política
- Revise los procedimientos actuales para obtener y utilizar datos de los clientes a fin de comprobar que cumplen la política de intimidad (compruebe los parámetros "por defecto" de su página Web, por ejemplo, y las prácticas de las listas de *mailing* en su departamento de marketing directo)

Tareas para la interacción interempresarial

Prepare un programa para facilitar el contacto continuo con los clientes de las listas de nombres de pila mencionadas en la Actividad 3D: "Lista de tareas para identificar a los clientes"

Introduzca todas las interacciones en el *software* de gestión de los contactos

Asegúrese de que su empresa está equipada para captar las interacciones en todos los puntos de contacto con el cliente (por ejemplo, teléfono, página Web, en persona, etcétera.)

Determine si sus medios interactivos están a disposición de sus clientes cuando éstos desean interactuar

Decida qué tipos de información deberían estar a disposición de los clientes y cómo lograr que lo estén en tiempo real

Asegúrese de que la información sobre las transacciones y las interacciones anteriores están a disposición de los representantes de ventas y, cuando sea adecuado, de los socios, proveedores y otros clientes

Actividad 5D

Inventario de las interacciones

Elabore un inventario de los mecanismos de interacción de su compañía y anótelos en la tabla inferior. Sea lo más específico posible. Enumere todos los mecanismos que existen ahora para comunicarse interactivamente con los clientes. Le resultará útil dividir la lista en dos tipos de comunicaciones, según se origine o no la interacción:

- De la empresa al cliente (en tiempo real y en tiempo no real), o
- Del cliente a la empresa (en tiempo real y en tiempo no real)

Asegúrese de distinguir entre el telemarketing de entrada y de salida, por ejemplo. Le proporcionamos algunos ejemplos para ayudarlo a empezar:

1. De la empresa al cliente

Fecha de finalización propuesta: _____

Puntos principales	Medio	En tiempo real	Valor para el cliente
Ejemplos			(1 a 5)
Ofertas especiales de promoción	Correo postal		2
Cobros/facturas	Correo postal		4
	Llamada emitida	X	5
Promociones en la página Web	Correo electrónico	X	3

Fecha de finalización propuesta: _____

Puntos principales	Medio	En tiempo real	Valor para el cliente (1 al 5)
Quejas sobre el servicio	Llamadas recibidas	X	5
Pedidos/compras	Correo		5
	En persona	X	5
	Teléfono	X	5
	Fax		5
Consultas	Llamadas recibidas	X	3

Actividad 5E

Lista de control de la calidad de la interacción con los clientes: primera parte

Con independencia del tipo de interacción, se aplican algunas estrategias individualizadas fundamentales.

Repase la lista de la Actividad 5D (primera parte): "De la empresa al cliente". Responda a las siguientes preguntas para cada elemento de esta lista de interacciones:

Eficacia de la interacción

Fecha de finalización propuesta: _____

Número	Pregunta
1	¿Influye en los conocimientos actuales de la empresa sobre el cliente, es decir, sobre sus diferencias individuales y sus interacciones pasadas, de un modo discreto, útil y perceptible?
2	¿Aumenta los conocimientos sobre el cliente de cara al futuro?
3	¿La interacción permite adquirir conocimientos sobre el cliente que sólo pueden obtenerse directamente del mismo?

4	¿La interacción fomentará una mayor inversión del cliente en el establecimiento de una relación individualizada con la empresa?
5	¿Captará y registrará la empresa los resultados de la interacción?
6	¿Cumple la empresa la política de intimidad respecto a los clientes?

Eficacia de la interacción

Número	Pregunta
7	¿Es la interacción sencilla y breve (no haga todas las preguntas de golpe; las encuestas son para los encargados del marketing de masas)?
8	¿Se reanuda esta interacción con cada cliente donde terminó la anterior?
9	¿Usa la empresa el medio más rentable para esta interacción?
10	Si el cliente interactúa con una división, ¿dispone toda la empresa de la información sobre esa interacción?
11	¿Efectúa la empresa un seguimiento tras una interacción importante (venta, queja grave, acontecimiento especial, etcétera)?

Actividad 5F
Lista de control de la calidad de la interacción con los clientes: segunda parte

Ahora necesita evaluar el modo en que los clientes contactan con su empresa. Esta vez, empiece con la lista de la segunda parte de la Actividad 5D, "Del cliente a la empresa". Responda a las siguientes preguntas para cada elemento de esta lista de interacciones:

Fecha de finalización propuesta: _____

Número	Pregunta
1	¿Pueden acceder los clientes con facilidad a la empresa para cada cuestión importante en la que precisan ayuda?
2	¿Puede mejorar el manejo de las consultas de los clientes?

3	¿Deberían utilizarse medios adicionales para ofrecer una mayor interacción o acceso a los clientes?
4	¿Les interesa a los clientes utilizar los medios interactivos más rentables?
5	¿Captará y registrará la empresa los resultados de la interacción?
6	¿Cumple la empresa la política de intimidad en esta interacción?
7	¿Controla la empresa el "índice de éxito" de esta interacción iniciada por el cliente (por ejemplo, quejas resueltas satisfactoriamente, consultas que generan pistas, folletos entregados a tiempo, etcétera)?
8	¿Es la interacción sencilla y breve para el cliente?. Dicho de otro modo, ¿puede tratar el cliente con rapidez la cuestión que le preocupa? ¿Los menús son simples y las elecciones, sencillas?
9	¿Puede el cliente reanudar la interacción donde terminó la anterior?
10	Si el cliente interactúa con una división, ¿dispondrá de la información sobre esa interacción toda la empresa?
11	¿Efectuará la empresa un seguimiento tras una interacción importante (venta, queja grave, acontecimiento especial, etcétera)?

Actividad 5G

Consideraciones sobre los medios y los mecanismos interactivos

Examine ahora todos los mecanismos posibles para interactuar con los clientes y revise las opciones para mejorar la interacción de modo que se logre la mayor calidad con el menor gasto posible.

Fecha de finalización propuesta: _____

Tema	Pasos	Finalizado
Visitas de ventas directas	• Determine la frecuencia y la importancia de las ventas en persona • Determine qué productos o servicios y qué porcentajes de las ventas totales se venden de este modo	

	• Establezca un método para seleccionar y realizar visitas en persona a los clientes, según un criterio de prioridad
Correo electrónico e intercambio electrónico de datos (IED)	• Determine qué proporción de clientes, en caso de haberlos, desea estar conectada electrónicamente con la empresa • Determine qué transacciones e interacciones pueden efectuarse a través de Internet y cuáles ya utilizan este sistema • Averigüe qué tipos de comercio electrónico pueden adaptarse a la empresa, incluyendo la facturación, la especificación de los productos, la planificación de las entregas, entre otros
Mensajes por fax (recibidos y emitidos)	• Determine qué relación poseen las comunicaciones por fax con las interacciones por otros medios como la impresión, el correo directo o el teléfono (por ejemplo, ¿puede un representante de telemarketing enviar un mensaje por fax a un cliente como respuesta a una petición de información?) • Decida si desea utilizar el fax para difundir listas de precios, información sobre los productos o cualquier otro aspecto • Determine cómo se reciben, distribuyen y gestionan los mensajes por fax que llegan a la empresa
Correo (postal)	• Establezca la frecuencia de las campañas de correo directo y el carácter general de las mismas • Identifique a los clientes que reciben su correspondencia con mayor frecuencia • Establezca un método para comprobar las campañas • Decida si desea efectuarlo a través de servicios externos
Punto de compra	• Determine qué información de los clientes se obtiene en los departamentos de caja o

	puntos de salida (si es aplicable), en los puntos de entrega de productos o servicios al cliente, o en ambos a la vez • Averigüe si su organización utiliza o tiene acceso a cualquier punto de venta o terminal interactivo, y en caso afirmativo, determine qué tipo de interacciones facilitan estos terminales
Teléfono (llamadas recibidas y realizadas)	• Establezca un método para planear, ejecutar y evaluar las llamadas emitidas • Establezca un método para canalizar, manejar y evaluar las llamadas recibidas y para intensificar las llamadas de los mejores clientes • Decida si los mismos representantes que efectúan las llamadas emitidas se encargan de las recibidas
Interacción en la página Web	• Compruebe lo fácil que resulta formular una pregunta a la empresa a través de su página Web • Determine qué tipos de herramientas utilizará su organización para captar información acerca de los clientes y transferirla automáticamente a la base de datos de cara al futuro • Explore formas para seguir las actividades en su página Web y observar así el comportamiento de sus clientes • Examine las opciones para automatizar las respuestas de las preguntas recibidas con frecuencia • Examine las opciones para diferenciar las interacciones con sus mejores clientes, a fin de tratarlas con especial atención • Asegúrese de que los clientes pueden obtener toda la información y ayuda necesarias directamente de su página Web. Plantéese lo difícil que le resulta al cliente: • Actualizar su propio perfil • Encontrar información actualizada sobre productos y servicios

- Configurar y pedir productos o servicios directamente
- Localizar el concesionario o punto de servicio más cercanos
- Comprobar el estado de un pedido
- Hablar con otros clientes o usuarios, quizá con perfiles parecidos o con necesidades y problemas similares

CAPÍTULO SEIS

Personalizar sus productos o servicios

CÓMO HACER *EXACTAMENTE* LO QUE QUIERE EL CLIENTE

Ícono:

Identificar   Diferenciar   Interactuar   *Personalizar*

PASO 4 PARA PONER EN PRÁCTICA LA ESTRATEGIA: Básese en lo que ha averiguado. Utilice lo que sabe sobre los clientes para personalizar el modo en que los trata.

Desde el punto de vista del cliente, interactuar directamente con una empresa puede ser el primer signo perceptible de que ésta adopta un enfoque individualizado, pero desde el punto de vista de la empresa, el paso clave es el cuarto: la personalización.

Sin un cambio en el trato que dispensa la empresa a cada cliente, ¿qué sentido tiene decir siquiera que una relación es "individualizada"? Si el cliente le cuenta algo sobre cómo desea que lo traten y usted no actúa en consecuencia, ¿qué clase de relación es ésa?

Cómo pensar en la personalización

Si cambia su forma de tratar a un cliente individual, está personalizando. De hecho, la mayoría de las firmas ya efectúan algún tipo de personalización, por lo menos con ciertos clientes. Las empresas de servicios, en especial las que prestan servicios empresariales complejos o caros, tienden a personalizar su prestación de servicios como norma general. Cada cliente necesita que le presten el servicio de un modo distinto, y una empresa de este tipo no sufre las limitaciones de una cadena fija de montaje.

No obstante, incluso los fabricantes personalizan a menudo la forma en que tratan a los clientes. Las empresas que venden productos de precio elevado a otras empresas personalizarán los servicios que acompañan a esos productos y también, a menudo, los mismos productos físicos, porque tiene sentido desde el punto de vista económico. Cuando un cliente compra un equipo de 700.000 dólares para su fábrica, es probable que el vendedor lo configure según las especificaciones del cliente, por lo menos hasta cierto punto. Las empresas que no venden productos complejos y caros suelen personalizar algún aspecto de la forma en que tratan a sus mejores y más valiosos clientes. Si tiene un cliente que realiza el 15% de todas las operaciones de su empresa, lo más seguro es que haga lo imposible por satisfacer sus necesidades específicas.

En la mayoría de los casos, la personalización se reserva a los servicios detallados, a los productos de precio elevado o a los clientes más valiosos por una razón válida e innegable: la personalización constituye un proceso caro para la empresa.

Sin embargo, una de las ideas fundamentales del marketing uno por uno es que debe poder cambiar el comportamiento hacia un cliente a partir de sus necesidades particulares. Usted tiene que estar dispuesto a personalizar.

Ahora bien, la necesidad de personalizar suscita la cuestión del coste. ¿Cómo puede adoptar una empresa un enfoque de marketing uno por uno sin que se le disparen los gastos?

La respuesta es la personalización en masa. Durante los últimos años, se ha examinado y desarrollado muchísimo este campo, incluyendo la gran cantidad de material que hemos escrito nosotros mismos sobre el tema, pero este libro no es el lugar adecuado para repasar la bibliografía correspondiente.

Aun así, necesitará conocer un poco cómo funciona la personalización en masa antes de intentar integrar sus conocimientos sobre un cliente concreto en el modo en que lo trata.

Muchas empresas adoptan en un principio la disciplina de la personalización en masa como medio para reducir sus costes de producción. Si se fabrica un solo producto al recibir el pedido de un cliente, en lugar de fabricarlo por adelantado, los costes de inventario disminuyen y, a menudo, el tiempo para comercializar productos nuevos e innovadores también se reduce. Estas ventajas son más importantes en unos sectores que en otros, pero la idea es sencilla. Por ejemplo, Dell Computer ha aventajado a la competencia al fabricar por encargo. Cuando Intel reduce el precio de un chip, con lo que facilita la reducción del coste del disco duro de un ordenador personal, Dell puede aprovecharse de inmediato de la situación incorporando el nuevo precio del chip en los siguientes ordenadores personales que configura para clientes concretos. Los fabricantes de la competencia, en cambio, tienen que reducir el precio, de forma retroactiva, de todos los discos duros que ya han entregado a sus canales, que en determinados momentos incluyen entre seis y nueve semanas o más de inventario.

Así pues, si su empresa ya entrega productos o servicios personalizados (incluso productos de gama alta para clientes de categoría) puede utilizar la personalización masiva para reducir sus costes.

Los mecanismos de la personalización en masa son mucho más sencillos de lo que la mayoría de la gente cree. En realidad, quien aplica esta política no personaliza en absoluto sino que produce con anterioridad decenas, o centenares, de "módulos" del producto. Entonces, según las necesidades de cada cliente, la empresa reúne los módulos adecuados para obtener miles, o incluso millones, de posibles configuraciones del producto. Del mismo modo que Levi's® es capaz de confeccionar 5.700 vaqueros distintos para su Original Spin™ con la mera combinación de 227 tallas de cintura/cadera y 25 tallas de pernera, el boletín informativo de NMFF se configura en más de 50.000 versiones mediante la combinación de unas cuantas decenas de artículos. Por tanto, cuando piense en cómo cambiar el comportamiento de la empresa para satisfacer las necesidades de cada cliente, piense en la "modularización".

Los cambios en su comportamiento tampoco deberían limitarse a modificar su producto físico o su servicio principal. Existen muchos aspectos del conjunto de sus productos o servicios que pueden adaptarse a las necesidades de cada cliente, desde la facturación y el empaquetado hasta la reposición automática del inventario y las instrucciones. Al considerar las oportunidades para la personalización, fíjese en la producción fuera de línea *(offline)* y en las operaciones que podrían adaptarse mejor a la producción de "versiones de un producto" a corto plazo. ¿Podría reaccionar mejor a las necesidades de los clientes si volviera a adoptar procedimientos manuales? ¿Debería establecer un grupo de servicios especiales, autorizado a quebrantar las reglas aplicadas a la mayoría de las peticiones de los clientes?

Una vez que adopte la idea de la personalización en masa y empiece a plantearse cómo modularizar, valdrá la pena que conozca todos los distintos elementos con los que su producto puede combinarse, conectarse o construirse, o de los que puede reducirse. Piense en los servicios o productos relacionados que podría ofrecer, elaborados por su propia empresa o gracias al establecimiento de alianzas estratégicas con otras firmas o con otras unidades de negocio de su propia empresa.

Para dar un ejemplo sencillo, un comestible básico como la leche puede adoptar un carácter totalmente diferente, que atrae a un tipo distinto de consumidor, si tiene sabor a chocolate o a fresa. Estas variaciones físicas del producto se eclipsan cuando el cartón se deja en la puerta de un cliente cada mañana antes del desayuno. Las entregas a domicilio cambian la dimensión del producto, aunque no guardan relación con el producto físico en sí. Añada otra dimensión previendo el índice de consumo del hogar, por sabor, cárguelo a la tarjeta MasterCard de la familia y es probable que, con el tiempo, las ventas de Pepsi en esa casa desciendan porque se bebe más leche. También podría mejorar su dieta con otros productos lácteos refrigerados, como zumo de naranja, yogur y huevos. También podría llevar Pepsi.

Si considera la amplia gama de opciones para llevar a cabo una personalización más allá del producto físico en sí, le resultará más fácil lograrla. De hecho, existen muchas formas en que una empresa puede adaptar el modo en que se comporta con respecto a cada cliente, aparte de la personalización de un producto físico:

- *Reunión:* Intente vender dos o más productos juntos. Puede tratarse de productos o accesorios relacionados (calentadores de pierna con zapatos deportivos, pantallas con ordenadores, seguros con automóviles o hámsteres con jaulas). Asimismo, puede unir un producto a suministros consumibles o que deben reponerse (disquetes y ordenadores, gasolina y automóviles, comida para animales y hámsteres). También puede ofrecer a algunos clientes de gran volumen una mayor cantidad que a los demás (doce pastillas de jabón, veinticuatro pelotas de golf o media camionada del producto en lugar de un solo bulto de carga).

- *Configuración:* Sin cambiar el producto físico en sí, quizá podría configurarlo de antemano según las especificaciones del cliente. Los fabricantes de ordenadores y de máquinas de oficina son famosos en ese sentido. Los teléfonos llegan con marcación rápida preestablecida, con conjuntos de características ya configuradas y con los directorios de la empresa ya instalados en la ranura correspondiente del aparato. Por ejemplo, Acumin Corporation desarrolla una receta diaria individualizada de vitaminas basada en un cuestionario de salud exhaustivo y en el análisis de un mechón de cabello del cliente. La firma configura de antemano un surtido diario, que a menudo incluye doce pastillas o más, en una bolsita de plástico.

- *Empaquetado:* ¿Cuántas variaciones del empaquetado tienen sentido para el consumidor, y existen relaciones o vinculaciones específicas entre los tipos de consumidor y los tipos de empaquetado? ¿Desean las personas de mayor edad empaquetados más pequeños y ligeros con las instrucciones escritas en letra más grande? ¿Quieren los profesionales una información del producto distinta que los consumidores? ¿Qué clientes preferirían *multipacks* y cuáles, *minipacks*?

- *Entrega y logística:* ¿Se entrega el producto de acuerdo con la planificación del cliente o la suya? ¿Llega el producto exactamente donde se necesita o a una ubicación general? ¿Varían las opciones de entrega según el valor del cliente, quizá con la oferta de envío gratuito para los CMV y los CMC? ¿A partir de qué momento accedería un cliente a un inventario *in situ* o quizás a la visita de un representante de la empresa en las propias instalaciones del cliente? Incluso el sistema de correos de Estados Unidos domina el concepto del servicio *in situ*, y proporciona inspectores postales a las imprentas de las revistas más importantes del país para hacer llegar con rapidez los catálogos y las publicaciones a los buzones, y ayudar a gestionar las necesidades postales de los mayores clientes.

- *Servicios auxiliares:* ¿Incluye el automóvil nuevo un retoque trimestral, un lavado y encerado quincenal, o una recogida y entrega automática cuando llega el momento de la revisión? ¿Se ofrecen siquiera estas opciones? La extensión de la garantía es un mecanismo fabuloso para potenciar el producto principal, y resulta fácil de personalizar según el uso previsto, independientemente de si se determina a partir de los ejemplares al mes, horas al día o kilómetros al año. Los servicios auxiliares que ofrecen los socios de alianzas estratégicas suelen venderse mejor como parte de la transacción inicial a fin de satisfacer las necesidades del cliente de un modo continuado. No ofrezca la limpieza anual de esa alfombra lujosa para el salón a no ser que el vendedor pueda encargarse del papeleo para el comprador, incluir el coste en el precio total, financiar la compra y garantizar la calidad.

- *Mejoras del servicio:* Las empresas sensibles al tiempo y las que compran productos o servicios con una misión fundamental para sus operaciones valoran los servicios mejorados o especiales. Así pues, ofrézcaselos en una sola operación, aunque tenga que depender de otras organizaciones o socios estratégicos para prestarlos. Los fabricantes de ordenadores portátiles adoptaron con rapidez la "puesta a punto en un día", a un precio de incentivo, que promete reparaciones de mucha y poca importancia en menos de veinticuatro horas. Varias empresas han montado grandes centros de reparación en la sucursal de FedEx de Memphis. Los técnicos trabajan toda la noche para que el ordenador portátil esté listo para embarcar en el vuelo a casa del día siguiente a primera hora. En la mayoría de los casos, estos servicios se prestan sólo mediante el pago de una tarifa adicional, pero la disponibilidad y la comodidad del servicio posee un valor excepcional para algunos clientes. No existe motivo que impida dejar de cobrar la tarifa a los CMV o a los CMC.

- *Facturación:* ¿Se remiten las facturas cuando le va bien al cliente o cuando le va bien a usted? ¿Se preparan en el formato óptimo y más atractivo para un cliente o en aquel cuya confección resulta más fácil a su departamento de contabilidad? ¿Podría presentar la factura en formato digital o a través de Internet? ¿Podría proporcionar detalles flexibles que permitan que un cliente distribuya sus propios costes? ¿Facilita todo tipo de intercambio electrónico de datos con sus clientes? ¿Anticipa descuentos en efectivo? ¿Ofrecen sus facturas condiciones y plazos favorables para el cliente? ¿Conoce el cliente estas opciones y su valor, y se le recuerdan con regularidad si cambian las necesidades?

- *Condiciones de pago:* Las condiciones pueden variar mucho para adecuarse a las necesidades y preferencias concretas de los clientes sin que el departamento de finanzas proteste. Algunos compradores prefieren pagos menores y plazos más largos, mientras que otros desean anticipar el pago y abonan encantados el importe de la factura. Aumente la flexibilidad de los plazos y métodos de pago que pueda aceptar para llegar a alcanzar una personalización completa en esta área de bastante flexibilidad.

- *Autorización previa:* Al trabajar con el equipo directivo del cliente, algunos especialistas en marketing hacen cumplir las autorizaciones y límites establecidos de antemano, y personalizan el sistema de aprobación de la empresa, en esencia, para satisfacer las distintas necesidades de cada cliente. Los vicepresidentes pueden pedir conjuntos de escritorio de piel y un suministro de papel ilimitado en la versión para ejecutivos del catálogo de material de oficina, mientras que las secretarias quizás estén limitadas a 100 dólares al mes y sólo a metacrilato.

- *Servicios más ágiles:* ¿El envío a un cliente antiguo exige en realidad todo ese papeleo, o puede presuponer la fiabilidad y capacidad crediticia de esa empresa? ¿Puede agilizar los sistemas de contabilidad y concesión de crédito para facilitarle la operación a los clientes antiguos, los CMV y los CMC? ¿Por qué no otorga poderes al personal para que reduzca el papeleo y el tiempo de proceso para los clientes que cumplen una cierta serie de criterios, con una aprobación previa siempre que sea posible?

Como indicamos en el capítulo cuatro, cuanto más distintos son los clientes por lo que necesitan, más probable es que encuentren atractiva una solución adaptada de algún tipo. La personalización guarda una gran relación con el análisis de diferenciación de los clientes que ya ha efectuado. Es evidente que cuanto más amplia sea la definición de las necesidades del cliente (más allá del producto o del servicio principal que ofrece su unidad de negocio), más probable es que una solución a medida permita conseguir que sigan siendo fieles.

Así pues, cuando se plantee el modo de adaptar su comportamiento a las necesidades de cada cliente, piense detalladamente en todos los aspectos posibles de su producto o servicio susceptibles de personalizarse. Piense también en los mecanismos de la personalización en masa. Puede hacerlo a mano durante un tiempo, para probar el concepto, pero en la mayoría de los negocios tendrá que acabar por modularizar y automatizar el proceso para que le resulte rentable.

Coordinación entre las manos y los ojos

Los departamentos de ventas y de marketing de su empresa pueden aumentar, por sí solos, la cantidad de interacciones con los clientes mediante el desarrollo de un programa de marketing de frecuencia, la personalización de un boletín informativo, o quizá la colocación de terminales interactivos en sus tiendas. Sin embargo, a fin de establecer una verdadera relación individualizada con un cliente concreto, el extremo final de su empresa (los departamentos de producción y de prestación de servicios) tendrá que trabajar a partir de lo que el extremo inicial (ventas, marketing o atención al cliente) ha averiguado sobre ese cliente concreto. Es lo que se denomina "integración funcional"; en una empresa de este tipo, las funciones están coordinadas, de manera que se trata a cada cliente de un modo continuo.

Podría pensar en ello como en una forma de "coordinación entre las manos y los ojos" de su empresa. Sus manos de producción tienen que estar coordinadas con sus ojos de marketing.

La dificultad de planear y gestionar este tipo de integración constituye el motivo por el que el marketing uno por uno no se limita al marketing. Éste es sólo el paso inicial para desentrañar el potencial de negocio de la auténtica empresa individualizada. La personalización implica muchas más funciones de la empresa además de las ventas y el marketing.

Una forma de ejemplificar los posibles beneficios del marketing uno por uno, a la vez que se muestra el grado de integración funcional necesaria, es considerar el caso de la empresa de equipamiento para las zonas de recreo infantil GameTime Playground Company. GameTime ha utilizado un sofisticado sistema de diseño asistido por ordenador para integrar seis departamentos de la empresa, de modo que las paredes entre ellos se han vuelto invisibles para los clientes y su cuota de mercado ha aumentado con rapidez.

Casi todos los clientes de GameTime son, en realidad, una agrupación de clientes (una asociación de padres y profesores, el Consejo de Parques y Zonas de Recreo, el administrador de una escuela, quizás un grupo generoso de alguna asociación cívica como los Kiwanians o los Elks). Sea cual sea el cliente al que los vendedores de GameTime visiten, siempre se encuentran con varias opiniones. Cada miembro de la comisión para la zona de recreo posee una visión algo diferente de ésta respecto a los accesorios, las ubicaciones y los colores (desde el número de columpios hasta el color y la ubicación del tobogán). Si bien el tamaño de cada venta es considerable (por regla general, entre 15.000 y 30.000 dólares, y a menudo, el doble de esa cantidad), las repetidas revisiones del boceto, las listas de las piezas y la fijación del precio pueden demorar muchísimo el proceso, aumentar el coste de competir y dejar margen para que intervenga un competidor rápido.

Para acelerar los procesos de planificación y de toma de decisiones, GameTime desarrolló un sistema de CAD (diseño asistido por ordenador) para ordenador portátil que le ha servido para aumentar la cuota de mercado de manera espectacular casi de la noche a la mañana. A primera vista, no parece más complejo que una sofisticada herramienta de diseño, pero la herramienta es sólo una interfaz, y es gracias al sistema subyacente que GameTime saca el máximo provecho de sus clientes. El proceso general permite a GameTime realizar la personalización masiva de una variedad casi infinita de configuraciones de zonas de recreo con la mera combinación de unas decenas de módulos diferentes, que encajan entre sí de acuerdo con limitaciones y reglas establecidas de antemano.

Mientras que la competencia prepara de la noche a la mañana entregas de planos, cambios y documentos para su revisión, el representante de ventas de GameTime puede cambiar todos los elementos imaginables de la zona de recreo al instante, mientras tiene lugar la reunión. "¿Desean el balancín de color verde en el rincón opuesto? Ningún problema." "¿Necesitan recortar el presupuesto total? Eliminemos las mesas de momento."

Para lograr este grado de continuidad con un cliente, GameTime no sólo ha tenido que integrar sus sistemas de información. Los departamentos tienen que trabajar juntos en estrecha colaboración y de un modo automático, así como compartir la información específica del cliente en cada punto del proceso productivo y de prestación de los servicios.

- *Seguridad:* GameTime quiere garantizar que cuando una niña se desliza a toda velocidad por el tobogán, aterriza sin peligro en el montón adecuado de virutas de madera, bolas de espuma o colchonetas. GameTime confía en la pericia de sus representantes para garantizar la seguridad.
- *Producción y diseño:* Algunas escuelas quieren barras de juegos amarillas con toboganes azules en medio de columpios rojos, mientras que otras prefieren túneles verdes junto a balancines marrones. El sistema CAD sabe qué elementos no combinan con otros y qué configuración tiene sentido para el diseño global de la zona de recreo.
- *Financiación:* Puede accederse a la concesión de créditos, las cuentas que se pueden cobrar, los plazos y el cobro, todo ello en tiempo real.

- *Cálculo del precio:* También se incorpora el precio total y exacto de todos los componentes en tiempo real, teniendo en cuenta cualquier condición especial en el contrato o descuentos en el pago.
- *Gestión del producto:* GameTime sigue necesitando comercializar sus productos más nuevos y más viejos mediante combinaciones especiales y negociación de los precios para agilizar los componentes de mayor lentitud o incrementar los beneficios de los elementos que más se venden.
- *Ventas:* Toda la función de las ventas adquiere carácter de consulta y colaboración porque el comercial se introduce en el funcionamiento de GameTime para guiar cada paso del proceso de diseño y desarrollo. Los mejores representantes de ventas utilizan su experiencia y la flexibilidad del sistema para efectuar sugerencias creativas a la carrera, a menudo durante el transcurso de una reunión, a fin de demostrar la flexibilidad de GameTime comparada con la de la competencia.
- *Envío e inventario:* La mayoría de los productos de GameTime se fabrican por encargo; aun así, la empresa está trabajando en la elaboración de registros completos de inventario de las piezas y los componentes, que estarían disponibles en Internet para ser actualizados con frecuencia, lo que permitiría a los vendedores proporcionar fechas de entrega precisas o elementos sustitutos en existencias de pedidos retrasados para acelerar el proyecto.

Lo importante del ejemplo de GameTime es que ilustra con claridad cómo una interfaz sencilla y lógica para el cliente es fruto de una cantidad considerable de integración funcional en el seno de la empresa. A fin de presentar su producto de ese modo a cualquier cliente, GameTime tuvo que desarrollar la capacidad para presentarlo así a todos los clientes.

Sin embargo, éste no es siempre el caso. En especial, en una empresa de servicios, donde siempre se produce una gran cantidad de interacción interpersonal y la oferta del servicio es mucho más flexible que la de los productos fabricados, suele ser posible generar un entorno muy integrado para algunos clientes sin tener que hacerlo para todos. El sistema de seguimiento de las preferencias de los clientes a bordo de los aviones de British Airways constituye un ejemplo excelente. Como explicó uno de los ejecutivos de estas líneas aéreas, el sistema ha permitido tratar del modo adecuado a los clientes más valiosos y satisfacer sus necesidades de formas a menudo sencillas pero importantes:

Una de nuestras clientas se preocupaba por el agua. Quizá pueda parecer que el agua sea una de las preocupaciones más básicas de una persona que viaja en avión. Hay muchas formas de ofrecerle agua a un pasajero. Se puede recorrer el pasillo arriba y abajo y dejar que él la solicite, esperar que la pida tocando el timbre, esperar que acuda a la cocina de a bordo, o quizá podría haber un grifo en ella. Nuestras zonas de la clase preferente cuentan con una botella de agua, de modo que basta con levantarse y servirse a discreción. Sin embargo, una de nuestras pasajeras más frecuentes mencionó a un director de la empresa que no quería tener que levantarse partir a buscar agua y que la tripulación no parecía estar ahí cuando le apetecía beber. Quería tener agua siempre a su disposición. Le preguntamos si deseaba que le entregáramos una botella o dos de agua antes del vuelo y afirmó: "Eso es exactamente lo que quiero". Pues bien, no forma parte de nuestro producto estándar ofrecer a cada pasajero de la clase preferente una botella de agua, pero era lo que ella quería. La siguiente vez que voló con nosotros se sorprendió cuando, al sentarse, le ofrecimos dos botellitas de agua. Nos aseguramos de que siempre que toma el avión tenga dos botellas de agua para ella sola. Quizá parezca extraño que un detalle así signifique tanto. El agua sólo nos cuesta diez o veinte centavos, pero ese dinero es justamente lo que nos permite conservar la lealtad de esta pasajera.

Este maravilloso relato de un servicio muy personalizado y directo contiene una lección importante. La empresa individualizada tiene que equiparse con la mejor tecnología disponible, pero lo que cuenta es la relación, y la tecnología ocupa el segundo lugar. En una empresa de servicios, el principal vehículo para mejorar la relación con el cliente no es sólo un ordenador sino la forma de vida con carbono que está en contacto con ese cliente. La iniciativa de registrar las preferencias de un cliente y adaptar después el comportamiento futuro de la empresa a ellas debe surgir del personal. Las personas marcan la diferencia, y si se las dota de información informatizada y herramientas interactivas, todavía más.

Este ejemplo concreto de British Airways ilustra, además, otra consideración importante a la hora de adaptar el comportamiento de la empresa a un cliente concreto. Unas veces tiene sentido dar a conocer al cliente que se está adaptando el servicio a sus necesidades individuales y otras, no. En el caso de un único pasajero de la clase preferente que recibe botellas de agua antes de despegar, el servicio se ha personalizado de modo perceptible y sería absurdo no admitirlo.

Sin embargo, no siempre es así. Pat Kennedy, de Guestnet, afirma que el objetivo básico de los hoteles que conforman su clientela sería asegurarse de que "cuando llega el cliente leal, todo esté en su sitio, según lo que sabemos respecto a sus preferencias. Carece de importancia si el huésped sabe que eso representa una personalización; de hecho, quizá sea mejor para el hotel que el huésped piense que todo el mundo tiene un albornoz adicional en el armario o la información sobre golf en la mesa. Sólo queremos satisfacer las necesidades del cliente de un modo continuado".

Padovani, de NMFF, señala que, en la atención sanitaria, los temas son muy peliagudos. "Para proteger la confidencialidad del paciente no incluimos ningún nombre ni información que identifique a la persona en nuestro boletín informativo. Lo que remitimos se percibe como noticias de los médicos de la Northwestern Medical Faculty Foundation que el receptor puede usar. Por otra parte, si ponemos el nombre en el boletín informativo, se reduce la probabilidad de que nuestros clientes se lo muestren a alguien, ni siquiera a un amigo que podría estar en una situación médica parecida. La información se ha vuelto demasiado personal."

Cuando cambia su comportamiento para satisfacer las necesidades de un cliente concreto a través de un producto personalizado o de un servicio adaptado de cualquier tipo, la ventaja no consiste en que tenga la capacidad de personalizar. Al cliente eso le dará lo mismo. La ventaja es que será capaz de satisfacer sus necesidades de un modo muy particular e individual. Cuando ese cliente decida si seguir leal a su empresa, sólo le interesará si usted satisface sus necesidades. No obstante, si lo hace, y no sólo para este cliente sino para muchos otros, muy pronto tendrá una base de clientes muy leales.

Coordinación entre la mano derecha y la izquierda

Las empresas más grandes, que ofrecen muchos productos y servicios, están organizadas en distintas unidades de negocio para simplificar la tarea de gestión. En casi todos los casos, las unidades de negocio se dividen asimismo por cada producto o servicio específico. De este modo, la división funciona como si fuera un negocio único, con sus propios procesos de entrada y salida, su propio conjunto de clientes y su propia responsabilidad en cuanto a los beneficios.

Una multinacional separa también las unidades de negocio según la geografía, pero en la mayoría de los casos, los límites geográficos son menos importantes para el conjunto de la empresa que los de los productos o servicios. Es decir, una empresa de bienes de consumo podría contar con una división para jabones y detergentes, y otra para los productos sanitarios y de belleza. Podrían existir empresas independientes que dirigieran las operaciones en Norteamérica, Europa y Australia, pero es probable que las actividades de la división dedicada al jabón de cada área geográfica estuvieran bastante bien coordinadas, con recursos de producción compartidos e incluso campañas de publicidad compartidas.

En una empresa grande, cualquier unidad de negocio podría emprender sus propias relaciones individualizadas con su propia cartera de clientes, tras ordenarlos por su valor y diferenciarlos según sus necesidades, e interactuar con ellos a través de su página Web o del centro de atención telefónica, y al final, tratar de modo distinto a los distintos clientes. Ésa es la integración funcional.

Sin embargo, con el tiempo la unidad de negocio individualizada verá cómo su objetivo pasa a adoptar un punto de vista cada vez más centrado en el cliente. En lugar de intentar encontrar sin cesar más clientes para sus productos, intentará encontrar más productos para los clientes cuyas necesidades conoce. Se trata de un cambio natural de perspectiva a medida que la unidad trata de adaptar su comportamiento a un conocimiento cada vez mejor de las necesidades individuales de cada cliente.

Dadas las circunstancias, resulta natural que las distintas unidades de negocio de una sola empresa aumenten su conexión y colaboración entre sí. Si sus productos están relacionados y sus bases de clientes se superponen, acabarán, con el tiempo, en interesarse por coordinar sus actividades para satisfacer las necesidades de sus clientes comunes del modo lo más continuo posible.

Ésta es la integración divisional. Si la integración funcional es la coordinación entre las manos y los ojos, la divisional constituye la coordinación entre las manos derecha e izquierda.

Para simplificar, la división A y la división B necesitan saber cuándo tratan con el mismo cliente y, en la medida de lo posible, coordinar sus actividades independientes con respecto a éste. Eso no significa por fuerza que estas dos divisiones deban aunar esfuerzos e interactuar con el cliente de modo uniforme. Puede que al cliente no le interese o que carezca de sentido para él que su empresa intente coordinar sus actividades. Quizás esté muy descentralizado, con distintas unidades de compra que toman decisiones independientes respecto a los productos que usted vende. Ahora bien, sí significa que, a medida que cada división se hace una idea más detallada sobre las necesidades del cliente, conviene que los conocimientos sobre éste estén a disposición de las demás.

El caso en que la integración divisional adquiere más sentido es aquel en que los distintos productos o servicios de una empresa pueden configurarse bajo una solución completa e integrada para un cliente. Owens-Corning descubrió que la mayoría de las veces los usuarios finales que interactúan con sus servicios en Internet o con su centro de atención telefónica no se limitan a esperar que la empresa satisfaga una necesidad única basada en el producto de una de las unidades de negocio. A fin de satisfacer la demanda de soluciones integradas (una demanda que se volvió más evidente con el rápido crecimiento de la interacción de la empresa con sus usuarios finales), Owens-Corning tuvo que integrar más las operaciones de cada división. También añadió servicios para facilitar a sus clientes la configuración y especificación de sus productos, y comercializó profesionalmente el valor de la construcción y la remodelación de un rendimiento superior para el consumidor final. Gracias a ello, Owens-Corning sigue aumentando su cuota media de los clientes que conforman su base.

Cuando una unidad de negocio empieza a considerar a los clientes desde el punto de vista de satisfacer una cuota cada vez mayor de sus necesidades individuales, la necesidad de la integración divisional resulta evidente. En Hewlett-Packard, la entidad que fabrica y vende impresoras es independiente de la que fabrica y vende cartuchos de tóner. Las tecnologías y los procesos de producción implicados, los canales de distribución, así como las dinámicas de fijación de los precios sugieren que la empresa hace bien en separar la responsabilidad de estos dos productos en dos unidades de negocio diferentes e independientes. Sin embargo, el cliente que compra una impresora es el mismo que compra los cartuchos de tóner necesarios para su funcionamiento. Para él, estos productos no son nada dispares sino que constituyen dos componentes interdependientes e íntimamente ligados de una sola solución, y ninguno de ambos le resulta útil sin el otro.

A medida que Hewlett-Packard evolucione más hacia una empresa individualizada y orientada al cliente, sus diversas unidades de negocio empezarán a concentrarse menos en los productos en sí y más en las necesidades de cada cliente. Cuando eso suceda, la unidad de negocio que vende impresoras empezará a examinar cómo satisfacer mejor las necesidades de cartuchos de tóner de sus clientes, de modo que la empresa se verá empujada hacia la integración divisional.

Por otro lado, la integración divisional no es necesaria si las unidades de negocio venden productos que no guardan relación desde el punto de vista del cliente. Es mucho menos probable que los compradores de osciloscopios de la Test and Measurements Organization de Hewlett-Packard los vinculen a las impresoras láser que vende otra unidad de negocio de la empresa. Aunque el cliente pueda no ver una relación entre los dos productos, seguiría siendo una ventaja para la unidad de negocio de HP que vende impresoras conocer la identidad y las necesidades de los ingenieros que compran osciloscopios y viceversa.

Es evidente que las distintas unidades de negocio de una empresa pueden producir una gama de productos relacionados y no relacionados. A continuación, se detallan los tres tipos distintos de agrupaciones de productos, basadas en el grado de relación probable de los mismos, tanto para el cliente como en el proceso de producción: productos de solución integrada, productos relacionados con las necesidades y productos relacionados con la producción. Si su empresa consta de varias unidades de negocio que ofrecen distintos tipos de productos o servicios, es probable que la mayoría de ellos se incluyan en una de estas tres categorías.

Productos de solución integrada. Productos o servicios que utilizan conjuntos de clientes idénticos o muy parecidos, y que casi siempre se usan juntos para solucionar un único problema o satisfacer una sola necesidad, incluso aunque los produzcan unidades de negocio diferentes, como:

- Impresoras y cartuchos de tóner
- Maquinillas y hojas de afeitar
- Fertilizantes y plaguicidas
- Papel pintado y utensilios para colocarlo
- *Hardware* y *software*
- Hipotecas sobre viviendas y seguros del hogar
- Viajes en avión y estancias en hotel
- Automóviles y cambios de aceite
- Anuncios en las páginas amarillas y servicios creativos de publicidad impresa

Si su producto o servicio forma parte de una solución integrada, una parte fundamental de su estrategia de relaciones con los clientes consistirá en ofrecer otros elementos de esa solución, tanto si proceden de otras unidades de negocio de su empresa como de alianzas y asociados estratégicos externos. Además, el tipo de relación más sólida posible se centrará en ayudar al cliente a configurar y gestionar los componentes de esa solución integrada. En lugar de limitarse a vender impresoras, podría vender también cartuchos de tóner y papel de impresora, o podría gestionar la red de impresoras del cliente, mantener la maquinaria y entregarle de modo automático la cantidad adecuada de suministros en el momento oportuno.

Podría tratar todas las imágenes digitales del cliente, y archivar y gestionar electrónicamente documentos e imágenes para él.

Productos relacionados con las necesidades. Productos o servicios que guardan alguna relación entre sí, como mínimo para algunos clientes, pero que no siempre se configuran juntos.

- Impresoras y cámaras digitales
- Adhesivos y abrasivos
- Productos petroquímicos y equipo para la extrusión de plástico
- Hipotecas sobre viviendas y préstamos para automóviles
- Viajes en avión y tarjetas telefónicas
- Automóviles y alquiler de vehículos
- Anuncios en las páginas amarillas y campañas de correo directo

Si su producto o servicio forma parte de un conjunto de productos relacionados con las necesidades, coordinar sus actividades con los demás componentes de ese conjunto no es fundamental pero sí muy ventajoso. Si la competencia lo hace primero, se encontrará en una gran desventaja. Establecer alianzas con otras empresas que venden productos relacionados debería permitirle mejorar la relación con sus clientes. A través de las alianzas, transmitirá lo que sabe de las necesidades de sus clientes a otras empresas, lo que aumentará su cuota de los clientes sin tener que abrir una nueva línea de negocio. Además de transportar a un cliente en sus líneas aéreas desde Nueva York a París, ¿por que no le vende una tarjeta telefónica para usarla en las cabinas? Un cliente que disfrutó conduciendo un Ford Taurus alquilado a Hertz podría plantearse comprar uno. Además de vender a una empresa un anuncio en las páginas amarillas, ¿por qué no prepararle una campaña de correo directo para generarle tráfico de almacén?

Productos relacionados con la producción. Productos o servicios que están muy poco relacionados entre sí desde el punto de vista de satisfacer la necesidad de un cliente, pero que suele producirlos una sola empresa de gran tamaño.

- Impresoras y osciloscopios
- Papel de lija y notas autoadhesivas

- Hipotecas sobre viviendas y financiación del *leasing* para concesionarios de automóviles
- Viajes en avión y servicios de entrega de paquetes
- Automóviles y camiones
- Anuncios en las páginas amarillas y guías de exposiciones comerciales

Si su producto o servicio forma parte de un conjunto de productos relacionados con la producción, la principal ventaja que obtendría al integrar sus operaciones con las unidades de negocios que venden estos otros productos es la de compartir la información sobre los clientes que no guarda relación con los productos en sí. Es probable que el comprador de un osciloscopio que es muy sensible al precio también lo sea al adquirir impresoras.

Con independencia de cómo se relacionan los productos que generan las distintas unidades de negocio, trabajar con otras de estas unidades no resulta nunca sencillo. Intentar ofrecer a los clientes un conjunto combinado o integrado de productos puede ser muy complejo, sobre todo porque, hoy en día, la mayoría de las organizaciones están pensadas para medir el rendimiento por producto. Medir el rendimiento por cliente está bien, siempre y cuando no intente cruzar los límites entre divisiones. Cuando lo haga, encontrará obstáculos y barreras organizativas.

Tanto la integración funcional necesaria para satisfacer las necesidades concretas de determinados clientes como la integración divisional requerida para adoptar una visión del negocio cada vez más orientada al cliente atraviesan una gran cantidad de límites organizativos. En la mayoría de las empresas, la única forma de lograrlo, a largo plazo, consiste en contar con la participación activa o con la aprobación del director general. Como cuenta Bruce Hamilton, encargado del marketing centrado en el cliente de 3M:

Se convierte en una acumulación total de aspectos. Incluso se han dado casos de unidades de negocio que, cuando representan a otra división, sienten que quizá la calidad del servicio de los productos de ésta no está a la altura de lo que espera su cliente. Siempre reina esta inquietud: ¿Cuidáis a nuestros clientes igual de bien que a los vuestros? Por tanto, desafiamos sin cesar, y cedemos la información a la dirección para que también desafíe, cuando es preciso, a las unidades de negocio que no parecen estar pendientes del cliente. En 3M, esta iniciativa constituye una de las actividades principales que nuestro presidente no pierde de vista. Nos ha fijado como objetivo clave centrarnos más en el cliente y aumentar nuestra cuota de los clientes, y medimos nuestros éxitos particulares a partir de ese objetivo.

Ampliar la empresa

Al final, cuando empiece a establecerse como empresa individualizada, no se conformará con tener un solo producto o servicio para los clientes, ni tampoco le gustará que otras empresas interactúen con sus clientes sin usted. Cada vez que vea una empresa que fabrica un producto o presta un servicio relacionado con los suyos, deseará establecer un vínculo con ese producto o servicio a fin de poder ofrecer a sus clientes una solución mejor y más completa, de modo que aumente su cuota de clientes.

Podría averiguar que un cliente necesita algo que su división no produce y que ninguna de las demás divisiones de su empresa tiene capacidad de producir suele ser el caso de los fabricantes de bienes de capital y del sector servicios. Un fabricante de ordenadores no tiene por qué vender el *software* que se utiliza en ellos. Un asesor fiscal no ofrece servicios contables.

Establecer alianzas estratégicas con otras empresas contribuye a aumentar la cuota de clientes, y muchas empresas individualizadas las crean a fin de poder lograr unas relaciones mejores y más individualizadas con los clientes. Tratar con el socio de una alianza plantea ventajas y desventajas, de modo que antes quizá querrá formularse las siguientes preguntas:

- ¿Proporcionará una opción de fuente única ventajas a una cantidad significativa de sus CMV y CMC?
- ¿Puede introducir los productos del socio de la alianza sin perder el control y la gestión de las relaciones con sus clientes?
- ¿Puede comercializar con confianza los productos o servicios de su socio y garantizar con ellos la satisfacción de los clientes?

- ¿Puede ofrecer la combinación de productos propios y de la alianza de una forma que resulte clara a sus clientes?
- ¿Se beneficiará o saldrá perjudicada su empresa como consecuencia de la lealtad (o falta de lealtad) de los clientes de su socio de la alianza?

Además de buscar vínculos con otras empresas externas, también querrá fortalecer los lazos a través de la cadena de demanda, con un mayor acercamiento de los miembros del canal a los objetivos y estrategias que posee para los distintos clientes, e incluso la participación de los mismos en la operación. Ahora más que nunca, establecer relaciones de colaboración con los miembros del canal y los clientes es fundamental para mantener su lealtad y proteger sus márgenes. Ello se debe a la misma tecnología interactiva de la información que le permite aumentar la rentabilidad de esas relaciones y que también permite a sus clientes obtener información de la competencia más deprisa y con mayor precisión, así como utilizarla para enfrentar a un proveedor como usted con otros proveedores.

Desde el punto de vista de sus clientes, utilizar Internet para enfrentarlo a otros proveedores se ha ido convirtiendo en una opción cada vez más atractiva, que ha debilitado las estrechas relaciones de colaboración que muchos proveedores habían desarrollado con las grandes empresas durante la última década. Las nuevas tecnologías como las "redes externas" llevan a algunas empresas a reestructurar completamente sus acuerdos con los proveedores. A principios de los noventa, muchas compañías, como Boeing y Wal-Mart, implantaron sistemas de intercambio electrónico de datos (IED) propios para agilizar sus procesos de suministro. Eso tendía a unir a las empresas y sus proveedores entre sí. Incluso aunque el IED se solía implantar por iniciativa de los compradores y no de los vendedores, el resultado era que éstos se acercaban más entre sí, a beneficio de ambos.

Esta tecnología ponía barreras a la entrada y favorecía que las empresas limitaran los proveedores a unos cuantos elegidos. Sin embargo, las redes externas seguras y fiables, cuyo acceso y uso requiere sólo un *software* sencillo de Internet, facilita que los clientes empresarios lleguen a un número mucho mayor de proveedores, lo cual supone una gran amenaza para sus relaciones con ellos. Las tres principales empresas automovilísticas de Estados Unidos, por ejemplo, esperan ahorrar miles de millones a través de su Red de Intercambio de la Automoción en Internet, un sistema que les permite solicitar con facilidad ofertas para todo tipo de productos, desde piezas complejas hasta diseños personalizados.

Para la empresa individualizada, la solución consiste en establecer una relación de mayor colaboración con cada cliente que proporcione soluciones. Basar las interacciones de esta relación en Internet tiene muchísimo sentido. La página Web de Cisco, que permite a los clientes configurar sus propios sistemas, permite asimismo a los socios revendedores de la empresa, como Alcatel, NCR y DEC, configurar los sistemas de sus propios clientes usando productos de Cisco.

Great Plains Software (GPS), con sede en Fargo, Dakota del Norte(EE.UU.) proporciona soluciones de dirección financiera basadas en Windows NT a empresas de tamaño mediano. Si una firma necesita un sistema de contabilidad de las nóminas multiestatal que funcione con un servidor Microsoft SQL, lo más seguro es que el *software* adecuado proceda de Great Plains. Todo el *software* de la empresa se vende a través de los socios del canal, en su mayoría revendedores de valor añadido, que asesoran a las compañías en diversos ámbitos contables y financieros, e instalan y mantienen asimismo *software* financiero.

De cara a volverse una empresa más individualizada, para GPS era fundamental convertir a los miembros del canal en clientes más rentables y leales, y para lograrlo la empresa lanzó una iniciativa centrada en ello, conocida como CORE (centro para la excelencia organizativa). La finalidad de CORE consiste en proporcionar a los socios del canal de Great Plains las aptitudes, las herramientas y los conocimientos necesarios para competir y vencer.

En un nivel, CORE proporciona un sistema interactivo a través de Internet que ofrece a los socios del canal información sobre sus clientes, incluidos productos registrados y módulos comprados, direcciones y números de teléfono, e incluso acceso a los registros de apoyo de Great Plains para el cliente. También permite que los socios del canal introduzcan información sobre su propia organización, como cifras de ventas, direcciones y números de teléfono, y grados de satisfacción de los clientes, y accedan a ella.

Sin embargo, CORE ofrece mucho más aparte de compartir y controlar la información. Está diseñado como una solución integrada y exhaustiva a los problemas empresariales de los miembros del canal. Imagine que es un revendedor de GPS y tiene acceso a una herramienta en Internet que le facilita el desarrollo de un proyecto adaptado a las necesidades de sus clientes. Esa herramienta incorpora las perspectivas, los métodos y los mejores ejemplos conocidos en su ámbito de especialidad, a la vez que le permite gestionar los conocimientos específicos sobre proyectos para cada uno de sus clientes. Colabora con el cliente para definir los límites y la duración de su compromiso, y ambas partes van adquiriendo mayor confianza a medida que se desarrolla el proyecto. Great Plains introdujo hace poco esta herramienta, denominada "Director de Implantación", como parte de la estrategia CORE. Al acceder a la base de conocimientos CORE de Great Plains, podrá lograr que su negocio funcione de modo más rentable y profesional. Gozará de acceso electrónico a todo, desde una lista de control para gestionar el cumplimiento de las cuentas pagaderas hasta una sofisticada guía de referencia que le indica cómo y cuándo se pondrá en marcha su proyecto.

La iniciativa CORE representa un alejamiento espectacular del modelo de distribución convencional y unidireccional, en el que los "programas" del revendedor y el distribuidor son la norma, hacia un modelo de colaboración centrado en implicar continuamente a todos los socios y lograr su éxito. Don Nelson, director general de CORE, manifiesta: "En nuestro negocio, el éxito solía basarse en ofrecer los mejores productos y servicios. Ahora, es fundamental disponer también del mejor canal".

A través de CORE, Great Plains logra tres aspectos importantes para sus revendedores. No sólo amplía las competencias y la capacidad de los socios del canal al ofrecer acceso inmediato a la información acerca de los clientes, sino también al proporcionar formación técnica, incluyen los recursos en Internet que permiten que los aprendices accedan a los conocimientos cuando lo necesitan. Eso desarrolla la capacidad a largo plazo de sus socios, ya que les ayuda a contratar, formar y situar a profesionales cualificados. GPS contribuye a que sus socios alcancen la excelencia organizativa, al proporcionar servicios de asesoría administrativa y mantenerlos actualizados incorporando los mejores ejemplos prácticos de toda su red de socios.

Lo que Great Plains está consiguiendo es verdaderamente extraordinario. Amplía su propia empresa a través de una red de más de mil setecientos socios independientes del canal, mucho más de lo que habría esperado lograr si se hubiera limitado a producir el mejor *software* posible de contabilidad en su categoría. Al descender por su cadena de demanda para proporcionar una solución integrada en lugar de solamente un buen producto, la empresa no sólo espera ganar una cuota mayor de las operaciones de cada socio del canal sino también una cuota mayor de las operaciones de los clientes de estos socios.

Cómo lograr que funcione el marketing uno por uno

Muchas empresas creen que aplican el marketing uno por uno porque conocen la dirección postal de cada cliente y hacen un seguimiento de sus compras individuales. Quizá sepan cómo interactuar con sus clientes por separado, pero no adaptan sus productos o servicios a cada uno de ellos. Aunque ofrecen un servicio mejor y unos precios más bajos a sus CMV, lo cierto es que ofrecen lo mismo a todos los CMV.

Sin embargo, para sacar provecho real del marketing uno por uno tendrá que ir más allá del seguimiento de los clientes y de la interacción con cada uno de ellos. Tendrá que estar dispuesto a actuar según lo que averigüe con respecto a sus necesidades individuales. Si utiliza sus conocimientos sobre un cliente concreto para adaptar la forma en que su empresa lo trata, podrá ganarse su fidelidad incluso aunque sus competidores empleen la misma estrategia. Si cada vez le resulta más fácil que el cliente adquiera sus productos o servicios, con unos cuantos intercambios o interacciones habrá establecido una relación de aprendizaje con él y habrá logrado que le sea fiel. Para que cada vez resulte más fácil para el cliente deberá utilizar información adicional sobre sus necesidades particulares para personalizar algo más el modo en que lo trata cada vez que efectúa otra compra. Ahora bien, como hemos visto, es mucho más fácil la teoría que la práctica.

Bhote, Keki R., *Beyond Customer Satisfaction to Customer Loyalty: The Key to Greater Profitability*, AMACOM, 1996.
Bhote, un antiguo ejecutivo de Motorola especializado en la mejora de la calidad y la productividad, analiza de un modo convincente y persuasivo las limitaciones de la satisfacción de los clientes. Identifica cuatro fases de evolución de una empresa para conseguir la fidelidad de los clientes y ofrece consejos prácticos para controlar los esfuerzos de la empresa en esta dirección.

Davis, Stan, *Future Perfect*, Addison-Wesley Pub., 1987.
Este libro clásico esboza algunas de las tendencias tecnológicas y empresariales clave que dan forma a la economía actual. Perspicaz e interesante, Davis lo ha previsto todo, desde la importancia creciente de la interactividad hasta la producción individualizada. En este libro acuña el término de "personalización en masa".

Davis, Stan, *2020 Vision: Transform Your Business Today to Succeed in Tomorrow's Economy*, Simon & Schuster, 1991.
En este libro, Davis examina con gran anticipación algunos de los diseños empresariales, los procesos y las tecnologías inteligentes que las empresas han adoptado en los últimos años. Se trata de una obra que invita a la reflexión, llena de ejemplos y casos interesantes que, con el tiempo, ha adquirido aún mayor relevancia.

Gilmore, James H. y B. Joseph II Pine, "The Four Faces of Mass Customization", *Harvard Business Review*, enero/febrero 1997, pp. 91-101.
Los autores esbozan el proceso de la personalización en masa con términos claros y concisos, y comentan cuatro enfoques característicos de ésta: colaboradora, adaptadora, cosmética y transparente.

Pine, B. Joseph II y James H. Gilmore, *Every Business a Stage: Why Customers Now Want Experiences*, Harvard Business School Press, 1999.
En este convincente libro, Pine y Gilmore argumentan que la economía ha entrado en una nueva fase que gira alrededor de la experiencia escénica en contraposición a la mera venta de productos y servicios. Mencionan a Disney, Planet Hollywood y los casinos

de Las Vegas como pioneros de esta transición económica. Los autores arguyen que los proveedores de la experiencia desarrollarán temas coherentes, dejarán una impresión duradera, eliminarán los "momentos negativos", venderán objetos (para recordar al "huésped" la experiencia) y captarán de modo activo todos los sentidos.

Pine, B. Joseph II, *Mass Costumization: The New Frontier in Business Competition*, Harvard Business School Press, 1992.
El gurú de la personalización en masa Joseph Pine demuestra en este convincente libro que la era de la producción en serie está llegando rápidamente a su fin. En su lugar, surgirá una era de personalización rentable a gran escala. Pine expone los ejemplos de Motorola y McGraw-Hill, y explica que la personalización en masa combina las ventajas personalizadas de la economía de la artesanía preindustrial con los bajos costes asociados a la producción en serie, lo que a menudo genera una reducción total de costes respecto a la producción en serie estandarizada.

Van Asseldonk, Ton, *Mass Individualization*, TVA Management, 1998.
Este libro trascendental repasa algunas de las bases teóricas del nuevo mundo interconectado. Mediante estudios de compañías de todo el mundo, examina la naturaleza cambiante de la empresa, las cadenas de suministros y los mercados, a medida que crece la demanda de relaciones individualizadas.

Actividad 6A

Aspectos de la personalización para ser comentados por el equipo de transición

Fecha de finalización propuesta: _____

1. Charla de ascensor: ¿Por qué implantan las empresas la personalización masiva? (Pista: Su respuesta debería incluir las relaciones de aprendizaje y la reducción de costes.)

_____

_____

_____

_____

_____

_____

2. ¿Cuáles son los aspectos organizativos que intervienen a la hora de generar una mayor personalización?

_____

_____

_____

_____

_____

_____

3. En la Actividad 4G, "Pautas para la diferenciación de las necesidades", se presentó una amplia gama de necesidades individuales de los clientes. ¿Qué elementos de éstas pueden personalizarse?

_____

_____

_____

_____

_____

_____

Actividad 6B

Control: ¿Cumplen nuestras iniciativas de personalización estos criterios?

Responda sí o no a las siguientes afirmaciones. Repita esta actividad un año después de haberla finalizado.

Fecha de finalización propuesta: _____

Afirmación	Ahora	En un año
Utilizamos la información que ya tenemos	☐ Sí ☐ No	☐ Sí ☐ No
Nuestra personalización es real y coherente (es decir, no es un mero cambio cosmético como el de añadir "Apreciado Sr. Sánchez" en la cabecera de una carta que, de otro modo, sería impersonal)	☐ Sí ☐ No	☐ Sí ☐ No
Tenemos una metodología para obtener información.	☐ Sí ☐ No	☐ Sí ☐ No
Nuestra iniciativa de personalización no presupone que todos los clientes disponen de las últimas tecnologías (es decir, nuestra interacción no está restringida a los usuarios de ordenador o de fax)	☐ Sí ☐ No	☐ Sí ☐ No
Nos aseguramos de que la información necesaria sobre el cliente llega a todos los lugares de la organización donde va a utilizarse	☐ Sí ☐ No	☐ Sí ☐ No
Hemos establecido mediciones del grado de satisfacción	☐ Sí ☐ No	☐ Sí ☐ No

Actividad 6C

Lista de tareas para la personalización

Fecha de finalización propuesta: _____

¿Quién lo hará?	¿Para cuándo?	Tarea	Acabada al 75%	Acabada al 100%
		Determine la mejor oportunidad para personalizar: • Los productos • La configuración de los productos • El agrupamiento de servicios y productos • El empaquetado		
		Determine la mejor oportunidad para personalizar: • Los servicios • La entrega y la logística • Los servicios renovables • Los servicios auxiliares • La mejora de los servicios		
		Determine la mejor oportunidad para personalizar las finanzas: • La facturación • El proceso de los pagos • Las condiciones de pago • La agilización de los servicios • La autorización previa		
		Identifique oportunidades de alianzas estratégicas		
		Si corresponde, inicie una alianza estratégica		
		Personalice las capacidades internas mediante la reunión de datos, operaciones y servicios a través de todas las funciones y líneas de producto para cada cliente, incluyendo lo siguiente:		

- La contabilidad
- La publicidad y las promociones
- Los cobros
- La fabricación
- La ingeniería
- La investigación y el desarrollo
- La atención al cliente
- La fijación de precios
- Las ventas
- La gestión de los productos
- La entrega y la logística
- Los sistemas de información
- La garantía de calidad
- Los envíos

Determine el coste total de servir al cliente

Convierta la personalización en una parte de la cultura de su organización e implique a todo el personal (véase "La infraestructura")

Actividad 6D

Criterios de la alianza estratégica

Plantéese las siguientes preguntas y aspectos en el desarrollo de un plan de alianza estratégica.

Fecha de finalización propuesta: _____

Pregunta	Señale las aplicables a su unidad de negocio	Señale las aplicables a su empresa
¿Beneficiará la opción de fuente única a una cantidad significativa de CMV y CMC?		
¿Puede la empresa introducir los productos del socio de la alianza sin perder el control de la relación con el cliente y su gestión?		

¿Puede la empresa comercializar con confianza los productos o servicios del socio de la alianza y garantizar con ellos la satisfacción del cliente?

¿Puede la combinación de productos propios y de la alianza proporcionarse de una forma que resulte clara para el cliente?

¿Es la base de clientes de la alianza leal a ella? (es decir, ¿vuestro esfuerzo combinado se beneficiará de la lealtad de los clientes de la otra parte de la alianza?)

Actividad 6E

Establecer el objetivo de la personalización

Fecha de finalización propuesta: _____

Considere las siguientes ventajas de la personalización:

- Desarrollar y recordar las relaciones existentes con cada cliente basadas en la información
- Descubrir ventas adicionales y oportunidades para conservar a los clientes
- Aumentar la fidelidad de los clientes
- Aumentar el valor vitalicio
- Seguir siendo rentable; aumentar al máximo la rentabilidad
- Identificar a los clientes más valiosos
- Aumentar la satisfacción de los clientes
- Aumentar la cuota de los clientes
- Aumentar y facilitar el diálogo

Actividad 6F

Utilizar la información sobre cada cliente: depósito de ideas acerca de la personalización individualizada

Fecha de finalización propuesta: _____

¿Que haría por cada cliente si tuviera toda la información posible? Si anota todas las ideas que se le ocurran sobre estas posibilidades y enumera la información que precisaría para cada aplicación, sabrá la información que necesitará para poner en práctica la personalización.

Tanto si se reúnen en una mesa de trabajo como si se llevan el ejercicio a casa un día, tenemos algunas pistas para sacar el máximo partido de la tarea que vamos a pedirle.

1. *Háganlo juntos.* Nadie pone en marcha solo la personalización. Cuente con el apoyo y capacidad mental de los demás cuando prepara el plan. Un grupo de diez a quince personas parece ser el ideal.
2. *Logre que todos estén al mismo nivel.* Asegúrese de que todos los participantes conocen las técnicas de personalización y la gestión de los clientes. Nosotros acostumbramos a organizar un seminario de medio día o de un día entero antes de establecer un depósito de ideas sobre las aplicaciones individualizadas para que todo el mundo tenga el mismo grado de conocimientos.
3. *Elija con cuidado a los participantes.* Sopese mucho las obligaciones políticas. No querrá enemistarse con aquellos cuyo apoyo necesitará más adelante para poner en práctica la estrategia. Por otro lado, querrá contar sólo con los mejores y más brillantes; gente con visión de futuro, con ideas innovadoras. En este grupo debería incluir por lo menos a una persona que lleve mucho tiempo en la organización y conozca muchas de las cuestiones prácticas a que se enfrenta, de una a cuatro personas del área de sistemas de información de marketing (sistemas de la información e informática) que son expertos técnicos y, por supuesto, personal de marketing. Algunos depósitos de ideas eficaces han incluido también a un representante de la agencia publicitaria y/o participantes de alta dirección.
4. *Desconéctense y relájense.* Apaguen los teléfonos y supriman las distracciones; diga que se trata de algo muy importante y permita que todo el mundo deje a un lado la "etiqueta empresarial". Estimulamos una sesión de *brainstorming* relajada.

5. *Divida la reunión en grupos de tres o cuatro personas y evite la homogeneidad.* Mezcle a los expertos en marketing, comunicaciones, informática y demás. Tras cada tarea, infunda sangre nueva a cada grupo cambiando a una persona de lugar en sentido contrario al de las agujas del reloj. Mueva a la persona de cada grupo que:
   - Viste con el color más vivo
   - Es experto en marketing y está sentada más cerca de la puerta
   - Es la más alta (o la más baja)
   - Lleva más botones

6. *No piense en los obstáculos técnicos o referentes al coste.* Ya se enfrentará a ello en su debido tiempo.

7. *Dedique por lo menos un día entero a trabajar este depósito de ideas.* Nuestro objetivo es ayudarlo a tomar algunas decisiones importantes. Dedíquele unos cuantos minutos. Necesitará que por lo menos un participante (y probablemente una subcomisión de dos o tres) le dediquen como mínimo un día entero más para clasificar los resultados y elaborar un informe.

8. *Ajústese al programa. Impida que el almuerzo y las pausas se alarguen.*

9. *Efectúe una lluvia de ideas sobre las aplicaciones individualizadas para su empresa.* No tema examinar cambios importantes que exigirán grandes esfuerzos de transformación organizativa. Ahora bien, dedique también tiempo a analizar las acciones más inmediatas que puede adoptar, en especial las que fortalecerán la relación de su organización con sus clientes más valiosos.

En un mundo ideal, también dispondrá de alguien que anote lo esencial de cada idea en un papel o cartulina (de 20 x 30 cm o más) para pegarlo a una pared. Cuando estén pegadas todas las aplicaciones, el grupo puede cambiar de sitio los elementos para establecer prioridades. Si eso no es factible, enumere las aplicaciones en una pizarra y numérelas.

Capte todo lo que pueda de los comentarios. Más adelante, le sorprenderá lo difícil que resulta recordar todos los detalles al empezar a trabajar en la clasificación y el informe.

Nos encanta cuando nuestros clientes sonríen y nos halagan. Sabemos que poseen una perspectiva individualizada. Sin embargo, nos entusiasma cuando fruncen el ceño y empiezan a anotar a toda velocidad listas en servilletas porque sabemos que empiezan el verdadero trabajo: convertir la estrategia individualizada en una realidad rentable para ellos.

Actividad 6G

Clasificación e informe

Fecha de finalización propuesta: _____

Si el depósito de ideas tiene éxito, al final del día habrá reunido un montón de buenas ideas sobre la personalización. Así es como podrá empezar a convertirlas en dinero:

1. Prepare las ideas. A menudo eso significa reescribir garabatos frenéticos y, muchas veces, consolidar ideas muy parecidas.
2. Clasifíquelas por temas. Eso implicará reasignar temas y agrupaciones.
3. Establezca un orden de prioridad en cada grupo.
4. Determine elementos de actuación. Convierta sus ideas y perspectivas en actividades con un objetivo que conducirán a su organización hacia el futuro individualizado que tiene previsto.

El objetivo del depósito de ideas consiste en sentar las bases para los planificadores que pondrán en práctica la estrategia individualizada, así como en proporcionar a todos los demás una lista de tareas que deben hacerse de inmediato. Una vez que haya priorizado las aplicaciones, uno o varios participantes las estudiarán una a una y confeccionarán una lista de la información que será necesaria (realmente) para llevarlas a cabo. Parte de la información de la lista original será imposible de obtener, pero el resto le proporcionará un esquema de los datos que necesita conocer sobre cada cliente para tratar de un modo distinto a los distintos clientes.

CAPÍTULO SIETE

El análisis de la distancia
a la situación individualizada

EFECTÚE SU PROPIO "ANÁLISIS DE LA DISTANCIA" Y COMPRUEBE EL TRECHO QUE LE FALTA RECORRER

La primera tarea para convertir su organización en una empresa individualizada consiste en evaluar su situación actual. ¿En qué punto está y hasta dónde tiene que llegar? ¿De qué aspectos concretos debería ocuparse primero? ¿En qué situación se encuentra respecto a la competencia?

Este capítulo se dedica por completo a tres actividades de autoevaluación:

- Autoevaluación para un inicio rápido (Actividad 7A)
- Control de la distancia a la situación individualizada (Actividad 7B)
- Planteamiento de estrategias (Actividades 7C y 7D)

Estas actividades son muy sencillas. Una vez finalizadas, tendrá una imagen más clara de la situación en que está su empresa en lo que se refiere a poder ejecutar programas de relaciones individualizadas con los clientes, así como de la cantidad de trabajo que será necesaria.

Lecturas recomendadas

Jackson, Harry K., Jr. y Normand L. Frigon, *Achieving the Competitive Edge: A Practical Guide to World Class Competition*, John Wiley & Sons, 1996.

Jackson y Frigon presentan un enfoque para potenciar la competitividad mediante modelos de dirección y proceso empresarial, y los reúnen de distintas formas que son sencillas de implantar. Lo examinan todo, desde los valores y el liderazgo hasta el desarrollo de los productos y los controles de calidad.

Kaplan, Robert S. y David P. Norton: *Cuadro de mando integral, the balanced scorecard, Gestión 2000, 1997. Translating Strategy into Action* (Harvard Business School Press, 1996).

Este libro ofrece a los lectores un esquema valioso para determinar cómo distribuir el tiempo con mayor eficacia, así como los recursos para aumentar el rendimiento. A la vez que incluye valiosas medidas financieras, ofrece medidas nuevas para la creación de un valor referido a las relaciones con los clientes, a la mejora de los procedimientos y al desarrollo de los empleados. Kaplan y Norton incluyen estudios detallados sobre Chemical Bank, Mobil y United Way of Southeastern New England.

Luftman, Jerry N., *Competing in the Information Age: Strategic Alignment in Practice*, Oxford University Press, 1996.

Luftman, a partir de las perspectivas y estrategias del grupo asesor de IBM, muestra cómo alinear las estrategias empresariales y de sistemas con las infraestructuras informáticas y organizativas. El libro incluye una selección de contribuciones excelentes que tratan de todo, desde la cultura y la informática hasta el establecimiento de comparaciones.

Whiteley, Richard y Diane Hessan, *Customer Centered Growth: Five Proven Strategies for Building Competitive Advantage*, Addison-Wesley Pub., 1996.

Los autores demuestran cómo muchas empresas han situado con éxito las relaciones con sus clientes en el centro de sus operaciones. También dedican sesenta páginas a la autoevaluación y la planificación de estrategias.

Actividad 7A

Autoevaluación para un inicio rápido

Cómo utilizar los recursos de autoevaluación de las actividades 7A y 7B

El mejor modo de utilizar estas dos herramientas de autoevaluación consiste en proporcionárselas a varias personas de la empresa o asociadas a ella y comparar los resultados. Los principales grupos cuyas evaluaciones resultarían beneficiosas son:

a. Los miembros del equipo de transición individualizada
b. Los altos cargos
c. Los directivos de rango medios y los directivos de campo
d. Los miembros del canal, si se da el caso
e. Los empleados que interactúan directamente con los clientes (representantes del centro de atención telefónica, personal de ventas y servicios, incluso dependientes)
f. Los clientes

Es probable que las respuestas a estas preguntas difieran mucho entre estos grupos. Sin embargo, deberían valorarse en proporción inversa a la posición de estas personas en la jerarquía de la empresa: las opiniones de los clientes son las más importantes, seguidas de las del personal que interactúa con ellos todos los días, etcétera.

Evaluar los resultados obtenidos con estos recursos para analizar la distancia no tiene secreto, ya que las respuestas son muy claras. El aprendizaje real se producirá al comparar las respuestas de cada grupo con diferentes ubicaciones y funciones, con asuntos y cuestiones prioritarios distintos.

La Actividad 7A es un recurso de autoevaluación breve para llevar a cabo un inicio rápido, mientras que la Actividad 7B constituye una herramienta más detallada y rica. Es usted quién debe decidir cómo utilizar mejor estos cuestionarios, pero nosotros le aconsejaríamos usar la Actividad 7A para asegurarse de que capta la amplitud de la cobertura, y basarse en la Actividad 7B para realizar un análisis más detallado y útil de la imagen que tiene la empresa de sí misma tanto a nivel cultural como organizativo.

Fecha de finalización propuesta: _____

Para cada una de las cuatro preguntas expuestas a continuación, señale las respuestas que se ajustan más a la situación de su empresa. Señale todas las respuestas aplicables, aunque sea más de una por pregunta.

1. **¿En qué medida puede IDENTIFICAR la empresa a los clientes que son usuarios finales?**

a. No sabemos realmente cuáles de nuestros clientes son usuarios finales ni la cantidad de operaciones que representan.

b. Registramos la identidad de algunos usuarios finales en varios ficheros y bases de datos repartidos por la empresa, pero no estamos seguros de qué porcentaje de clientes representan en realidad.

c. Algunas de las unidades de negocio de la empresa conocen la identidad de muchos de sus clientes, pero no la de todos. No existe una base de datos central común que recoja la identidad de todos, y no compartimos demasiada información sobre los clientes entre nosotros.

d. Vendemos a empresas u organizaciones, y si bien conocemos la identidad de la mayoría de ellas, en realidad no sabemos quiénes son la mayoría de los participantes de cada una.

e. Conocemos la identidad de la mayoría de los clientes, pero no demasiados aspectos de sus relaciones entre ellos. Si un cliente nos remite a otro, no reflejamos esta circunstancia en nuestra base de datos. Si un cliente se desplaza de una ubicación a otra, nuestra base de datos podría reflejarlo como la marcha de un cliente seguida de la incorporación de otro, con poca o ninguna relación entre ambos acontecimientos.

f. Conocemos la identidad de la mayoría de nuestros clientes y podemos seguirlos de un lugar a otro, de una división a otra o de una tienda a otra.

2. **¿Puede la empresa DIFERENCIAR a sus clientes, según su valor para ella y sus necesidades?**

a. Como no tenemos demasiada información sobre la identidad de los clientes (o carecemos de ella), no podemos diferenciarlos por lo que valen para nosotros ni por lo que necesitan de nosotros.

b. No tenemos conocimientos reales para clasificar a nuestros clientes por su valor a largo plazo para nosotros.

c. Tenemos cierta idea sobre cómo calcular el valor a largo plazo de cada cliente para la empresa, pero no tenemos realmente acceso a suficientes datos como para ordenarlos a partir de este cálculo.

d. Hemos identificado varios segmentos de nuestros CMV centrados en sus necesidades, pero carecemos de una forma fiable de situar a cada cliente en el segmento que le corresponde.

e. Sabemos cómo clasificar a la mayoría de nuestros clientes según su valor, así como identificar, por lo menos para la mayoría de CMV y clientes de valor superior, en qué segmento basado en las necesidades podría incluirse.

3. ¿ INTERACTÚA bien con los clientes?

a. No tenemos ningún mecanismo práctico para interactuar con los clientes por separado.

b. Interactuamos con algunos de los CMV y los clientes de valor superior a través de las visitas personales de representantes de ventas y de otros contactos, pero no llevamos un registro sistemático de estas interacciones con sistemas de gestión de los contactos o de automatización de las ventas. Para gestionar estas interacciones con los clientes dependemos de la iniciativa y la memoria de nuestros directores de cuentas, vendedores u otros.

c. Interactuamos con la mayoría de los CMV y los clientes de valor superior a través de visitas personales de representantes de ventas y de otros contactos, y mantenemos unos registros bastante buenos de estas interacciones y contactos en un sistema automatizado o en una base de datos de clientes.

d. Tenemos algunas interacciones directas por correo, por teléfono o a través de Internet con una pequeña proporción de nuestros clientes, pero no las coordinamos entre los diferentes medios.

e. Mantenemos un contacto interactivo por correo, por teléfono o a través de Internet con todos los clientes o con una cantidad considerable de ellos, y coordinamos el diálogo con cada cliente en todos estos medios.

4. ¿Cómo PERSONALIZA en masa la empresa sus productos y servicios con lo que sabe sobre los clientes?

a. Proporcionamos productos y servicios estándar y adaptamos pocos aspectos de nuestro comportamiento a las necesidades de cada cliente, si es que lo hacemos.

b. Ofrecemos una gama de opciones a nuestros clientes para que elijan características específicas de los productos, pero no controlamos ni recordamos sus elecciones.

c. En el caso de nuestros CMV, personalizamos a veces nuestros servicios periféricos (condiciones de los contratos, formato de las facturas, modos de entrega, empaquetado, opciones de los servicios, etcétera) y recordamos sus preferencias.

d. Hemos modularizado por lo menos algunos aspectos de nuestro producto principal, de nuestros servicios periféricos, o de ambos a la vez y al configurar estos módulos de formas distintas, producimos varias combinaciones de productos y servicios bastante rentables. Para un número considerable de clientes, controlamos y recordamos las opciones elegidas por cada uno, de modo que cuando alguno repite con nosotros, podemos configurar automáticamente el producto según las preferencias ya manifestadas.

e. Hemos modularizado muchos aspectos de nuestro producto principal y/o nuestros servicios periféricos, o de ambos a la vez, y podemos ofrecer una amplia variedad de configuraciones rentables de productos y servicios. En lugar de pedir a los clientes que decidan solos entre todas las opciones, interactuamos con la mayoría de ellos, o con todos, para ayudarlos a especificar sus necesidades. Luego, incluimos a cada cliente en una categoría en función de sus necesidades, le proponemos una configuración particular y la recordamos para futuras ocasiones.

Actividad 7B
Control de la distancia a la estrategia individualizada

A continuación se plantean varias cuestiones. Lea las frases que las resumen y las respuestas que las acompañan. Luego, seleccione la frase que refleja mejor su opinión sobre cómo es la empresa en la actualidad, no cómo cree que debería ser algún día.

Fecha de finalización propuesta: _____

1. Procesos

Esta categoría evalúa la importancia que se concede al uso de procesos empresariales centrados en el cliente. Es importante conocer el grado en que cada proceso refleja las necesidades y las relaciones de los distintos clientes. También resulta útil saber el grado de compromiso de la empresa para cambiar de forma continuada el proceso con el fin de satisfacer mejor las necesidades de los clientes.

Gestión del cambio continuado

A: Nuestra empresa no se plantea prácticas de gestión de la calidad

B: Nos gustaría tener iniciativas formales de gestión de la calidad

C: Aplicamos algunos métodos para garantizar las iniciativas de gestión de la calidad

D: Disponemos de una organización formal para la gestión de la calidad

Procesos para las interacciones centradas en el cliente

A: No nos planteamos centrar en el cliente nuestra práctica empresarial.

B: Tenemos algunos conocimientos sobre la relación entre los clientes y nuestros procedimientos empresariales

C: Conocemos la mayoría de las interacciones entre los clientes y nuestros procedimientos empresariales

D: Tenemos total conocimiento de todas las interacciones posibles entre los clientes y nuestros procesos empresariales

2. Tecnología

Esta categoría se basa en centrar en el cliente la tecnología que usa la empresa. Ciertos aspectos, como el enfoque al cliente reflejado en la arquitectura del sistema y el acceso que se le ofrece, permiten deducir la importancia que la empresa concede al cliente, desde el punto de vista tecnológico.

Se tiene en cuenta al cliente al seleccionar e implantar tecnologías

A: Nuestro departamento de informática es bastante autónomo y se ocupa de la adquisición de tecnología

B: Propiciamos que se tengan en cuenta las necesidades de los clientes, y no sólo las internas, al seleccionar la tecnología

C: Usamos cierto grado de validación de los clientes al seleccionar la tecnología

D: Exigimos que todas las operaciones de selección de tecnología estén validadas por un procedimiento centrado en el cliente

Característica: Proporcionar tecnología que ayuda a los empleados a ayudar a los clientes

A: Nuestra empresa no está demasiado avanzada en cuanto a tecnología

B: Favorecemos el uso de tecnología que facilita nuestras interacciones diarias con los clientes

C: Proporcionamos tecnología a muchas áreas para contribuir a las interacciones diarias con los clientes

D: Proporcionamos la tecnología más eficaz que existe a todos los empleados que interactúan con los clientes

3. Estrategia para gestionar la información

Esta categoría se refiere a la importancia que la empresa concede al uso de información sobre los clientes como ventaja competitiva. La firma centrada en el cliente dispone de planes estratégicos para utilizar la información sobre los clientes de un modo que se transmita deprisa al personal. Los conocimientos sobre un cliente pueden considerarse como una información actual y detallada en el contexto de la experiencia acumulada respecto al mismo.

Mantenimiento de una estrategia basada en la información sobre los clientes

A: No usamos de un modo adecuado la información sobre los clientes

B: Favorecemos la obtención y el uso de la información sobre los clientes para conocerlos mejor

C: Tenemos programas para obtener y usar la información y los conocimientos sobre clientes seleccionados

D: Mejoramos sin cesar nuestra estrategia para obtener y usar la información sobre los clientes

Información sobre los clientes combinada con las experiencias para generarla

A: Tenemos procesos inadecuados y poco desarrollados para combinar la información sobre los clientes con nuestra experiencia y conocimientos

B: Fomentamos el uso de procesos y sistemas que apoyan la obtención de información y experiencias sobre los clientes

C: Hemos puesto en marcha sistemas y procesos que recopilan y combinan la información y las experiencias sobre clientes seleccionados

D: Contamos con procesos rigurosos para combinar la información y las experiencias sobre cada cliente

4. Asociaciones

Esta área se interesa por el compromiso de la empresa en el desarrollo y mantenimiento de asociaciones empresariales que son estratégicas para satisfacer a los clientes o para conseguir su fidelidad. Una empresa ideal centrada en el cliente está dispuesta a desarrollar una asociación estratégica o fundamental para mejorar la relación global con cada cliente.

Seleccionar socios centrados en el cliente

A. Prestamos poca o ninguna atención a si los socios que seleccionamos se centran en el cliente

B: Procuramos seleccionar socios centrados en el cliente

C: Evaluamos a los socios estratégicos según el grado en que se centran en el cliente

D: Evaluamos a todos los posibles socios según el grado en que se centran en el cliente

Conocimiento de las relaciones entre clientes y socios

A: Tenemos poco o ningún conocimiento acerca de las relaciones entre nuestros clientes y nuestros socios

B: Procuramos conocer las relaciones entre nuestros clientes y nuestros socios

C: Conocemos las relaciones entre nuestros clientes y nuestros socios

D: Conocemos y utilizamos las relaciones entre nuestros clientes y nuestros socios

5. Relaciones con los clientes

Esta categoría sirve para conocer la importancia que la empresa concede a su relación con cada cliente. Eso implica que la empresa se interese en las actividades, la información y las conductas de sus empleados que sustentarán una relación duradera con cada cliente en vez de asegurar sólo las transacciones cotidianas. La empresa centrada en el cliente considera que los conocimientos sobre los clientes son un activo que se usa para mejorar continuamente las relaciones. Las interacciones con el cliente se efectúan haciendo hincapié en la satisfacción del cliente, en el aumento de su cuota y en la consecución de su fidelidad a largo plazo.

Valoración del cliente

A: No intentamos diferenciar a los clientes

B: Procuramos diferenciar a los clientes

C: Aplicamos métodos para recopilar y usar la información obtenida en las interacciones con los clientes a fin de diferenciarlos y evaluar la importancia que cada relación tiene para la empresa

D: Disponemos de una base de datos sobre clientes actualizada sin cesar que es estratégica para cada cliente y que nos ofrece toda la información fundamental sobre la relación

Conocimiento y mejora de la experiencia global del cliente

A: Prestamos poca o ninguna atención a la experiencia global del cliente

B: Conocemos todos los puntos en que los clientes entran en contacto con la empresa y los tenemos en cuenta para satisfacer a dichos clientes

C: Realizamos encuestas frecuentes entre clientes elegidos y tomamos medidas a partir de sus respuestas para mejorar nuestro servicio

D: Mantenemos un diálogo continuado con cada cliente y usamos métodos bien desarrollados para mejorar nuestra relación

Determinación de las expectativas de los clientes y reacción ante las mismas

A: No hacemos esfuerzos para conocer las expectativas de los clientes

B: Tenemos cierta idea de las expectativas de los clientes y las usamos para establecer relaciones

C: Solicitamos periódicamente a los clientes que nos indiquen sus expectativas y emprendemos acciones para mejorar en lo posible la relación

D: Trabajamos en equipo con los clientes para asegurarnos de que satisfacemos o superamos sus expectativas

Conocimiento y previsión del comportamiento de los clientes

A: Prestamos poca o ninguna atención al comportamiento de los clientes

B: Conocemos las tendencias y los modelos de compra de los clientes y los tenemos en cuenta al tomar decisiones críticas

C: Obtenemos información de los clientes relativa a sus preferencias y la usamos en la planificación de nuestro negocio

D: Mantenemos un perfil de los clientes y lo usamos como parte del proceso para tratar con ellos

6. Cultura

Esta categoría trata de conocer hasta qué punto se refleja la política centrada en el cliente en el comportamiento del personal. La cultura es uno de los indicadores más importantes. Es importante averiguar si el personal tiene en cuenta al cliente intrínsecamente en todo lo que hace. Adaptarse sin cesar a los cambios en las relaciones con los clientes o premiar a los empleados para conseguir un trato centrado en el cliente son ejemplos de este tipo de empresa.

Cesión de poder a los empleados para tomar decisiones a favor de los clientes

A: Estimulamos a los empleados para que sigan de modo estricto los procedimientos y las políticas que desarrolla la alta dirección

B: Animamos a los empleados a que tomen decisiones independientes dentro de las pautas que marca dirección

C: Animamos enérgicamente a los empleados a que tomen decisiones que aumenten la satisfacción de los clientes

D: Exigimos que cada empleado emprenda cualquier medida adecuada para lograr la satisfacción de los clientes

Vinculación de las retribuciones a los empleados con la conducta centrada en el cliente

A: No vinculamos las retribuciones a los empleados con el trato que dispensan a los clientes

B: Usamos métodos especiales para premiar el comportamiento centrado en el cliente

C: Consideramos el comportamiento centrado en el cliente como una parte de los criterios de evaluación del rendimiento

D: Consideramos que el comportamiento centrado en el cliente es una parte importante de los criterios de evaluación del rendimiento

El cliente es lo que impulsa a nuestra organización

A: Concedemos poca importancia a los puntos de vista y opiniones de los clientes

B: Concedemos cierta importancia a conocer el impacto de los clientes en la empresa

C: Concedemos importancia a conocer el impacto en la empresa de un grupo seleccionado de clientes

D: Concedemos vital importancia a conocer el impacto de cada cliente en la empresa

7. Productos y servicios

Esta categoría indica la influencia del cliente reflejada en los productos y servicios que se ofrecen. Queremos averiguar hasta qué punto la empresa solicita y tiene más tarde en cuenta las relaciones con los clientes y sus aportaciones cuando planifica, desarrolla o mejora productos y servicios.

Diseño de bienes y servicios para satisfacer las necesidades de los clientes

A: Prestamos poca o ninguna atención a las necesidades de los clientes al diseñar nuestros productos o servicios

B: Procuramos, en cierta medida, desarrollar productos y servicios para satisfacer las necesidades de los clientes

C: Usamos las aportaciones de grupos seleccionados para ayudarnos en el desarrollo de productos y servicios

D: Diseñamos los productos y los servicios para satisfacer las necesidades de cada cliente

Preparación de programas de marketing uno por uno

A: Preparamos todos los programas de marketing para llegar a un mercado de masas de productos y servicios

B: Preparamos todos los programas de marketing para que se ajusten a las necesidades de productos y servicios de un mercado altamente especializado

C: Preparamos algunos programas de marketing específicos para ajustarse a las necesidades de productos y servicios de cada cliente

D: Preparamos todos los programas de marketing específicamente para las necesidades de productos y servicios de cada cliente

8. Enfoque externo

Esta categoría se refiere a la concienciación de una empresa de cómo enfocan otras companías las relaciones con los clientes. Es un indicador de la eficacia con que la empresa explora las tendencias en el campo de la gestión de las relaciones con los clientes y aprende de las innovaciones de otras empresas.

Conocimiento de cómo enfocan otras empresas las estrategias centradas en el cliente

A: No prestamos atención a las estrategias centradas en el cliente en otros sectores ni en el nuestro

B: Sabemos qué empresas se centran en el cliente con independencia del sector

C: Sabemos cómo enfoca la competencia las estrategias centradas en el cliente

D: Conocemos los mejores enfoques de las estrategias centradas en el cliente

Actividad 7C
Planteamiento de estrategias empresariales

¿Debería hacer hincapié en la interactividad o en la personalización como primer paso? ¿Debería aumentar primero el número de servicios y productos que ofrece o bien integrar sus relaciones con los clientes en las distintas unidades de negocio? Se trata de preguntas que hacen referencia al concepto de prioridad, y para responderlas tendrá que meditar sobre las características de sus clientes y sobre las capacidades actuales de su empresa.

En el capítulo tres de nuestro libro *Enterprise One to One: Tools for Competing in the Interactive Age,* propusimos un mapa de la estrategia que puede dibujarse para representar la "migración" hacia el marketing uno por uno. Este mapa depende de dos factores básicos: la diferenciación de la base de clientes y la capacidad de la empresa de adaptar su producción e interactuar con los clientes. Si no ha leído *Enterprise One to One* hace poco, éste es un buen momento para repasar el capítulo tres, que encontrará en http://www.1to1.com, porque estos aspectos son complejos.

Una vez que esté familiarizado con los principios implicados, puede usar este ejercicio para orientar sus reflexiones con objeto de trazar la estrategia correcta para su empresa, aquella que le brindélos resultados más rápidos y brillantes.

Las primeras dos preguntas de este ejercicio se basan en el hecho de que los clientes necesitan elementos distintos de la empresa y tienen valores diferentes para ella. Según lo distintos que sean los clientes de una empresa en estas dos áreas, la estrategia competitiva "natural" de la compañía puede ser el marketing en masa, el marketing altamente especializado o de objetivos, el marketing de bases de datos o el marketing uno por uno. Al elaborar un mapa de las diferencias existentes en su base de clientes, podrá empezar a elaborar planes para "migrar" y convertirse en una empresa individualizada.

Para realizar este ejercicio, adopte las siguientes fases:

1. Céntrese en una unidad de negocio cada vez, y para cada unidad, divida la base de clientes en elementos constitutivos (clientes que son empresas frente a los que son consumidores, o empresas grandes frente a medianas y pequeñas empresas, etcétera). Si requiere más información sobre este paso, véase "División de la base de clientes" en el capítulo cuatro.
2. Para las preguntas A-D que le formulamos, señale la primera afirmación de las cinco propuestas que sea correcta para el negocio y la base de datos que está analizando.
3. Utilizaremos las respuestas a estas preguntas para trazar una "Estrategia de Migración" para su empresa en el mapa de la Actividad 7D.

Fecha de finalización propuesta: _____

A. ¿Qué diferencia existe entre sus clientes en cuanto al valor que tienen para usted?
   1. Como mínimo el 50% de nuestros beneficios a largo plazo los generan el 2% o menos de nuestros clientes más importantes.
   2. El 50% de nuestros beneficios proceden del 5% de nuestros clientes más importantes.
   3. El 50% de nuestros beneficios proceden del 10% de nuestros clientes más importantes.
   4. El 50% de nuestros beneficios proceden del 20% de nuestros clientes más importantes.
   5. El 20% de nuestros clientes más importantes genera menos del 50% de nuestros beneficios.

B. ¿Qué diferencia existe entre sus clientes en cuanto a lo que necesitan de su empresa?
   1. Casi todos los clientes desean un tamaño, color, estilo o configuración únicos de los productos o servicios que ofrecemos.
   2. Nuestros clientes desean cosas muy distintas de nuestros productos o servicios, y los utilizan de forma distinta o con finalidades diferentes.
   3. Los clientes piden cosas distintas de nuestros productos o servicios, pero es posible agrupar estas necesidades en unos cuantos conjuntos bastante bien definidos.
   4. Los clientes suelen consumir nuestros productos o servicios por razones idénticas o parecidas, aunque difieren algo en aspectos como la sensibilidad al coste y la exigencia de calidad.
   5. Nuestros clientes suelen desear exactamente lo mismo, entregado de un modo estándar, sistemático y general.

C. ¿Qué capacidad tiene su empresa de identificar a los clientes e interactuar con ellos por separado?
   1. Conocemos la identidad de todos o casi todos los clientes. Interactuamos con ellos de un modo regular y rentable, y con una interfaz rica (probablemente electrónica).
   2. Conocemos la identidad de todos o de la mayoría de los clientes. Interactuamos con ellos con regularidad, pero no de un modo especialmente rentable. La interfaz podría ser mejor.
   3. Conocemos la identidad de todos o de la mayoría de los clientes, pero en realidad no interactuamos con ellos con demasiada regularidad. La interacción tampoco es demasiado rentable.
   4. Conocemos la identidad de sólo una minoría de clientes. Interactuamos con los que conocemos en la medida de lo posible, pero la interfaz deja mucho que desear.
   5. Conocemos la identidad de muy pocos clientes, o ninguno, y no interactuamos en absoluto con ellos.

D. ¿Qué capacidad tiene su empresa de adaptar su comportamiento a las necesidades de grupos reducidos de clientes o incluso de clientes concretos?
   1. Podemos fabricar productos o prestar servicios de modo rentable según las especificaciones de cada cliente, que éste nos proporciona a través de una interfaz adecuadamente diseñada.
   2. Podemos fabricar productos o prestar servicios por encargo, pero de un modo no demasiado rentable. El diseño de la interfaz deja bastante que desear y el proceso nos resulta caro.

3. No servimos por encargo, pero ofrecemos un surtido razonable de productos y servicios para satisfacer diversas necesidades de nuestros clientes y, en ocasiones, adaptamos los servicios que rodean a nuestro producto principal.

4. Producimos una pequeña variedad de productos y servicios, y dejamos que los clientes elijan los que más les convienen; no adaptamos ningún servicio.

5. Producimos sólo uno o unos cuantos productos o servicios bastante estandarizados, que nuestros clientes perciben a menudo como un bien de consumo.

Actividad 7D

Planteamiento de la estrategia

Fecha de finalización propuesta: _____

Ahora utilizaremos las respuestas de la Actividad 7C para trazar una estrategia de migración para su empresa, en la que figurarán los tipos de estrategias individualizadas que tendrá que poner en práctica primero con objeto de avanzar con la mayor rapidez y eficacia posible hacia su conversión en una empresa individualizada.

Con las respuestas que señaló en la Actividad 7C, sitúe su base de clientes en el mapa de la estrategia inferior. Para ello, anote una *C* (de clientes) en las casillas adecuadas, correspondientes a las respuestas que señaló en las preguntas A y B de la Actividad 7C.

A continuación, anote una *E* (de empresa) en las casillas adecuadas, que se refieren a las capacidades de su empresa para interactuar con los clientes y para personalizar. Eso corresponde a las respuestas que marcó en las preguntas C y D de la Actividad 7C.

Esquema de la estrategia individualizada
Mapa

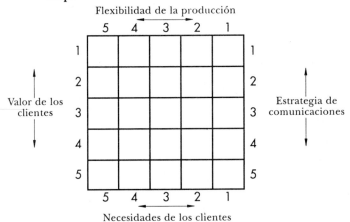

En la mayoría de las organizaciones, el resultado muestra que la base de clientes se acerca mucho más a la estrategia individualizada que las capacidades de la empresa. Así, la prioridad principal en la migración será la desarticulización, el aumento de la interactividad, o la adaptación y colaboración.

Sin embargo, algunas organizaciones descubrirán que sus propias capacidades se sitúan por delante de sus clientes en el desplazamiento hacia la esquina superior derecha (la individualización) del mapa. Si ése es su caso, su prioridad es averiguar por qué: ¿Se parecen en realidad el valor y las necesidades de sus clientes? ¿Necesita un medio mejor para observar y localizar las diferencias entre ellos? Si, de hecho, la variación es mínima, el siguiente paso consiste en examinar cómo puede generar esas diferencias (cómo puede dar una oportunidad a sus mejores clientes para que se destaquen y poder así reconocerlos).

En función de la situación tanto de la base de clientes de la empresa como de sus capacidades de comunicación y de flexibilidad en la producción, enumere varias estrategias de migración para lograr que su empresa sea más individualizada.

Migración de las capacidades de la empresa

Hacia la derecha: aumentar la personalización

_____

_____

Hacia arriba: aumentar la interactividad

_____

_____

Migración de la base de clientes

Hacia la derecha: aumentar el conjunto de necesidades de los clientes

_____

_____

Hacia arriba: agrupar a los clientes, en todas las divisiones o a través del tiempo

_____

_____

Para obtener más información sobre las estrategias de migración, consulte nuestra página Web (http://www.1to1.com). De hecho, quizá prefiera realizar este ejercicio con la "Herramienta de Control", un ejercicio electrónico que Executive Perspectives preparó para nosotros y que se encuentra en http://www.1to1.com/tools/ct/default.pl.

CAPÍTULO OCHO

Los sistemas de información

INFORMÁTICA: EL VERTIGINOSO RITMO DEL CAMBIO
PRESENTA DIFICULTADES Y OPORTUNIDADES

Éste ya no es el marketing de bases de datos de nuestros padres.
Steve Blank, cofundador y vicepresidente, Marketing, Epiphany Inc.

Del mismo modo que los grifos proporcionan un flujo regular de agua corriente, el navegador de Internet le ofrece en la actualidad un flujo regular de datos empresariales utilizables. De hecho, gracias a Internet, cualquier persona con un ordenador personal, un navegador y un módem puede aplicar el marketing uno por uno. El rápido descenso del precio de los microprocesadores y el increíble aumento de su velocidad y capacidad ponen este recurso al alcance de cualquiera que puede permitirse pagar unos miles de dólares para comprar *hardware* y *software* estándar.

Sin duda, un factor crítico en la revolución individualizada ha sido la aparición de soluciones informáticas sólidas y fiables que no se basan en el DOS ni en sistemas operativos patentados para unidades centrales. Fundamentalmente, los sistemas operativos estándar y asequibles como NT y Unix han democratizado el continuo de la informática, y han pasado el poder de manos de una minoría elitista al usuario final.

Éste era el aspecto que tenía antes un sistema industrial típico:

Base de datos propia
Sistema operativo propio
Ordenador central *(mainframe)* propio

Compárelo con el sistema "democratizado" actual:

Base de datos Oracle, SQL o IBM DB/2
Sistema operativo UNIX o NT
Ordenador personal con Intel u otra plataforma disponible

La fabricación e instalación del modelo antiguo ascendía con facilidad a 500.000 dólares, en ocasiones diez veces este importe; y que Dios lo ayudara si el vendedor tenía que cerrar el negocio. El modelo nuevo puede montarse e instalarse por 50.000 dólares o menos, y puede comprar las piezas en casi todas partes.

Hace sólo uno o dos años, los inmensos almacenes de datos dimensionables, que a menudo contenían veinte terabytes de datos o más, eran sistemas patentados que sólo podían adquirirse de NCR Corporation, pero NCR los ofrece ahora en un entorno NT.

Para usted, que desea implantar el marketing uno por uno, estos cambios tienen consecuencias inmediatas:

- Ahora tiene muchos, muchísimos más competidores potenciales.
- Aquellos con una tecnología informática más nueva (más rápida, barata y flexible) aventajan a aquellos con una tecnología informática más antigua (más lenta, cara y rígida).

Por ejemplo, la capacidad de acceder al instante a listas de clientes desde cualquier parte (una oficina de ventas en Martinica, un centro de atención al cliente en Irlanda, las oficinas centrales de la empresa, o un ordenador personal con módem inalámbrico en Miami) ya ha alterado la ecuación competitiva. En este nuevo entorno, el marketing de bases de datos tradicional no está a la cabeza. Si carece de un sistema que pueda asimilar el flujo de información a su disposición, se quedará atrás, si no le ha sucedido ya.

¿Cómo mantener, pues, la ventaja competitiva en un mundo en que cada participante puede beber de un río caudaloso de información muy valiosa? ¿Cómo se mantiene a la cabeza cuando la velocidad del cambio es tan rápida que la tecnología que compra ya está obsoleta cuando la pone en funcionamiento?

Parte de la respuesta es evidente: no intente hacerlo todo de golpe. Retroceda, defina su idea y pregúntese: "¿Cuáles son los tres o cuatro datos más importantes que necesito ver en la pantalla ahora mismo para que esta iniciativa individualizada funcione?".

Una vez hecho esto, está listo para empezar a examinar los datos que ya ha puesto a buen recaudo en sus diversos sistemas de legado. Analice con atención lo que tiene y pregúntese:

- ¿Dispongo ahora del dato que necesito, o tengo que buscarlo en otra parte (dentro o fuera de la empresa) para incorporarlo?
- Si dispongo del dato, ¿cuál es la mejor forma de extraerlo?
- Si no dispongo del dato, ¿quién puede ayudarme a incorporarlo?

Recuerde que es muy posible que los datos almacenados en sus sistemas de legado precisen una manipulación vigorosa antes de estar listos para que los retire de la base de datos antigua. No hace mucho, Wall Street trató con dureza a Oxford Health Plans justo después de que la empresa revelara que una serie de "problemas técnicos" del ordenador había provocado la pérdida de información fundamental de facturación y reclamaciones, lo que provocó su primer trimestre no rentable. Esta empresa de rápido crecimiento no había previsto los retos de una conversión de datos a gran escala durante una mejora de su sistema de información.

Por desgracia, el anuncio de la compañía coincidió con una caída general de Wall Street, y Oxford perdió más de la mitad de su capitalización bursátil en unas cuantas horas de negociaciones vertiginosas. La revista *Fortune*, con mucho acierto, llamó a la debacle "una de las destrucciones de la riqueza de los accionistas en un solo día más sensacionales de la historia".

Con el ejemplo de Oxford en mente, resulta fácil aceptar que pasar por alto, o incluso infravalorar, las posibles dificultades de la fase de conversión de datos sería insensato. Examine estos ejemplos de problemas habituales en la conversión de datos:

- Los datos que un sistema considera transacciones pueden ser considerados balances por otro.
- Puede que no todas las divisiones o grupos de la empresa hayan mejorado el *software* a la vez, de modo que los campos para la introducción de datos quizá no se correspondan en absoluto.
- No todos los sistemas marcan la fecha y la hora en las transacciones, lo que significa que, a menudo, el marco temporal de los distintos acontecimientos debe reconstruirse.
- A pesar de las promesas más encarecidas de los vendedores más elocuentes, no todo funciona como se anunció de entrada.

Es probable que a su director general de información o jefe de informática se le ocurran cuatro o cinco problemas técnicos con posibilidades de producirse y que son exclusivos de su situación. Por tanto, aun a riesgo de ponernos pesados sobre este punto, es imprescindible prever bastante tiempo, dinero y recursos humanos para completar la fase de conversión de datos sin problemas, además de disponer de los suficientes mecanismos de seguridad. El esfuerzo adicional valdrá la pena. Si tiene cualquier duda, coméntesela a Steve Wiggins, fundador de Oxford, quien perdió personalmente 125 millones de dólares el día en que las acciones de su empresa bajaron.

Puesta en práctica

Después de haber priorizado los datos necesarios y de haberse ocupado de las cuestiones de la conversión, puede empezar a pensar en la puesta en práctica. Si va a desarrollar un sistema de base de datos a nivel interno, compruebe que su personal informático participa, tiene poder y se implica totalmente en el éxito del proyecto.

Si decide contratar servicios externos para llevar a cabo el proyecto de la base de datos, busque un vendedor avezado, con experiencia y apoyo técnico, que dedique tiempo a conocer exactamente sus necesidades. Aléjese de cualquiera que le ofrezca una solución generalizada, que podría ser más fácil de conceptualizar e instalar, pero que no le serviría para lo que desea.

Recuerde que el primer paso consiste en definir su idea. ¿Cuáles son las necesidades del usuario final? Una vez hecho esto, comunique esas necesidades con confianza y precisión. Empresas como

Cambridge Technology Partners y Epiphany han ganado fama gracias a su capacidad de ofrecer a los clientes justo lo que necesitan en el menor tiempo posible.

Steve Blank, cofundador y vicepresidente de Epiphany, afirma: "Se denomina 'despliegue rápido de la aplicación'. El sistema está listo en cuarenta días. Proporciona a los directores los datos suficientes para trabajar".

Desde este punto de vista, el sistema evoluciona con la rapidez que se necesita. Con el tiempo, la base de datos empieza a parecer un centro de datos; se ha ido construyendo a medida, pieza a pieza, para satisfacer las necesidades de su estrategia individualizada específica.

Dejemos un momento los aspectos técnicos a un lado para hablar del diseño y la gestión de una infraestructura de la información que se adapte bien a la empresa individualizada. ¿Qué características de un sistema de información y de una base de datos se adaptan mejor a un ciclo continuado de mejoras de las iniciativas individualizadas de la empresa?

En última instancia, saber cómo establecer una base de datos (o mejorarla) implicará conocer una amplia gama de cuestiones relativas al tipo de datos que usted quiere, la gente que estará autorizada para acceder a ellos, etcétera. La Actividad 8C es una lista de control para "Configurar la arquitectura de la base de datos".

Sin embargo, existen varios principios generales que quizá debería plantearse al estructurar la base de datos.

Trabaje con los sistemas de legado. La palabra "legado" es un término muy generoso. Tal vez los abuelos ricos dejen legados, pero el sistema al que muchas empresas se ven ligadas recuerda más bien una maldición ancestral. Las líneas aéreas, por ejemplo, vieron paralizado durante años su deseo de hacer llegar los datos de sus pasajeros habituales a la puerta de embarque, donde se produce la mayoría de interacciones. ¿Por qué? Porque los centenares de miles de cables de par trenzado de cobre que recorrían el techo de los aeropuertos de todo el mundo sólo transportaban una cantidad limitada de datos hacia la puerta de embarque a una velocidad razonable.

Preparación de la infraestructura

Aunque no existen fórmulas mágicas para gestionar un sistema de legado, dedicar tiempo a conocer cómo funciona el sistema antiguo (y a qué velocidad) le ahorrará muchos quebraderos de cabeza cuando inicie el proceso de migración de datos al nuevo sistema.

Manténgalo actualizado o no lo mantenga. A veces, mantener la información sobre los clientes todo lo clara y actualizada que debería estar puede constituir una tarea de proporciones gigantescas. A muchos comerciantes por catálogo y por correo directo les sale más barato seguir remitiendo los catálogos a personas fallecidas y a nombres duplicados que identificar a esos clientes y actualizar sus listas. La limpieza de direcciones es una industria en sí misma. La eliminación de falsedades, la verificación de direcciones, y la purga y fusión representan algunas de las disciplinas fundamentales que evitan que el especialista en marketing envíe dos o más solicitudes al mismo domicilio.

Los métodos para eliminar falsedades y actualizar las listas son mucho más complejos de lo que parecen; así pues, solicite ayuda profesional. El proceso quizá sea caro, pero debería considerarlo como el puntal donde va a sostenerse el marketing uno por uno. Si no sabe el nombre correcto de los clientes, lo deletrea mal o desconoce que tiene cónyuge, su credibilidad al intentar una relación individualizada seria se ve muy obstaculizada antes de empezar. Si necesita ánimos, consuélese pensando que los gastos de la "limpieza" de su lista quedarán repagados varias veces gracias al aumento de la eficiencia generado al contactar de entrada sólo con los clientes adecuados.

Recuerde que deletrear bien es importante. La mayoría delas grandes empresas de marketing de consumo con bases de datos de millones de transacciones disponen de mecanismos asistidos por ordenador para garantizar la exactitud de los datos. Además de los dígitos de control que impiden la entrada de un número de tarjeta de crédito o de un billete de avión incorrectos, por ejemplo, un buen sistema de introducción de datos comparará las calles con los códigos postales e, incluso, sugerirá de modo automático que una persona cuyo nombre es *María* debería combinarse con un *Sra.* como saludo.

Respete y proteja. Desarrolle en su empresa una actitud que respete el valor de la base de datos de clientes y la proteja de la contaminación. Cualquier empleado que introduzca datos en ella debería conocer la importancia de mantener una información exacta y actualizada. Quizá le interese instaurar un último paso de control de calidad: una o unas cuantas personas que sólo se dediquen a repasar los datos introducidos cada día en toda la empresa para detectar los errores o inconsistencias evidentes.

No sucedió si no figura en el sistema. Muchas bases de datos se utilizan para registrar las transacciones, pero no las interacciones con los clientes que no generan transacciones. Un cliente podría llamar para consultar algo, por ejemplo, y cuando se le remitiera un catálogo, se registraría la transacción. Ahora bien, si no se le enviara nada y la empresa no emprendiera ninguna otra "actuación", no quedaría ninguna constancia de que el cliente llamó para hacer esa consulta. Su trabajo consiste en asegurarse de que, si un cliente va a formar parte de su iniciativa individualizada, todas esas interacciones (no sólo la mayoría de ellas, no sólo "cuando sea posible", sino literalmente todas) se registren de inmediato en la base de datos en algún lugar y de algún modo. Recuerde que quizá no todos los clientes se incluyen en la iniciativa y, en su caso, puede ahorrarse molestias. No es preciso conservar registros detallados de clientes que compran una sola vez o de vez en cuando, o que compran pocas cantidades y tienen pocas posibilidades de crecimiento o ninguna en absoluto.

Facilite la obtención de información sobre el cliente. Todas las personas de la empresa, incluso en las oficinas más pequeñas, deben disponer de acceso rápido y fácil a la información relevante para sus interacciones con los clientes. Deben poder consultar el sistema y obtener la información que precisan del modo más sencillo posible. Los datos deberían resumirse y presentarse de tal forma que fueran sencillos de comprender para el cliente, que evitaran malas interpretaciones en la empresa y que ofrecieran a la dirección la posibilidad de orientar a los usuarios (los clientes oro reciben un 10% de descuento; si un cliente ya ha llamado para solicitar un servicio dos veces en los últimos noventa días, el siguiente servicio es gratuito). Presente la información básica sobre los clientes en un formato simple y rápido de leer.

Métodos distintos para personas distintas. Que pueda obtenerse información sobre los clientes desde todas partes de la empresa no significa por fuerza que todos los empleados puedan acceder del mismo modo a ella. Si bien el alcance de los datos registrados varía según el cliente (según su valor, frecuencia de compras o uso del producto), no todos los usuarios necesitan o quieren ver todos los detalles. Su objetivo consiste en proporcionar a cada usuario menos datos en lugar de más. Piense que debe ofrecer a cada usuario sólo los datos suficientes para que sepa qué acción es la adecuada. Eso contribuye a la confidencialidad y la seguridad de los datos, a la vez que permite presentarlos de un modo más fácil de usar e interpretar.

ESTUDIO DE LA CREACIÓN DE UN SISTEMA DE INFORMACIÓN SOBRE LOS CLIENTES EN UNA EMPRESA

Nota: Este caso es lo máximo que podemos acercarnos a la realidad; es tan real que la empresa implicada no nos permite usar su nombre. La solución a sus problemas fue un paquete de *software* y base de datos de Epiphany Marketing Software, una empresa con la que nuestra propia compañía mantiene una estrecha relación de cliente.

Si alguna vez se ha enfrentado a las dificultades que origina una información insuficiente, el mal acceso a los datos y los atascos impenetrables que demoran sus consultas de marketing, comprenderá sin duda este relato. La solución de Epiphany se basa en el tipo más simple de interfaz point-and-click (de tipo navegador). Representa el verdadero futuro de la gestión de la información sobre los clientes.

El grupo de marketing de bases de datos de esta empresa de servicios financieros de 2.300 millones de dólares cuenta con numerosos doctores y algunos de los mejores y más brillantes expertos de su sector. Utiliza las herramientas de marketing de bases de datos y de estadística más avanzadas. Los vendedores consideran a este grupo la máxima referencia.

Dada su experiencia, ¿qué actividades realiza un grupo como éste? Hasta hace poco, el equipo se ocupaba principalmente de resolver las peticiones de información rutinarias de los directores de marketing y de ventas de campo. El vicepresidente de marketing de relaciones y bases de datos explica: "Pasábamos el setenta por ciento del tiempo efectuando informes estándar y confeccionando listas. Respondíamos a las mismas preguntas una semana tras otra".

Un atasco informativo

No tenía que ser así. El vicepresidente afirma: "Mi función era conservar a los clientes, gestionar las ventas cruzadas y las *up-sell*, y aumentar la rentabilidad. Mi grupo debería centrarse en optimizar el valor vitalicio de los clientes, un elemento clave para el éxito ya que la articulización y la competitividad están creciendo en nuestro sector. En cambio, dedicábamos poco tiempo a trabajar a escala global".

Los usuarios de ventas y de marketing tampoco recibían lo que deseaban. Se tardaba semanas en generar los informes. Para cada conjunto nuevo de preguntas, había que redactar un informe nuevo. El vicepresidente comenta: "Para nuestros grupos de marketing divisional, responsables de la gestión de los productos y las marcas, nuestro departamento parecía sufrir un atasco".

El problema no era la insuficiencia de datos: la empresa tenía información abundante sobre sus cinco millones de cuentas de clientes reunida en un almacén de datos en una unidad central de cien gigabytes. Más bien era una cuestión de acceso: cómo conceder la capacidad de acceso y de efectuar consultas directamente a los usuarios finales de modo que pudieran responder sus propias preguntas en el momento oportuno.

Desenterrar

Al principio, una aplicación de procesamiento en red parecía prometedora, pero se descartó cuando la empresa descubrió lo difícil que resultaba el cambio. "Exigía la programación en un lenguaje propio, y eso era caro", afirma el vicepresidente de marketing de bases de datos.

Una aplicación a medida, desarrollada internamente, resolvía mejor el problema. Esta aplicación, de cómputo rápido (Quickcount) permitía a los usuarios de marketing efectuar funciones sencillas de cómputo y responder preguntas básicas del tipo: "¿Cuántos clientes activos tenemos con inversiones superiores a los 500.000 dólares que hayan operado en Internet en los últimos doce meses?". No obstante, los usuarios no podían plantear ni responder preguntas más complejas, ni tampoco podían exportar los datos a sus hojas de cálculo Excel para realizar un análisis más profundo. Además, Quickcount era un programa autónomo que debía cargarse cada mes y mantenerse de forma individualizada en cada ordenador, lo que comportaba una pesada carga administrativa. Tras seis meses, llegó el momento de buscar otra solución.

En ese momento, la empresa recurrió a dos productos de Epiphany para resolver sus problemas con la base de datos de marketing: la aplicación de acceso a la información Clarity, junto con su centro de datos EpiCenter. Clarity, una interfaz de consultas estilo Web, es lo bastante sencilla como para no precisar formación, y puede utilizarse en cualquier momento y lugar, como Internet. EpiCenter presenta una arquitectura adaptable a la automatización de muchos de los aspectos más complejos de la construcción y funcionamiento de un centro de datos, como la generación y modificación del programa, y la suma y la extracción de datos de los sistemas de la empresa y de fuentes externas.

Información a la carta

Estas dos aplicaciones pueden instalarse en semanas, en lugar de en meses o en años. Antes de lo que cabría esperar, la empresa elaboró su propio centro de datos EpiCenter, con Clarity configurado para gestionar la información sobre los clientes. La información del centro de datos incluye datos demográficos, de las transacciones y de las cuentas, y se importa automáticamente desde la base de datos de la unidad central. El sistema de Epiphany efectúa asimismo transformaciones complejas y operaciones de filtrado, como:

- Filtrar para incluir sólo la información pertinente de las cuentas
- Elaborar datos del hogar a partir de la información de las cuentas
- Separar las cuentas de clientes al por menor del resto
- Identificar la "cuenta principal" de cada hogar de donde obtener información sobre éste
- Identificar las cuentas "exclusivas de Internet"
- Informar de las operaciones, los ingresos, los saldos, los segmentos de los clientes, los canales y los tipos de cuentas

En la actualidad, más de doscientos usuarios de marketing divisional y de desarrollo corporativo ya no necesitan acceso a la unidad central ni dependen de analistas de la base de datos para codificar consultas complejas a fin de responder preguntas básicas sobre sus clientes, como por ejemplo:

- ¿Cuantos hogares operaron en Internet y también a través del centro de atención telefónica durante los últimos doce meses?
- ¿Cuántas cuentas de jubilación individual presentan un saldo igual o superior a 100.000 dólares?
- ¿Cuántos clientes con activos superiores a 1 millón de dólares han transferido su cuenta a otras instituciones financieras durante los últimos seis meses?

La obtención de respuestas a preguntas como éstas se realiza ahora con un simple clic del mouse o ratón, y los directores de marketing con experiencia empresarial pero con poca experiencia técnica pueden dedicarse al estudio de la actividad de los clientes por segmentos, geografía, ingresos, perfil demográfico y muchas otras variables.

Las prestaciones de seguridad del sistema permiten que la empresa controle con exactitud quién lo utiliza, a qué datos concretos se permite acceder a cada usuario y qué funciones puede aplicar ese usuario. Por ejemplo, la empresa permite que el personal de marketing de las sucursales sólo vea los datos de las cuentas que pertenecen a su región.

En la actualidad, los usuarios ya no obtienen informes "enlatados" sino respuestas totalmente flexibles y específicas para sus necesidades individuales. Es posible acceder a una gran variedad de mediciones, atributos y servicios, y filtrarlos, resumirlos, examinarlos con detalle y exportarlos a hojas de cálculo sin necesitar una formación especial. Como Clarity sólo necesita un navegador estándar de Internet (ni siquiera utiliza el lenguaje Java), los usuarios pueden acceder al sistema desde cualquier terminal dentro o fuera de la empresa. Un director de marketing llegó a entrar en él a través de una conexión telefónica vía satélite mientras volaba rumbo a Tokio.

El departamento financiero de la empresa se ha interesado en el centro de datos y trabaja ahora en la incorporación al sistema de datos de beneficios y pérdidas, que se llevará a cabo con un segundo extractor que importa automáticamente los datos de la exhaustiva base de datos financiera Oracle de la empresa. El vicepresidente afirma: "Por fin podremos ver los beneficios y las pérdidas atribuidas a cada hogar".

Paso 1: Recordar los principios básicos. Tanto si vende a empresas como a consumidores, la misión principal de una base de datos individualizada es permitirle identificar y diferenciar a sus clientes. Así pues, muchas de las preguntas básicas que se planteó en los capítulos tres y cuatro son las mismas que deberá responder al planificar su base de datos:

Cinco pasos para establecer una base de datos de marketing uno por uno

- ¿Cuántos consumidores conoce su empresa por separado?
- ¿Qué se sabe sobre cada uno?
- ¿Cuál es el alcance de la información sobre cada cliente? (Para cada campo de información, ¿qué porcentaje de las respuestas de su cliente consta en los archivos?)
- ¿Cuántas bases de datos y ubicaciones contienen esa información?
- ¿Cuánta información más necesitarán las nuevas aplicaciones individualizadas que su empresa obtenga, organice y archive?

Paso 2: Inventariar los datos que ya sabe. Si dispone de una base de datos de clientes, debería dedicar cierto tiempo a averiguar qué elementos tiene, de dónde se obtuvo la información y la utilidad que tiene en realidad. Por tanto, antes de someterla a una revisión exhaustiva, conozca como mínimo la historia de la base de datos, sus limitaciones, cualquier atributo exclusivo o inusual, y las razones internas que motivaron su existencia en primer lugar. La Actividad 8B, "Conocimiento de las capacidades y limitaciones de la base de datos de clientes actual" enumera las personas de su propia organización con quienes podría hablar y algunos de los aspectos que debería preguntarles.

La mayoría de las empresas que carecen de una base de datos de clientes poseen por lo menos algunos datos sobre ellos almacenados electrónicamente en algún otro departamento. Es probable que estos datos se usen en el departamento de contabilidad o de garantías, en el de promoción de ventas o publicidad, y en el de créditos, por ejemplo. Las mejores bases de datos de clientes ya disponibles suelen encontrarse en el centro de atención al cliente, en caso de existir. El servidor de los sistemas de estos centros acostumbra permitir una gran expansión, y como el sistema de información de un centro de atención telefónica cumple una función crítica, dispondrá de suficiente capacidad, superfluidad y resistencia para ser un 99% fiable.

Mejorar el sistema existente en lugar de instalar uno totalmente nuevo, si eso es posible, presenta varias ventajas. En primer lugar, la fase de conversión de datos plantea menos problemas. Además, el personal informático que trabaje en la mejora estará más informado y se sentirá más cómodo al haber trabajado con el sistema anterior, y los empleados que usan el sistema mejorado tienen menos cosas que "desaprender".

No obstante, si va a usarse un sistema existente como centro de una base de datos individualizada, debe poder expandirse de dos formas: (1) debe poder incorporar más registros de clientes y, probablemente, más campos de datos para cada registro, y (2) la arquitectura del sistema debe poder incorporar más usuarios, además del aumento de "llamadas" al servidor que eso comporta, sin empeorar el servicio ni la velocidad para el usuario.

Paso 3: Evaluar la calidad de sus datos actuales. Los clientes no son entidades estáticas. La gente se traslada, se casa o se divorcia, tiene hijos, los manda al colegio, cambia de empleo o de cargo, cambia de opinión y varía su lealtad a los productos sin cesar. Cuanto más compleja sea la información, más probable es que se quede anticuada.

Una forma de evaluar la calidad de los datos de sus clientes consiste en realizar una verificación de una muestra aleatoria de datos, centrándose en una muestra representativa de los mejores clientes de la empresa. Estudie con detenimiento todos los datos disponibles sobre una muestra importante de clientes y proyecte los índices de exactitud en toda la base de datos de CMV. Para obtener un resumen de un método "rápido y burdo" para lograrlo, véase la Actividad 8D.

Dedicar un momento al año a revisar exhaustivamente la base de datos es una opción para mejorar la calidad de los datos sobre los clientes, si cree que carece de ella, y puede hacerlo cuando mejor le convenga. Pida a un ejecutivo de alto rango que declare un día de urgencia para "rescatar" la base de datos de clientes: "A TODO EL PERSONAL. El martes 12 de julio nadie hará nada salvo revisar el registro de cada cliente de quien sea responsable para comprobar cualquier dato carente o incorrecto y, cuando sea necesario, contactar con los clientes o con otros departamentos para asegurarse de la exactitud de la información sobre los clientes". Asigne a alguien para cada registro de clientes, ya sea alfabéticamente, por sector, por territorio de ventas o por cualquier otro sistema. Para obtener mejores resultados, cree un ambiente festivo: un "día en tejanos" con almuerzos de pizza gratis, premios para los registros más actualizados, permiso para oír música, etcétera. Ahorre tiempo laboral haciéndolo un sábado, pero en tal caso, no nos mencione.

Paso 4: ¿Quién, qué, cuándo, dónde, por qué y cómo? Determine con qué frecuencia, con qué facilidad y con qué finalidad va a accederse a la base de datos de clientes de su empresa, así como quién va a consultarla. Empiece conociendo con precisión las características globales de la base de datos actual; establezca cómo acceden los distintos usuarios a los datos específicos sobre los clientes y por qué. Preste particular atención a cada uno de los "puntos de contacto" con sus clientes (las ocasiones para interactuar con ellos). Busque diferencias en el modo en que empleados con el mismo trabajo usan la base de datos. ¿Por qué un empleado de atención al cliente anota comentarios en cada registro mientras que otro apenas usa ese campo? Este tipo de discrepancias suele revelar una debilidad en la base de datos o en su presentación a los usuarios.

Paso 5: ¿Qué hacer a partir de ahora? Decidir el plan de acción puede ser la tarea más difícil. A medida que avance hacia tipos cada vez más sofisticados de marketing uno por uno, espere encontrarse con los siguientes efectos:

- Más personas querrán más acceso a la información sobre los clientes.
- Todo el mundo querrá más datos, y sobre más clientes.
- Las personas encontrarán mejores formas de usar los datos, estudiarlos y obtenerlos.
- Por tanto, se exigirá más de la base de datos y de la gente que la mantiene.
- Asegurarse de que los datos se mantienen del modo adecuado se convertirá en un reto, por la sencilla razón de que desarrollar algo es mucho más divertido que mantenerlo.

Trate estos aspectos primordiales cuidadosa y abiertamente con su personal de informática, finanzas, marketing, servicios y apoyo. Resista la tentación de conformarse con fórmulas mágicas o chapuzas baratas. No imponga una decisión a las personas encargadas de manejarlo; en lugar de eso, busque un consenso comprometido y sincero. Recuerde: va a tomar una decisión fundamental sobre el corazón que late en el centro de su empresa. ¿Desea el cirujano cardíaco más barato? ¿O el que opera mañana mismo?

Para revisar, mejorar o instalar una base de datos tiene dos opciones: hacerlo usted mismo o pedir a alguien que lo haga.

Hacerlo usted mismo no significa que tenga que empezar de cero, planificar las especificaciones y contratar a los programadores, sino que puede comprar e instalar una de las diversas soluciones "retráctiles" y personalizarla a partir de sus propias necesidades. En las tiendas de informática encontrará ACT, Access, *GoldMine*, Maximizer, Sharkware y decenas de productos parecidos. Algunos se pueden instalar con facilidad en red en empresas con muchos puestos y vendedores remotos. Para las empresas más grandes y complejas existen aplicaciones estándar de bases de datos de clientes de empresas como Clarify, Epiphany, Rubric, ATG y Pivotal. Nuestra propia compañía de cuarenta personas ha utilizado *GoldMine*, que realiza un buen trabajo con nuestros más de treinta mil registros de clientes. Sin embargo, siguiendo nuestro propio consejo y dado el tamaño de nuestra base de datos, estamos migrando hacia un sistema más potente y personalizable que es casi —aunque no del todo— a medida. El Pivotal Relationship ofrece muchas prestaciones, funcionalidad y una posible gestión de las relaciones individualizadas basada en un director de contactos. Si bien no es demasiado retráctil, las molestias y el coste de la instalación y el montaje inicial son nimios al compararlos con las ventajas, que incluyen:

- La capacidad de coordinar acciones entre muchos departamentos de la empresa, lo que estimula interacciones excepcionales y programáticas con los clientes y su seguimiento.
- Unos potentes "agentes" de envío de mensajes internos y externos (a los clientes) que responden a las acciones, consultas o peticiones de los clientes o informan de ellas.
- Una integración continuada de todas las formas de comunicación con los clientes, desde el correo electrónico, Internet y la interacción telefónica hasta los contactos cara a cara, a través del fax y demás.

Un enfoque totalmente distinto consiste en pedir a alguien que lo haga, como en el caso de contratar la base de datos a un centro de servicios informáticos, o de cerrar un contrato de alquiler con compra final con él o con una empresa de asesoría de *software*. Recurrir a fuentes externas ofrece algunas ventajas inmediatas, como las siguientes:

- Puesta en marcha de inmediato
- Acceso a la experiencia en bases de datos en su propio sector
- Tecnología punta
- Facturas mensuales en lugar de una inversión inicial de capital
- Acceso a servicios de valor añadido (extracción de datos, modelación, impresión, etcétera)
- Seguridad frente a la marcha repentina del único experto

Algunas firmas de gestión de bases de datos ofrecen una opción de alquiler con compra final, en que se contrata, por adelantado, la entrega de todos los ficheros de datos, códigos de *software*, manuales operativos y conocimientos de funcionamiento a la empresa. Esto suele consistir en una compra a comisión, tras un período mínimo prescrito, que permite al vendedor recuperar los costes de venta y puesta en marcha, los cuales suelen ser considerables.

No obstante, como sucede con todo, recurrir a fuentes externas presenta desventajas, como las siguientes:

- Un coste total superior (debido a que se facturan todas las actividades, consultas, cambios o incorporaciones)
- Control menos directo
- Menos flexibilidad en cuanto al *hardware* y al *software* (así pues, busque centros de servicios informáticos que utilicen "sistemas abiertos" y puedan intercambiar los datos con otros sistemas sin problemas)

La cuestión filosófica clave al tomar la decisión de recurrir a fuentes externas depende de si desea confiar a alguien ajeno a la empresa los datos de sus clientes. Utilizar una fuente externa para el sistema de nóminas es una cosa, pero mucha gente afirmaría que usarla para la base de datos de clientes es otra muy distinta.

Existe una tercera opción, muy valorada, a medio camino entre hacerlo uno mismo y recurrir a fuentes externas. Esta solución "intermedia" consiste en alquilar a un integrador para que elabore la solución, forme al personal para usarla y participe en la dirección de la transición del sistema antiguo al nuevo. El integrador ofrece también consejo, orientación y apoyo continuado, y propone mejoras a medida que el proyecto avanza. El integrador trabaja junto con su personal informático en todas las fases del proceso de puesta en marcha y lo ayuda en la instalación del nuevo sistema y en su puesta a punto.

La Actividad 8E es una lista de control respecto a temas que debe plantearse al elegir el vendedor de la base de datos, y la Actividad 8F consiste en una lista de aspectos que deben tenerse en cuenta al elaborar la petición de la propuesta.

Mientras se prepara, recuerde que la informática se sitúa en el corazón del marketing uno por uno. Prepare ese corazón con cuidado, trátelo bien y lo llevará lejos.

Cortada, James W., *Best Practices in Information Technology: How Corporations Get the Most Value from Exploiting Their Digital Investments*, Prentice Hall, 1997.

Cortada presenta un conjunto de las mejores prácticas para ayudar al ejecutivo informático a proporcionar un mayor valor, a la vez que explica cómo las empresas podrían utilizar conceptos y modelos como el Balance Scorecard para asegurarse de que su inversión en informática es eficaz.

Gilder, George, *Microcosm: The Quantum Revolution in Economics and Technology*, Simon & Schuster, 1989.

Con una anticipación notable, Gilder predijo muchas de las tendencias tecnológicas y económicas clave que se han desarrollado en esta década. En *Microcosm*, examina las oportunidades empresariales que ha generado el chip de silicio.

Hughes, Arthur Middleton, *The Complete Database Marketer: Second-Generation Strategies and Techniques for Tapping the Power of Your Customer Database*, Irwin Professional Pub., 1996.

Este libro es un recurso completo y valioso para los profesionales dedicados a la gestión de las relaciones con los clientes. Un aspecto central en el éxito individualizado es la capacidad de contar con una base de datos potente, y Hughes analiza todos los aspectos básicos necesarios para llevar a cabo una iniciativa de marketing de bases de datos. Trata temas de la índole de cómo desarrollar un método para interactuar con los clientes, cómo determinar cuáles son los clientes preferidos y cómo desarrollar perfiles de clientes.

Actividad 8A

Aspectos del sistema de información para ser comentados por el equipo de transición

Fecha de finalización propuesta: _____

1. Charla de ascensor: ¿Cuáles son los objetivos formales e informales de su organización en cuanto al uso de la base de datos de clientes?

_____

_____

_____

2. ¿Quién fijó esos objetivos, y qué personas de la organización evalúan su éxito?

_____

_____

_____

3. ¿Qué presupuesto departamental hace frente al coste de abastecer y mantener la base de datos de clientes?

_____

_____

_____

4. ¿Qué programas dependen ahora de la base de datos de clientes para su éxito? ¿Qué ejecutivos supervisan esos programas?

_____

_____

_____

5. ¿Qué personas de su organización deben acceder a la base de datos de clientes o usar su información para ejecutar o administrar esos programas?

_____

_____

_____

Actividad 8B

Conocimiento de las capacidades y limitaciones de la base de datos de clientes actual

En esta actividad y en la siguiente, quizá necesite la participación de otras personas de su organización a fin de responder las preguntas que le permitirán evaluar totalmente la tecnología de su base de datos de clientes actual. Plantéese incluir a las siguientes personas:

- El director del sistema de información de marketing o el director general de información
- El director responsable del mantenimiento de la base de datos de clientes
- Los directores clave en el uso de la información sobre los clientes:

  Los analistas y directores de marketing

  El director de investigación en marketing

  Los jefes de ventas

  Los directores de los centros de atención telefónica

- Los usuarios reales (a menudo, la mejor fuente de información operativa): utilice una muestra aleatoria del personal de primera línea que trabaja de cara a los clientes en cada "punto de contacto" donde la empresa interactúa con ellos. Centre estas preguntas en las operaciones reales y diarias, y en el uso de los datos de los clientes. Verificar a menudo las respuestas aquí reveladas le resultará muy útil.

Fecha de finalización propuesta: _____

Cuestiones sobre los datos y la integridad

- ¿Cuántos clientes no duplicados incluye la base de datos?
- ¿Qué proporción de la base total de clientes de la empresa se encuentra en la base de datos de clientes actual?

  ¿Cómo se obtiene este cálculo?

  ¿Qué estudio, si se da el caso, lo ha verificado?

  ¿Qué iniciativas se han emprendido en el pasado para aumentar esta proporción?
- ¿Qué grado de "limpieza" presenta la base de datos?

  ¿Cuántos clientes se han contado dos o más veces?

  ¿Qué clases de transacciones con los clientes no se reflejan con eficacia?

  ¿Qué proporción de clientes de la base de datos están clasificados como "inactivos"?

  ¿Con qué frecuencia se actualiza o revisa la base de datos?

¿Qué personas de la empresa son responsables de la revisión de los datos?

- ¿Qué datos descriptivos de los clientes incluye la base de datos?
  Demográficos, psicográficos, empresariales
  Clasificaciones según las transacciones, o datos breves sobre los clientes
  Valor estratégico de los clientes (posible crecimiento, por cliente)
  ¿Qué datos externos se suman a la base de datos?
- ¿Cómo se introduce ahora la información nueva o actualizada en la base de datos?
  ¿Quién está autorizado para introducir nueva información?
  ¿Qué sistemas internos y externos le incorporan automáticamente información?
  ¿Quién supervisa los procesos?

Cuestiones sobre el acceso y el uso

- ¿Qué clase de transacciones e interacciones con los clientes se reflejan con regularidad en la base de datos?
  Compras, devoluciones, reclamaciones de garantía, conflictos en la facturación
  Consultas, quejas no resueltas
  Recomendación por parte de otros clientes
  Datos sobre el valor estratégico
  Detalles de la personalización o especificaciones de los productos o servicios
- ¿Quién tiene acceso y utiliza la base de datos de clientes?
  ¿Qué departamentos, y qué empleados en cada uno de ellos?
  ¿Qué divisiones o ubicaciones?
  ¿Qué miembros de telemarketing o de los centros de atención telefónica?
  ¿Agencias de marketing directo, centros de ejecución u otros servicios externos contratados?
- ¿Qué programas dependen de la base de datos de clientes para su éxito?
  Manejo de consultas, quejas y pedidos de los clientes
  Facturación y contabilidad
  Informes e investigación de marketing
  Promociones tácticas
  Iniciativas de marketing de bases de datos
  Clubes de lealtad, programas de marketing de frecuencia
  Determinación de la satisfacción de los clientes
  Programas de incentivos de ventas
- ¿Cómo se accede a la base de datos y con qué frecuencia?
  ¿En tiempo real o mediante un sistema de información por lotes?

¿De un modo mensual, semanal o diario, cada hora, o continuamente?

¿Existe acceso a una red interna?

¿Existen medidas de seguridad?

- Si interviene más de una división que vende a bases de clientes distintas pero que se superponen:

¿Son equiparables los registros de los clientes de cada una?

¿Puede localizarse un cliente en todas ellas?

¿Se refleja el comportamiento de los clientes en una división en los registros de todas?

Actividad 8C

Configurar la arquitectura de la base de datos

Fecha de finalización propuesta: _____

Finalidad

- ¿Cuál es la finalidad principal de la base de datos?
- ¿Qué desea hacer con los datos que le es imposible hacer ahora?
- ¿Se usará la base de datos para lanzar campañas de correo directo? ¿De telemarketing?
- ¿Se incluirán datos obtenidos de Internet?
- ¿Combinará la información sobre distintos productos y servicios, o de varias divisiones, en un solo registro de cliente?

Tamaño

- ¿Cuantos clientes tendrá su base de datos?
- ¿Cuántos datos incluirá para cada cliente?
- ¿Cuantos posibles clientes, si se da el caso, incluirá en su base de datos?

Actividad

- ¿Qué volumen de transacciones desea incluir en la base de datos?
- ¿Cuántos registros aproximados cambiará al día? ¿A la semana? ¿Al mes?
- ¿Con qué frecuencia necesitará actualizar la base de datos para hacer frente al uso que quiere hacer de ella en su programa de marketing?
- ¿Alguna de sus aplicaciones, como la atención al cliente, necesita acceder a la base de datos en tiempo real?

Datos sobre cada cliente

- ¿Necesitará más de una dirección por cliente?
- ¿Deseará obtener y asociar los nombres de colegas profesionales, cónyuges e hijos, referencias u otros con el cliente principal? (Dicho de otro modo, ¿necesita "agrupaciones por hogar"?)
- ¿Necesita reunir los registros de cada afiliado en uno solo?
- ¿Necesita datos demográficos de cada cliente? En caso afirmativo, ¿cuáles?
- ¿Qué datos del diálogo necesitará almacenar en el registro de cada cliente?
- ¿Obtendrá datos sobre la actitud de cada cliente? En caso afirmativo, ¿cuáles?
- ¿Comprará datos a terceros para incorporarlos a los registros de sus clientes? En caso afirmativo, ¿qué tipo de datos?
- ¿Elaborará carteras según la etnia del apellido?

Historial financiero

- ¿Qué período desea conservar el historial de compras?
- ¿Es importante conservar las condiciones de pago?
- ¿Conservará información del crédito de los clientes?
- ¿Necesita datos de solvencia crediticia de terceros?

Fuentes de información

- ¿Cuáles son todas las fuentes de información que se registrarán en la base de datos?
- ¿Generan todas las fuentes de datos campos de información consistentes o existen diferencias entre ellas?

Registros de los contactos

- ¿Conservará un historial completo de cada contacto que ha mantenido con los clientes? ¿Y con los posibles clientes?
- ¿Efectuará un seguimiento de las respuestas a todas las promociones?

Actualización

- ¿Con qué frecuencia y de qué fuentes obtendrá información sobre los cambios de dirección?
- ¿Con qué frecuencia deseará actualizar los registros?

Selección de registros

- ¿Tendrá un fichero con los nombres y las direcciones que no desea contactar nunca (fichero de supresión)?
- ¿Con qué frecuencia efectuará selecciones o extracciones de la base de datos?
- ¿Qué cantidad aproximada de nombres y qué elementos extraerá en cada ocasión?
- ¿Qué personas de su empresa deben tener acceso directo a la base de datos para efectuar consultas y cómputos para llevar a cabo una planificación y campañas de marketing?

Informes y análisis

- ¿Para qué decisiones de marketing quiere usar la base de datos? (Puede tratarse de campañas de planificación, diseño de las instalaciones, comercialización, asociación, etcétera). ¿Qué información sobre los clientes necesita para tomar esas decisiones de marketing?
- ¿Qué decisiones operativas se basan en la información sobre los clientes?
- ¿Qué información específica se necesita para esas decisiones?
- ¿Qué información se necesitará a intervalos regulares: en tiempo real, cada día, cada semana, etcétera?
- ¿Qué dudas puede tener sobre los hábitos de compra de los clientes? ¿Y sobre la relación entre los hábitos de compra y la información demográfica?
- ¿Deseará usar sus datos para prever la conducta de los distintos clientes actuales y de los posibles clientes?
- ¿Deseará usar el historial de las transacciones u otro tipo de datos para eliminar a clientes actuales o posibles de determinadas promociones?
- ¿Deseará usar herramientas de obtención de datos de terceros para analizar sus datos o estarán incorporadas en la funcionalidad de la base de datos?
- ¿Debería usar un centro de datos o un almacén de datos?
- ¿Cómo integra la solución adoptada la automatización del departamento de ventas, la atención al cliente y el marketing?
- ¿Es la solución adoptada una aplicación autónoma o puede usarse para aplicaciones futuras en que intervengan los clientes? (Sin duda, es preferible la segunda.)
- ¿Qué tipo de capacidad analítica en Internet está incluida en la solución?

Alquiler de las listas

- ¿Pueden alquilarse o intercambiarse sus listas o sus datos? En caso afirmativo, ¿cómo se ejecutarán los pedidos?

Servicios estadísticos

- ¿Necesita ayuda con el análisis estadístico de los datos?

Introducción y acceso

- ¿Cómo deseará ver los datos? ¿Por cuenta? ¿Por hogar? ¿Por individuo? ¿De todas estas formas?
- ¿Qué personas de su empresa necesitan acceso a la base de datos? ¿Debe estar el acceso limitado o controlado de algún modo?
- ¿Cómo introducirán sus empleados los datos? ¿En qué puntos de contacto con el cliente?
- ¿Necesita acceder a todos los detalles de cada cliente o le bastan resúmenes de las transacciones anteriores? Por ejemplo, ¿le basta el total de las compras anteriores o necesitará verlas detalladas por completo?
- ¿Cuánto tiempo se dedicará a la obtención de informes o de información en Internet?
- ¿Estarán los datos a los que accede en un servidor o en su ordenador?

Actividad 8D

Evaluación "rápida y burda" de la exactitud de la base de datos de clientes

Fecha de finalización propuesta: _____

1. Determine qué información de la base de datos desea evaluar. Algunos de los datos cuya exactitud quizá desee comprobar serían los siguientes:

- Nombre, dirección y domicilio de entrega de los clientes, y fórmula de saludo
- Número de teléfono, números alternativos y números de fax
- Dirección de correo electrónico
- Número de cuenta o información acerca de la tarjeta de crédito, o ambos a la vez
- Datos de las compras, incluyendo fechas, importes y artículos
- Registro de los servicios, las consultas, las garantías o las quejas

2. Planee el método para validar los datos. Si eso significa contactar por teléfono con una selección de clientes, prepare una hoja de entrevista para que la sigan quienes van a llamar.

3. Seleccione una muestra de nombres, representativa desde el punto de vista estadístico, de la base de datos actual y evalúela a mano para comprobar su exactitud.

- Si debe comprobarse más de una base de datos, no elija menos de 200 nombres al azar de cada una. Una cantidad de 200 nombres es más que suficiente para darle una rápida idea de la exactitud general. Para hacerse una idea más detallada, o para validar la exactitud de un mayor número de variables (números de teléfono, direcciones o compras recientes, por ejemplo) utilice una muestra más amplia.

- Para cada tabulación horizontal prevista, aumente la muestra en 200 nombres

- Consulte a un estadístico si van a seleccionarse más de 1.000 nombres

- Consulte a un estadístico para responder a cualquier pregunta más compleja que: "¿Qué porcentaje de nuestros registros de clientes son exactos en todos los sentidos?" Si se descubre un grado alarmante de inexactitud, intente determinar qué fuentes de datos son las más y las menos exactas, y con respecto a qué hechos concretos. Este proceso requerirá tabulaciones horizontales. Una útil regla general: añada 200 registros más a una muestra aleatoria para cada pregunta "sí o no" que intente responder.

- Nota: No es importante extraer más nombres de una base de datos con una población mayor de clientes a fin de ponderar la muestra. En lugar de eso, cuando los resultados están tabulados, ajuste los resultados "totales" con la aplicación de los porcentajes adecuados.[*]

4. Seleccione los registros que van a validarse y, luego, imprima la información de éstos en los formularios de entrevista. Deje espacio para que el entrevistador anote la información correcta en caso necesario. (Si su empresa dispone de un centro de atención telefónica, el personal del mismo efectuará las entrevistas. Los formularios podrían ser pantallas diseñadas con esta finalidad.)

5. Lleve a cabo las entrevistas de validación. Los entrevistadores rellenarán los formularios que pueden tabularse con rapidez. Cuando un cliente proporcione una información que no coincida con el registro original, además de anotar la inexactitud, el entrevistador incluirá la información correcta.

---

[*] Pongamos por caso que toma 200 nombres de tres bases de datos distintas (600 nombres en total). La base de datos A cuenta con 250.000 nombres en total; la base de datos B tiene un total de 500.000; y la base de datos C, 1 millón de nombres. Para hacerse una idea aproximada de la exactitud total de las tres bases de datos juntas, basta con que saque un promedio ponderado de los resultados de cada muestra de 200 nombres. En este caso, multiplique los resultados obtenidos en la muestra B por dos y los resultados de la muestra C por cuatro; luego, sume los tres conjuntos de resultados entre sí y calcule la aproximación total.

6. Compile los resultados y busque cualquier modelo interesante o inusual. Estos últimos podrían indicar el origen de los datos incorrectos, ser consecuencia de una muestra no aleatoria o tratarse de interferencias estadísticas. En cualquier caso, los modelos de la inexactitud de los datos deberían investigarse por separado y podrían precisar la extracción de más registros de muestra.

Nota: Al hacer este tipo de muestreo, es importante comprobar que la muestra que se obtiene es verdaderamente aleatoria, de modo que pueda utilizarse como una representación estadística real de la población total de clientes o datos. La aleatoriedad de una cartera de clientes, como los CMV y los CMC, es del todo aceptable. Eso parece más fácil de lo que es en realidad, en especial si la "base de datos" de clientes está formada por varias bases de datos situadas en partes diferentes de su empresa o mantenidas y utilizadas por divisiones o departamentos distintos. De nuevo, si tiene cualquier duda, recurra a la ayuda de un profesional.

Actividad 8E

Elegir el vendedor de la base de datos

Al considerar a un vendedor de bases de datos, plantéese estas preguntas:

Fecha de finalización propuesta: _____

Fundamentos

- ¿Cuánto tiempo hace que opera la empresa?
- ¿Quiénes son sus clientes típicos?
- ¿Cuenta el vendedor con finanzas estables y el personal necesario?
- ¿Qué servicios contrata a terceros o proporciona a través de afiliados o colaboradores?
- ¿A qué clases de retos empresariales se han enfrentado sus clientes?
- ¿Está el vendedor especializado en una gama concreta de tamaños de bases de datos?
- ¿Está el vendedor especializado en un sector determinado?
- ¿Qué equipo, *software* y sistemas se utilizan?

Orientación individualizada

- ¿Conoce el vendedor las relaciones individualizadas y respalda su iniciativa para ponerlas en práctica con sus clientes? Uno de los aspectos más importantes al trabajar con una empresa en la construcción de un sistema de información centrado en el cliente es la capacidad de salvar el abismo entre tecnología y marketing. Muchas empresas poseen un conocimiento excelente de la tecnología de los sistemas de información. Pocas pueden salvar ese abismo.

- ¿Tiene experiencia la empresa con los programas centrados en el cliente que debe alimentar la base de datos?
- ¿Qué nivel y qué clase de interactividad con los clientes deseo que refleje la base de datos? ¿Por teléfono? ¿A través de Internet?
- ¿Cómo querría usar los datos informatizados de la base de datos durante la interacción con un cliente frente a las previsiones y los informes no informatizados?

Acceso

- ¿Cómo pueden los clientes acceder a los datos?
- ¿Pueden transferirse los datos de los ordenadores del vendedor a los del propietario?

Servicios de actualización

- ¿Cuáles son las referencias y los recursos del vendedor en cuanto a la integración de bases de datos a partir de fuentes como las que tiene previsto usar?
- ¿Se puede llevar a cabo un proceso de fusión/purga? ¿En qué momento es típico llevar a cabo el proceso?

Seguridad

- ¿Qué medidas se adoptan para proteger los ficheros y los datos en cada punto de la transferencia de información?

Servicios disponibles

- ¿Cuáles de los siguientes servicios relacionados con los datos se ofrecen?
Introducción de datos
Integración (reunión de muchas fuentes de datos en una base de datos central)
Agrupación por hogares
Análisis de la respuesta
Suma de datos
Fusión/purga
Obtención de perfiles
Modelización (¿Informatizada o no?)
Puntuación
Planificación

- ¿Cuáles de los siguientes servicios de valor añadido se ofrecen?
  Asesoría de marketing
  Correspondencia
  Impresión
  Mailing
  Creación publicitaria
  Telemarketing
  Dirección o asesoría del centro de atención telefónica
  Asesoría de la automatización de ventas
  Integración en los puntos de venta de la información sobre los clientes
  Creación y mantenimiento de una página Web
  Información de referencia: boletines informativos, recursos Internet, etcétera.

Fijación de precios y facturación

- ¿Cómo se fija el precio de los servicios? ¿Por trabajo? ¿Por año? ¿Por nombre? ¿Por sumas/supresiones?
- ¿Se ofrecen descuentos del precio según el volumen?

Formación y apoyo

- ¿Qué formación se proporciona al personal de la empresa?
- ¿Qué servicios de apoyo existen, a qué horas y con qué coste?
- ¿Funciona realmente la empresa 24 horas al día, los 7 días de la semana?

* Agradecemos a Richard Cross y Alan Steel de Cross World Network su colaboración en la indicación de los elementos básicos para elegir a un vendedor de bases de datos.

Actividad 8F

Preparación de una PDP para un vendedor de bases de datos

Le presentamos a continuación las líneas generales en que se puede basar para preparar su petición de propuesta (PDP). Utilice las respuestas que ha obtenido en las preguntas de su propio proceso de desarrollo de requisitos y de sus visitas a las tiendas. La respuesta del vendedor determinará la capacidad de la empresa de satisfacer los requisitos que usted le presente.

LA PDP debería incluir

1. Descripción básica de los servicios necesarios
2. Descripción detallada y explicación de los servicios necesarios
3. Descripción del modo en que el trabajo y la información fluirán entre usted y el vendedor
4. Detalle de los servicios de apoyo necesarios
5. Calendario
6. Coste
7. Elementos de seguridad

Factores que deben tenerse en cuenta al evaluar la PDP que usted reciba

- ¿Está la respuesta preparada con profesionalidad?
- ¿La respuesta se ajusta bien a las necesidades que manifestó?
- ¿Se ofrecen garantías de rendimiento?
- ¿Cómo se gestionará su cuenta?
- ¿Existe un equipo de apoyo dedicadou o compartirá un gestor de cuentas?
- ¿Puede el vendedor adaptarse al crecimiento de su empresa?
- ¿Se ofrecen las opciones más novedosas respecto al acceso a la información electrónica?
- Ningún proceso de selección del vendedor está completo sin comprobar sus referencias.

Últimos consejos

Los siguientes consejos le permitirán establecer una buena relación con el vendedor:

- Limite el número de vendedores que utiliza para respaldar su programa de marketing uno por uno. Cuanto mayor sea el número de vendedores, más compleja será la gestión. Además, con muchas organizaciones de apoyo, las responsabilidades pueden resultar confusas.
- Incluya cláusulas de rendimiento en el contrato. Deberían existir soluciones claras ante la imposibilidad de funcionar con un grado de calidad o en un plazo acordados. Considere la concesión de primas para el trabajo finalizado antes de lo programado.
- Establezca un proceso de vigilancia que garantice que el trabajo se ha efectuado según lo acordado, el cual incluye calidad del servicio, entrega del correo, calidad del telemarketing y eficacia del programa.

- Controle la cuestión de la seguridad a través de una presentación generosa de sus ficheros y de visitas frecuentes. Incluya también algunos nombres falsos para asegurarse de que los datos no se usan nunca de un modo que usted no deseaba.
- Exija la aprobación previa de cualquier subcontrato.

Encontrar un vendedor adecuado de bases de datos no es una tarea fácil. Esperamos que este capítulo le haya servido para saber lo que necesita para lograrlo. Sin embargo, como verá, se trata de un negocio con mucha jerga y aspectos técnicos con los que a menudo cuesta sentirse cómodo. Si no confía del todo en su capacidad para llevar a cabo el proceso de selección, quizá podría solicitar el asesoramiento de algún profesional.

* Agradecemos a Richard Cross y Alan Steel de Cross World Network sus orientaciones para el desarrollo de una PDP para los vendedores de bases de datos.

Actividad 8G

Lista de tareas referentes a los sistemas de información

Fecha de finalización propuesta: _____

¿Quién lo hará? (iniciales)	¿Para cuándo? (fecha exacta)	Tarea	Acabada al 75%	Acabada al 100%
		Defina a su/s cliente/s. (Véase la Actividad 3C, "Lista de control para la identificación de los clientes".)		
		Contacte con el departamento de marketing empresarial y con otras fuentes informadas para averiguar lo que saben sobre cada cliente y sobre las bases de datos de clientes. Dicho de otro modo, averigüe lo que ya se sabe.		
		En la medida de lo posible, reúna todos los datos existentes sobre sus clientes de dondequiera que se encuentren en la empresa: otras divisiones, ventas, registros, etcétera. No infrinja ninguna norma.		

Contacte con asesores de bases de datos internos, externos, o ambos a la vez, así como con especialistas en la gestión de datos. Escriba una petición de propuesta para la base de datos.

Señale cómo y cuándo se introduce la información sobre un cliente nuevo en la base de datos, y qué empleados o departamentos de la empresa son responsables de dotarla de seguridad.

Determine qué acontecimientos o procesos generan la introducción de nuevas identidades de clientes.

Determine qué acontecimientos culminan con la introducción de información descriptiva de las transacciones o de otros procesos (por ejemplo, inscripciones, visitas de ventas directas, consultas telefónicas de los clientes, devoluciones de tarjetas de promociones, promociones de marketing y de ventas).

Determine qué obstáculos inhiben la obtención de una mayor proporción de identidades de los clientes.

Determine qué programas, tácticas o estrategias existen en la actualidad para aumentar la proporción de clientes conocidos, así como la cantidad y el detalle de la información que se sabe de ellos.

Determine qué exactitud suelen tener los datos que contiene la base de datos, y cómo/cuándo se editan, actualizan o verifican, si se da el caso.

Determine quién usa la información de la base de datos, con qué frecuencia y con qué finalidad.

Determine si la base de datos es fundamental para los siguientes elementos de su organización:

- ventas, marketing, servicios y apoyo
- políticas, manuales de operaciones, etcétera.

Determine quién es responsable de actualizar los datos y cómo se hace hincapié en esta tarea en toda la empresa.

Determine los objetivos de su organización asociados al marketing y la finalidad de la base de datos, así como cualquier queja sobre ella o cualquier necesidad no satisfecha de la misma.

Determine cómo se usa en la actualidad la base de datos.

Determine qué personas de su organización solicitan más veces usar la base de datos, o quiénes la necesitan más y qué detalles precisan.

Determine qué informes se generan y se generarán.

Determine con qué rapidez se proporcionan informes o consultas particulares a los usuarios de la base de datos.

Determine a qué ritmo se añaden nuevos clientes a la base de datos y el origen de esa nueva información.

Determine qué capacidades o datos adicionales deberían incorporarse de inmediato a la base de datos.

Determine qué descripciones adicionales sobre los clientes o qué transacciones se introducirían si se supieran o pudieran averiguarse (por ejemplo, quejas que los clientes realizan a un distribuidor pero no a la empresa).

Determine qué obstáculos existen para obtener información, quién se enfrenta a ellos, si se da el caso, y cómo.

CAPÍTULO NUEVE

La infraestructura

CÓMO CONTRATAR, FORMAR, ORGANIZAR Y COMPENSAR
EN UNA EMPRESA INDIVIDUALIZADA

¿Desea que se produzca una revolución? Pues bien, lo difícil no es redactar las consignas y los eslóganes. El auténtico trabajo consiste en preparar una estructura sólida que sustituya la que se está desmantelando. La historia está llena de revoluciones que no lograron cumplir su promesa básica: cambiar para mejorar. Por tanto, lo ayudaremos a lograrlo.

En este capítulo tratamos la preparación de la infraestructura básica necesaria en que apoyar su empresa individualizada. Para empezar, echaremos un vistazo a unas cuantas cosas que no necesita hacer:

1. Rediseñar, revisar y reformar los sistemas, la cultura y los productos de la empresa por completo.
2. Establecer plazos demasiado ajustados que enojen, asusten y desmoralicen a los empleados.
3. Contratar a alguien con "mano dura" para supervisar los cambios.

La lista anterior indica lo que no hay que hacer. Veamos ahora lo que sí se debe hacer:

1. Empiece abarcando poca cosa.
2. Vaya ampliando despacio.
3. Asigne las diferentes cargas a las personas adecuadas.
4. Recompense a quienes se suban al carro.

Con lo de empezar abarcando poca cosa, nos referimos simplemente a que no trate de hacerlo todo de golpe. En *Enterprise One to One* (pp. 372-377), describimos este razonable proceso de transición como la colocación de una "valla" basada en la valoración de los clientes. Primero, ordene a los clientes por su valor. Luego, considere a los mejores (que son pocos pero representan un porcentaje grande de su negocio) y póngalos tras una valla. Empiece el proceso individualizado con todo lo que haga referencia a estos CMV y CMC. Suprímalos de las listas de *mailing* masivo corriente y exímalos de cualquier campaña de marketing que lleve a cabo. Los clientes tras la valla están ahora "gestionados"; esto se refiere a la "gestión de los clientes" (en este capítulo comentaremos los mecanismos de este proceso con mayor detalle).

Para el resto de empleados y operaciones de su empresa, es decir, todo lo que hay al otro lado de la valla, la situación sigue siendo más o menos la misma, por lo menos, de momento. No existe ningún cambio brusco e importante, ni ninguna revisión general. Sin prisa pero sin pausa, su plan consiste en avanzar la valla para incluir primero a los clientes situados junto a los más valiosos y, después, a los más próximos a éstos, a la vez que reasigna su presupuesto de difusión en masa. A medida que su iniciativa cobre ímpetu, más empleados querrán participar, directa o indirectamente, en el proceso de gestión de los clientes. Como siempre tendrá clientes para los que no valga la pena establecer una relación individualizada, necesitará que algunos empleados sigan desempeñando sus mismas funciones que ahora. Además, incluso en una fase avanzada, seguirá utilizando herramientas del marketing de masas, para el conocimiento general del producto, las campañas de marca y la introducción de productos.

Si empieza con un programa piloto que se concentre en los clientes más valiosos de la empresa, no debería tardar demasiado en generar pruebas tangibles de las ventajas de un enfoque individualizado. En el proceso, habrá adquirido unos conocimientos valiosísimos de primera mano sobre cómo funciona el concepto.

Después de haberlo logrado con los clientes más valiosos, amplíe el enfoque del programa para incluir a los siguientes de mayor valor. Ahora puede también empezar a ampliar el programa por toda la empresa, a la vez que prepara y forma a los empleados. Poco a poco, todos ellos deberían sentirse cómodos con el enfoque individualizado.

Cambiar el modelo de compensación resultará vital para este proceso. La compensación sigue siendo una de las mejores herramientas para estimular los cambios de comportamiento y, al mismo tiempo, uno de sus impedimentos más graves, porque la mayoría de estos modelos recompensan conductas enfocadas al producto o al proceso en lugar de al cliente.

Una vez que haya lanzado la bola de nieve rodando colina abajo, tendrá que empezar a modificar la estructura organizativa. Aunque es cierto que las empresas siempre querrán personas que dirijan los productos y los procesos, si desea que la bola de nieve siga su curso, también necesitará gente que gestione los clientes.

En este capítulo le ofrecemos algunas sugerencias concretas para establecer la organización que necesitará para triunfar, y para dotarla de personal.

Por cierto, debería prever cierta resistencia. Recuerde que se trata de una revolución. Habrá barreras culturales que derribar. Esas barreras adoptan muchas formas, pero hay cuatro a las que debe prestar atención:

1. Gente en las esferas más altas, o cercana a ellas, que no se compromete con el cambio ("esperemos a ver qué pasa").
2. Políticas antiguas de la empresa que obligan a tratar de modo idéntico a todos los clientes ("lo siento, pero es nuestra política y me temo que no podemos hacer ninguna excepción. Si lo tratamos de un modo diferente, tendríamos que hacerlo con todos los clientes").

3. Ambiente social que recompensa y refuerza las conductas enfocadas al producto ("este automóvil es un milagro de la ingeniería moderna. ¡Es lo último en tecnología!").

4. Mayor atención concedida a la competencia que al cliente ("el nuevo Edsel tiene un nuevo pulsador de transmisión. ¿Cómo no se nos ocurrió a nosotros?").

Empiece abarcando poca cosa y vaya ampliando

Cualquier empresa que contemple seriamente la estrategia individualizada tendrá que averiguar cómo conservar a alguna persona —o a alguna entidad bien definida de la empresa— responsable del desarrollo, el cultivo, el mantenimiento y la evaluación de las relaciones con los distintos clientes.

Por ejemplo, Hewlett-Packard (HP) ha integrado sus organizaciones de marketing y de ventas. Esto fue necesario de cara a allanar el camino para el desarrollo de la empresa en el futuro, que dependerá de un grado de cooperación y comunicación sin precedentes entre sus negocios, alejados y descentralizados. Esta empresa, lo mismo que otras, está probando nuevas estructuras organizativas diseñadas para fortalecer su capacidad de gestionar los clientes a la vez que integra capacidades.

Sin embargo, estos pasos hacia el futuro no se dan de la noche a la mañana, sino que son fruto de muchos años de introspección y de análisis: la culminación de muchos "pasitos" progresivos hacia la empresa individualizada. En HP la revolución no se ha acabado ni mucho menos. La propia empresa calcula que el proceso durará otros cinco o diez años más.

Diseñar este tipo de cambio no es nada sencillo. Recuerde que poner en marcha un programa individualizado es una tarea integradora que exige coordinar las actividades orientadas al cliente entre las diferentes funciones de la empresa. No obstante, HP es una multinacional descentralizada, quizás una de las más descentralizadas del mundo. Durante años, se ha animado a cada uno de sus setenta y seis negocios a pensar, planear y actuar como si fuera una compañía independiente. Este distante imperio cosechó tanto éxito que se convirtió en un modelo de la globalización empresarial. Al igual que el personaje de Ray Kinsella en *Field of Dreams*, HP se basaba en una filosofía sólida y consagrada: "Fabríquelo y ya vendrán". En el caso de HP, lo que había que fabricar eran productos siempre superiores. Resulta difícil criticar el éxito cuando se basa en la calidad. ¿Qué podría ser mejor?

En lugar de dormirse en los laureles, HP examinó con detenimiento y atención su camino hacia el éxito e intentó ver hacia dónde conducía ese camino en el futuro. Muy cerca, vislumbró un mundo en que la sola calidad de los productos ya no será decisiva frente a la competencia.

En este nuevo mundo, muy interactivo, HP no sólo tendrá que seguir fabricando productos mejores sino que deberá relacionarse con sus clientes y prever sus necesidades mejor que sus competidores. La nueva idea será: "Un paso por delante del cliente y dos por delante de la competencia".

Para ello hay que alejar la cultura de la empresa de la adoración al producto y conducirla hacia un equilibrio en que el crecimiento del cliente y la calidad del producto se valoren como es debido.

Lane Michel, director de la iniciativa de relaciones de HP, fue artífice y promotor del programa individualizado. Según él, centrarse en las ganancias progresivas contribuyó a que el programa obtuviera más aceptación. Afirma: "Procuramos evitar pedir peras al olmo, pero es importante mostrar resultados inmediatos. Esos primeros éxitos te dan derecho a adoptar medidas de mayor envergadura".

Un ejemplo de paso progresivo es el programa de interacción con los clientes que diseñó la división del grupo de productos de consumo de HP en Barcelona, que quería un diálogo continuado con sus clientes de HP DesignJet. Así pues, desarrolló una página Web, HP DesignJet Online, que serviría de canal fácil de usar para la comunicación interactiva con los clientes. Esta página, protegida con contraseña, ofrece a los clientes de DesignJet herramientas de autodiagnóstico, un boletín informativo trimestral, una sección de reacciones del usuario, comunicados de nuevos productos y un programa de mejora. La división confía en que la página aumente la cuota de mercado, reafirme la fidelidad de los clientes y proporcione un conocimiento regular y oportuno del mercado.

Otro paso progresivo pero importante que adoptó la empresa fue el desarrollo de un sistema electrónico de inscripción de los clientes, junto con un conjunto de preguntas y una base de datos para almacenar la información. La iniciativa surgió de las ideas y reacciones de varios de los grupos y las divisiones de la empresa. El nuevo sistema sustituye en gran parte a las inscripciones en papel que, en la mayoría del mundo, han demostrado ser un mal método para obtener datos utilizables de los clientes.

Con el tiempo, estos "pasitos" suponen grandes zancadas. Cuando esta obra va a imprenta, Hewlett-Packard tiene en marcha alrededor de cien iniciativas individualizadas de este tipo en varios emplazamientos de todo el mundo. Cada una de ellas se controla y se sigue de un modo centralizado, y la información está a disposición de toda la empresa a través de una sección especial de marketing de relaciones de su red interna. Mantener vivo el proceso requiere campeones y líderes del cambio. En HP, estos líderes ostentan títulos como director de marketing de relaciones, director de apoyo al cliente y director de lealtad de la base instalada.

Eso no significa que usted deba adoptar una nueva jerarquía organizativa para convertirse en una empresa individualizada. Ahora bien, lo que sin duda necesita es designar a un responsable de la gestión de los clientes y a alguien más para dirigir las capacidades de la empresa.

Observemos con mayor atención los aspectos organizativos que intervienen en el funcionamiento de una empresa individualizada.

Gestión de los clientes

Dado que la interacción con un cliente puede producirse en muchos puntos de contacto, la empresa individualizada no sólo debe poder organizar los diversos medios interactivos, incluido el personal de atención de primera línea, sino también coordinar una estrategia para cada cliente. Si un cliente necesita pedir dinero prestado, su banco no llegará demasiado lejos ofreciéndole distintos tipos de inversión. Así pues, coordinar las diversas interacciones, tanto si ocurren a través del centro de atención telefónica o del cajero automático como en una reunión con el director de la sucursal, no es un mero problema tecnológico, sino que es una cuestión de gestión.

Dedicamos el capítulo seis de *Uno por uno: el marketing del siglo XXI* a la idea de que un experto en marketing debería gestionar las relaciones con los clientes y no sólo los productos y las marcas (repase el libro o consulte la página Web http://www.1to1.com). Para ello, es necesario dividir a los clientes en grupos razonables, que llamamos "carteras". Una cartera debería constar de clientes con necesidades parecidas porque eso facilitará la labor de su gestor. Lo ideal es que éste fuera responsable de aumentar el VV de los clientes de su cartera. Para lograrlo, su tarea principal consiste en establecer la estrategia para los distintos clientes y en supervisar su ejecución mediante el control de todas las formas de comunicación interactivas con ellos.

El capítulo cuatro de *Enterprise One to One* consistía en el estudio de una empresa grande orientada al cliente, MCI, que hizo lo anterior. Primero, identificó a sus clientes minoristas más importantes. La empresa sabía que el 5% formado por sus clientes con más valor participaba en alrededor del 40% de sus operaciones con consumidores. En este grado de CMV, MCI analizó modelos de llamada para identificar tres grupos distintos basados en sus necesidades. Luego, asignó un gestor de cartera a cada grupo, con autoridad para gestionar todas las intervenciones por correo o por teléfono relativas a sus clientes. Su trabajo se evaluaría a partir de su capacidad de lograr el crecimiento y fidelización de éstos.

Sin embargo, usamos el caso de MCI como advertencia. A pesar de unas ganancias económicas importantes y cuantificables, el programa se abortó poco después de ponerse en práctica. El principal problema fue que la gestión de los clientes cruzaba demasiados límites entre departamentos, y la dirección general no logró prever el grado de integración necesario en la empresa.

En Italia, el banco regional Credito Emiliano aporta otro ejemplo instructivo de la puesta en práctica de un programa de gestión de los clientes, pero esta vez con final feliz. Credito Emiliano, con sede en Reggio Emilia, cuenta con 260 sucursales para unos 360.000 clientes de esta localidad. El banco ordenó a sus clientes en tres categorías según su valor, y luego los diferenció aún más en treinta carteras en función de sus necesidades, como por ejemplo, sus objetivos de inversión, su aversión al riesgo, etcétera. El banco obtuvo la información para esta diferenciación a partir de una combinación de cuestionarios, entrevistas breves con los clientes y datos de terceros.

En la actualidad, un "gestor de segmento" de la oficina principal de Credito se encarga de cada cartera, y establece los objetivos y la estrategia para tratar con los clientes que ésta contiene. Los directores de sucursal son el canal principal de ventas para interactuar con los clientes del banco, pero su trabajo consiste en seguir la estrategia y lograr los objetivos que fijan los gestores de segmento. Así, cuando un cliente acude a una sucursal para comentar un asunto, el director obtiene en pantalla, además de su nombre, dirección e información de la cuenta, la categoría y cartera a las que pertenece, junto con los objetivos que tiene asignados respecto al cliente y algunas estrategias sugeridas para lograrlos, incluidos los productos o servicios que deben ofrecer.

Incluso en las grandes empresas industriales, la gestión de clientes se reduce, de modo parecido, a fijar objetivos y trazar la estrategia para cada cliente. La diferencia clave en el caso de un negocio interempresarial consiste en que resulta difícil captar la experiencia con los clientes en una base de datos. Conocer las necesidades de un cliente concreto y la configuración del sistema o las especificaciones de los productos y los servicios derivados de las mismas exige mucha más reflexión.

Esto, a su vez, comporta tener cierta pericia no sólo en cuanto a los principales productos físicos que cruzan la puerta sino también respecto al "paquete" de servicios en torno a ellos e incluso los productos o servicios relacionados. La experiencia con los clientes no tiene por qué finalizar en los propios límites de la empresa. Si su organización asigna gestores a cargo de clientes concretos (profesionales cuya misión será satisfacer una proporción cada vez mayor de las necesidades de sus propios clientes), sucederá que con el tiempo esos gestores de clientes tenderán, lógicamente, a ampliar los límites del funcionamiento de la empresa.

En 3M, el enfoque al cliente exigió crear una clase de encargados de marketing totalmente nueva. Con anterioridad, todos ellos eran expertos en los productos de la empresa. No obstante, como explica Bruce Hamilton, el nuevo personal de marketing:

> [...] se centra en las necesidades y los procesos de sus clientes. Son estos nuevos encargados de marketing quienes

agrupan los productos y las técnicas para los clientes. Son ellos quienes se interrelacionan con los encargados de marketing del producto para indicar qué producto no coincide del todo con lo que quiere el cliente; éste desea cierto tipo de prestación o un determinado ajuste. Deben conocer la naturaleza de todos nuestros valores añadidos. A modo de ejemplo, necesitamos saber qué tipo de condiciones y de entrega quiere el cliente. Precisamos conocer cómo podemos satisfacer mejor sus necesidades, más allá de los productos que le suministramos. Nuestros encargados de marketing están enfocados al cliente, mucho más allá del producto, y se están involucrando más en todos nuestros valores añadidos.

Quizás al principio intente gestionar las relaciones con sólo algunos de sus clientes más valiosos, tal como hizo MCI. O quizá distribuya toda la base de clientes en varias carteras distintas. Haga lo que haga, las funciones que deben desplegarse incluyen la gestión de los clientes y de las capacidades. Definamos pues, de modo más detallado, estas funciones:

Gestor de clientes. Es la persona que establece los objetivos y la estrategia de la empresa para cada cliente. La forma más eficaz de gestionar los clientes es agruparlos en carteras no duplicadas. Ningún cliente debe asignarse a más de una cartera porque, de otro modo, ¿quién sería responsable de su lealtad y crecimiento continuados? Además de asegurarse de que la relación con cada cliente de su cartera perdura y crece, el gestor debe también tener en cuenta la organización desde el punto de vista del cliente y servirle de apoyo. En caso necesario, será el gestor quien asuma la responsabilidad de derribar barreras internas para facilitar que la organización adapte sus productos y servicios con objeto de que sus clientes adquieran más valor para la empresa.

Las herramientas principales del gestor de clientes consisten en el diálogo y la interacción. En una empresa individualizada, alguien tiene que asegurarse de que la conversación que mantiene con un cliente concreto obedece a un objetivo que tiene sentido para la empresa, en cuanto a ese cliente. Por tanto, el gestor de clientes establece el objetivo, determina la estrategia y dirige el diálogo. La dirección del diálogo es una aptitud fundamental para el éxito del gestor de clientes, que dedicará una buena parte de su esfuerzo a implicar a los clientes con eficacia, a averiguar cosas de ellos y a realizar un seguimiento de los datos resultantes.

No debe confundirse la dirección del diálogo con la dirección de los medios, que implica el funcionamiento de varias herramientas interactivas, desde los centros de atención telefónica y las páginas Web hasta los sistemas de automatización de las ventas y las interfaces con los clientes en los puntos de venta. El director de un centro de atención telefónica es fundamentalmente un director de los medios interactivos, y sus clientes reales no son los clientes que llaman, sino los gestores de clientes que representan a la empresa en el diálogo con dichos clientes. El centro de atención telefónica, la página Web o cualquier otra plataforma interactiva de una empresa individualizada es el vehículo que permite el diálogo entre ésta y un cliente. Mientras que el gestor de clientes usa el diálogo para favorecer la estrategia de la empresa, el director de los medios trabaja para asegurarse de que la interacción sea rentable.

Director de las capacidades. Además de gestionar las relaciones con los clientes, es preciso que alguien de la empresa individualizada sea responsable de desplegar las capacidades de la misma, es decir, la empresa puede prestar mucha atención a la gestión de los clientes, pero tiene que seguir produciendo artículos y prestando servicios. Joe Pine, autor de *Mass Customization: The New Frontier in Business Competition,* lo denomina "dirección de las capacidades" y lo encaja con la gestión de los clientes para garantizar que las capacidades de la empresa se despliegan o desarrollan para obtener un efecto máximo (recuerde que, en el universo individualizado, las necesidades de los clientes deberían determinar las capacidades de la empresa y no a la inversa). El director de las capacidades se ocupa también de gestionar las relaciones con los socios (alianzas estratégicas) para que la empresa pueda reempaquetar y revender los bienes y servicios que no produce por sí misma.

La conclusión de este comentario no es que deba tener gestores de clientes y directores de las capacidades exactamente con esos cargos, para poder tener éxito. No obstante, si desea centrarse en las relaciones con los clientes, tendrá que llevar a cabo esas funciones de algún modo. Si quiere que sus clientes permanezcan durante más tiempo en la empresa y que crezcan, debe plantearse quién es responsable de eso y con qué autoridad cuenta esa persona en lo que se refiere a clientes concretos.

Una vez que haya establecido la imagen de su organización, el siguiente paso será contratar, asignar o promocionar a la gente adecuada para dirigirla. La primera regla consiste en encontrar personas que ya sean entusiastas de las prácticas individualizadas o que muestren potencial para serlo, ya que si no está dispuesto a darlo todo por la estrategia individualizada, lo más seguro es que no deba estar en una empresa de este tipo.

El gestor de clientes debe pertenecer a la empresa. ¿Por qué? Porque tiene que ser alguien que ya conozca la compañía y su sinfín de excentricidades al dedillo, en todos los sentidos. Necesita alguien con unas aptitudes demostradas para la interrelación y con un gran conocimiento de la cultura de la empresa. El gestor de clientes debe conocer dónde surgirán las trabas y tener la capacidad, la tenacidad y la inteligencia para superarlas o, en caso necesario, derribarlas. El candidato ideal será alguien muy conocido y respetado en toda la empresa, lo que se sumará a su favor y dificultará que los más negativos saboteen el programa. También garantizará un campo más amplio de posibles aliados a medida que el programa cobre ímpetu.

El gestor de clientes necesita también algunas aptitudes específicas, como la competencia informática y cierta fluidez en la jerga de la alta tecnología. Eso no significa que tenga que contratar a un gurú de la nueva era digital, sino que la persona ideal debe estar familiarizada con Internet para mantenerse al día en cuanto a las tendencias en desarrollo.

Es probable que los mejores candidatos al cargo sean anteriores directores del producto. Debe tratarse de alguien que sepa cómo traducir los conocimientos en productos y servicios con valor, y que pueda aplicar la tecnología con eficacia.

Su empresa individualizada necesitará también gente con experiencia probada en los medios interactivos. Con ello garantizará que la página Web, el centro de atención telefónica y otros canales de comunicación tengan la mejor y última tecnología disponible para mantener, cultivar y desarrollar relaciones de aprendizaje con los clientes de la empresa.

Los cargos de alto nivel no serán los únicos afectados por los cambios de la contratación. El proceso cambiará asimismo en esferas inferiores. En la organización tradicional, el centro de atención telefónica se valora sobre todo por su eficiencia: ¿cuánto cuesta ocuparse de una llamada? Si sabe que su compensación y seguridad laboral dependen en gran parte de esta medida unidimensional, el director del centro contrata al personal más barato e idea los calendarios de formación más rápidos. Para este director, el mejor operador es aquel que nunca pide la baja por enfermedad. La noción de canalizar a los clientes más valiosos a operadores más cualificados suele ser contraria a lo que se considera la misión de un centro de atención telefónica: hacer el trabajo de modo rápido y barato.

Por otra parte, el director individualizado sabrá que la tarea real del centro de atención telefónica consiste en aumentar el valor de cada cliente que llama. Los operadores no son sólo voces incorpóreas que reciben órdenes o escuchan con educación las quejas de los clientes, sino minicanales interactivos de la empresa individualizada. El director individualizado no valora a sus operadores por su velocidad sino por proporcionar la mejor atención, y se asegura de que disponga de las herramientas y de la formación para cumplir su misión individualizada. Lo ideal sería que el resultado neto de cada llamada recibida fuera un aumento mensurable del valor del cliente. En una empresa individualizada, el director de los medios tendrá un conocimiento intuitivo de este concepto y lo transmitirá a sus empleados.

Otro ejemplo: tiempo atrás (hace tres años), el responsable de Internet o webmaster era alguien que conocía el código HTML y sabía diseñar una página que quedara bastante bien. En la empresa individualizada, se lo juzgará por lo bien que la página obtiene, localiza y organiza los datos que cada acceso y cada transacción generan. Una nueva generación de soluciones de *software* interactivo, como Learn Sesame, posibilita la elaboración dinámica del perfil de los visitantes a medida que pasean por la página, de modo que se averiguan cada vez más detalles concretos sobre un cliente con cada interacción. Generadores de correspondencias sofisticados como GroupLens de Net Perceptions permiten que las páginas Web ofrezcan sugerencias personalizadas de cara a nuevas compras a través de un proceso denominado filtro colaborador. Al contratar a un webmaster, debería buscar a alguien que conozca estos tipos avanzados de *software* y se sienta cómodo con ellos.

Cultura y formación

Durante años, la cultura de su empresa ha recompensado las conductas enfocadas a los productos y los procesos. Medir los resultados de los programas basados en la generación de ventas resulta rápido y sencillo, tanto que Wall Street premia las ventas trimestrales de una empresa con mucha más facilidad que analiza el valor a largo plazo de su base de clientes. En las empresas públicas es probable que la propuesta de gastar millones de dólares en una nueva base de datos de clientes que quizá no permita recuperar su inversión en unos cuantos años encuentre una fuerte resistencia del consejo de administración. Las privadas no se enfrentarán a este obstáculo concreto, pero existirán otros, así como retos, para poner en práctica un programa individualizado.

Así pues, no podrá eludir el hecho de tener que cambiar su conducta a medida que la empresa efectúa la transición de una forma de competencia tradicional y basada únicamente en los productos a otra de marketing uno por uno, más centrada en el cliente. En gran medida, el éxito de sus esfuerzos por modificar la conducta de su empresa dependerá de proporcionar a su personal la formación y la educación necesarias para:

1. Entender el concepto de empresa individualizada,
2. Lograr un grado de comodidad lo bastante alto como para garantizar una colaboración y lealtad sostenidas
3. Hacerlo de modo instintivo e intuitivo.

Con el tiempo, deseará que todos los empleados cuenten con una formación tal que cada decisión que tomen responda a ideas individualizadas. Sin embargo, ¿a quién debe formarse primero?

Piense que precisará tres tipos básicos de individuos para que el programa dé frutos:

- Personas con visión de futuro (para visualizar el futuro de la empresa)
- Promotores (para inspirar y describir la imagen global)
- Implementadores (para lograr que se hagan las cosas)

Adoptar este enfoque garantiza la representación adecuada en todos los niveles. Es importante recordar que si bien el cambio en la conducta no requiere unanimidad, sí precisa cierta masa crítica antes de producir resultados reales. Muchas empresas encuentran ventajoso realizar los esfuerzos de formación en tres niveles: *Dirigir, Seguir* y *Quitarse de en medio.*

Dirigir

Quién: liderazgo ejecutivo, como los vicepresidentes adjuntos, vicepresidentes ejecutivos, directores, líderes del equipo de transición, gestores de clientes.

Tiempo de formación: 2-5 días (exige la mayor formación, dado que este grupo llevará a sus espaldas la carga pesada de la puesta en marcha)

Puntos de la formación:

- Identificar, diferenciar, interactuar, personalizar
- Luchar contra las cuestiones de la base de datos de clientes
- Determinar funciones y responsabilidades
- Lograr el consenso para la puesta en práctica
- Estructurar el plan de compensación de modo adecuado
- Definir y asignar presupuestos
- Establecer estrategias y planes de diálogo con los clientes

Seguir

Quién: empleados de primera línea, como los cajeros de un banco, los dependientes de un departamento de caja y los empleados que formalizan reservas.

Tiempo de formación: 2-3 horas
Puntos de la formación:

- Perspectiva general y explicación de la filosofía individualizada
- Explicación del nuevo plan de compensación que recompensa a los empleados de primera línea por aumentar la cuota de los clientes, obtener información sobre ellos y aumentar su valor para la empresa
- Perspectiva general preliminar de las herramientas que van a utilizarse (automatización del departamento de ventas, pantallas para los centros de atención telefónica, registros de clientes, etcétera)
- Instrucciones concretas para empezar
- Inspiración, preparación y ánimos del liderazgo ejecutivo

Quitarse de en medio

Quién: los que toman las decisiones de más alto nivel, como los directores generales, directores generales de información, directores financieros.

Tiempo de formación: 90 minutos (se trata de las personas con más probabilidades de arrancar los tulipanes para ver si crecen, así que asegúrese de tenerlos de su lado)

Puntos de la formación:

- Perspectiva global de los principios básicos de la estrategia individualizada
- Repaso y análisis de la misión individualizada de la empresa
- Consecuencias de una iniciativa más amplia

Medidas del éxito

Ya ha contratado a las personas adecuadas, las ha organizado y ha preparado su formación. El siguiente paso consiste en averiguar cómo medir su éxito y compensarlas como es debido.

En cualquier organización empresarial, se obtiene aquello por lo que se paga. Si paga y recompensa más a quienes dan impulso para los productos, obtendrá ventas. Si recompensa a sus empleados por identificar, diferenciar, interactuar y personalizar, conseguirá unas sólidas relaciones de aprendizaje con sus mejores clientes. En última instancia, deseará contar con agricultores, no con meros cazadores-recolectores. Quiere que su gente se preocupe por cultivar relaciones duraderas con los clientes, no sólo por encontrar más clientes donde sea. En el capítulo once, "La organización de las ventas individualizadas", por ejemplo, comentaremos un par de modos distintos para compensar más a los vendedores por captar las clases de clientes que serán más leales y cuyo valor crecerá para la empresa.

Huelga decir que la mayoría de medidas tradicionales del éxito de una empresa (beneficio neto, rentabilidad del capital, volumen de ventas) seguirán siendo importantes. No obstante, si se ha centrado en la gestión y medida de las relaciones con los clientes, unidades como la cuota de mercado en una categoría de producto y el número de nuevos clientes logrados quizá no sean tan importantes como antes.

Para dominar el éxito de su propia empresa, deberá hacerse preguntas del tipo:

- ¿Qué porcentaje de la compensación dedica la empresa a incentivar el aumento del valor de los clientes?
- ¿Tenemos la tecnología necesaria para gestionar datos individuales en cada función y entre todas las funciones?
- ¿Cuánto tiempo lleva coordinar las actividades específicas de los clientes a través de los límites funcionales? ¿Entre las divisiones de productos?
- ¿Con qué rapidez y eficacia se difunde la información sobre los clientes por toda la organización?
- ¿Qué porcentaje de clientes se gestiona? ¿Cuál es nuestro objetivo de aquí a un año?
- ¿Cuál es la disponibilidad de la organización para facilitar las cosas al cliente? ¿Qué importancia se concede al cliente en la conducta actual de la empresa?

Apoyo a la revolución

Roma no se hizo en un día. Thomas Edison necesitó un año de experimentos sistemáticos para inventar la primera bombilla incandescente. La NASA precisó más de una década de trabajo continuado para que un hombre pisara la Luna. No espere que su empresa cambie de la noche a la mañana. Por otro lado, si no se apunta ahora a la revolución, ésta le pasará de largo. Las empresas que no se hayan esforzado en librar las batallas para desarrollar aptitudes individualizadas perderán clientes frente a las que sí lo hayan hecho.

Hewlett-Packard no decidió convertirse en una empresa individualizada por antojo, sino tras descubrir que sus clientes no querían ser tratados como mercados o segmentos. ¿Y los suyos?

Lecturas recomendadas

Best, Roger J., *Market-Based Management: Strategies for Growing Customer Value and Profitability*, Prentice Hall, 1997.
Best aplica principios del mercado a los proceso de una empresa y demuestra cómo canalizar los recursos y establecer las relaciones con los clientes con mayor eficacia. El libro examina una selección de estrategias de marketing totalmente dirigidas por las necesidades y las demandas del mercado.

Crego, Edwin y Peter Schiffrin, *Customer Centered Reengineering*, Irwin Professional Publishing, 1994.
Mediante la aplicación de principios de reingeniería de los procesos empresariales al desarrollo de las relaciones con los clientes, Crego y Schiffrin afirman que los lectores deberían contemplar las relaciones con los clientes desde el punto de vista de un proceso en curso, y las empresas, tener una opinión abierta respecto a la reingeniería.

Dow, Roger y Susan Cook, *Turned On: Eight Vital Insights to Energize Your People, Customers, and Profits*, HarperBusiness, 1996.
La excelente preparadora empresarial Susan Cook y el ejecutivo de Marriott Roger Dow demuestran cómo generar vitalidad, permitiendo que los empleados piensen por su cuenta, controlen su trabajo, tomen decisiones, detecten los problemas, y encuentren y pongan en práctica soluciones. Entre los ejemplos figuran Xerox, Motorola, Charles Schwab & Co. y Mary Kay.

Halal, William E.(editor), Raymond W. Smith y Cedric Crocker Enterprise, *The Infinite Resource: Creating and Leading the*

Knowledge Enterprise, Jossey-Bass Business and Management Series, 1998.

Esta obra constituye una espléndida perspectiva general de las tendencias que contribuyen a la aparición de una economía del conocimiento, y examina los cambios en la empresa, así como los económicos y tecnológicos, más amplios, que la dirección debe tratar.

Hammer, Michael, *Beyond Reengineering: How the Process-Centered Organization Is Changing Our Work and Our Lives*, HarperBusiness, 1996.

Hammer afirma que la "centralización del proceso" está transformando las empresas y derribando las jerarquías. Los procesos se están convirtiendo en activos de la empresa y, en consecuencia, los trabajadores tienen empleos cada vez más amplios y autogestionados.

Hiebeler, Robert, Thomas Kelly y Charles Ketterman, *Best Practices: Building Your Business with Customer-Focused Solutions*, Simon & Schuster, 1998.

Este libro examina algunas de las empresas más rentables del mundo, como FedEx y American Express, y analiza sus estrategias para establecer relaciones con los clientes. Hiebeler, Kelly y Ketterman, socios de la empresa de asesoría administrativa Arthur Andersen, presentan algunas de las perspectivas clave que han obtenido sobre las empresas enfocadas al cliente.

Jaffe, Azriela L., *Honey, I Want to Start My Own Business: A Planning Guide for Couples*, HarperCollins, 1996.

A partir de sus propias experiencias y de las de 130 parejas más, Jaffe desarrolló esta contundente guía para parejas que intentan montar su propio negocio. En este libro, la autora reconoce las oportunidades de aplicar los principios del marketing uno por uno para que una empresa pequeña crezca y prospere.

Kouzes, James, Tom Peters y Barry Posner: *Credibility: How Leaders Gain and Lose It, Why People Demand It*, Jossey-Bass Management, 1995.

En este libro basado en encuestas, estudios de casos y entrevistas, los autores explican la función de la credibilidad en el liderazgo y proponen seis disciplinas clave que fortalecen la capacidad de un líder de desarrollar y cultivar la credibilidad.

Peters, Tom, *Liberation Management: Necessary Disorganization for the Nanosecond Nineties*, Fawcett Books, 1994.

Peters prevé el derrocamiento de las empresas sobrias y jerárquicas, así como la aparición de otras enfocadas a los proyectos, interconectadas y emprendedoras. Constituye una lectura excelente que nos recuerda la frágil naturaleza del éxito y la importancia de reinventar sin cesar.

Prusak, Laurence (editor), *Knowledge in Organizations: Resources for the Knowledge-Based Economy*, Butterworth-Heinemann, 1997.

Prusak ofrece un compendio excelente de artículos que tratan la importancia de los conocimientos en el seno de la empresa. Los colaboradores examinan la estrategia de los conocimientos, las redes de conocimientos y la memoria organizativa.

CAPÍTULO NUEVE: LA INFRAESTRUCTURA

Actividad 9A

Aspectos organizativos para ser comentados por el equipo de transición

Fecha de finalización propuesta: _____

1. Charla de ascensor: Describa cómo cambiará su organización al efectuar la transición de una forma tradicional de hacer negocios a un enfoque centrado en el cliente.

_____

_____

_____

2. ¿Quién quiere que se produzcan los cambios que se comentan en este capítulo?

_____

_____

_____

3. ¿Quién debe liderar el proceso de cambio dentro de la organización?

_____

_____

_____

4. ¿Está abierta su organización a efectuar cambios?

_____

_____

_____

5. Repase el antiguo organigrama de su empresa. Cada vez que aparezca la palabra "producto" en el cargo de alguien, sustitúyala por "cliente". Compruebe si eso le permite visualizar mejor las nuevas funciones y responsabilidades. (¿No necesitará gestores de clientes en lugar de gestores de productos? ¿No necesitará encargados del desarrollo de los clientes y no del desarrollo de los productos?)

_____

_____

_____

Actividad 9B

Control: Las medidas tradicionales frente a las individualizadas

Para cada una de las siguientes preguntas, proporcione una respuesta respecto a su organización actual y a una empresa individualizada "ideal", organizada para identificar a sus clientes, diferenciarlos, interactuar con ellos y personalizar para cada uno de ellos.

Fecha de finalización propuesta: _____

Preguntas	Organización actual	Organización ideal
1. ¿Como evalúa el éxito del conjunto de su empresa?		
2. ¿Cómo evalúa su situación en el mercado en relación con la competencia?		

3. ¿Cómo valora los puntos fuertes y débiles de la estrategia de su empresa?

4. ¿Cómo evalúa sus campañas e iniciativas de marketing táctico individual?

Actividad 9C

Obstáculos que impiden avanzar: Competición de lluvia de ideas

Fecha de finalización propuesta: _____

1. Reúna a un grupo brillante de directivos de su empresa con diversas funciones y de diversas unidades de negocio. Es importante que todos ellos estén familiarizados en general con los principios implicados en la puesta en marcha de un programa de marketing uno por uno. Sería conveniente que hubieran leído por lo menos los primeros ocho capítulos de esta obra.

2. Divídalos en equipos de 3 a 6 personas y condúzcalos a distintas salas. Se trata de una competición y cada equipo debe intentar superar a los demás.

3. Cada equipo, como tal, debería dedicar quince minutos a anotar todas las razones que se le ocurran para demostrar por qué la transición para convertirse en una empresa individualizada será difícil, o no funcionará, en su organización. En este caso, la cantidad tiene tanta importancia como la calidad. Quiere descubrir hasta el último posible obstáculo que le impida avanzar.

4. Reúnanse de nuevo para que cada grupo presente su lista de obstáculos. Las barreras organizativas, las barreras culturales, la falta de información, la ausencia de financiación, la carencia de apoyo por parte de la dirección superior y un personal de ventas demasiado reticente son la clase de razones que deberían aparecer en todas las listas.

5. Conceda un premio al grupo que aportó la lista más larga de obstáculos. Premie también al grupo que presentó la mejor afirmación sobre el obstáculo más insuperable.

6. Ahora, reúna y consolide las listas de todos los grupos y analice los obstáculos de uno en uno para identificar la forma más rentable y menos onerosa de superarlo. ¿Precisa una partida presupuestaria? ¿Necesita el director general secundarla? ¿Necesita una estructura de compensación distinta?

7. El resultado será la infraestructura "deseada" para su empresa y debería incorporarla en la documentación de los planes de transición.

Actividad 9D

Organización y medidas

Fecha de finalización propuesta: _____

Dedique una hora a este ejercicio escrito. Si lo desea, use más hojas de papel y converse con otros miembros de su equipo de transición. Al final, comente el ejercicio, pero no pida que nadie comparta sus propias respuestas ni que lea las de otra persona sin permiso.

1. Elija una base de clientes concreta en el ámbito de los usuarios finales o de los miembros del canal. Si se concentra en los primeros, seleccione empresas grandes o pequeñas, consumidores, etcétera. Si se decide por los miembros del canal, elija distribuidores, minoristas, etcétera.

2. En la base de clientes que eligió, ¿cómo podría ordenar a los clientes por categorías de valor y clasificarlos en grupos basados en sus necesidades? Enumere algunas de las agrupaciones lógicas en carteras para la base de clientes seleccionada:

_____

_____

_____

3. Si tuviera que establecer un sistema de gestión de clientes estructurado en carteras como éste, ¿cómo mediría el éxito de sus gestores de clientes? ¿Qué medidas estratégicas necesita para ello?

_____

_____

_____

4. ¿Qué medidas provisionales adoptaría para evaluar el progreso de su unidad de negocio en cuanto a su trabajo hacia la gestión de clientes y su funcionamiento como empresa individualizada?

_____

_____

_____

Actividad 9E

Medidas competitivas:
Lista de control para el estudio comparativo

Fecha de finalización propuesta: _____

Cómo comparar	
Tarea	Consideraciones
Desarrollar un plan para efectuar comparaciones Minicomparación como elemento precursor y complemento	• Obtener datos de terceros sobre las mejores prácticas del sector • Visitas a páginas Web • Llamadas telefónicas • Correo postal y electrónico
Entorno competitivo: ¿Qué provocó este estudio comparativo?	• ¿Quién fue el catalizador y cuál fue el motivo principal?
¿Qué tipo de presupuesto posee?	
¿Cuáles son las limitaciones de tiempo?	
¿Qué amplitud y profundidad desea lograr?	
¿Quién de su empresa acude a una visita para realizar un estudio comparativo *in situ*?	
¿A quién de la empresa con quien se compara desea ver?	
¿Qué tipo de documentación traerá de regreso?	

Fecha de finalización propuesta: _____

Con quién se compara	
Tarea	Consideraciones
Asegúrese de que se trate de la categoría adecuada de negocio (no tiene por qué ser su categoría; basta con que proporcione conocimientos útiles)	
Quiere compararse con otras empresas que:	• Se rijan por un modelo empresarial parecido al suyo • Tengan a una base de clientes con características similares a la suya • Se enfrenten a problemas parecidos a los suyos • Vendan productos o servicios como los suyos
Considere el tamaño de la empresa:	• Volumen de ventas en dólares • Número de clientes atendidos • Número de ubicaciones, terminales de trabajo, puntos de venta, centros de atención telefónica
Considere empresas admiradas	• "Me gustaría ser como..."
Considere también el estudio comparativo negativo	

Fecha de finalización propuesta: _____

Qué averiguar	
Tarea	Consideraciones
¿Qué tipo de datos espera averiguar? Indique un número razonable de aspectos clave (para cada posible comparación)	Considere lo siguiente: • Gasto anual en tecnología • Cambios en la organización • Cuestiones asociadas a la compensación

- Puntos de contacto con los clientes
- Procesos
- Errores cometidos/dificultades encontradas. ¿Cómo aprende de ellos (iniciativas fracasadas)?
- Retos: ¿Cómo los supera?
- Localización de los callejones sin salida: ¿Cómo mide su propio progreso?
- Liderazgo: ¿Quiénes son los mejores y cuáles son sus estrategias?
- Formación: ¿Cómo difundió la información?

Fecha de finalización propuesta: _____

¿Qué hace con lo que averigua?

Tarea	Consideraciones
¿Cómo transferirá/integrará los conocimientos de las mejores prácticas a su empresa?	
Quizá quiera institucionalizar la práctica	• ¿Con qué frecuencia se compara con otras empresas? • ¿Puede hacer más adelante un seguimiento de la misma empresa?

CAPÍTULO DIEZ

La gestión del canal

EVALUACIÓN DE LOS MIEMBROS DEL CANAL EN UNA ORGANIZACIÓN INDIVIDUALIZADA

Diálogo entre comprador y vendedor:

—Oiga, creía que este producto tenía una garantía ilimitada. ¿Qué me está facturando?

—Bueno, la garantía se lo habría cubierto si no se le hubiera caído. No puedo entregarle el ordenador sin que me abone 235 dólares en efectivo.

—¿Por qué no cambió el disco duro?

—Porque eso es cosa de la fábrica.

Canales autónomos, independientes. A menudo enfrentados incluso a los mejores programas individualizados y mejor intencionados de los fabricantes. Las políticas del canal entran en conflicto con los programas, las promesas y los procedimientos de fabricación, así que muchas veces la relación es más antagónica que constructiva. A pesar de intentarlo con todas sus fuerzas, los fabricantes de la mayoría de los sectores apenas llegan a tocar la punta del iceberg cuando se trata de asegurar el control de calidad con una red mundial de concesionarios o distribuidores.

Cualquier miembro del canal se encuentra más cerca de los usuarios finales que cualquier fabricante y, como norma, gana la empresa que más próxima está al cliente en especial en el entorno individualizado. Cuanto más cerca está una empresa de un cliente, mejor es su capacidad de cultivar verdaderas relaciones individualizadas, con mayor impacto en el valor duradero del cliente. El ganador suele ser aquel que se comunica directamente con el cliente. A veces, los consumidores que compran reproductores de discos compactos en la tienda Best Buy interactúan con la organización de ventas y de atención al cliente del propio minorista. Aun así, ven el logotipo de Sony y quizá prefieran optar por la línea de atención o la página Web de esta empresa.

Por regla general, a los clientes no les importa con qué canal tratan, tanto si se trata de un distribuidor autorizado como de un revendedor de mercado gris, de un revendedor de valor añadido, de un intermediario independiente, de una cadena minorista, de un distribuidor de almacén o de un vendedor ambulante. Hablan con su contacto preferente del canal; esta preferencia suele depender de su capacidad de ofrecerle una relación individualizada de valor.

Los consumidores actuales, mucho más informados y exigentes, suelen estar al corriente de los mejores precios y de las especificaciones de productos más competitivas. Así pues, esperan políticas, procedimientos, programas —y relaciones— consistentes de la empresa que fabrica el producto o que presta el servicio.

Las relaciones conflictivas del canal perdurarán, por lo menos en la mayoría de los sectores. Los fabricantes desean que los miembros del canal se ajusten a un conjunto de criterios de venta, mantenimiento o reparación del producto. Los miembros del canal reclaman la titularidad de la relación con los clientes y destacan su relación próxima con "la fábrica". Las cosas empeoran cuando un fabricante decide vender directamente o desarrolla relaciones individualizadas con los usuarios finales, lo que implica la prestación de servicios, la interacción individual o la memoria respecto al cliente. Quien suele perder es el confundido cliente, lo que significa que pierde todo el mundo.

Sin embargo, el fabricante puede usar los mismos principios individualizados básicos que rigen el establecimiento de relaciones rentables con los usuarios finales para desarrollar relaciones también rentables con los miembros del canal. Por supuesto, existen algunas diferencias importantes entre los primeros y los segundos, pero en este capítulo documentaremos con detalle los procedimientos para establecer unas relaciones muy estrechas entre la empresa y los miembros del canal, beneficiosas para ambos. Ahora bien, hemos adoptado el punto de vista del fabricante y no el del miembro del canal per se. Si su empresa forma parte del canal de otra, debería aplicar estos mismos principios a sus propios clientes o a los miembros del canal por debajo de su empresa en la cadena de demanda.

Igual que en el análisis de los capítulos anteriores, el modo correcto de proceder es asegurarse en primer lugar de conocer con exactitud con qué tipo de base de clientes está tratando. ¿Son los miembros del canal intermediarios o minoristas totalmente independientes? ¿Configuran su producto, lo instalan, lo mantienen o lo reparan? ¿O quizá sólo lo guardan junto a las demás existencias y consolidan el suministro de productos de su empresa con muchos otros? ¿Añaden los miembros del canal valor más allá del producto mediante la asesoría o la prestación de otros servicios a los usuarios, o quizá mediante la incorporación de su producto a un "paquete" junto con material de otros fabricantes?

La mayoría de las empresas funcionan en varios canales y tipos de canal. En cada tipo de canal de distribución, el primer paso consiste en identificar a todos sus miembros por separado. Por descontado, ya posee todos los detalles relativos a aquellos miembros del canal a quienes envía productos directamente, incluye la información sobre la facturación, los horarios de apertura de la zona de carga, los códigos de barras para el control de las existencias, etcétera. Sin embargo, ¿qué hay de los intermediarios o las tiendas minoristas independientes que compran los productos a esos distribuidores? ¿Está seguro de que ha identificado a todos los miembros clave del canal? ¿Conoce los nombres y los cargos de las personas de cada uno de ellos que intervienen en las decisiones de marketing, compra y comercialización de su producto que

Identificar a los miembros del canal

afectan a sus clientes? Los administrativos que le remiten los cheques no son lo que se dice el contacto adecuado.

Diferenciar a los miembros del canal

Los miembros del canal son casi tan distintos entre sí como los usuarios finales. Al igual que cualquier otra evaluación individualizada, la diferenciación empieza con la evaluación de toda la gama de factores relativos a los valores y las necesidades (véase Actividad 10D).

Además de las variables más evidentes, analice la influencia o el peso que tiene su empresa en un canal. Por ejemplo, si su empresa es la representante de ventas o la línea de productos más grande y rentable de un distribuidor, este elemento diferenciador podría dominar a todos los demás. En Estados Unidos, los productores de cigarrillos ejercen un inmenso dominio sobre los mayoristas de tabaco y golosinas, por lo menos a corto plazo. Este tipo de dominio afecta, sin duda, el posible éxito de cualquier programa individualizado, aunque puede ser muy importante respecto a un socio del canal y casi insignificante respecto a los demás. La demanda de su producto, la disposición de un miembro del canal a sacrificar el margen de crecimiento y el número de competidores en un terreno concreto son variaciones del valor más difíciles de calcular y tienen un efecto más sutil en la relación con un socio individual del canal.

Cada cadena de demanda individual debe evaluarse por separado. Los comerciantes, distribuidores, mayoristas de estanterías y representantes de ventas pueden servir a un solo fabricante, y a menudo es así. Al ordenar a los miembros del canal en función de su valor para su empresa, asegúrese de evaluar cada tipo de canal por separado, ya que muchas de sus variables individuales diferirán en gran medida. Empiece con los parámetros obvios y sencillos, como una variable sustituta basada en el volumen y los márgenes del último año. Un distribuidor "doble A" proporciona un volumen y unos beneficios elevados, pero quizás esto no ocurra si se compara con Wal-Mart y otras cuentas directas.

Compartir clientes tiene especial importancia en el canal. ¿Suponen sus productos el 10% del volumen de un miembro concreto del canal? ¿O el 80%? Si su empresa empieza a interactuar con mayor frecuencia y de modo más individual con un distribuidor determinado, ¿se generará algún beneficio tangible? En el caso de una pequeña cadena minorista donde sus productos ya dominan los estantes y el comprador trabaja día y noche, quizá no vea demasiadas ventajas en dedicar sus iniciativas de marketing y comunicaciones a mejorar su cuota del cliente. El marketing uno por uno consiste exactamente en identificar estas cuestiones por adelantado y en evitar un enfoque del tipo "talla única".

Un conflicto inherente del canal suele resultar perturbador. Se trata del pulso entre la autonomía y la independencia de los miembros del canal y la necesidad de su empresa de controlar cómo éstos presentan sus productos y servicios a sus usuarios finales. Por regla general, cuanto mayor es su cuota del cliente respecto a un miembro concreto del canal, menos conflictos tendrá. Cuanto más logre aumentarla, mayor probabilidad existe de que éste colabore y le proporcione información sobre los usuarios finales, de modo que sus operaciones conjuntas se conviertan en un negocio cada vez más rentable para ambos. Así pues, además de clasificar a los miembros del canal según el valor del "índice de funcionamiento" real para su empresa, tiene que dedicar algún tiempo a calcular qué cuota de operaciones posee para cada uno de ellos.

Plantéese un simple modelo de "puntuación de los datos" para ponderar a cada cliente de un canal. Por ejemplo, un productor de golosinas podría usar el siguiente sistema para ordenar a sus distribuidores:

Criterios	Puntos
Volumen anual superior a 100.000 dólares	3
Somos una de las cinco líneas más importantes del distribuidor	2
Aparecemos en la cubierta de su catálogo mensual	1
Son nuestro mayor distribuidor en el mercado	1
Disposición a colaborar para fidelizar al usuario final	1
Solvencia y pago de facturas al vencimiento	1

Estas puntuaciones deberían ajustarse en función de lo que es importante para su propia empresa. Sea cual sea el sistema elegido, su objetivo consiste en proporcionar un "lenguaje" que todos los empleados puedan usar para clasificar a los clientes: "Todos los siete reciben la promoción especial", "De seis para arriba, enviamos el producto el mismo día pase lo que pase", o cualquier norma que desarrolle para actualizar este sistema simplista de diferenciación basado en el valor.

Si encuentra dificultades para ordenar a los miembros del canal por su valor, utilice en su lugar su importancia para la empresa. Si los miembros del canal cuentan con territorios exclusivos, esta medida podría resultar más útil. Sean cuales sean los criterios utilizados para clasificarlos, debería también considerar como factor el conocimiento y el entusiasmo de estos miembros en lo que al establecimiento de relaciones con los usuarios finales se refiere.

Existen muy pocos ejemplos de integración con éxito de los canales de distribución en programas individualizados y ambiciosos de gestión de las relaciones con los clientes. Los esfuerzos de Great Plains Software (véase el análisis del capítulo seis) se destacan por su originalidad e innovación. Usar Internet para estructurar una "empresa ampliada" capaz de ayudar a los miembros del canal a vender un *software* con un coeficiente alto de servicios a empresas es una idea, pero resulta que el mayor problema de aplicar este sistema no consiste en determinar la estrategia adecuada ni en instalar nueva tecnología, sino en persuadir a los socios revendedores de que establecer relaciones individualizadas con los clientes es un buen negocio. Difundir una idea revolucionaria a través de una red supone todo un reto, incluso cuando los revolucionarios pagan el sueldo a los "súbditos". Sin embargo, cuando los súbditos son a su vez empresarios independientes, los mejores planes de los fabricantes más avezados suelen terminar por los suelos del mayorista.

Si fuera Great Plains y se enfrentara a este problema, ¿cómo lo resolvería? Poner en marcha un programa de formación y adoctrinamiento para sus miembros del canal sería importante. El modo de enfocarlo debería tratar de calcular el grado en que cada miembro "lo entiende" o no, y concentrar primero sus esfuerzos en conceder poderes a quienes captan la idea.

Great Plains denomina "socios" a todos los miembros del canal de reventa. Esta calificación pretende transmitir un mayor grado de colaboración y de esfuerzo conjunto del que existe en la mayoría de los canales parecidos. La palabra "socio" quizá sea un buen factor de medición en su propio negocio. ¿Qué miembros del canal es más probable que se conviertan en verdaderos socios para lanzar y cultivar relaciones con los usuarios finales? Lo cierto es que si no puede aplicar esta palabra a un miembro del canal, quizá debería plantearse otra: "desintermediación". Dicho de otro modo, si no puede desarrollar relaciones sólidas de colaboración con sus miembros del canal, tal vez haya llegado el momento de vender directamente a sus clientes y eliminar por completo ese canal.

Diferenciar según las necesidades

Tras determinar el valor de los socios del canal, analice lo que éstos necesitan de su empresa. A veces, el socio del canal comercializa o distribuye sus productos por costumbre o porque "lleva haciéndolo desde 1954", pero la asociación aporta escaso valor al canal. En otras ocasiones, su empresa proporciona una línea de productos "tarjeta de visita" que no genera demasiado dinero, pero que abre muchas puertas al distribuidor. Conozca por qué el miembro del canal trabaja con su empresa y adapte el comportamiento de ésta en consecuencia.

Las diferenciaciones basadas en las necesidades varían muchísimo (en la Actividad 10D se enumeran muchas de ellas). A veces, estas necesidades tienen un gran impacto en la rentabilidad de su servicio del canal, como en el caso de un distribuidor que no puede reparar o instalar como es debido un producto, lo que provoca unos costes superiores de garantías y servicios de fabricación. Se sabe que los distribuidores de cerveza cargan nuevos productos hasta la saciedad, ya que "así se aprovecha el viaje del camión", y otra bebida supone unos dólares más de beneficios al día. El fabricante de cerveza confiado recibe de este tipo de socio del canal pocas ventas preferentes, todavía menos comercialización y exposición, y ninguna esperanza de establecer relaciones individualizadas.

Muchos fabricantes de alta tecnología pensarán que el canal informático se asemeja mucho al negocio cervecero. Los revendedores y los distribuidores amontonan un producto nuevo tras otro mientras esperan hacerse ricos con el siguiente Microsoft. Pero tanto si su empresa vende ordenadores como dispositivos mecánicos, procure identificar algunas diferencias reveladoras basadas en las necesidades que sirvan para guiar a todos los empleados de contacto con los clientes en sus interacciones con un miembro del canal. Por ejemplo:

- *Suministradores competentes:* Se trata de organizaciones verdaderamente profesionales que respaldan a un producto en todos los sentidos, desde proporcionar información y venderlo con diligencia hasta funcionar a la perfección, casi como una prolongación del fabricante, en áreas como la instalación, el servicio de ayuda y las funciones de servicio y reparación.
- *Transportadores:* Lo mejor es evitar en lo posible a estos socios del canal. "Llevan" el producto y poco más, a no ser, por supuesto, que el fabricante genere una venta inicial. Estos socios suelen aplicar la ley de los promedios y esperar que, gracias a su tamaño, recibirán las peticiones suficientes para asegurarse el producto. No cuente con que le aporten un apoyo significativo, ni tampoco una verdadera distribución.
- *Prestadores de servicios:* Estos participantes pueden ser socios importantes del canal, incluso si no venden el producto de forma activa o lo almacenan. En un mercado, el acceso fácil a un servicio o instalación de alta calidad resulta muy útil, aunque suele ser crucial diferenciar a estos tipos de socios del canal entre sí. Puede remitirles a los clientes para el servicio y la instalación, pero no por fuerza cuando sea necesaria una presentación comercial agresiva.

Sea cual sea su producto o sector, identifique los tipos de socios del canal con valor para su empresa en cada una de estas actividades. Reconozca que suele ser más sencillo captar socios adicionales para apoyar algún que otro aspecto de la entrega total de productos y servicios de su empresa, y sepa lo que obtiene de cada socio.

Repase las listas de tareas al final de este capítulo para desarrollar lo que casi siempre supone una estrategia individualizada para el canal.

Si Kellogg's y el distribuidor de alimentos saben el cumpleaños del director del supermercado y el nombre de su cónyuge, ¿puede beneficiarse alguno de los dos de esta información de un modo mensurable antes de que éste se jubile? Con demasiada frecuencia obtenemos información inadecuada o inútil porque existe un campo de datos para ello en "el sistema". Colaborar con los socios del canal para aislar la mejor información, obtenida con facilidad pero utilizable, es de vital importancia.

Independientemente de cuál sea el medio, la interrelación o la transferencia entre fabricante y distribuidor tiene que funcionar en ambos sentidos. Si un cliente se ha quejado con profusión al representante de atención al cliente en una empresa, en una estrategia individualizada es obligatorio que el distribuidor de ese cliente tenga conocimiento del problema y efectúe un seguimiento de inmediato.

Ello plantea problemas difíciles a los encargados del marketing uno por uno, entre los que figuran:

- *Falta de confirmación:* La parte emisora suele desconocer, y mucho menos seguir, la recepción del socio del canal situado en el otro extremo. A veces, los mensajes urgentes "se pierden" por arte de magia, con lo que la tan cacareada "continuidad" del servicio de la empresa se revela pronto como una falsa promesa;
- *Falta de memoria:* En ocasiones, lo que se ha comunicado por teléfono o por fax no llega a la base de datos de ningún extremo, a no ser que se trate de un pedido;
- *Falta de uniformidad:* Rara vez se comunican dos mensajes del mismo modo y con idéntico formato, aunque los pedidos suelen ser de nuevo la excepción a la regla. Las partes en cada extremo del diálogo no reciben a menudo toda la información necesaria para tratar los aspectos específicos de la situación de un cliente.

Examine las posibilidades para facilitar una comunicación directa (preferiblemente electrónica), entre los distintos departamentos de una empresa fabricante y su canal de ventas. Si mantiene alejados a los vendedores, a la vez que los informa como es debido, las comunicaciones por el canal son más útiles y rápidas. Quizá por ese motivo muchas personas con cursos de posgrado en dirección y administración de empresas trabajan en una de las mayores oficinas de campo de Procter & Gamble en Arkansas. En la misma calle se encuentra Wal-Mart, el cliente principal de esta empresa, y es ahí donde los empleados de Procter & Gamble de todas las disciplinas se interrelacionan con sus homólogos de Wal-Mart. Eso contribuye sin duda a lo buscados que van los espacios para oficina en esta zona.

La proximidad del canal no tiene que ser física para funcionar bien. La página Web de Cisco (véase el capítulo seis) proporciona información específica sobre revendedores, precios y datos de los contactos. Cada uno de sus socios principales del canal cuenta con una vía de comunicaciones a caballo de la página central de Cisco en Internet. Los socios del canal de BroadVision pueden interactuar, contactar con su servicio de ayuda, informarse sobre las actualizaciones y mucho más en la sección para socios del canal de la impresionante página Web de esta empresa. En ambos casos, los fabricantes trabajan mucho para lograr que el vínculo entre ellos y sus socios del canal sea continuo (casi invisible para el cliente, como debe ser).

Resulta difícil diferenciar a los socios de Cisco de sus empleados. Los primeros tienen que efectuar un riguroso programa de formación para recibir la clasificación de plata, oro o platino. Sus esfuerzos se recompensan con descuentos, marketing cooperativo y actividades para generar ventas, que Cisco financia. Se anima a los revendedores a aumentar el grado de certificación con objeto de competir con mayor eficacia con los demás del canal.

Personalizar para los miembros del canal

La gestión del canal requiere el mismo enfoque que la gestión de los clientes. Cada uno es distinto y posee valores y necesidades diferentes. Evite basar la personalización para los miembros del canal en el tamaño o la distancia al cliente. Ambos factores constituyen un buen primer paso, pero la personalización debería aumentar, en la medida de lo posible, el volumen mutuo de su empresa y del socio del canal, lo que proporciona a ambos la prueba más demostrable del concepto individualizado.

Identificar las oportunidades mutuas de valor: ¿Qué actividades de conservación y crecimiento de los clientes proporcionan beneficios progresivos tanto al fabricante como al distribuidor? Cuando el principal vendedor de su segundo distribuidor llama para comprobar los detalles de un pedido, ¿se le indica que conecte el ordenador y utilice la costosa interfaz de Internet? ¿Sigue la empresa fabricante remitiendo por correo lo que manda por correo electrónico a cada distribuidor todos los viernes? ¿Pueden los ejecutivos del fabricante sortear el sistema?

Establecer de modo gradual relaciones de aprendizaje con los miembros del canal: Ir adaptando el canal hacia el marketing uno por uno será un proceso gradual, de modo que tendrá que desarrollar un plan de varios años dividido en fases. No obstante, cuando lo consiga, manténgalo en secreto, por lo menos cierto tiempo. Los socios del canal aceptarán una mayor exigencia de tiempo, sistemas y atención para cualquier línea de producto o proveedor sólo si observan un progreso mensurable.

Puede usar mecanismos para controlar el progreso, como sesiones de revisión trimestrales o semestrales, a fin de demostrar el impacto específico de los elementos del programa individualizado. Colabore con cada socio del canal (a menudo, a distintas velocidades), tras acordar las medidas y el éxito de acuerdo con ellas, para seguir ampliando la integración de las técnicas individualizadas en la organización.

Las siguientes preguntas le ayudarán a determinar algunos elementos que puede usar para reducir al mínimo los problemas del canal y mejorar el servicio a los usuarios finales:

- ¿Existe algún aspecto de su producto o servicio que el distribuidor configura o establece, y puede ayudarle a que lo haga con mayor eficacia?
- ¿Puede beneficiarse de procesos nuevos de fabricación "aplazados" para ayudar a los miembros del canal a participar en la configuración y fabricación de su producto? Como Joe Pine afirmaba en un artículo aparecido en *Harvard Business Review* titulado "Mass Customization at Hewlett-Packard" (la personalización masiva en Hewlett-Packard), mediante la modularización del proceso básico de fabricación, un productor puede aplazar el montaje final de un producto, de modo que compensa

unos costes de fabricación algo más elevados con unos costes de mantenimiento de existencias muchísimo menores. Desde el punto de vista de la dirección del canal, un aspecto beneficioso consiste en que así el socio del canal participa más en la configuración del producto.

- ¿Proporciona el miembro del canal el mantenimiento y el apoyo de su producto (como el concesionario de automóviles que se encarga de su reparación), y en caso afirmativo, puede proporcionarle información para hacerlo mejor?
- ¿Podría contribuir la dirección del canal a algún otro aspecto de su negocio, como la contabilidad, el pago de nóminas o el control de las existencias?

Conclusión

Empiece abarcando poca cosa. No sea ambicioso, por lo menos al principio, para poder obtener pequeñas victorias y apoyarse en ellas, así como para no revelar lo que podría venir a continuación.

Quiere convertir al "miembro" en "socio del canal". No se conforme con una cadena de distribución que no colabora con usted en el establecimiento de relaciones más sólidas y rentables con los usuarios finales que son tanto o más suyos que de los miembros de ese canal.

—¿Y esa asa rota? ¿Por qué no la repararon, por el amor de Dios?

—No nos funcionaba el ordenador y no nos llegó la pieza de repuesto. No la teníamos en existencia, así que le enviaremos una postal en unas semanas, cuando nos llegue, y entonces, nos lo trae. Se lo devolveremos en unos días.

Lecturas recomendadas

Blackwell, Roger, *From Mind to Market: Reinventing the Retail Supply Chain*, HarperCollins Publishers, 1997.

Blackwell defiende una "reinvención radical de la venta al por menor" y argumenta que las empresas deben averiguar y tratar más activamente las necesidades de sus clientes, así como dirigir sus "cadenas de demanda" con mayor eficacia.

Feitzinger, Edward y Hau L. Lee, "Mass Customization at Hewlett-Packard: The Power of Postponement", Harvard Business Review, enero/febrero 1997, pp. 116-121.
Este artículo comenta los principios de diseño organizativo que subyacen al éxito de la personalización en masa. Asimismo, explica que las empresas tienen que desarrollar módulos de fabricación y productos independientes, así como redes de suministro capaces de entregar los módulos de modo rentable y flexible a las instalaciones que se encargan de la personalización.

Iyer, Vinoo, *Profitable Sales Partnerships: A Guide to Managing and Motivating Agents, Distributors, Importers, and Anyone Else Who Sells Your Product!*, Irwin Professional Pub., 1994.
Con el descenso de limitaciones al comercio y la expansión del comercio mundial, aparecen nuevas oportunidades para que las empresas se amplíen con eficacia en el extranjero. Iyer ofrece listas de control, consejos y herramientas de evaluación a las empresas que buscan distribuidores y socios del canal.

Tichy, Noel M. y Eli Cohen, *The Leadership Engine: How Winning Companies Build Leaders at Every Level*, HarperBusiness, 1997.
Tichy y Cohen abordan con habilidad los retos del cambio organizativo y demuestran cómo puede cultivarse el liderazgo en todos los niveles. Basan sus argumentos en consultas a empresas punteras como PepsiCo, Royal Dutch/Shell y Ford Motor Company para argüir que los líderes tienen un punto de vista bien definido, que se codifica y comunica por toda la empresa.

Actividad 10A

Aspectos de la dirección del canal para ser comentados por el equipo de transición

Fecha de finalización propuesta: _____

1. Charla de ascensor: Si su director general le pregunta cuáles son los mayores problemas de su organización con sus canales, ¿qué le respondería desde una perspectiva individualizada?

_____

_____

_____

2. ¿Qué criterios se usan para determinar qué miembros del canal pueden aportar más cosas a su organización?

_____

_____

_____

3. ¿Qué criterios utilizará para determinar qué miembros del canal añaden más valor a sus propios clientes (los usuarios finales de su empresa)?

_____

_____

_____

Actividad 10B

Control: Los canales

Fecha de finalización propuesta: _____

Esta herramienta de control está diseñada para que la utilice al empezar a trabajar en su transición hacia empresa individualizada y, de nuevo, un año después.

	Ahora	En un año
¿Identifica las oportunidades de valor mutuo para usted y sus miembros del canal?	☐ Sí ☐ No	☐ Sí ☐ No
¿Aísla los datos de mayor valor que pueden compartir?	☐ Sí ☐ No	☐ Sí ☐ No
¿Mantiene una interrelación continua en el canal?	☐ Sí ☐ No	☐ Sí ☐ No
¿Sabe qué miembros del canal son verdaderos "socios"?	☐ Sí ☐ No	☐ Sí ☐ No
¿Sabe cuáles son más valiosos o importantes?	☐ Sí ☐ No	☐ Sí ☐ No
¿Puede diferenciar a los miembros del canal por lo que necesitan de usted?	☐ Sí ☐ No	☐ Sí ☐ No
¿Pueden sus departamentos comunicarse directamente con lo equivalentes de sus socios del canal?	☐ Sí ☐ No	☐ Sí ☐ No
¿Añaden sus miembros del canal valor a sus productos y/o servicios de cara al usuario final de su empresa?	☐ Sí ☐ No	☐ Sí ☐ No

Canales: Lista de tareas para la identificación/interacción

Fecha de finalización propuesta: _____

¿Quién lo hará? (iniciales)	¿Para cuándo? (fecha exacta)	Actividad	Acabada al 75%	Acabada al 100%
		1. Determine con qué tipo de base de clientes trata:		

                               <u>Sí</u>   <u>No</u>

- ¿Son sus miembros del canal intermediarios o minoristas totalmente independientes?   __ __
- ¿Configuran, instalan, mantienen o reparan sus productos?   __ __
- ¿Mantienen existencias de sus productos junto con muchos otros?   __ __
- ¿Cuenta con miembros del canal que añaden valor a sus productos?   __ __

Describa los tipos de clientes del canal con los que trata su organización:

- _____
- _____
- _____
- _____
- _____

2A. Enumere todos los miembros del canal, o como mínimo los diez más importantes:

¿Socio? (véase página siguiente)

Sí (señale)

- _____ _____
- _____ _____
- _____ _____
- _____ _____
- _____ _____
- _____ _____
- _____ _____
- _____ _____
- _____ _____
- _____ _____

2B. Nombre a los mayores intermediarios o tiendas independientes de su canal que reciben productos de sus principales distribuidores.

- _____ _____
- _____ _____
- _____ _____
- _____ _____
- _____ _____
- _____ _____
- _____ _____
- _____ _____
- _____ _____

2C. ¿Cuáles de las empresas enumeradas en 2A y 2B describiría como verdaderos "socios" de su empresa? Señale la columna de la derecha junto a su nombre.

3. Compruebe que conoce el nombre y el cargo de todas las personas de cada miembro del canal enumerado en 2A y 2B que interviene en las decisiones de marketing, compra y comercialización de los productos.

4. Evalúe y defina las posibilidades para facilitar una comunicación directa entre los distintos departamentos de su empresa y su canal de ventas. Es probable que sean electrónicas.

Actividad 10D

Diferenciación de los socios del canal

Fecha de finalización propuesta: _____

Al diferenciar a sus miembros del canal por sus necesidades y su valor o importancia, deberá considerar los siguientes puntos. Contémplelo como una hoja de trabajo para cada miembro del canal.

Por su valor/importancia	
Consideraciones	Descripción
¿Cuál fue el volumen y el margen generado el año pasado para su organización? ¿Cuáles fueron las ventas totales?	
¿Qué porcentaje de las ventas totales del miembro del canal representa la venta de sus productos?	

¿Cuál es la rentabilidad del miembro del canal?	• ¿Qué coste tiene servir a este miembro del canal? • ¿Cuántas llamadas se efectúan para solicitar apoyo? • ¿Qué tipo de exigencias plantea?
¿Qué porcentaje de sus productos vende este miembro del canal?	
¿Vende productos/servicios rentables u opciones con un margen menor?	
¿Es importante desde el punto de vista estratégico?	• ¿Crece con rapidez? • ¿Posee pericia/aptitudes relevantes? • ¿Desarrolla programas/innovaciones que pueda compartir con otros miembros del canal? • ¿Se sitúa en un sector/segmento importante o difícil?
¿Colabora con su empresa?	• ¿Participa en proyectos de fabricación patrocinada? • ¿Invita a sus clientes? • ¿Asiste a los programas de formación de la empresa? • ¿Responde a las ofertas de su empresa? • ¿Responde a sus preguntas? • ¿Proporciona a la empresa perspectivas/información importantes? • ¿Indica a la empresa cómo atender mejor sus necesidades y las de sus clientes? • ¿Proporciona a la empresa perspectivas/información de los usuarios finales?
Solvencia: ¿Paga este miembro del canal las facturas a su vencimiento?	
¿Permite este miembro del canal mantener bajos los costes (incurre en costes de fabricación/garantía menores)?	

Cuestiones	• ¿Necesita este miembro del canal su ayuda para añadir valor a sus productos? • ¿Necesita este miembro del canal su ayuda para descargar, configurar, instalar, mantener y/o reparar sus productos? • ¿Cuál es el modelo financiero de este miembro del canal: desea crecimiento o resultados inmediatos? • ¿Cuántos competidores tiene este miembro del canal? ¿Qué competitividad presenta ese mercado concreto?
Comunicaciones	• ¿Este miembro del canal necesita más información o menos? • ¿Este miembro del canal necesita información en un formato distinto? • ¿Permite este miembro del canal que su empresa elija cuándo, por qué y cómo se comunica con él?
Productos	• ¿Este miembro del canal necesita/desea aplicar la personalización masiva al montaje/entrega final de sus productos? • ¿Desea este miembro del canal configuraciones exclusivas? • ¿Desea este miembro del canal que los productos lleven su marca?
Atención al cliente	• ¿Este miembro del canal necesita ayuda para comunicarse con sus clientes? • ¿Este miembro del canal necesita ayuda para proporcionar el apoyo del producto a sus clientes? • ¿Este miembro del canal necesita un mayor conocimiento sobre los productos/servicios, o formación para su personal y/o clientes?

Fijación de precios

- ¿Este miembro del canal necesita una fijación de precios basada en la costumbre?
- ¿este miembro del canal necesita una fijación de precios basada en el valor de los clientes?

A c t i v i d a d 1 0 E

Diez problemas que deben resolverse al establecer relaciones de aprendizaje con los miembros del canal

A continuación, se presentan diez posibles obstáculos para establecer relaciones de aprendizaje con los miembros del canal, así como soluciones para superarlos. Lea la lista con su equipo de transición y tache los problemas que no sean aplicables a su empresa. Analice los problemas y soluciones restantes.

Fecha de finalización propuesta: _____

¿Quién lo hará? (iniciales)	¿Para cuándo? (fecha)	Problemas	Soluciones	Acabado al 75%	Acabado al 100%
		1. Temor del canal a la supervisión del vendedor o los directores del canal	• Examine los miembros del canal de uno en uno. A partir de lo que sabe determine lo que necesita cada uno y si le conviene asociarse • Determine si debe modificar los contratos de distribución para exigir la participación		
		2. Falta de interés de la dirección local en las prácticas individualizadas	• Demuestre los posibles usos adicionales de los datos recién obtenidos en el canal • Presente la rentabilidad mensurable y progresiva del programa a la empresa del canal		

3. "Misión" incompleta del socio	• Instaure formación sobre la estrategia individualizada, o empiece con la distribución de libros y publicaciones sobre este tema • Establezca equipos localizados de socios del canal agrupando las empresas con los puntos fuertes complementarios • Use procesos de revisión trimestral o anual para reafirmar la necesidad de poner en práctica actividades individualizadas añadidas
4. Sistemas incompatibles de datos	• Considere emprender un proyecto de desarrollo de datos juntamente con aquellos socios con datos incompatibles en la actualidad. Encabece el proyecto • Considere utilizar navegadores siempre que sea posible • Considere el buzón de voz, el fax o el uso de otros sistemas universales, como los navegadores Netscape • Considere introducir una parte externa
5. Falta de confirmación por parte del miembro del canal sobre la recepción y el seguimiento; falta de memoria de la base de datos para otra cosa que no sean los pedidos	• Véase "Lista de tareas para la identificación/interacción" (Actividad 10C)
6. Políticas de distribución que prohíben compartir datos de los clientes	• Desarrolle por escrito una política de protección de la intimidad • Garantías contractuales de la seguridad de los datos

	• Use datos de terceros o prestaciones de impresión para preservar la privacidad de los datos de cada distribuidor y aislarlos, y notifique a cada distribuidor esta medida de protección
7. Sistemas de compensación incompatibles	• Desarrolle incentivos distintos de la compensación en metálico, como los programas de reconocimiento, concursos, etcétera. • Subvencione los programas existentes en el canal para concentrar el interés en los programas individualizados
8. Miembros del canal que generan costes demasiado altos para la empresa a través de un aumento de los costes de garantía y mantenimiento	• Haga sugerencias específicas a cada uno de ellos sobre cómo reducir el coste de su asociación • Refleje el análisis de los costes en una revisión del contrato
9. Programas competidores de otros fabricantes	• Desarrolle una comunicación individualizada sobre el programa y los éxitos locales en el canal • Simplifique las normas básicas o los detalles del programa • Aumente la promoción del programa en el canal
10. Falta de interés del propietario	• Trate de obtener, con discreción, otros socios en el mercado • Reduzca el ámbito de la actividad del socio

CAPÍTULO ONCE

La organización de las ventas individualizadas

NUEVAS DIRECCIONES PARA LAS VENTAS EN LA EMPRESA INDIVIDUALIZADA

Los mejores vendedores creen firmemente que ya son profesionales expertos en las técnicas individualizadas, y a menudo lo son. Los mejores de cada sector llevan a cabo muchas de las estrategias de este libro de modo casi instintivo. Diferencian a los clientes a partir de variables sustitutas del valor vitalicio o de la posibilidad de crecimiento a largo plazo. Interactúan a menudo con los mejores clientes e interiorizan lo que averiguan. Y lo personalizan todo, desde la presentación de las ventas hasta la entrega de los productos a partir de las preferencias observadas en el cliente o manifestadas por éste.

Sin embargo, la mayoría de los buenos vendedores acapara la información y rara vez la comparte con diligencia en la empresa a la que representa. Su mantenimiento de registros suele ser dudoso, y acostumbra a decantarse por las actividades a corto plazo, orientadas a los pedidos, que le suponen una compensación. Muchas veces, se motiva bastante a los vendedores para que consigan clientes, lo que puede interferir en los intentos para conservar clientes y en los planes de desarrollo a largo plazo de una empresa. No resulta sencillo mantener motivado a un buen personal de ventas mientras la organización total se centra en establecer y cultivar relaciones duraderas con los clientes.

Aunque los buenos vendedores han mantenido siempre relaciones individualizadas y personales con sus clientes, no así las organizaciones. Han dependido de vendedores concretos para conservar y establecer esas relaciones. Sin embargo, la empresa individualizada debe desempeñar una función esencial en la gestión de la información y de las relaciones de los clientes. Debe capitalizar la información que obtienen los vendedores y animar a éstos a compartirla. Debe ser capaz de reconocer de inmediato a un cliente y reanudar la última interacción donde finalizó. También tiene que poder apoyar los esfuerzos de los vendedores para desarrollar métodos más colaboradores y eficaces de tratar las preferencias y prioridades de cada cliente.

En este capítulo comentaremos cómo los principios fundamentales del marketing uno por uno deberían afectar a los vendedores de la empresa y capacitarlos. Si intenta convertirse en una empresa individualizada, el departamento de ventas se situará con casi toda seguridad en el centro de sus planes organizativos, como una ventaja o como un obstáculo, o ambas cosas a la vez. Así pues, tendrá que contemplar cuestiones como la automatización y la estructura de la compensación por las ventas.

Como en todas las tareas, la clave para saber cómo debería ponerse en práctica un programa individualizado consiste en dejar que los cuatro pasos básicos (identificar, diferenciar, interactuar y personalizar) lo orienten.

Identificar a los clientes

Cuando piensa en un vendedor que trata de identificar a sus clientes, ¿a qué se refiere? Una vez más, empiece con la definición básica de cliente. Ya hemos mencionado que en la venta inter-empresarial, éste podría ser la empresa en sí, el director de compras, el usuario final o incluso un personaje influyente de la compañía. No obstante, ¿qué sucede con los posibles clientes? ¿No les dedican muchas organizaciones de ventas una cantidad desmesurada de tiempo?

Si los puntos fuertes del marketing uno por uno son la conservación y el crecimiento de los clientes, ¿cómo aplica estas ideas a su captación?

En realidad, es muy simple aplicar el marketing uno por uno al proceso de captación de clientes en cualquier situación interempresarial. En el capítulo cuatro, cuando los ordenamos por su valor, pudimos identificar tres tipos interesantes de clientes (CMV, CMC y BC) para los que deberían fijarse objetivos diferentes, que requieren la aplicación de estrategias distintas. Los CMV son los clientes más valiosos, aquellos que en la actualidad tienen más operaciones con la empresa. Dado que sólo unos pocos CMV representan a menudo la inmensa mayoría de los beneficios de cualquier empresa, el objetivo clave es conservarlos. En el otro extremo del espectro se sitúan los BC, o clientes bajo cero, cuyos costes superan los beneficios generados. En este caso, el objetivo clave consiste en desprenderse de ellos o volverlos rentables. A menudo, eso se logra con la imposición de cargos adecuados para todos los servicios que se les prestan.

Los CMC, o clientes de mucho crecimiento, son aquellos con un elevado valor estratégico en relación con su valor real actual. Se trata de clientes que no han desarrollado su potencial total en la empresa. No cabe duda de que podrían valer mucho más. La cuota del cliente se define como el coeficiente entre su valor actual y su valor estratégico, y por regla general, un CMC es un cliente con un potencial considerable del que su empresa posee una cuota inadmisiblemente baja.

Use esta metodología para sugerir una perspectiva interesante al pensar en los posibles clientes, en especial en una situación interempresarial, en la que se ofrecen productos o servicios a empresas:

Un posible cliente es aquel del que su empresa tiene una cuota de cliente del 0%.

El desarrollo de un posible cliente puede producirse cuando un no cliente proporciona a una empresa un primer pedido o contrato de pequeño volumen a prueba. O quizá cuando un cliente muy antiguo y rentable selecciona a la empresa para un proyecto nuevo. Sin embargo, el objetivo clave de un vendedor de cualquier empresa será casi siempre el crecimiento del cliente, y usar principios individualizados vuelven esa actividad más eficaz y gratificante.

Identificar a los clientes es el primer paso, pero antes tenemos que definir la palabra "cliente" para incluir a esas entidades de las que poseemos un 0% de cuota y que llamamos "posibles clientes". Algunas veces, el proceso comercial se define como la conversión de sujetos en posibles clientes y de éstos en clientes. Con independencia de la terminología, un buen departamento de ventas debería concentrarse en estos tres tipos de individuos para tratar de identificar, localizar a los distintos individuos de cada organización que intervienen en el proceso de compras, interactuar con ellos e influir en sus decisiones.

A nuestra asesoría acuden ejecutivos de empresas dedicadas al marketing interempresarial que nos comentan que ya practican la mayoría de los principios que propugnamos como marketing uno por uno. Nos indican que su vendedor típico se reúne con cada cliente y observa con atención sus indicaciones, e incluso su lenguaje corporal, al comentar una oferta. El vendedor conoce al cliente lo bastante bien como para invitarlo junto con su cónyuge a la ópera o a un partido de fútbol, según corresponda. ¿Qué podría ser más individualizado que eso?

De hecho, se trata de una descripción de una relación individualizada muy buena... para el vendedor. No obstante la empresa no se beneficia directamente de esa relación. La única ventaja que obtiene obedece al hecho de tener contratado al vendedor, lo que le permite aprovechar los conocimientos personales que tiene éste del cliente. Si el vendedor sufre un accidente o —lo que es más probable— si se va a trabajar con la competencia, todas las ventajas de su lectura del lenguaje corporal del cliente se evaporan, junto con los detalles captados durante una cena.

Automatización de las ventas

Para la mayoría de las organizaciones de ventas que constan de más de un representante, identificar y localizar a los clientes exige cierta automatización, lo que permite que la empresa capte información sobre clientes individuales, en lugar de permitir que estos datos tan valiosos se pierdan en la memoria imperfecta y perecedera de los vendedores. Equipar al departamento de ventas con ordenadores portátiles o personales es cada vez más fácil, ya que la tecnología sigue reduciendo su precio y aumentando su capacidad. Hoy en día, las ventas pueden incluso automatizarse con una máquina distinta de un ordenador personal, como un "ayudante digital personal", y en el futuro existirán muchas alternativas de este tipo que satisfarán las necesidades hasta de las organizaciones de ventas más móviles.

Un colega nuestro preguntó una vez al consejero delegado de un distribuidor de productos de oficina con sede en los Países Bajos por qué había decidido automatizar su departamento de ventas, a lo que éste respondió: "Sencillo. Ahora, cuando uno de mis vendedores llega al final de una calle, no lanza una moneda al aire para saber si doblar a la izquierda o a la derecha". El problema de este directivo se debía a un índice de desgaste elevadísimo de su personal de ventas. La mitad de su equipo se había marchado en los últimos seis meses. Como no disponía de registros de cuentas automatizados, tenía que reconstruir las relaciones desde cero, en ocasiones una y otra vez con los mismos clientes.

Automatizar y sincronizar el departamento de ventas implica diseñar y personalizar un sistema adecuado, proporcionar ordenadores personales u otras herramientas electrónicas a los vendedores, enseñarles cómo usar el sistema y automatizar el procedimiento de los contactos comerciales, así como las comunicaciones, el seguimiento y también la estructura de las recompensas.

A continuación, le presentamos algunos aspectos importantes:

- ¿El sistema les resulta fácil de usar a los neófitos o es para veteranos formados? Los controles al azar y la formación son esenciales.
- ¿Proporciona el sistema conocimientos procesables sobre los clientes? Asegúrese de que los datos que pide a los vendedores se conviertan con el tiempo en un programa para tratar de un modo distinto a los distintos clientes; si no, absténgase de pedirlos.
- ¿El sistema reduce a un nivel lo más bajo posible las actividades manuales como la escritura, el archivo, el análisis y el informe, y disminuye al mínimo el coste y los errores, mientras que sigue facilitando la captación de datos útiles del cliente?

- ¿Se mueven los datos con eficacia por el sistema, sea cual sea el que ha puesto en práctica, de modo que los técnicos de mantenimiento, por ejemplo, conozcan enseguida los problemas que se les presentan a los vendedores, o que estos últimos sepan de inmediato los clientes a quienes se "congela el crédito"? No todos los datos son urgentes, por lo que hay que evaluar los diferentes tipos y la velocidad a la que se precisan.

- ¿Permite el sistema que los vendedores compartan información entre sí? Al establecer cualquier contacto con un cliente actual o posible, el vendedor debería estar seguro de contar con un registro completo de las transacciones e interacciones anteriores que éste ha mantenido, incluso con otros vendedores.

Este último punto constituye uno de los aspectos más importantes. El intercambio de información en el interior de la empresa es vital para el éxito de un sistema individualizado. Cualquier empleado que tenga contacto con un cliente debe poder consultar la "memoria institucional" de la empresa a fin de lograr que la relación se reanude donde finalizó la última vez. Sólo así podrá desarrollar una genuina relación de aprendizaje con los distintos clientes y conseguir su fidelidad a largo plazo con todos los beneficios económicos que eso conlleva. Así pues, sean cuales sean las herramientas o el sistema de automatización de las ventas que utilice, tendrá que alimentar la memoria institucional y facilitar el acceso a ella.

Es difícil poner demasiado énfasis en la ventaja de tener un departamento de ventas que se interrelaciona y coordina con facilidad. Al buscar un modo de explicar el crecimiento extraordinario y los tremendos beneficios de Internet, Bob Metcalfe, inventor de Ethernet, fundador de 3Com y experto en tecnología del International Data Group, ha ejercido una gran influencia. George Gilder acuñó el término "ley de Metcalfe" en su libro *Telecosm*, que expone que el valor de una red aumenta en proporción al cuadrado del número de usuarios. Un ejemplo sencillo sería la máquina de fax. Si usted, pero nadie más, tiene fax en casa, éste tendrá muy poco valor para usted. Sin embargo, cuanto más gente cuente con él, más valor tendrá el suyo. La conclusión de Metcalfe consiste en que, cuanta más gente confíe en Internet, más útil será éste, y dada la interconexión de todo el mundo, su utilidad real crece de forma exponencial en lugar de aritmética.

El mismo principio —la ley de Metcalfe— se aplica también a las redes de conexión entre los vendedores. Si dispone de un sistema de automatización del departamento de ventas que sólo usan uno o dos empleados, carece de demasiada utilidad real, salvo la de servir de sistema de archivo electrónico. No obstante, si añade unos cuantos vendedores, la utilidad del departamento interrelacionado y automatizado se dispara. Por lo tanto, es muy importante que se asegure de que todos los vendedores utilizan el sistema. La alimentación de información actual y uniforme suele ser el mayor problema. Una vez que contenga suficiente información fiable, no tendrá que animar a los vendedores a usarlo.

Piense en el proceso de contratar y formar a nuevos vendedores. Si usted lo ha sido, imagine cómo una base de datos con abundantes conocimientos sobre cada cliente le habría facilitado la incorporación inmediata a su nuevo puesto.

También el cliente se beneficia de un departamento de personal automatizado. Además de proporcionarle mejor acceso a una información que abarca desde las listas de precios hasta los calendarios de entrega, la ventaja clave para él consiste en que ya no tendrá que responder dos veces la misma pregunta, aunque el vendedor se marche o cambie de puesto. El nuevo representante sabrá que, en el caso de este cliente, debe llamar los viernes por la tarde y no los lunes por la mañana, que los bultos no deben enviarse a través de TransTruck y que tiene que avisar con un mínimo de sesenta días de antelación de los cambios de precios.

Cuando decida automatizar, tenga en cuenta los siguientes puntos de control:

1. Empiece con el grupo de informática de su empresa, y asegúrese de que sus objetivos y dirección son compatibles con sus planes.
2. Elabore un inventario de todas las funciones y los procesos de sus comunicaciones actuales con el personal de ventas para determinar qué puede automatizarse. También deseará automatizar en la medida de lo posible sus registros personales (valorar el alcance de esta tarea le llevará cierto tiempo).

3. Prepare una plantilla de los campos de información que desea seguir (evidentemente, el personal de ventas le facilitará mucho esta lista). Asegúrese de controlar la información y la interacción que le resulte más útil para establecer una relación de aprendizaje con los clientes.

4. Examine el proceso de generación de ventas y su seguimiento. Debería automatizar la gestión de este proceso y usar la automatización de las ventas para evaluar las iniciales, informar de ella a este departamento y hacer su seguimiento de principio a fin.

5. Evalúe el grado de aptitud y las necesidades de formación. Será preciso enseñar a algunos vendedores aspectos informáticos muy básicos, mientras que otros quizá ya hayan automatizado sus prácticas comerciales por su cuenta. Si conoce las aptitudes informáticas de sus vendedores, puede emparejar a los cualificados con aquellos que necesitan ayuda.

6. No empiece a poner en práctica la estrategia hasta que el departamento de ventas obtenga algún valor. Distribuir las ventas iniciales supone un buen comienzo. Si los vendedores se acostumbran a rellenar campos asociados con un posible cliente nuevo, tendrán más tendencia a rellenar la misma información para las cuentas existentes.

7. Sustituya el formato en papel de los informes de ventas por otro electrónico. Puede considerarlo opcional al principio, siempre y cuando resulte más fácil trabajar con el sistema electrónico que con el papel.

8. Pida al departamento de ventas previsiones e información sobre posibles clientes. Solicite que informen con regularidad sobre la posición en el ciclo de ventas de cada posible cliente. ¿Se trata de una cuenta de nivel uno a punto de cerrar o de un usuario competitivo de nivel cinco que podría ser un posible cliente más viable en dos años?

9. Una vez aplicado el sistema, obligue a usarlo, sin excepciones, empezando por el equipo de dirección de ventas.

10. Ofrezca formación especial y continuada, así como sesiones de "mejora" a aquellos vendedores que deseen aumentar su capacidad de manejar el sistema.

La organización de cuenta principal o nacional constituye un buen lugar por donde empezar el proceso de automatización. Es probable que estos vendedores sean sus profesionales más experimentados, y que constituyan también el grupo de liderazgo más importante que puede incorporar.

Sin embargo la automatización puede aportar grandes beneficios a su empresa aunque su personal de ventas se encuentre en un establecimiento minorista y atienda a los clientes ante la caja registradora en lugar de en una sala de reuniones. El truco consiste en encontrar la motivación adecuada para que los vendedores utilicen el sistema.

El siguiente paso tras la automatización de las ventas será la creación y utilización de una herramienta basada en Internet para poner a disposición de los vendedores una mayor cantidad de información y de materiales comerciales cuando lo soliciten. Una vez que automatice los contactos con las cuentas, el departamento de ventas pedirá catálogos por Internet, información sobre los envíos, listas de precios, plantillas de ofertas, presentaciones y otros datos que antes sólo estaban disponibles en papel. Un uso más eficaz del colateral de publicidad paga, por sí solo, una gran parte de la automatización de las ventas.

Cualquier buen vendedor contará con grandes dotes para diferenciar a sus clientes actuales y posibles. Lo que desea, como encargado del marketing uno por uno, es lograr que toda la empresa utilice esa perspicacia para beneficiar de modo continuado al cliente. Es probable que los registros de las transacciones sean la fuente principal de información para ordenar a los clientes por su valor real para la empresa. Sin embargo, ¿qué sucede con la posibilidad de crecimiento de los mismos?

Para evaluar el posible crecimiento de un cliente necesitará la ayuda del departamento de ventas. El vendedor no sólo tendrá una idea de los planes a largo plazo del cliente sino que, respecto a las posibilidades a corto plazo, no hay nada como un par de ojos y orejas para obtener información en la oficina del cliente. Así pues, otra función importante del sistema de automatización de las ventas

Diferenciar a los clientes

debería ser incorporar las valoraciones objetivas y subjetivas que los distintos vendedores efectúan del posible crecimiento inmediato y a largo plazo del cliente. En el sistema hay que tener en cuenta las cifras, por supuesto, pero se deben incluir también juicios de valor.

Además, el vendedor evaluará sin cesar a los clientes por sus necesidades. Cualquier buena metodología comercial procede de un análisis de los posibles clientes basado en las necesidades, tanto si éstas se expresan en términos psicológicos y personales como en términos de las características y la utilidad de los productos y los servicios. Así, además de incluir la información sobre el valor estratégico de un cliente, el sistema de automatización de las ventas debería incluir otras variables basadas en las necesidades, y quizá ofrecer incluso una clasificación estándar de los clientes.

Las descripciones y categorías de los clientes, tales como "apóstol o irritante" o "producto o política", proporcionan una perspectiva valiosa para las posteriores iniciativas comerciales. También es fundamental que el sistema se mantenga simple, consistente y operativo para, en la medida de lo posible, incluir una amplia gama de clasificaciones "estandarizadas" de clientes. Piense en ello como en una personalización masiva, o modularizada, de la descripción de los clientes.

Siempre que sea posible, contemple añadir más descripciones cualitativas adicionales que puedan definirse en una frase e introducirse con un simple clic en la pantalla en lugar de tener que teclearse en el campo de "comentarios". Resultará útil una ventana desplegable con frases del tipo:

- Muy dispuesto a comerciar
- Preocupado por el presupuesto
- Leal a los vendedores de Industrias Mengano
- Remite otros clientes
- Quiere soluciones rápidas, sin problemas

Se obtiene lo que se paga

Si desea captar, mantener y ver crecer a los clientes más valiosos, eso es lo que debería pagar. Uno de los retos más críticos a los que se enfrenta la empresa individualizada consiste en la necesidad de compensar a los vendedores y a otros por favorecer y garantizar la lealtad de los clientes. Hoy en día, se compensa a la mayoría de los vendedores de formas que los vuelve casi indiferentes a ese objetivo. En algunos casos, los programas que incentivan la captación de nuevos clientes los animan a beneficiarse de inflarlos, lo que les permite revender un producto o servicio a un cliente relativamente educado (y voluble).

Si la lealtad y la rentabilidad del cliente constituyen sus objetivos reales, debería examinar sistemas de compensación que premien a los vendedores (y a otros) según la rentabilidad a largo plazo, o valor vitalicio, de cada cliente. Existen dos formas básicas, con muchas variaciones, para hacerlo:

1. *Comisiones por objetivo.* Identifique de antemano ciertos tipos de clientes que suelen valer más que otros —quizá muestren una mayor lealtad o compren diversas líneas de productos— y pague una comisión superior por adelantado por captar a este tipo de cliente considerado su objetivo. Contemple comisiones menores para los compradores "cotizados" o los anteriores clientes que regresan, así como otros planes de comisiones para hacer hincapié en la captación y conservación de los clientes cuyo valor es mayor para la empresa en conjunto, no sólo para el vendedor.

2. *Comisiones graduales.* Pague una comisión menor por la captación de un cliente. Vincule en cambio la compensación a la rentabilidad de un cliente a lo largo del tiempo. Por ejemplo, en lugar de pagar 1.000 dólares de comisión por la llegada de un cliente nuevo, abone 700 dólares por ese concepto y 200 dólares por cada año que ese cliente sigue trabajando con su empresa.

En la medida de lo posible, deberá relacionar las recompensas por las ventas con la rentabilidad de cada cliente. Es lo que intentan hacer los dos ejemplos anteriores. La empresa que paga una comisión gradual podría, por ejemplo, abonar al vendedor un porcentaje directo del margen de los productos o servicios vendidos a un cliente durante la vigencia de su relación con la empresa. Eso significaría que el vendedor tiene un interés directo en la satisfacción continuada del cliente con la firma. Esta opción suele ir mejor a las empresas que venden un producto o servicio que se consume a lo largo del tiempo o, por lo menos, no todo de golpe. Se trata de un concepto antiguo. Antes de que los ordenadores y los centros de atención telefónica dejaran sin empleo a la mayoría de los vendedores a domicilio, muchos de ellos funcionaban así. En la década de los setenta, los vendedores de seguros de vida a domicilio no sólo recibían comisiones por las pólizas nuevas sino también por el conjunto de primas de sus todos sus clientes. La demora en un pago implicaba una menor comisión.

Plantéese intensificar este enfoque. Pague una comisión ascendente, basada en la capacidad del vendedor de potenciar activamente el valor y la lealtad de un cliente. Si cierra un contrato de tres años, por ejemplo, podría establecer una comisión creciente: quizás un 2% sobre las transacciones con ese cliente durante los primeros seis meses, un 4% durante el año siguiente y un 6% en los últimos dieciocho meses.

Asimismo, podría marcar un objetivo a los vendedores respecto a la rentabilidad de los clientes y proporcionar una bonificación a quienes lo logren o una reducción de la comisión a quienes no. *Midrange Computing* es una revista comercial que publica Carlsbad, en California. Así es cómo Ian Thompson, ex director de educación y formación, describe el nuevo plan de compensación por las ventas de la revista:

> En la actualidad luchamos con estrategias individualizadas, y la cuestión de la compensación es fundamental en nuestro objetivo de servir mejor a nuestros clientes. Nuestro nuevo programa identifica a los mejores clientes, a los que catalogamos de "compradores preferidos". Si un vendedor se encarga de un cliente hasta que sus compras lo elevan a la categoría de "comprador preferido", recibe un 3% adicional de comisión de todas las compras de ese cliente.

Sin duda, una gran ventaja de pagar comisiones graduales es que no sólo fomentan la lealtad de los clientes sino también la conservación de los empleados. En muchos segmentos de crecimiento rápido de la economía, cada vez resulta más difícil conservar a los buenos profesionales, y pagar las comisiones sobre las ventas de modo gradual, en forma de "anualidad" sobre las operaciones continuadas de un cliente, tiene el efecto de aumentar la lealtad de los vendedores.

Es decir, una comisión gradual generará la lealtad de cierto tipo de vendedor (aquel dispuesto a cultivar las relaciones con los clientes). Por otro lado, alejará a los más agresivos, que desean la gratificación al instante, de modo que antes de pasar de una comisión directa basada en la captación a un pago más gradual, tendrá que informar al equipo de ventas y explicar con cuidado el programa, destacando las ventajas económicas que supondrá para ellos. También iría bien dividir el programa en fases en lugar de efectuar un cambio repentino. Los cambios bruscos suelen tener un gran impacto en las ventas a corto plazo y en la conservación del personal de ventas, y provocan que los "cazadores" se dirijan a nuevos terrenos de caza... ¡en la competencia!

CACI Marketing Systems asesora sobre investigaciones de mercado y suministra información. Un cliente suele empezar la relación comprando un solo producto o haciendo negocios con un único departamento. A medida que crece o aumenta su capacidad y aptitudes en cuanto al uso de la información de CACI, ésta puede venderle más productos y presentarlo a otros departamentos. Para promover la venta de contratos de varios años, CACI solía compensar a los vendedores que cerraban este tipo de operaciones con una comisión muy alta, pagada totalmente por adelantado. Sin embargo, una vez que se había firmado el contrato inicial por varios años, el vendedor carecía de motivos para mantener la cuenta. Así, si una vez firmada esta operación tomaba el cheque por la elevada suma y se marchaba, ningún otro empleado tenía demasiado interés en mantener contento al cliente porque ya no daba dinero. Eric Cohen, vicepresidente y consejero delegado de CACI, describe los esfuerzos de su empresa para estructurar un plan diferente de compensación por las ventas:

Queríamos ser cautos y no reducir mucho el plan de comisión a los vendedores en un año, de modo que emprendimos un programa bianual. El primero, los vendedores recibieron una comisión sobre el 70% de los ingresos netos de un contrato a tres años y el 15% en cada año posterior. El segundo año, lo cambiamos al 60% de los ingresos netos en el primer año de contrato y el 20% cada año posterior. Eso anima a los vendedores a lograr que los clientes estén satisfechos con nuestros servicios. También los desanima a cerrar una venta poco entusiasta y marcharse con una gran comisión. Para cosechar las recompensas de sus operaciones, los vendedores deben quedarse con nosotros para mantener y hacer crecer sus cuentas.

Separar "la caza" del "cultivo", las funciones de captar y mantener a los clientes, puede ser una buena opción para muchas organizaciones, aunque en ocasiones confiere a la segunda el aspecto de función de segunda clase. Cazar tiene encanto, mientras que cultivar es pesado. Los cazadores son lobos solitarios, muy independientes y autosuficientes. Los labradores colaboran por naturaleza y dependen de los demás. Una empresa de servicios profesionales podría clasificar de modo poco halagüeño a sus ejecutivos como: descubridores, guardianes o afiladores.

En lugar de pagar ambos tipos de comisión, una a los cazadores y otra a los labradores, una opción poco ortodoxa, favorable a la estrategia individualizada, consistiría en dejar de pagarlas. Quizá desee considerar este enfoque, sobre todo si la supervivencia de su empresa depende de la lealtad de los clientes a largo plazo o si el producto que vende lleva arraigado un considerable servicio de atención al cliente. En lugar de pagar comisiones o bonificaciones por cada cliente o cada transacción, proporcione un incentivo a los empleados mediante el uso de fondos basados en el rendimiento total de la organización. Si aumenta el promedio de conservación de clientes o si el grado total de satisfacción de los mismos asciende, todo el mundo recibe una recompensa.

El enfoque sin comisiones resulta un modo útil de depurar el programa de compensación por las ventas si algunos vendedores han aprendido a "jugársela al sistema". Cuando el consejero delegado de una empresa de financiación de automóviles del Reino Unido decidió unilateralmente que se pagaría a los vendedores un sueldo y una prima en lugar de una comisión en el siguiente año fiscal, varios dimitieron de inmediato. Ahora bien, el consejero delegado estaba contento porque calculó que muchos de los que se habían marchado habían aprendido el mejor modo de "engañar" al sistema antiguo mediante la presentación de pedidos un mes y su posterior cancelación el mes siguiente, etcétera. El sistema de comisiones quedó sustituido por un plan de reparto de beneficios para todos relacionado con la prestación de servicios al cliente: la venta, la administración, el mantenimiento y la distribución de vehículos.

La empresa obtuvo resultados importantes e inmediatos. Alcanzó sus objetivos anuales de ventas durante los primeros seis meses del año sin comisiones. Los vendedores que se quedaron permanecían más tiempo, la calidad de la información sobre los clientes (y, por tanto, la eficacia del proceso de solicitudes a la empresa) aumentó, la satisfacción de los clientes creció, se cerraban operaciones mejores y la conservación de los clientes mejoró.

Interactuar con los clientes

Si identifica y localiza bien a los clientes actuales y posibles, junto con todos los participantes en el interior de estas organizaciones, y si sus vendedores diferencian a los clientes de modo que tiene sentido para el conjunto de la empresa, el paso siguiente para poner en práctica un programa de marketing uno por uno consiste en la interacción. Por supuesto, la automatización de las ventas y la compensación por ellas afectará mucho el tipo y la calidad de las interacciones que sus vendedores mantengan con los clientes. Al lanzar un programa de marketing uno por uno, planificar el tipo de interacción de los vendedores con los clientes resulta fundamental.

Si ya ha empezado a poner en marcha el programa de marketing uno por uno en su empresa, puede que unos cuantos clientes —aquellos con mayor valor y posibilidad de crecimiento— sean responsabilidad de un gestor de clientes. Éste establece el objetivo y define una estrategia para interactuar con ellos. El ejecutivo de ventas a cargo de la cuenta puede ser asignado o no como gestor del cliente (más bien lo segundo), pero con independencia de quién interactúa con el cliente, lo que importa ahora es observar que cualquiera de estas interacciones, incluida la visita comercial, debería ajustarse al objetivo y a la estrategia del gestor.

La planificación de la visita comercial constituye el tema de una extensa bibliografía de excelente calidad, la mayoría de la cual puede aplicarse al entorno individualizado. Los libros sobre este tema destacan la importancia de preparar la visita: conocer al cliente, estudiar cualquier cambio reciente o posible de sus operaciones, y averiguar su experiencia con la línea de productos de la empresa. En la empresa individualizada ideal, un vendedor revisará primero el objetivo y la estrategia concretos que ha establecido el gestor del cliente y, luego, planeará por adelantado la visita, identificando con precaución la información que podría resultar útil para apoyarla y los datos sobre el cliente que deseará obtener durante la interacción.

Información de apoyo:

- La experiencia las interacciones recientes del cliente con la empresa
- Información sobre cada individuo del equipo de ese cliente
- Experiencias relevantes y aprendizaje obtenidos de clientes parecidos

Información que deseará obtener del cliente:

- Datos del cliente que necesita validar o actualizar
- Información basada en las necesidades y en el valor del cliente para facilitar aún más su diferenciación
- Oportunidades para aumentar la cuota del cliente

Al interactuar con un cliente, uno de los objetivos principales debería ser obtener información nueva acerca del mismo que permita adaptar el comportamiento de la empresa para enmarcarlo en una relación cada vez más cómoda y lograr que las operaciones le resulten cada vez más fáciles. Cuanto más sepa sobre las necesidades del cliente, más posibilidades tendrá de adaptar el comportamiento de su empresa.

Los programas individualizados con éxito exigen datos recientes y actualizados, lo que significa que cada interacción debería alimentar la base de datos de clientes a través de la herramienta de automatización de las ventas. Así pues, tras cada visita comercial, el vendedor debería pasar algún tiempo actualizando los conocimientos sobre el cliente en el sistema. A continuación, le presentamos algunos aspectos importantes que deben plantearse tras una visita comercial:

- ¿Cuánto tiempo dedican los vendedores a la entrada de datos tras la venta?
- ¿Cómo pueden los vendedores trasladar con mayor rapidez las conclusiones y las peticiones a otros departamentos para que actúen, y vaciar así su escritorio para poder dedicarse a más ventas?
- ¿Cuál es el procedimiento de calificación y priorización de las consultas que surgen en las visitas a los clientes actuales y posibles?
- ¿Como se comunica la priorización a los demás miembros de la organización para que las peticiones no sean siempre urgentes?

Es más probable que el problema real consista en una resistencia cultural y organizativa que en la tecnología. Los vendedores son famosos por su independencia. Sin duda, le resultará más fácil si tiene un sistema simple y práctico, pero lo más seguro es que precise algunos incentivos y desmotivaciones convincentes para garantizar que se usa, sobre todo al principio. Algunas ideas:

- El director de ventas debería insistir en que todos los contactos con los clientes se introdujeran en registros en tiempo real. Puede lograrse mediante una combinación de recompensas y multas, pero lo mejor es que desde la dirección se obligue a actualizar los archivos de los clientes tras cada contacto interactivo.
- Verifique el sistema con regularidad para comprobar el cumplimiento. Realice comprobaciones al azar, con mayor frecuencia al principio, o para los vendedores nuevos en el sistema.
- La mayoría de las bases de datos permiten la supervisión de los nuevos registros y actualizaciones. Designe un "administrador de los datos" cuya función incluya la comprobación de la puntualidad y la meticulosidad de todas las entradas o de algunas al azar, a fin de asegurarse de la entrada de datos estandarizados y de su depuración.

- Contemple la creación de un concurso para premiar a la mejor base de datos, un sistema de recompensas para los archivos completos de clientes u otros mecanismos parecidos. La formación de los empleados resulta útil, pero no sustituye la vigilancia.
- Prepárese a revisar el sistema cuando el departamento de ventas empieza a usarlo. Incluso con la mejor planificación previa y el mejor proceso de especificación del sistema, es probable que no haya previsto algún que otro método rápido; búsquelo.
- Cada trimestre insista en que todos los miembros de la organización de ventas revisen los registros de todos sus clientes, o por lo menos de los CMV y CMC, con miras a actualizar información general o subjetiva como las oportunidades futuras, los siguientes pasos, las clasificaciones y factores afines. Considere convertir estas actividades en parte de las reuniones comerciales regionales o entre divisiones para demostrar la extensión de la actividad por todo el sistema.

Interactuar con un cliente es fundamental para establecer y cultivar una relación con él, pero si ha instalado un buen sistema para coordinar las interacciones de todos sus vendedores, puede potenciar el proceso de la interacción para sacar el máximo partido a la ley de Metcalfe.

En 1994, cuando Astra AB de Suecia y Merck & Co. lanzaron Astra Merck Inc., contaban con una oportunidad única para diseñar una organización de marketing desde la base. Desde muy al principio, la empresa conjunta incorporaba en sus operaciones una base de datos de clientes técnicamente sofisticada y un sistema de automatización de las ventas.

El sistema de marketing de Astra Merck permite que toda la empresa comparta las mejores prácticas, lo que facilita el despliegue de "equipos virtuales" para tratar las necesidades específicas de cada cliente, con independencia de su situación geográfica. Esto suponía un elemento fundamental para mantener la ventaja competitiva en un negocio que depende de vendedores cualificados para recordar las tendencias individuales de cada médico y para adaptar el mensaje comercial en consecuencia. Dado que los productos farmacéuticos son muy complejos y los médicos tienen necesidades muy diversas, el personal de ventas de Astra Merck se enfrentaba a un conjunto excepcional de retos.

Gracias a la automatización de las ventas, Astra Merck poseía la única organización de campo del sector capaz de producir materiales promocionales preaprobados e información sobre el paciente localmente en cualquiera de las unidades de sus clientes. La sofisticada tecnología de esta empresa conjunta también le permitía potenciar sus esfuerzos de marketing de una forma que habría resultado imposible a un departamento de ventas no automatizado. Un ejemplo de ello era el uso de visitas comerciales "reflejadas". Astra Merck no es la única empresa que utiliza esta técnica, que amplía los esfuerzos de los vendedores con eficacia. Funciona así: dos vendedores de Astra Merck visitan al mismo médico en distintas ocasiones, pero con una coordinación absoluta. Así, una visita es el vivo reflejo de la otra en cuanto a lo que el vendedor sabe de los conocimientos e información sobre los productos de la empresa que tiene el médico. Con este tipo de visitas, Astra Merck dobló la exposición a los médicos, así como las interacciones con ellos.

Desde entonces, Astra Merck ha pasado a formar parte de Astra Pharmaceuticals LP, pero su uso pionero de la automatización demuestra con creces el poder de la interacción con los clientes, en especial cuando ésta se coordina a nivel de la empresa y se utiliza para potenciar otras interacciones.

Personalizar para los clientes

En una empresa individualizada, la información sobre el cliente que obtiene un vendedor no sólo debería usarse para favorecer la forma en que el departamento de ventas interactúa con ese cliente sino también para actualizar el trato que le dispensa toda la empresa. La mayoría de los vendedores se resisten de modo instintivo a los esfuerzos para compartirla e integrar más sus actividades con las de otros en la empresa. Sin embargo, poner en marcha un programa de marketing uno por uno acerca siempre a los vendedores entre sí, al exigir más de su cliente íntimo y "secreto".

Para la mayoría de las empresas, la organización de ventas "es" la empresa o constituye un canal más de distribución. En el primer caso, los vendedores asignados a cuentas concretas suelen adoptar la función de "gestor del cliente" de sus propias cuentas y dirigen los esfuerzos de toda la empresa para apoyarlo y profundizar la relación con él. La atención y el apoyo al cliente, las ventas internas, los especialistas en los productos y otros empleados que "contactan" con el cliente directamente quedan subordinados al ejecutivo de ventas que actúa de gestor, que establece el objetivo y planea la estrategia para ese cliente.

Por otra parte, cuando el canal de ventas es fundamental para la empresa pero los vendedores no están asignados a clientes concretos, la gestión de los clientes se sitúa fuera del departamento de ventas o está automatizada por completo. Por ejemplo, Charles Schwab pone freno al desarrollo de relaciones personales entre intermediarios concretos y los clientes "de éstos". Salvo en el caso de los clientes más importantes, no se asigna ningún gestor a la relación. Quien contesta el teléfono prosigue la conversación y la relación con ese cliente, en el punto exacto en que finalizó la última ocasión. En grupos analizados, los clientes de Schwab manifiestan sentirse cómodos con este distanciamiento porque todo lo que la empresa sabe de ellos se digitaliza y se pone a disposición de la persona con la que hablan la siguiente vez. La potente base de datos Oracle de Schwab, junto con las herramientas de automatización de las ventas Siebel, permiten que la empresa establezca prioridades distintas para cada cliente.

Cuando las ventas constituyen uno más de varios canales, compiten con otros candidatos para liderar la relación con el cliente. Otras áreas funcionales de la empresa, como la dirección, las ventas internas, la atención al cliente o la atención de campo optan por liderar la relación con un cliente determinado, y suplantan a menudo la relación de ventas en el caso de las cuentas antiguas o inactivas.

ASIGNACIÓN DE UNA PRIMA A LAS PRESENTACIONES PERSONALIZADAS EN LA COMPAÑÍA ASEGURADORA THE HARTFORD

Pocos negocios practican las "relaciones de ventas" mejor que el sector sumamente competitivo de los seguros comerciales. En el marco de las principales cuentas, la venta individualizada supone una diferencia importante en la candente competencia por una prima anual de un millón de dólares en adelante. Sin embargo, muy a menudo un agente independiente, que no está empleado en la empresa, es quien efectúa la venta, en conjunción con un equipo de cuentas de ésta. Así pues, es poco prudente que la empresa dicte lo que se dice en la presentación o cómo se presentan la información y la propia empresa.

La unidad de cuentas principales del grupo asegurador The Hartford resolvió la cuestión de las presentaciones comerciales individualizadas dirigiendo su mensaje a muchos de sus equipos de cuentas de todo el país, a la vez que fomentaba la individualización de cada una de las presentaciones de sus representantes. The Hartford estableció un sistema de presentación comercial personalizable que mezcla el mensaje de la empresa con toda la información enfocada al cliente que el vendedor logra reunir.

El director de marketing de The Hartford encargado de las principales líneas comerciales, Rich Bulat, desarrolló un sistema personalizable de diapositivas para sus especialistas de cuentas principales con la colaboración de Media Designs Interactive, Inc., una empresa innovadora en las presentaciones comerciales personalizadas con sede en Nueva York. Bulat afirma: "Procuramos presentar nuestros programas como un equipo, con el agente, la prevención de pérdidas, la gestión de las reclamaciones y otros expertos en la sala. Pero cuando eso no es posible, como suele suceder, cualquier miembro del equipo puede presentar el paquete completo, y el sistema le ofrece mayor apoyo en las áreas en que no es un experto".

El sistema incluye una "biblioteca" de módulos sobre los servicios de The Hartford, como la gestión del riesgo, la atención de reclamaciones y otros parecidos, pero permite que el representante prepare una presentación totalmente personalizada desde ese punto en adelante, incluyendo todos los aspectos del seguro del cliente y soluciones creativas e individualizadas para mantener bajos los costes y mejorar al máximo el servicio y la receptividad. Según Bulat: "En nuestro negocio, el precio es el primer paso. Una vez que te has apuntado el primer tanto, necesitas empezar a diferenciar tu servicio del de la competencia". El sistema permite a Hartford repetir ese proceso centenares de millares de veces al año. El sistema mezcla las tradicionales diapositivas de PowerPoint creadas por el representante con módulos personalizados con los chips de audio/vídeo en los que se presenta desde la administración de las reclamaciones hasta comentarios del director general de la empresa. Según Bulat, el chip del director general se usó en un 88% de ocasiones.

La reacción del usuario al sistema personalizado ha sido, en tres palabras: "prosiga, por favor". Una encuesta entre los presentadores encargada por Bulat al cabo de un año reveló que casi el 60% de los especialistas de las cuentas principales había utilizado el sistema, pero deseaba contar con la posibilidad de personalizar aún más la presentación.

Bulat manifiesta: "Consideramos nuestro sistema una herramienta de desarrollo de las ventas que permite que nuestros representantes examinen las necesidades precisas de sus clientes y adapten todos los aspectos de la presentación. Permite la personalización al tiempo que conserva la integridad de los mensajes comerciales de la empresa. En un año muy competitivo, algunos de nuestros empleados afirman que esta nueva herramienta individualizada ha facilitado el éxito de algunas operaciones muy competitivas".

Una buena relación es lo que el cliente afirma que es. Para un cliente, el departamento de "ventas" suele suponer una empresa ampliada que abarca a muchas más personas que aquellas cuyo cargo contiene esa palabra. El cliente debería poder tratar con cualquier persona que deseara de la empresa y tener la seguridad de que ésta tiene poderes para "cumplir lo que afirma", y que sus intereses individuales se recordarán y respetarán. Eso sólo es posible si existe una gestión de los clientes en algún lugar de la empresa, dentro o fuera del departamento de ventas. *Alguien* de su empresa tiene que trazar una estrategia para <u>cada</u> cliente.

En una organización con múltiples divisiones y productos, que vende varios de ellos al mismo conjunto básico de clientes, o a bases de clientes que se superponen de modo considerable, resulta problemático decidir si disponer de un departamento de ventas unificado o contar con uno independiente para cada división, sobre todo si los productos son técnicamente complejos. Por un lado, conocer la forma adecuada de instalar o de usar el producto exigirá un grado especializado de competencia técnica, lo que dificulta que alguien sin la pericia necesaria hable con inteligencia sobre él. Sería desastroso situar a un vendedor mal preparado ante un cliente que, con casi toda seguridad, tendrá un grado elevado de pericia técnica respecto a los productos de la empresa. Por otro lado, cabe esperar que el mismo cliente compre productos de otras divisiones de la empresa, y desde el punto de vista del coste de las ventas, resultará muy tentador intentar incluir muchos productos y líneas de productos en el arsenal de cada vendedor.

Tanto si su empresa integrada por múltiples divisiones cuenta con departamentos independientes de ventas directas como si no, lo que demuestra con claridad el caso de Astra Merck es que, incluso en el caso de un producto técnicamente complejo que requiere la representación de especialistas cualificados, conectar el departamento de ventas para que toda la empresa comparta lo que se sabe sobre el cliente sigue resultando muy ventajoso.

En una empresa individualizada, como en cualquier otra, es probable que el instrumento más importante para establecer y profundizar en las relaciones con los clientes sea el departamento de ventas directas. Sin embargo, la misma autosuficiencia e independencia de pensamiento que constituye su mayor ventaja puede convertirse en el mayor obstáculo para lanzar un programa de marketing uno por uno, a no ser que planee con cuidado la automatización de los procesos de ventas, y potencie los puntos fuertes y la experiencia que sus vendedores poseen sobre cada cliente.

Lo cierto es que algunos de los mejores vendedores de su empresa podrían haber escrito este libro. Sabrán, de modo instintivo, cómo establecer relaciones más profundas con los clientes, cómo priorizar sus esfuerzos según el valor actual y el posible crecimiento de éstos, y cómo adaptar el comportamiento de la empresa para satisfacer sus necesidades individuales. Su misión debería consistir en concederles poderes para que actuaran así en beneficio de la empresa, implicarlos en un sistema de información de la empresa y estructurar un sistema de compensación por las ventas que favorezca aún más su objetivo de establecer relaciones rentables y duraderas con los clientes, en lugar de conformarse con transacciones aisladas y breves.

AMERICAN CYANAMID: VENTAS INDIVIDUALIZADAS

La división agrícola de American Cyanamid vende productos para proteger las cosechas (control de las malas hierbas y de los insectos), como el herbicida PROWL® y el insecticida COUNTER CR®. El cliente de Cyanamid es el operador de una granja: un productor analítico, experto y listo que viste vaqueros y conduce un tractor. En Estados Unidos, muchas granjas que funcionan hoy en día son empresas comerciales importantes y sofisticadas que dedican una inversión calculada a la protección de las cosechas. Los operadores de las granjas son compradores prudentes, conscientes de que todas las decisiones generan ventajas o consecuencias importantes.

Los vendedores de Cyanamid tienen título universitario, son agresivos y están enfocados al cliente. Hace mucho tiempo, la empresa empezó a diferenciar a sus clientes y a concentrar a cada representante en los cien mayores cultivadores de un territorio. Luego, procedió a averiguarlo todo respecto a esos clientes, incluido el nombre de su perro, el mejor momento para visitarlos, su cafetería o restaurante favoritos, si sus hijos iban a la universidad y variables empresariales más serias, como:

- La cosecha obtenida en cada campo y la práctica de cultivo usada
- La protección de la cosecha, el fertilizante, y la marca y el tipo de semillas usados por campo (de Cyanamid o de la competencia), así como las malas hierbas y los insectos que es preciso controlar
- Las compras exactas de productos de Cyanamid el año anterior, en galones y en dólares (obtenidas a través de un programa de marketing de frecuencia en el punto de compra)
- El cálculo de la cuota del cliente
- La satisfacción del agricultor y el rendimiento de la cosecha por acre el año anterior con respecto a Cyanamid, y lo que es más importante, a la competencia

Cada primavera y otoño, se obtienen los datos cuando se plantan las cosechas y se les aplican los productos de protección, o cuando se cosechan y el agricultor calcula sus resultados. Luego, cada verano e invierno, el vendedor desarrolla un plan de acción táctico, específico para cada uno de los centenares de CMV de un territorio.

El plan es sencillo: una página por una cara y de una naturaleza táctica extraordinaria. Incluye medidas de actuación directa, entre las que podrían figurar:

- Trabajar con los intermediarios locales de Cyanamid AgriCenter™ para planear visitas conjuntas a los cultivadores
- Llevar a un entomólogo para averiguar por qué los resultados de los últimos cuarenta fueron decepcionantes
- Animar el uso a prueba del herbicida LIGHTNING® en los terrenos de maíz IMI® para controlar las malas hierbas
- Pedir una presentación y almuerzo con el cliente y su vecino de al lado que es demasiado leal a la competencia

El plan se revisa con la dirección de ventas antes de ponerlo en práctica. Los mejores planes de ventas de Cyanamid incluyen comentarios del tipo:

- No visitar en diciembre; se van a las Bahamas
- Preguntar por el hijo, John, que está en un portaaviones que se dirije al golfo Pérsico
- Ir con cuidado con el gran perro negro
- Llevar pastas de chocolate

EL "GOLD SERVICE" DE IBM: ¿CANAL? ¿QUÉ CANAL?

Cuando un posible cliente llama a IBM, le costará saber si habla con la misma empresa o con una de sus decenas de millares de socios del canal. "Hablar" es más bien un eufemismo, ya que Internet, el fax, la "tarjeta bingo" y las unidades basadas en la voz lo canalizan a la perfección hacia socios independientes del canal, mientras que los vendedores que conserva la empresa "cazan elefantes" con márgenes que apoyan a los vendedores de "fábrica".

Uno de los grandes retos de IBM y sus competidores consiste en enfrentarse al crecimiento rentable de sus clientes mayores y más importantes. En los grupos analizados, IBM descubrió que los clientes ansiaban consolidar las compras, el mantenimiento y el crecimiento de su arquitectura informática. Para entregar el producto en general, IBM necesitaba contar con infraestructura técnica, así como con métodos de comunicaciones y de marketing.

Lo que el Gold Service de IBM adoptó como estrategia fundacional era revisar y rediseñar el modo en que hace negocios con sus clientes más importantes. IBM decidió que la única forma de que eso funcionara sería invertir en una infraestructura que no sólo se rediseñaría a sí misma sino que establecería una arquitectura que además aportaría un valor evolutivo a sus mayores clientes. Verdaderamente, el Gold Service de IBM constituye el mejor ejemplo de una empresa que practica lo que predica. El principal impulso de la marca de la empresa corresponde al correo electrónico. El Gold Service constituye la infraestructura interna a cuyo través IBM no sólo transmite su mensaje de correo electrónico sino que también lo lleva a la práctica.

IBM invirtió en una infraestructura que iba a proporcionar páginas seguras en redes internas y externas a las que cualquiera que tuviera el permiso y la seguridad para comprar el *hardware*, el *software* y los servicios de IBM podría acceder desde cualquier parte. No sólo eso, sino que IBM empezó a definir una verdadera experiencia individualizada al adaptar cada página para satisfacer las necesidades de los diversos segmentos que las usaría. Así, en período de ejecución, a partir de las condiciones y de las configuraciones y los precios negociados de las creaciones de IBM, los usuarios de, pongamos por caso, Motorola, experimentarían algo totalmente distinto a los usuarios de Boeing, por ejemplo. Eso, unido a una sección dedicada al telemarketing que complementa las páginas, proporciona a IBM una importante propuesta de valor al ofrecer a los directores de adquisiciones, a los directores de oficina, a los directores de departamento, etcétera, una forma fácil y eficaz de hacer negocios.

Por otro lado, en IBM, este modelo ha servido para aportar a los equipos de clientes una buena base de información y una perspectiva sobre los usos de compra, el número de visitas o la afinidad de canales específicos (basados en Internet frente al telemarketing/correo). Así, por ejemplo, como cada visitante está vinculado a un número de identificación personal concreto, el extremo final de IBM es capaz de mantener a los equipos de clientes al día sobre estadísticas y nuevos usos generales de los individuos, y con el tiempo, podrá automatizar el flujo de comunicación con los visitantes en su nombre. Por ejemplo, en el caso de la primera visita de un cliente, se remitirá un mensaje automatizado por correo electrónico en nombre de su representante para agradecerle el contacto y se le brindará la dirección electrónica y el número de teléfono de éste para animarlo a volver a comunicarse con él en el futuro.

Lecturas recomendadas

Khandpur, Navtej; Jasmine Wevers, Kay Khanpur y Patricia Bruce, *Sales Force Automation Using Web Technologies*, Johan Wiley & Sons, 1997.

Khandpur, Wevers y Bruce ofrecen un examen riguroso de los métodos enfocados a fomentar las ventas en Internet. También proporcionan estrategias útiles para aplicar estas herramientas a los ejecutivos informáticos y directores de Internet.

Mackay, Harvey, *Dig Your Well Before You're Thirsty*, Currency Doubleday, 1997.

El hombre que nos enseñó a "nadar entre tiburones" nos ofrece ahora un libro inteligente, ingenioso y jovial sobre un tema que sin duda conoce: las relaciones personales. Cree que el éxito potencial de una persona no depende del talento o la experiencia sino más bien de su red de relaciones. A partir de sus propias relaciones con gente como Lou Holtz, Erma Bombeck y Larry King, explica cómo establecer y mantener una red, con sugerencias convincentes para un equipo de ventas y para todos los demás.

Peppers, Don, *Life's a Pitch... Then You Buy*, Currency Doubleday, 1995.

Esta colección amena y entretenida de anécdotas se basa en la experiencia personal de Don al intentar captar nuevos clientes en el

negocio publicitario. Ideal para cualquier persona que venda a empresas:
nuevas formas de realizar prospecciones, nuevas ideas para luchar y nuevos métodos para diferenciar a su empresa de la competencia.

Petersen, Glen S., *High Impact Sales Force Automation: A Strategic Perspective*, Saint Lucie Press, 1997.
Este libro examina las últimas tecnologías y las oportunidades que brindan para automatizar de las ventas. A partir de sus conversaciones con importantes prestadores de soluciones, Petersen describe cómo pueden aplicar las empresas estas herramientas para lograr grandes resultados.

Siebel, Thomas M. y Michael S. Malone, *La venta virtual: de la fuerza de ventas automatizada a la calidad total de la venta*, Paidós, Barcelona, 1997.
Este libro del empresario de Silicon Valley que creó Siebel Systems expone los argumentos a favor de fomentar la función del vendedor mediante el establecimiento de una relación de mayor colaboración con el cliente.

Wilson, Larry y Hersch Wilson, *Stop Selling, Start Partnering: The New Thinking About Finding and Keeping Customers*, John Wiley & Sons, 1996.
Esta obra comenta los cambios experimentados en el proceso de ventas en los últimos años y ofrece una estrategia para mejorarlo a través de la colaboración con el cliente. Los autores destacan la importancia de desarrollar una relación en lugar de limitarse a hacer la venta.

Actividad 11A

Aspectos de las ventas para ser comentados por el equipo de transición

Fecha de finalización propuesta: _____

1. Charla de ascensor: Explique a su director general cómo un cambio de la compensación por las ventas afectaría la capacidad de efectuar la transición a empresa individualizada de su compañía.

_____

_____

_____

2. ¿Está el éxito de su empresa vinculado a la lealtad y el valor del cliente a largo plazo? ¿Compensa al departamento de ventas por generar el valor y la lealtad del cliente o por vender productos y servicios?

_____

_____

_____

3. Si la lealtad de un cliente debe ser el objetivo, ¿qué sistemas que recompensen el valor vitalicio o la rentabilidad del cliente a largo plazo examinará? Antes de responder a esta pregunta, quizás el equipo de transición desee consultar la Actividad 11D. Los posibles sistemas incluyen:

- Una comisión básica por captar al cliente, más una comisión adicional por aumentar su valor
- Recompensar más al vendedor por vender productos a los CMV que por vender lo mismo a clientes menos valiosos
- Reparto de los beneficios entre todos los miembros del equipo que aumente el valor de los clientes

- Pagar salarios base mucho más altos y ofrecer aumentos por méritos según el rendimiento, y reducir o eliminar por completo las comisiones por las ventas
- Pagar comisiones más altas cuantas más operaciones haga un cliente (escala móvil)

_____

_____

_____

4. ¿De quién necesita apoyo su equipo de transición para que su firma automatice el departamento de ventas?

_____

_____

_____

Actividad 11B
Control de las ventas

Responda sí o no a las siguientes preguntas. Repita esta actividad un año después de haberla finalizado.

Fecha de finalización propuesta: _____

	Ahora	En un año
Nuestra organización depende de un departamento de ventas interno o de campo para su éxito	☐ Sí ☐ No	☐ Sí ☐ No
Compensamos al departamento de ventas por generar la lealtad y el valor del cliente a largo plazo	☐ Sí ☐ No	☐ Sí ☐ No
Contamos con apoyo a alto nivel para la compensación por el valor de los clientes	☐ Sí ☐ No	☐ Sí ☐ No
Tenemos algún tipo de automatización de las ventas	☐ Sí ☐ No	☐ Sí ☐ No
Nuestra automatización de las ventas proporciona información sobre cada cliente a la persona en contacto con él, y se actualiza de modo constante y exacto	☐ Sí ☐ No	☐ Sí ☐ No

Lista de tareas: *Cómo montar un departamento de ventas individualizadas*

¿Quién lo hará? (iniciales)	¿Para cuándo? (fecha)	Tarea	Acabada al 75% (√)	Acabada al 100% (√)
		Establezca requisitos previos: • Sistema sólido de contabilidad de costes • Algún método para evaluar bien a los clientes, aunque no sea con exactitud (variable sustituta) • Dirección en que confía todo el departamento de ventas		
		Logre que el departamento de ventas esté dispuesto a introducir los datos de los clientes en la base de datos de la empresa haciendo que esa información le resulte valiosa		
		Use *software* de gestión de contactos sincronizada, que incluya, entre otros, un sistema de recordatorio y herramientas para planificar las visitas comerciales Convenza a los vendedores de que la estrategia individualizada es una buena idea:		
		1. Déles muchas oportunidades para lograr pronto entradas		
		2. Deje claro que tienen la oportunidad de ganar más dinero a la larga • Mejor gestión de las ventas iniciales • Mejor administración del tiempo • Capacidad de ganar más dinero al usar mejor el tiempo		
		3. Recompense al departamento de ventas por captar CMV y venderles frente a clientes menos rentables que puedan representar ventas más fáciles		

4. Conceda un reconocimiento especial a los vendedores que demuestren aceptación (placa, empleado del mes, etcétera)

Actividad 11D

Diez ideas para la compensación por las ventas individualizadas

Le presentamos diez ideas "inspiradoras" para la compensación por las ventas.

Elemento	Descripción
1. Aumento del valor vitalicio	Use el valor vitalicio como medida principal del éxito
2. Aumento de la cuota del cliente	Pague por una mayor cuota del gasto de cada cliente
3. Ventas cruzadas	Compense a los vendedores por las ventas cruzadas. Incentívelas compensando a los vendedores de varias divisiones
4. Hallazgo de productos para un cliente	Efectúe ventas cruzadas y alianzas estratégicas con otras empresas cuyas competencias principales no se superponen con las suyas
5. Recompense la exactitud y profundidad de los datos sobre un cliente que introduce el vendedor	Facilite que la empresa y el vendedor compartan la relación mediante el establecimiento electrónico de una memoria sobre el cliente
6. Aumento de la conservación	Recompense a los vendedores por conservar al cliente más tiempo de lo esperado Analice y recompense los índices de conservación adecuadamente
7. Satisfacción del cliente	Considere la transacción inmediata y la confianza y el compromiso continuado a largo plazo. Practique el marketing de los "mejores intereses"

8. Prima por remisión de clientes	Compense a los vendedores por obtener la remisión de nuevos clientes de los ya existentes
9. Comisión en una escala móvil	Pague unos ingresos y beneficios mensuales con una escala móvil basada en la actuación del cliente. Cuanto más compre y cuanto más tiempo permanezca en la empresa, más se compensa al vendedor
10. Recompense al personal de atención y apoyo	Establezca un aumento de la compensación al personal de atención y apoyo que conserva o aumenta el valor del cliente

Actividad 11E

Lista de tareas para la automatización de las ventas

Fecha de finalización propuesta: _____

¿Quién lo hará? (iniciales)	¿Para cuándo? (fecha exacta)	Actividad	Acabada al 75%	Acabada al 100%
		Trabaje con el grupo de informática de su organización para confirmar que sus objetivos y dirección son compatibles con sus planes y capacidades		
		Elabore un inventario de todas las funciones y los procesos de sus comunicaciones actuales con el departamento de ventas para determinar qué puede automatizarse		
		Prepare una plantilla de los campos de información que le serán más útiles para desarrollar relaciones de aprendizaje con los clientes		
		Examine su proceso de generación de ventas iniciales y su seguimiento para determinar cómo automatizar este proceso a fin de evaluar las ventas iniciales y seguirlas de principio a fin		

Evalúe las aptitudes y las necesidades de formación, y empareje a los representantes cualificados con los que precisan ayuda
Póngalo en marcha sólo cuando el personal de ventas pueda obtener algún valor. Empiece por la distribución de ventas iniciales
Cambie los informes de ventas en papel a formato electrónico
Solicite previsiones e información sobre los posibles clientes al departamento de ventas y que éste informe con regularidad sobre la posición relativa de cada posible cliente en el ciclo de ventas
Una vez implantado, obligue a usar el sistema, empezando por el equipo de dirección de ventas
Ofrezca formación continua y sesiones de mejora a los vendedores que deseen aumentar su capacidad de usar el sistema
Empiece por sus profesionales más expertos y sus CMV
Establezca y use una red interior

Actividad 11F

Lograr que el departamento de ventas proporcione datos de los clientes

Fecha de finalización propuesta: _____

Objetivos: Información para fortalecer el proceso de ventas

- Experiencias e interacciones recientes del cliente con la empresa
- Información sobre cada individuo del equipo concreto de clientes
- Experiencias y aprendizaje relevantes a partir de clientes parecidos

- Necesidades e información basada en el valor para facilitar aún más la diferenciación de los clientes

- Participación en las oportunidades de crecimiento de los clientes

Actividad: ¿Qué datos concretos necesitará?

Considere el tipo de información que es probable que sea útil en las visitas comerciales y asegúrese de que está a disposición de la organización para que el vendedor tenga acceso a ella. Empezaremos la lista, pero quizá desee añadir algunos elementos para su propia empresa.

1. Las experiencias e interacciones recientes del cliente con la empresa

2. Información sobre cada individuo del equipo concreto de clientes

3. Experiencias y aprendizaje relevantes a partir de clientes parecidos

4. Datos de los clientes que necesitan validarse o actualizarse

5. Necesidades e información basadas en el valor para facilitar aún más la diferenciación de los clientes

6. Participación en las oportunidades de crecimiento de los clientes

7. Tiempo que los vendedores pasan en la introducción de datos tras la venta

8. Cómo pueden los vendedores trasladar con mayor rapidez las conclusiones y las peticiones a otros departamentos para que actúen, y vaciar así su escritorio para poder dedicarse a más ventas (tiempo de ventas)

9. Procedimiento de calificación y priorización para las consultas que surgen en las visitas con los clientes actuales y posibles

10. Comunicación de la priorización interna

CAPÍTULO DOCE

El centro de atención telefónica individualizado

CÓMO USAR EL CENTRO DE ATENCIÓN TELEFÓNICA PARA ESTABLECER LA EMPRESA INDIVIDUALIZADA

Mientras los encargados de marketing más ambiciosos del mundo se recuperan del primer asalto de la "locura por Internet" y observan el horizonte del diálogo individualizado con los clientes, ese horizonte está más cerca de lo que parece. De hecho, para encontrarlo basta descolgar el teléfono.

Tradicionalmente, se encuentra en un sótano, en un rincón del almacén o lejos de la deslumbrante oficina central de las empresas importantes de todo el mundo. Se considera una necesidad costosa, casi funesta. En muchos casos, lo dirige un antiguo especialista en telemarketing. El centro de atención telefónica es casi siempre el departamento más descuidado de la empresa, carente del respeto de la dirección y de los ejecutivos de marketing.

Sin embargo, está cobrando nueva vida a medida que las páginas Web y los números de llamada gratuita invitan a los clientes a efectuar comentarios, formular preguntas e interactuar. Alguien, en alguna parte, tiene que responder todas esas preguntas. En la actualidad, nadie de la empresa, salvo los empleados del centro de atención telefónica, parecen conversar con regularidad con los clientes. Hablar con los clientes suele dominarse en el departamento de ventas, pero constituye una misión cada vez más crítica en las empresas que invitan a sus clientes a interactuar más. En consecuencia, los centros de atención telefónica empiezan a ser por fin respetados.

Casi cualquier clase de empresa, de cualquier tamaño y sector, puede mejorar muchísimo sus relaciones con los clientes, la cuota del cliente y la venta progresiva de los productos o servicios con la ayuda del centro de atención telefónica. Entre otras cosas, estos centros ofrecen a los encargados de marketing una oportunidad única para obtener datos directamente de los clientes, sin necesidad de utilizar filtros como la investigación cuantitativa, los grupos específicos o las muestras representativas. Los clientes que llaman a un centro constituyen una muestra autoseleccionada, pero aquellos a quienes se llama activamente, no. Cada llamada entrante, organizada como es debido, supone además una ocasión comercial (una oportunidad maravillosa para aumentar la cuota del cliente). No se limite a remitirme el manual o la pieza de recambio que pedí; dialogue conmigo sobre su empresa, sus servicios y los productos adicionales que podría encontrar útiles en mi situación particular.

El centro de atención telefónica constituye el medio ideal para establecer relaciones con cada cliente.

El centro de interacción con los clientes: teléfono, fax, Internet

Muchos centros de atención telefónica adquirieron sin darse cuenta su función actual tras iniciarse como líneas de consulta, líneas de información o quizá como servicio de petición de piezas de recambio. Con el tiempo, la línea de consulta se fue ampliando con objeto de incluir la necesidad creciente de los clientes de comunicarse con la empresa directa y rápidamente. En consecuencia, lo más seguro es que la misión actual de este centro, si existe, no se haya estudiado demasiado. La mayoría de los centros están más preocupados por los costes mensurables del tiempo que se habla y las llamadas atendidas por hora que por los beneficios más difíciles de cuantificar que suponen la satisfacción del cliente, la resolución de quejas o la lealtad. Casi nadie ajeno al mundo del marketing directo se atreve a sugerir que los beneficios o el aumento del valor de los clientes pueda deberse a los millares de llamadas atendidas a diario.

Sin embargo, hoy en día, el centro de atención telefónica de muchas empresas se ha convertido en un departamento empresarial que trata todos los aspectos del contacto electrónico con los clientes. Suele integrar bajo su techo todas las actividades relacionadas con las consultas, las peticiones de ayuda y otras interacciones, de modo que en la actualidad este tipo de centro, más amplio y completo, debería llamarse con mayor propiedad "centro de interacción con el cliente". Su función se amplía muchísimo para convertirse en la piedra angular de la empresa en todas sus interacciones con los clientes.[*]

En un centro de interacción, los clientes pueden hacer cualquier gestión usando el medio de comunicación que elijan. En él suelen resolverse sus peticiones: hacer una compra, comprobar los movimientos de sus cuentas, consultar sus pedidos actuales, solicitar información sobre nuevos productos o recibir apoyo técnico. Está organizado para ayudar a los clientes a obtener las respuestas que necesitan y a resolver sus preguntas con una sola llamada, fax, correo o comunicación electrónica.

El centro de interacción ideal proporcionaría una relación individualizada a los clientes de la empresa, de uno en uno. Ofrecería un punto único de contacto para tratar las necesidades de cada cliente en un auténtico "entorno de gestión de los clientes" que aumentaría la eficacia y eficiencia de las interacciones. Los pedidos se servirían más deprisa. Las instrucciones de envío se determinarían de antemano según el perfil y la política empresarial del cliente. Muchas llamadas se tratarían a través de interfaces automatizadas de autoservicio, lo que permitiría que los agentes atendieran a los clientes más rentables o a aquellos que prefieren interactuar con una persona.

No se trata de ciencia ficción. Hemos visto un sistema de Chordiant Software, una empresa de Palo Alto, que permite un tratamiento totalmente diferenciado de los clientes tanto en las

[*] El doctor Jon Anton, asesor de la Universidad Purdue, ha investigado durante años los distintos aspectos de la atención al cliente, en especial los relacionados con hacer negocios por teléfono. Afirma que el término "telerred" (*teleweb*) está adquiriendo cada vez mayor aceptación.

interacciones en vivo como en las de tipo autoservicio. Las opciones de envío ofrecidas a un cliente que efectúa un pedido por correo, por ejemplo, pueden ajustarse de acuerdo con sus anteriores compras y el estado de su cuenta. Un cliente preferente que se pone en contacto con la empresa (por teléfono, por correo electrónico o realizando una consulta en Internet) puede recibir automáticamente sus pedidos al día siguiente sin coste adicional. Las llamadas de las personas que han solicitado ayuda más de tres veces en poco tiempo se dirigen de modo automático a un técnico experto que posee toda la información sobre los servicios anteriores que hayan recibido. Además, si la llamada dura más del tiempo previsto sin resolverse, se intensifica automáticamente. Cuando el perfil de un cliente muestra un saldo deudor, el sistema puede adoptar por defecto el parámetro de entrega sólo contra reembolso. La gran cantidad de datos de los clientes y las ofertas consistentes de servicios permiten que los operadores se concentren en escuchar a los clientes y en establecer relaciones a la vez que proporcionan valor añadido y brindan oportunidades de ventas cruzadas, mientras que el sistema se encarga de las tareas más rutinarias del envío de mensajes, el cumplimiento y la confirmación. Los sistemas como Chordiant permiten incluso cambiar la mezcla de productos, la fijación de precios, las promociones y las ofertas de servicios por región, por tamaño o tipo del pedido o por cliente individual, y los expertos en marketing pueden dirigir y modificar al momento estos criterios de selección en un entorno enfocado al artículo. Se acabó tener que incorporar los proyectos a la cola de programación.

Algunas llamadas emitidas se basan en un "diálogo lleno de datos" para poder mantener conversaciones más largas y relevantes. Este tipo de llamadas no persigue tanto obtener información o vender un producto como establecer o ampliar una relación entre la empresa y un cliente de valor elevado. Sky Alland Marketing, que se especializa en la gestión de relaciones con los clientes, ha desarrollado la denominada Smart Talk ("conversación inteligente"), que surge de la premisa de que el buen diálogo constituye buen marketing. En el ámbito de Smart Talk, la información captada en los contactos anteriores con el cliente se introduce en el guión de la llamada, lo que posibilita entablar un verdadero diálogo individualizado. Sky Alland confía en que Smart Talk establecerá relaciones con los clientes para empresas como Porsche, Mitsubishi y Owens Corning.

En el caso de Mitsubishi, Sky Alland capta los contactos telefónicos con los clientes palabra por palabra, y obtiene una información muy valiosa que transmite al intermediario local o se incorpora al guión de una futura llamada emitida. Smart Talk permite a quien llama entablar una conversación personal e inteligente con los clientes sobre sus preocupaciones específicas.

Convertir un centro de atención telefónica en un centro de interacción, más automatizado y capaz, genera un entorno en que puede cultivarse una verdadera relación de aprendizaje con cada cliente. También convierte a un operador mal remunerado de atención al cliente en un vendedor bien preparado, y lo dota de una memoria impecable y exhaustiva para cada cliente. No obstante, este enfoque se desvanece ante el *modus operandi* de la mayoría de los centros, que parece más bien un manual de ingeniería. Los datos lineales y operativos guían a la mayoría de los centros de atención telefónica tradicionales, en gran medida porque se consideran centros de coste.

"Reducir el tiempo de conversación un 7%"
"Mejorar la satisfacción del cliente un 8%."
"Reducir el índice de abandono de llamadas un 19%."

Los directores financieros y los directores generales de operaciones que suelen supervisar el centro de atención telefónica sólo echan de vez en cuando un vistazo a algún dato que no guarda relación con el coste por puesto o el coste por llamada. Muy a menudo no tienen ni idea sobre las posibilidades de marketing ni de la capacidad de establecimiento de relaciones que se ocultan en esa unidad de negocios pequeña, cara y muchas veces problemática del sótano.

Para aplicar un programa de marketing uno por uno que de verdad potencie la interacción con los clientes, primero deberá dar un paso atrás y hacer un giro de 180° en el modo de pensar: del coste al beneficio. Contemple la instalación de un centro de interacción con el cliente no sólo como un coste de sus operaciones, sino como una oportunidad para mejorar sus beneficios. Este tipo de centro puede:

- Vender productos y servicios adicionales, y ampliar así su cuota del cliente
- Apoyar los productos complejos o caros, y reducir el coste de los servicios
- Proporcionar servicios auxiliares continuados, y aumentar así la lealtad del cliente al producto básico
- Calificar de antemano las ventas iniciales, y reducir así su coste
- Reducir la necesidad de obtener nuevas operaciones con descuentos, y mejorar los márgenes totales de la unidad
- Efectuar investigación del mercado de bajo coste, y reducir la necesidad de una investigación externa, más cara

Canadian Tire Acceptance Ltd. (CTAL), la división de servicios financieros de la empresa Canadian Tire Corp., Ltd., de 4.000 millones de dólares, espera aumentar las ventas y fomentar sistemáticamente la conservación de los clientes a través del desarrollo de un centro de atención integrado. Tiene previsto eliminar las transferencias de las llamadas molestas y que llevan tiempo para garantizar que se trata a todos los clientes de un modo individual.

Se espera que estos esfuerzos ejerzan un efecto importante en toda la empresa. CTAL se fundó para servir a los cuatro millones de poseedores de tarjetas de crédito de Canadian Tire, pero se ha convertido en el centro de atención telefónica principal de la empresa.

CTAL, una iniciativa centrada en el cliente, se basa en el sistema de solución de comunicaciones con el cliente de Chordiant Software, que permite preparar un perfil sofisticado de los clientes desde el centro de atención telefónica y actuar en función del mismo. Mary Turner, vicepresidenta de atención al cliente de CTAL indica: "El centro de atención telefónica es una ventaja estratégica. Constituye nuestro punto principal de contacto con el cliente. Tenemos que ampliarlo al máximo".

Sin embargo, las exigencias son muchas, ya que los diez centros de atención de CTAL funcionan veinticuatro horas al día, siete días a la semana y responden más de quince millones de llamadas al año. Se espera que sus operadores proporcionen una atención personalizada a la vez que tratan un variado conjunto de necesidades de los clientes, con la solución de más de doscientos tipos de peticiones distintas. Lo que CTAL pretende es asegurarse de que cada operador puede resolver cualquier necesidad de un cliente sin transferir la llamada a otros departamentos.

CTAL posee varios objetivos empresariales clave:

- Una mayor lealtad de los clientes a Canadian Tire como consecuencia de la mejoría del servicio;
- Atención personalizada al cliente y reducción de las transferencias;
- Introducción rápida de nuevos productos o cambios de los servicios existentes;
- Requisitos de formación menores para los representantes de atención al cliente, e
- Integración de todos los puntos de contacto con el cliente a través de un solo sistema que pueda hacerse cargo de las interacciones por Internet, correo electrónico y teléfono.

Como Turner explica: "Nuestro objetivo principal consistía en crear un entorno de atención al cliente que permita aplicar una gama completa de servicios enfocados al cliente, en el que conozcamos su comportamiento y sus necesidades, ofrezcamos la introducción oportuna de nuevos servicios que el cliente de Canadian Tire valora y fomentemos los servicios existentes para satisfacer sus expectativas.

"Cuando iniciamos el proyecto, echamos un vistazo a nuestras operaciones y vimos que teníamos demasiados centros de atención independientes. Parecía que cada vez que introducíamos un producto o servicio nuevo, establecíamos un centro de atención nuevo. Así que decidimos agilizar las operaciones para que los clientes pudieran contactar con el representante adecuado siempre que llamaran".

CTAL eligió Chordiant porque ofrecía una tecnología que integraba datos de diversos medios y fuentes, y no obligaba a la empresa a adoptar procesos empresariales inflexibles. Turner añade: "Al principio, pensamos en adoptar un enfoque progresivo, pero muy pronto nos dimos cuenta de que debíamos adoptar un punto de vista estratégico a largo plazo. De otro modo, podríamos acabar con una solución parcial que, a la larga, no nos serviría".

Como muestra este ejemplo, uno de los elementos clave de una estrategia individualizada consiste en desarrollar un centro de interacción que reconozca de inmediato a cada cliente e integre los datos que se reflejan en la relación. Puede ser un reto exigente y caro, pero muchas empresas se han percatado de lo fundamental que resulta este tipo de esfuerzo de cara a la lealtad y la rentabilidad de los clientes.

El centro de interacción proporciona a su empresa un mecanismo esencial para interactuar con los clientes actuales y posibles. Como indicamos al introducir el concepto de interacción, éstas no sólo debe intentar ser rentable sino también eficaz. Sin embargo, del mismo modo que enfocamos la dirección de las relaciones con el canal, del departamento de ventas directas y de todos los demás elementos de la ejecución de un programa individualizado, para poner en marcha los centros de atención utilizaremos también los cuatro pasos: identificar, diferenciar, interactuar y personalizar, que proporcionan un conjunto valioso de controles para aplicar los principios del marketing uno por uno.

Identifique a quien llama

El paso de la identificación en el contexto de un centro de interacción parece casi demasiado trivial para ser comentado. Incluso en un centro de atención basado en los productos y orientado al coste por completo, aplicar alguna forma de número automático de identificación (ANI) o de tecnología de identificación de la llamada, que permite que el ordenador acceda al registro de un cliente mientras el teléfono aún suena, ahorra costes importantes. Algunas veces, el coste también puede reducirse usando una identificación automatizada para enviar cada llamada a un nodo adecuado, tanto si se trata de un representante de atención especial para la instalación de un sistema complicado como de una respuesta telefónica interactiva para una llamada no identificada.

Por otro lado, no todos los clientes llamarán al centro de interacción, y quizás en su negocio sólo pueda identificar a aquellos que decidan hacerlo o que se identifiquen a sí mismos en su página

Web. El centro de interacción proporciona un mecanismo para identificar una proporción mayor de los clientes hasta ese momento anónimos. Así pues, el primer principio real para organizar un centro de tipo individualizado consiste en promocionarlo entre aquellos clientes que más desea identificar. Querrá asegurarse de que por lo menos sus mejores clientes puedan identificarse, e incluso incentivarlos a ello.

Little Tikes, la división de juguetes de Rubbermaid y uno de los mayores productores de automóviles para niños, puesto que ha vendido millones de automóviles de pedales "Cozy Coupe" a lo largo de los años, cuenta ya con una página en Internet. Con una gran ambición, Little Tikes anima a sus clientes a contactar con la empresa, no con un incentivo caro sino simplemente grabando su número de llamada gratuita en todos los productos que vende. ¿Necesita una rueda de recambio, una pieza de repuesto o un juguete difícil de encontrar que su hijo de cinco años desea con todas sus fuerzas? Seguro que el número de llamada gratuita de Little Tikes se encuentra esparcido por el suelo del cuarto de los juguetes. Cada vez que un cliente llama, la empresa identifica a otro usuario final y almacena su información identificadora en su base de datos para facilitar cada vez más las futuras interacciones con él.

Diferenciar a quien llama

Incluso las operaciones de los centros de atención más anticuados permiten cierto grado de clasificación o "ruta de especialización", de modo que las llamadas recibidas se remiten a un individuo o puesto concretos. Este ajuste relativamente simple y potente genera enormes beneficios en cuanto a la atención al cliente y el control de los costes.

American Airlines y muchas otras líneas aéreas ofrecen números diferenciados para los pasajeros oro, platino y "100K". Estos pasajeros especiales son reconocidos de inmediato y asignados a representantes mucho más deprisa que el cliente normal. Además, los operadores asignados han sido promocionados de cargos inferiores, están bien remunerados y saben que deben esperar las llamadas más exigentes y complicadas de los clientes más valiosos de la empresa.

Dell Computer dirige a las empresas que llaman al número principal de llamada gratuita al gestor de cuenta que conoce todos sus términos, especificaciones de los productos, requisitos de los pedidos y otros datos. Como hemos visto en las llamadas de un "comprador misterioso", el empleado de Dell sabe en ocasiones más cosas sobre la empresa del cliente y sus requisitos respecto a ordenadores personales que él mismo. Lo que convierte eso en una ventaja muy atractiva es que Dell utiliza las llamadas recibidas como un mecanismo para diferenciar a los clientes entre sí y para enviar a cada uno de ellos al nodo adecuado del centro de interacción.

Para los centros de atención y las bases de datos de las que depende su eficiencia y éxito, una buena gestión de la información resulta problemática. La mayoría de los directores de informática y de información de marketing presumen de la riqueza de datos que sus sistemas de varios terabytes pueden almacenar para cada cliente. Sin embargo, los datos de los clientes, en sí mismos, no son demasiado útiles en un centro de atención de alta velocidad. Cuando se tiene en línea a alguien enojado que desea una solución inmediata, se necesita conocer al cliente. Dejar a esa persona en espera mientras el operador repasa las páginas a la búsqueda del historial, las compras y el perfil puede ser más perjudicial que el problema que desencadenó la llamada.

Además de dirigir al cliente de un especialista u otro, un buen centro de interacción ofrece también la información suficiente al encargado de la atención para que sepa lo que es exclusivo de este cliente concreto. Los mejores y más automatizados aplican principios de personalización para modularizar la descripción de los clientes, de modo que desarrollan perfiles, o "cubos" que resumen la relación de la empresa con cada uno de ellos. De esta forma, en una situación en vivo, el operador obtiene información al instante sobre la relación de un cliente concreto con la empresa y empieza a reflejarlo con palabras y hechos, empezando por: "Buenos días, ¿en qué puedo ayudarlo?".

GTE Teleservices ha resuelto esta cuestión. Ofrece soluciones tecnológicas a empresas de teléfonos móviles, que suelen recibir avalanchas de llamadas furiosas de clientes buenos y malos por igual. GTE desarrolló un producto de obtención de datos llamado

ChurnManager que escanea todos los datos del archivo de un cliente y los resume en una interfaz gráfica de fácil manejo que se destaca en el primer registro que el operador de atención que responde la llamada ve en pantalla.

La relación de cada cliente con GTE está resumida con datos gráficos y numéricos para notificar al encargado de atender al cliente su posible descontento, así como su valor y su propensión a abandonar el servicio.

En cuanto a la rentabilidad, de una a cinco bombas indican la longevidad de un cliente, mientras que de uno a cinco monederos, su valor total para el prestador del servicio. Respecto al perfil del cliente, una bomba señala posibles imprevistos que pueden surgirle al cliente, lo que refleja el número de quejas, las interrupciones del servicio u otros problemas de los que haya informado recientemente.

Al instante, casi sin pensar, el encargado de atender al cliente lo conoce íntimamente con sólo mirar la cantidad de monederos y bombas que se destacan en la pantalla. Los mejores sistemas presentan este tipo de información de reconocimiento inmediato para diferenciar a los clientes cuando el teléfono todavía suena. Si llama a un centro de atención telefónica de GTE equipado con ChurnManager desde su móvil, como suele suceder, el índice de acierto es excepcional.

Nadie le pregunta el número de cuenta (que ninguno de nosotros recuerda) ni su número de teléfono móvil (que algunos recordamos). "Buenos días, señor García. Gracias por ser uno de nuestros mejores clientes. ¿En qué puedo ayudarlo esta mañana?" es mucho más inteligente, agradable, rápido y rentable que "Buenos días, ¿podría darme su número, por favor? Y, por cierto, ¿cuánto tiempo hace que es cliente nuestro?".

Interactuar con quien llama

Mejorar la interacción que mantiene con los clientes, como hemos dicho, significa trabajar para mejorar su rentabilidad y eficacia. Cuanto más rentables sean sus interacciones, más podrá interactuar con los clientes. Asimismo, cuanta más información útil obtenga de estas interacciones, más fuerte será el vínculo que podrá crear con cada cliente individual.

Con el tiempo, Internet permitirá que muchos consumidores interactúen con las empresas con las que trabajan, lo mismo que hoy en día millares de clientes de Cisco y Dell recurren a la red para obtener consejo sobre los productos, configuración y apoyo. Sin embargo, por ahora, los consumidores se ven privados de Internet en la mayoría de las categorías, y un mecanismo muy bueno si desea conservar un coste de ventas bajo a la vez que mejora el servicio que ofrece es un centro de interacción con el cliente de tipo individualizado y competente.

Con respecto al centro de interacción, los dos objetivos hermanos de la interactividad (la rentabilidad y la eficacia) están relacionados entre sí. Por una parte, el coste de una venta "en vivo" sigue aumentando, de modo que atraer más visitas comerciales a un centro de interacción generará beneficios en forma de costes mucho más bajos. Por otra parte, la probabilidad de encontrar un vendedor inteligente y entendido en el ámbito minorista sigue descendiendo en muchos negocios de cara al consumidor, así que dirigir las solicitudes rutinarias de información hacia un centro de interacción más controlable mejorará la eficacia de sus interacciones.

La eficacia constituye una medida tradicional del éxito de un centro de atención telefónica, pero establecer una relación comprende muchas más cosas que el mero control de los costes. Fomente una actitud cálida, simpática, respetuosa y positiva por parte de la empresa cuando los clientes llaman para formular preguntas, solicitar ayuda o aclarar algún aspecto. El cliente ha dedicado parte de su tiempo a contactar con su empresa, así que agradezca ese contacto y mime al cliente. Convierta la llamada en una experiencia positiva y agradable, algo que pueda conseguirse fácilmente con un coste nominal progresivo.

La actitud del centro de atención es tan fundamental como la tecnología. ¿Cuál es el entorno de trabajo del centro y cómo le hacen sentir los vendedores nuevos o antiguos al ir a trabajar cada mañana? Perciba y recompense las sonrisas más amplias, que seguro pueden oírse a través de las líneas telefónicas.

La mayoría de los centros de atención telefónica definen el éxito rentable en cuanto a la duración de la llamada o lo deprisa que se termina con el cliente. Sin embargo, un centro individualizado procura hablar más con clientes interesados, no menos, y utiliza cronómetros y ordenadores para medir el beneficio concreto y progresivo, de cada conversación prolongada.

Little Tikes, por ejemplo, ofrece un especial semanal en casi todas las llamadas. Se trata de un elemento de fin de serie, de sobrantes o de un producto que no viola su poderoso canal minorista. Vail Associates, Inc., vende *forfaits*, lo que constituye una venta añadida evidente para las personas que llaman a esta estación de esquí para reservar alojamiento. Además de asegurarse de que el cliente esquiará en Vail en lugar de en un competidor cercano, vender los *forfaits* por teléfono acorta las colas para conseguirlos in situ, lo que ahorra cierto tiempo al cliente y reduce los costes de la estación de esquí. Otros encargados de marketing añaden una o dos preguntas sencillas y amables sobre la satisfacción del cliente a la conversación de las llamadas recibidas, o solicitan el nombre de algún posible cliente.

El coste y el beneficio de una duración prolongada de la llamada se mide comprobando su política contra un grupo de control. Efectúe una oferta especial a cada persona número n que llame el mes siguiente. Compare los beneficios brutos de la oferta con el coste progresivo del "tiempo que se habla" y amplíe el programa según dicten los números.

Personalizar para quien llama

Un elemento individualizado fundamental en el diálogo con los clientes consiste en cultivar una memoria institucional sobre su relación con cada uno de ellos. Dicho de otro modo, si le he dicho que calzo un 46, no vuelva a preguntármelo, y no tarde demasiado en advertirme que no fabrica esta talla; dígamelo antes de que empiece a leer números de código, descripciones del producto y precios.

¿Cuándo fue la última vez que su director general de operaciones o vicepresidente de marketing pasó más de veinte minutos en el centro de atención telefónica? Los operadores de centro listos entregan todos los meses a dirección cintas grabadas de una hora con una muestra aleatoria de llamadas, buenas y malas. Los operadores algo más listos solicitan a los miembros de dirección que dediquen unas cuantas horas al mes a escuchar llamadas con unos auriculares de supervisor. Los más listos de todos insisten en que pasen en persona un turno completo en el centro.

En una empresa farmacéutica importante, el centro de atención telefónica constituye una parada obligatoria en la carrera ascendente de los vendedores mejores y más prometedores. Tras el éxito en las ventas de campo, pasan un año en este centro de camino hacia un cargo "cómodo" en la oficina central. Se solicita a los vendedores que interactúen directamente con los clientes —médicos, en este caso— todos los días. La empresa considera que la experiencia permitirá que estos individuos sientan una mayor empatía por los clientes y contribuyan en la dirección ejecutiva.

A veces la mejor norma es no tener normas

Uno de los centros de interacción con una cantidad de contactos más alta del mundo es el Centro de Información Nacional del Cáncer de la American Cancer Society, en Austin, Texas. Este centro de noventa puestos se construyó a finales de 1996 y atiende más de un millón de llamadas al año. Las llamadas recibidas abarcan desde personas que efectúan un donativo de diez dólares o que buscan consejos para dejar de fumar hasta el sobrecogedor: "Hola, me acaban de diagnosticar un cáncer en fase avanzada. Ayúdenme".

Para hacer frente a esta enorme gama de llamadas y servir su noble misión, la sociedad suprimió casi todas las normas que por regla general rigen un centro de atención al cliente. ¿Por qué? Su misión sugiere que todos los clientes forman parte del grupo de CMV, tanto si llaman porque desean donar cinco dólares o preparan un trabajo escolar como si se enfrentan a esta devastadora enfermedad. En cuanto a las operaciones del centro, piense en las normas de la American Cancer Society cuando se plantee las suyas:

- Todas las llamadas se responden en vivo para que el centro resulte acogedor y cálido, en especial a quienes llaman en un momento de gran angustia
- La duración de las llamadas no se mide ni se comenta nunca
- Las llamadas se remiten donde sea preciso, y se anima a los especialistas a efectuar búsquedas de artículos, así como investigación básica para encontrar la información que precisa quien llama

- Los encargados de la atención hacen pausas y pasean con regularidad, y dedican una hora al día aproximadamente a averiguar más cosas sobre el "producto" a través de las enormes bases de datos informatizadas del centro

Sin duda, se trata de un punto de vista instructivo y que ha proporcionado notable consuelo a millares de personas en un momento de gran angustia. Nuestras felicitaciones a la American Cancer Society, y gracias por ofrecernos a los tipos normalmente comerciales algunas ideas de las que aprender.

Lecturas recomendadas

Anton, Jon, Jodie Monger y Debra Perkins, *Call Center Management: By the Numbers*, Purdue University Press, 1997.
Los autores presentan un manual excelente sobre la superación de retos y el desarrollo de un centro de atención telefónica con éxito. El libro está lleno de consejos prácticos, así como de medidas y metodologías útiles.

Zajas, Jay J. y Olive D. Church, *Applying Telecommunications and Technology from a Global Business Perspective*, Haworth Press, 1997.
Zajas y Church demuestran cómo los ejecutivos que cumplen funciones diversas en una empresa pueden capitalizar la aparición de tecnologías de telecomunicaciones. Su libro ofrece un estudio excelente de esta tecnología y de su impacto en las empresas.

Actividad 12A

Veinte preguntas que puede plantearse al evaluar su centro de atención telefónica

Fecha de finalización propuesta: _____

Para reflexionar sobre el uso que hace su empresa de los centros de atención actuales y futuros analice todas las preguntas siguientes que pueda.

Tras responderlas, empiece el proceso de evaluación. Donde se solicita, utilice las columnas de la derecha para indicar lo siguiente:

Actuación aceptable: Señale esta casilla para indicar una actuación aceptable en esta área.

Necesidad de mejorar: 1, 2 o 3 para indicar la urgencia de la mejora necesaria (1 para la mayor urgencia).

Facilidad de mejora: Use un signo "+" para indicar que la situación puede mejorarse con el equipo o *software* existente, un "0" para indicar la necesidad de una mayor investigación y un signo "-" para indicar obstáculos importantes en el futuro.

La mejora puede iniciarse con las preguntas contestadas con un "1+". Utilice el sistema de puntuación para priorizar las medidas que se van a adoptar tras esas mejoras inmediatas.

Pregunta	Actuación aceptable	Necesidad de mejorar (1 a 3)	Facilidad de mejora (+, 0, o -)
Estrategia del centro de atención y aplicaciones empresariales			
1. ¿Apoyan los centros de atención toda la estructura geográfica de su empresa? (Las empresas con múltiples divisiones deberían evaluar cada unidad de negocios y su estrategia por separado)			
A. Oficina central			

Pregunta	Actuación aceptable	Necesidad de mejorar (1 a 3)	Facilidad de mejora (+, 0, o -)
B. Centros del servicio principal			
C. Centros de producción			
D. Centros de proceso			
E. Centros de reclamación			
F. Establecimientos minoristas			
G. Oficinas de ventas			
H. Distribuidores independientes			
2. ¿Cuáles son las líneas de negocio de su empresa y sus estrategias para ellas?			
A. En cada línea de negocio, ¿qué funciones y servicios se ofrecen?			
B. Para cada servicio prestado, ¿cuáles son los orígenes de los clientes?			
C. ¿Cuál es el enfoque de identificación, segmentación y titularidad respecto a los clientes de cada línea de negocio?			
D. ¿Cuál es el valor y la estrategia para esta línea de negocio (por ejemplo crecimiento, conservación, entrada en un mercado nuevo, supresión/reducción de costes)?			
3. ¿Cuál es la estructura de informes de las líneas de negocio y de sus centros de servicios?			

Pregunta	Actuación aceptable	Necesidad de mejorar (1 a 3)	Facilidad de mejora (+, 0,o -)
A. ¿Dirigidos desde la oficina central?			
B. ¿Dirección distribuida geográficamente?			
C. ¿Se usan de modo adecuado las posibles sinergias entre estas áreas?			
4. Describa las necesidades de crecimiento y las estrategias, las oportunidades y los siguientes aspectos:			
A .¿Crecimiento por aplicación?			
B. ¿Crecimiento por geografía?			
C. ¿Crecimiento por los servicios ofrecidos?			
D. ¿Principales iniciativas empresariales por fecha y fases?			
E. ¿Estructuras adecuadas para apoyar las iniciativas?			
5. Describa los métodos para la contratación, formación, dotación de personal y planificación			
A. ¿Cuál es la distribución de las aptitudes de los agentes y dónde se sitúan?			
B. ¿Se equilibra el uso de las aptitudes de los agentes por toda la empresa?			
C. ¿Se optimizan las tarifas del personal, las horas extraordinarias y los cambios de huso horario?			
D. ¿Se optimiza la dirección del equipo y los recursos?			

Pregunta	Actuación aceptable	Necesidad de mejorar (1 a 3)	Facilidad de mejora (+, 0,o -)
6. ¿Se comparten los enfoques de personal?			
A. ¿Contratación común?			
B. ¿Formación común?			
C. ¿Materiales de apoyo comunes en red y fuera de ella?			

Preguntas sobre operaciones y tecnología

Pregunta	Actuación aceptable	Necesidad de mejorar (1 a 3)	Facilidad de mejora (+, 0,o -)
7. ¿Cómo se organiza la tecnología respecto de la información sobre los clientes?			
A. ¿Cómo se organizan las bases de datos de registros de clientes?			
B. ¿Dónde se sitúan físicamente?			
C. ¿Cómo se organizan y se presentan al usuario las aplicaciones basadas en pantallas?			
8. ¿Cuál es la infraestructura de las comunicaciones?			
A. ¿Cuál es la arquitectura actual de la red telefónica?			
B. ¿Llegada común de las llamadas?			
C. ¿Línea de enlace internodal común?			
D. ¿Prestaciones virtuales?			
E. ¿Plan de numeración en los distintos puestos?			
F. ¿Adecuación del ancho de banda para los volúmenes máximos?			

Pregunta	Actuación aceptable	Necesidad de mejorar (1 a 3)	Facilidad de mejora (+, 0,o -)
9. Examine los datos de la gestión de llamadas: estadísticas del rendimiento en función del tiempo en todas las aplicaciones a modo de resumen por puesto			
10. Examine las relaciones "de" y "a" en cuanto a todas las transferencias entre puestos			
11. Examine la adecuación y la difusión del plan actual de recuperación de desastres			
12. Examine la estrategia para equilibrar la carga entre los distintos puestos			
13. Repase las normas operativas para las horas y los días por puesto y aplicación			
14. Localice y evalúe la información de la infraestructura de la respuesta telefónica			
15. Examine los datos del uso de la unidad de respuestas telefónicas			
16. Describa la distribución de las llamadas y la asignación de los agentes			
17. Describa los métodos actuales de gestión usados para las interconexiones y los distribuidores automáticos de llamadas, incluidos los informes de gestión			
18. Describa la estacionalidad principal de las llamadas por puesto y aplicación			
19. Valore las aplicaciones de integración de telefonía informática, por flujo y por ubicación de la aplicación			
20. Identifique las cinco áreas principales de descontento de la dirección con el funcionamiento actual del centro de atención telefónica			

Cortesía de Lucent Technologies, antes las unidades de sistemas y tecnología de AT&T. Desarrollado por Joe Righter, director del centro de atención telefónica de Lucent.

Actividad 12B

Comprobación "de la salud" del centro de atención telefónica

Los clientes efectúan la evaluación más rigurosa de cualquier centro de atención telefónica millares de veces al día, por lo que este examen reproducirá la experiencia de la interacción de los clientes en la medida de lo posible. Dicho de otro modo, las compras misteriosas suponen una herramienta rigurosa de diagnóstico.

Las compras misteriosas proporcionan un análisis cualitativo que, al unirse con las estadísticas del centro, ofrece una visión mucho más válida del centro de atención a través de los ojos de los clientes. Las políticas y los manuales de procedimiento presentan a los centros en un estado ideal. Las comprobaciones en vivo demuestran el alcance con que esas políticas y esos procedimientos están implantados y ofrecen en la actualidad la mejor experiencia posible al cliente.

Fecha de finalización propuesta: _____

Paso	Descripción
1. Planificación de la comprobación "de la salud"	• Elija un número de llamadas que suponga una muestra representativa del volumen del centro de atención. Lo ideal sería que la prueba incluyera 500 llamadas por lo menos • Programe las llamadas de prueba en diversos períodos que reflejen bien los volúmenes de llamadas (si la mitad de las llamadas se reciben normalmente entre las 8 y las 11, efectúe la mitad de las llamadas de prueba durante ese período) • Asegúrese de incluir horas punta, momentos de pausas clave, madrugadas y fines de semana (si existe más de un centro, efectúe la muestra de modo proporcional) • Prepare pruebas que representen a tipos diferentes de cliente o clientes de distinto valor o importancia para la empresa, o ambos a la vez. Observe los diferentes grados de atención, si existen

so

- Consiga personas para hacer las llamadas de prueba que representen a los usuarios que llaman. Plantéese contratar a personas ajenas a la empresa si es preciso
- No olvide que las normas sindicales pueden exigir que se notifique a los empleados cuándo se efectúa una comprobación
- Asegure a los operadores que no se está controlando el rendimiento individual en el estudio. Si es necesario, suprima los datos del registro que los identifiquen

---

2. Comparación con la competencia

- Efectúe una versión a menor escala de la evaluación para un número entre tres y cinco de los competidores más importantes de su empresa por lo menos cada seis meses. Utilice preguntas objetivas que le proporcionen estadísticas directamente comparables a fin de poner en una balanza su centro de atención con el de la competencia
- Solicite información por correo, fax o correo electrónico. Controle el tiempo de respuesta de la competencia. Concéntrese en la actitud, la amabilidad, la simpatía y el esmero de las respuestas. Plantéese el uso de cronómetros para conocer el tiempo total de la llamada y los períodos de espera

---

3. Desarrolle una herramienta de análisis

- No existen dos centros de atención iguales. La misión, el funcionamiento y las interacciones se establecen para ajustarse a las necesidades de la empresa. Desarrolle una hoja sencilla de evaluación que pueda usarse de inmediato al finalizar cada llamada No haga más de diez o doce preguntas en ella (véase la actividad 12A)
- Cuantifique las preguntas cuando sea posible —contestadas sí o no con un sistema de puntuación del 1 al 5— a fin de poder compararlas entre distintos centros de atención, horas del día, tipos de cliente, etcétera.

Actividad 12C

Lista de control para evaluar la calidad desde el punto de vista individualizado de una llamada

Escuche diez o más llamadas elegidas al azar que reciba su centro de atención (asegúrese de que tanto el cliente como el operador saben que quizás escuche). Evalúe esas llamadas a partir de los siguientes criterios:

Fecha de finalización propuesta: _____

Identificación del cliente

¿Reflejó el operador algún conocimiento de quien llamaba o de su situación?

¿Identificó el sistema de modo automático a quien llamaba y lo vinculó a su registro?

¿Fueron el saludo y la definición del problema breves, serviciales y escuetos?

¿Fue el saludo simpático e informativo?

¿Fueron las opciones claras y fáciles de entender?

Diferenciación del cliente

¿Se utilizó algún saludo exclusivo o personalizado una vez que finalizó la identificación?

¿Reflejó el agente algún conocimiento de la relación anterior con la empresa de quien llamaba?

¿Se usó la información sobre el cliente para acelerar el proceso (por ejemplo, "¿Desea que se lo envíe a...?")

¿Se formularon preguntas perspicaces para obtener mayores conocimientos sobre el comportamiento o la relación del cliente con la empresa?

Interacción con el cliente

¿Se respondió la llamada con rapidez y de forma adecuada?

Si fue preciso transferir la llamada, ¿se produjo en un número razonable de segundos?

¿Se produjo algún "tiempo muerto" o período prolongado de espera?

En caso afirmativo, ¿se usó el tiempo de espera para ofrecer la información adecuada?

¿Se ofrecieron otras opciones con claridad si correspondía (por ejemplo, hablar con un operador o dejar un mensaje?

¿Resolvió por completo el problema la primera persona que habló con el cliente?

¿Se pidió al cliente alguna información que ya debería poseer la empresa?

¿Cuánto tiempo se tarda en responder a peticiones concretas por correo postal o electrónico, o por fax?

¿Cuánto tarda en llamar un vendedor cuando así se le solicita?

Personalización

¿Tenían poder los agentes para salirse de los guiones o las normas? ¿Y para los clientes valiosos?

¿Se trasladó la información del cliente al transferir la llamada o volvió a empezar la conversación desde el principio con el nuevo agente?

¿Se produjo alguna oferta especial, concesión o información como consecuencia de la interacción anterior de quien llamaba con la organización?

¿Presentó el agente opciones para perfeccionar aún más el servicio de la empresa?

¿Responderá el centro de atención del modo preferido (correo electrónico, fax, correo postal o en persona) o lo hará sólo en un formato específico?

La página Web individualizada

CAPITALIZAR LA CAPACIDAD DE INTERNET

Warren Buffett afirma que el secreto de unas buenas relaciones con los accionistas es el mismo que el de un buen matrimonio: expectativas que apunten bajo.

Aunque puede que tenga razón, otro secreto para una buena relación es tener memoria. Por este motivo, resulta útil imaginar un matrimonio feliz formado por dos personas que se han ido conociendo cada vez mejor con el paso de los años. Basta con que piense en los detalles:

- El café no está nunca ni demasiado fuerte ni demasiado flojo; los domingos toca chocolate a la taza
- Los jueves, sobre las ocho, le pasan el teléfono para que llame a su madre
- Él lee primero las secciones de noticias locales y deportivas, y ella se queda con la primera página y la sección de economía
- Los termostatos de todas las habitaciones están a su temperatura ideal

- Comenta los simpáticos que son los Smith y ¡ya está!, Se incluyen en su agenda social

Quizá sean ejemplos tontos, pero si nos trasladamos a un entorno empresarial, de inmediato se dará cuenta de que el secreto de tener un cliente satisfecho no se limita a las expectativas que apunten bajo. Hay que recordar al cliente y adaptar el comportamiento de la empresa a sus necesidades.

Puede que ésta sea la teoría más básica del marketing uno por uno, pero en ningún lugar la pondrá más a prueba que en la página Web de su empresa. Esta página, por su naturaleza, personifica la esencia misma de las capacidades necesarias para el marketing uno por uno: es un canal interactivo inmediato y muy rentable. Puede personalizarse para cada visitante. Puede proporcionar información compleja sobre productos o servicios, calificar las ventas iniciales, formalizar las transacciones de compra o efectuar tareas de atención al cliente.

Entonces, ¿por qué no se lanzan las empresas a preparar una página Web? Porque, como un buen matrimonio, exige mucho trabajo. Resulta mucho más sencillo comprar vídeos, juegos, animaciones en Java y otros trucos para la página. Preparar una página Web que esté a la altura de sus posibilidades individualizadas exige que:

- Identifique a cada visitante o le ofrezca un incentivo para que se identifique él mismo
- Diferencie a cada visitante, en cada ocasión, a partir de sus necesidades pasadas y futuras
- Averigüe todo esto sin presentar cuestionarios largos y difíciles
- Controle e interprete el proceso de consulta (el curso de los clics del ratón)
- Recuerde toda la interacción
- Se personalice para satisfacer las preferencias individuales de cada visitante

Es mucho trabajo, pero si lo hace bien, su página Web puede dirigir a toda su empresa hacia el marketing uno por uno. Estudiar los diversos aspectos y conflictos relativos a la preparación de una página Web individualizada centrará la atención de los directores de su organización en lo que se precisa para tratar de un modo distinto a los distintos clientes, de una forma integrada y racional.

Fijar objetivos

Antes de dejarse cautivar por los ingeniosos juguetes de Internet, pregúntese por qué desea su empresa tener una página Web. Cuando se introduzca en el World Wide Web, ¿cuál será el contexto empresarial de su página?

Muchas empresas se apresuran a diseñar una página antes de decidir qué quieren lograr con ella. Diseñar una página es creativo y divertido, pero fijar objetivos y acordar las medidas para determinar si esos objetivos se logran exige análisis y mucho trabajo. Aun así, establecer los parámetros empresariales es un primer paso que resulta fundamental. La página Web de cualquier empresa obedece a tres tipos básicos de objetivos:

1. Dirigir la generación de ingresos: vender productos y servicios, cobrar cuotas de abono o pagos por publicidad;
2. Reducir costes o mejorar la eficiencia: normalmente, servicios de autoayuda para los clientes, empleados o socios, y
3. Generar beneficios indirectos o a largo plazo: sobre todo, mejorar el conocimiento o la imagen de la marca.

Incorpore las medidas a la página desde el principio a fin de determinar el éxito en el cumplimiento de los objetivos que establezca; asimismo, fije un plazo para lograrlos. Lo mismo que los publicistas cuentan con un coeficiente entre publicidad y ventas, y controlan el impacto de una en otra, compruebe que su empresa sabe lo que invertirá en la página y las ventajas relativas que espera de ella.

Las medidas deberían ajustarse a su modelo empresarial. Si éste consiste en la generación de ingresos directos, establezca objetivos específicos. Por ejemplo, si desea aumentar la cantidad de dinero que gasta cada cliente, ¿cómo contará y seguirá los resultados? Si quiere generar más ingresos por publicidad, ¿significará eso aumentar el número de anunciantes o aumentar el precio de los anuncios?

Si desea reducir costes y mejorar la eficiencia, lo más útil sería centrarse en automatizar unas cuantas funciones del servicio al cliente y eliminar algunos pasos. Piense en lo que los clientes necesitan de usted en cuanto a apoyo y servicio, y plantéese cómo lograr que ellos mismos resuelvan sus dudas o problemas. Luego, mida el éxito contando cuántos clientes se ayudan solos. A veces, como sucede con Cisco Online, por ejemplo, establecer servicios de autoayuda en Internet permite que una empresa atienda a una categoría totalmente distinta de cliente: aquel al que sólo tiene sentido atender porque Internet se lo permite sin necesidad de vendedores ni de agentes telefónicos.

Si trata de darse a conocer u obtener alguna otra ventaja indirecta, puede medir aspectos como el número de visitantes a la semana o el tiempo dedicado a cada visita. Puede compensar el gasto de la página Web con la reducción del presupuesto de medios de difusión en masa. Quizá quiera controlar otras variables, como el grado de satisfacción de los clientes entre los CMV o el coste reducido del correo electrónico en comparación con el correo corriente.

Entre otras variables que podría controlar en la medida de lo posible figuran:

- Visitantes que acceden por primera vez frente a los que repiten y aquellos con cuentas de cargo
- Usuarios técnicos de sus productos o servicios frente a los no técnicos
- Altos ejecutivos frente a directivos medios o personal de menor rango
- Gente que desea orientación o apoyo respecto al producto frente a la que quiere especificaciones sobre las compras
- Usuarios avanzados de sus productos o servicios frente a los principiantes

Comprobación de la realidad

Antes de prepararse para desarrollar una página Web individualizada, quizá prefiera enfrentarse a algunas cuestiones importantes:

1. Aunque tal vez sea rentable, no resultará barata. Desarrollar y mantener una página individualizada activa para una empresa importante (a partir de 100 millones de dólares de ventas, por ejemplo) exigirá un presupuesto anual de seis cifras (en dólares) para siempre; un gasto anual de siete cifras sería más realista si espera que la página ejecute transacciones y contribuya en la atención al cliente. ¿Está la empresa preparada para asignarle este dinero?

2. Responda dos preguntas:
   (a) Si crea una página Web, ¿le importará a los clientes que la empresa se esfuerce por ellos o tendrán mejor opinión de ella?
   (b) ¿La empresa está realmente dispuesta y preparada para concentrarse en esta tarea compleja y a largo plazo, o es probable que se trate sólo del siguiente "proyecto de moda", destinado a sufrir la misma muerte lenta y agotadora de recursos que otros de este tipo?

3. Hay algo más en juego que una página Web; mucho más. Analice las funciones que ofrecen mayor valor a sus clientes y su empresa, junto con aquellas que podrían ponerse en práctica con el menor coste o trastorno. Cualquier página individualizada será multidimensional y le exigirá derribar barreras entre departamentos. Ventas y entregas tendrán que hablarse entre sí, digitalmente por supuesto, minuto a minuto. ¿Está preparado para ello y puede su empresa asumirlo?

4. Casi todas las empresas que preparan una página Web, en todos los sectores, informan pronto de que la página y sus capacidades revolucionan su modo de operar. No se conforme con nuestra palabra. Abra cualquier revista de negocios y lea las noticias. Así pues, cuando lance una página Web individualizada, prepárese para subir a un toro mecánico. Recuerde que es mejor estar subido a uno que observar cómo los competidores le ganan la partida subidos en los suyos.

Si le ha echado valor y, a pesar de todas nuestras advertencias, ha decidido seguir adelante y preparar una página que contribuya a mantener relaciones individualizadas con sus clientes actuales y

Identificar a los visitantes

posibles, el primer paso consiste en identificar a los visitantes. Puede que le parezca algo sencillo, pero no lo es.

Primero, están las limitaciones prácticas. Para reconocer a los individuos, necesitará plantearse las tecnologías disponibles de identificación en la red, todas ellas con puntos fuertes y débiles. La forma más habitual de identificar a los visitantes y sus actividades en la página es a través de las *cookies*, o galletas: información que se almacena en un fichero de texto del ordenador del usuario y que facilita la personalización y la localización de éste. Se trata de un modo bastante sencillo y fiable de localizar a las personas, aunque existe cierta preocupación en el ámbito de Internet porque la práctica de "dejar caer" *cookies* en el disco duro del usuario es invasora y pone en peligro la seguridad. Los "certificados digitales" (que ofrecen VeriSign y otras empresas) representan otra forma de tratar la cuestión de la identificación, que para el usuario es del todo voluntaria en este caso. Aunque por regla general se considera una tecnología más segura para garantizar la autenticidad de la identidad de un usuario (debido a las dificultades técnicas de leer una identificación codificada), la necesidad de tener que solicitarla activamente y garantizar la compatibilidad ha limitado la popularidad de estos enfoques entre los consumidores generales.

Las empresas tienen que animar a sus visitantes a inscribirse en la página si quieren identificarlos. En un entorno como Internet, en que las peticiones de información sobre los clientes actuales y posibles son frecuentes, eso supone un reto.

La forma más segura de identificar a los visitantes cuando acceden a la página Web consiste en ofrecer algún tipo de incentivo para que se identifiquen ellos mismos, es decir, que consideren que les interesa hacerlo. Si su página está diseñada para proporcionar asesoramiento personalizado sobre productos o servicios, o para facilitar la autoayuda a los clientes, no hay que devanarse demasiado los sesos para lograr que los visitantes se identifiquen. La página no funcionaría sin un mecanismo para que el cliente le indicara quién es.

Pero si, como sucede más a menudo, su página intenta atraer la visita de clientes actuales y potenciales para venderles productos y servicios directamente, para ofrecerles información de modo más rápido y rentable, o para establecer una mejor relación con ellos, la identificación se complica. Resulta evidente que, al principio de la relación, esa identificación le interesa más a la empresa que al cliente (ésta consigue información real sobre un cliente actual o potencial, alguien a quien podría vender más cosas). Sin embargo, para él, revelarle su identidad significa pasar un par más de minutos, darle a unas cuantas teclas más y (en el fondo, por lo menos) pensar lo fácil que le resultará a la empresa abusar de esa información (venderla a terceros, "darle la lata" con mensajes electrónicos carentes de valor y con ofertas vanas que le harán perder más tiempo todavía). Lograr que un visitante se identifique cuando accede a la página no suele ser coser y cantar.

Diálogo "de goteo". Algo que no debe hacer es amenazar una relación incipiente con la presentación de un perfil o un cuestionario complejo e inmenso. En lugar de eso, obtenga la información útil para la transacción actual, recuérdela y vaya estableciendo la relación a lo largo del tiempo, poco a poco. Piense en ello como en una especie de goteo para regar la relación. No la inunde con grandes dosis de datos; vaya preparándola paso a paso.

Si desea animar a los visitantes a identificarse, piense qué puede ofrecerles para darles mayor comodidad, ventajas o incluso alguna forma de descuento o compensación económica. Una forma de imaginar todo el proceso interactivo (el curso de los clics que define la sesión de un visitante de su página) es pensar en él como en el intercambio de un valor por otro. Déme un poco de información y yo le daré algo a cambio; déme algo más y yo haré lo mismo. Paso a paso, guíe al visitante a través de una serie de interacciones beneficiosas e informativas.

En cada paso del proceso, concéntrese en reunir la información que le resultará útil. No moleste al visitante pidiéndole información con un valor incierto para el desarrollo de la relación. Conocer el sexo de un cliente no será fundamental para venderle más *software*, por ejemplo. Sin embargo, conocer sus aptitudes informáticas actuales podría resultarle de lo más útil.

Por desgracia, muchos operadores de páginas Web siguen intentando obtener la misma información descriptiva que las empresas utilizan para dirigir su publicidad en masa. Además, algunos operadores consiguen los datos, pero no los usan ni siquiera para eso.

Excite vende alrededor de 37 millones de dólares de publicidad al año en su página de búsqueda, el segundo directorio de la World Wide Web por detrás de Yahoo!. No obstante, según un estudio sobre iniciativas de marketing uno por uno que efectuó la revista *Wired*, Excite todavía no ha utilizado ninguno de estos datos ni para dirigir mejor sus anuncios, a pesar de que ha obtenido los nombres y códigos postales de sus visitantes en Internet durante dos años.

En el mismo artículo, el autor sostiene que los consumidores son mucho más reticentes a proporcionar información personal a los operadores de Internet de lo que muchos habían previsto. Sin embargo, ¿qué otra cosa cabía esperar? Si dedico tiempo y esfuerzo a revelarle información personal de algún tipo y no veo que esa información se use nunca para beneficiarme a mí —no veo que revelársela me beneficie— ¿por qué voy a tomarme la molestia de revelarle más?

Diferenciar a los visitantes

Aunque, por regla general, es importante ordenar primero a los clientes por su valor con objeto de canalizar sus recursos para atender las necesidades de aquellos que más ingresos le hacen generar, en Internet esta máxima no lo es tanto. Las interacciones automatizadas en este medio son tan rentables que el gasto es muy pequeño. El coste de preparación podría ser elevado, en especial si las páginas se destinan a unos cuantos clientes nada más, aunque en cualquier caso, este coste no puede asignarse a categorías concretas de clientes. Además, el coste de las transacciones originado al manejar una sola interacción en la red es casi desdeñable.

En Internet, la primera tarea para diferenciar a los clientes no consiste por fuerza en ordenarlos por su valor sino por sus necesidades. Para conseguirlo, lo más sencillo es ofrecer varias opciones iniciales, diseñadas para atraer a distintas comunidades de intereses.

1. Imagine a sus clientes según sus tipos de necesidades. Piense en el visitante y no en la visita. Céntrese en las características que distinguen a un visitante en cuanto a las necesidades que intenta satisfacer al acceder a su página.

2. Planee dotar a su página de diversas características y ventajas diseñadas para atraer a esas distintas comunidades de intereses.

3. Diseñe una serie de elecciones, opciones, preguntas o rutas que canalicen a los visitantes hacia la comunidad adecuada.

Una vez, posea más datos sobre cada visitante (tras repetidas visitas o interacciones), empiece a usar herramientas más sofisticadas e incluya a los clientes en grupos cada vez más ajustados, con una idea más precisa de sus necesidades. Su objetivo consiste en lograr que cada vez les resulte más cómodo acceder a su página y encontrar lo que precisan, que piensen que les resultó más cómodo que la vez anterior.

Generadores de correspondencias. A fin de favorecer la interacción y una continuada mejora de la relación, debe poder establecer correspondencias entre su contenido y las necesidades del visitante, para lo cual precisará un "generador de correspondencias". Un tipo de generador consiste en una simple selección a partir del perfil. Establezca varios tipos de perfiles para satisfacer las necesidades de los diferentes tipos de clientes a los que representan. Cuando un visitante accede a la página, sugiera que elija aquel que se adapta mejor a sus necesidades. Algunas páginas utilizan fotografías de personas para representar mejor la información del perfil. Una tienda podría referirse a un perfil del tipo "dependiente" o "comprador personal", mientras que una página informativa podría referirse a ellos como "ayudantes de búsqueda".

Con independencia de cómo lo llame, está ofreciendo al visitante la oportunidad de designar a un "agente" para que represente sus necesidades y preferencias personales. Este tipo de agente es burdo y aproximado, pero permite a la página usar un mejor modelo empresarial interactivo que el de tratar a todos los clientes de modo idéntico.

Para convertirse en un agente auténtico, el perfil debe actualizarse sin cesar con el registro de las compras y las interacciones del visitante, de modo que se vuelva más inteligente cada vez que éste lo use. Al diseñar una página Web individualizada, recuerde cómo interactúa con agentes humanos de carne y hueso en varias situaciones empresariales ajenas a la Red. Por ejemplo, puede confiar en la encargada de una agencia de viajes para que le ayude a elegir dónde pasar las vacaciones. Cuando llame a la agencia, le preguntará algunas cosas para formarse una idea de lo que busca, luego quizá le ofrezca una selección de tres destinos posibles. Usted reacciona ante ellos (por ejemplo, el segundo parece mejor, pero le apetecen unas vacaciones con más actividades), y ella le responde con dos o tres sugerencias adicionales.

La dinámica real que caracteriza cualquier relación entre agente y cliente es la reacción. Entre ambos, se produce un círculo de reacciones: el cliente pide algo, el agente le sugiere algunas opciones; el cliente las comenta y el agente usa esta reacción para generar un nuevo conjunto de alternativas. Con cada interacción de este tipo, el agente se acerca más a las preferencias personales del cliente. Además, la próxima vez que el cliente desea algo, el agente recuerda lo que averiguó la vez anterior, de modo que todas las reacciones relevantes se incorporan asimismo en la interacción siguiente. Es evidente que la relación entre agente y cliente constituye una relación de aprendizaje en que el agente averigua cada vez más detalles del cliente.

Ésta es la dinámica que desea crear para el generador de correspondencias de su página Web individualizada. Si prepara la página de modo que el generador de correspondencias use la reacción del visitante para que a éste le resulte cada vez más fácil encontrar lo que necesita, también le resultará cada vez más fácil visitar su página y no la de la competencia, donde tendría que volver a indicar sus preferencias. Cuando en una agencia de viajes ya saben sus preferencias y le han reservado bien varios viajes, es arriesgado y difícil cambiar a otra, ¿verdad?

Otro tipo de generador de correspondencias implica una técnica mucho más en boga en la actualidad debido a la enorme capacidad interactiva de Internet: el filtrado colaborador. Se trata de una técnica que en el capítulo nueve de nuestro libro *Enterprise One to One*, denominamos "conocimiento comunitario". Si tiene millares de visitantes que interactúan con usted de varias formas y buscan un contenido particular para satisfacer sus intereses, puede hacerles recomendaciones inteligentes y muy individualizadas a partir del examen del contenido que los miembros de una comunidad de intereses solicita más veces.

Hoy en día, existen varias empresas que ofrecen soluciones de *software* de filtrado colaborador, incluido Net Perceptions y Firefly. La página de selección musical de Firefly constituye un ejemplo inicial de la aplicación de esta tecnología. En ella, el visitante podía solicitar recomendaciones musicales. Primero, se le pedía que puntuara varios tipos de música, grupos y discos compactos. Luego, se le aconsejaba un disco compacto o un grupo musical a partir de la comparación de sus puntuaciones con las de otras personas.

Encontrará un excelente ejemplo actual de filtrado colaborador para seleccionar películas en Moviefinder, una aplicación de Net Perceptions que funciona en la página Web de E! (http://www. moviefinder.com). Esta página le permite introducir el nombre de una película que esté en cartelera o que se haya lanzado hace poco en vídeo, o bien una película antigua. Puede especificar que le gusta personalmente o que obedece a los gustos de usted y su cónyuge. El concepto básico es simple: empiece por puntuar unas cuantas películas que haya visto, según si le gustaron mucho o nada en absoluto. Cuantas más puntuaciones proporcione al generador, mejor corresponderá la sugerencia a su gusto. Tanto Barnes and Noble como Amazon.com poseen generadores de filtrado colaborador en sus tiendas de libros en Internet, y Net Perceptions tiene previsto incorporar un ambicioso filtrado colaborador que abarque también redes internas, directorios en línea, gestión del conocimiento y otras aplicaciones.

Sin embargo, esta tecnología tiene limitaciones. En primer lugar, resulta más adecuada para aquellos tipos de intereses y preferencias que a la gente le cuesta más expresar con palabras, motivo por el que sus primeros éxitos corresponden a selecciones de música y vídeo. En ambos casos, puede ser más sencillo para el usuario mencionar los tipos de películas o discos compactos que le han gustado en el pasado que intentar explicar por qué le gustaron. Por otra parte, si puede describir bastante bien sus intereses mediante el lenguaje, un directorio/subdirectorio básico de temas sería una forma de selección más fiable y rápida.

Asimismo, las técnicas matemáticas implicadas en el filtrado colaborador exigen una gran cantidad de datos puntuales. David Anderson, un matemático que ha trabajado en problemas de filtrado colaborador, lo denomina "problema del arranque en frío". Se precisan muchos datos antes de poder orientar a nadie. No sólo se necesitan varias puntuaciones de una persona concreta para lograr establecer con exactitud lo que de verdad le interesa, sino que hay que contar con puntuaciones de una cantidad de personas significativa desde el punto de vista estadístico, con gustos algo parecidos, a fin de establecer comparaciones. Según Anderson, una de las razones del éxito del filtrado colaborador (que él llama "filtrado social") en el ámbito del vídeo es que, comparado con la música o la literatura, existe un número relativamente limitado de "grandes" películas que todo el mundo ha visto y puede puntuar.

Ahora bien, con independencia del generador de correspondencias que use, lo importante es analizar las elecciones de los visitantes de su página Web para empezar a diferenciarlos con detalle en función de sus necesidades. Empiece por las comunidades de interés, pero a medida que acumule más datos y experiencia, divida esas comunidades en subcomunidades y en subsubcomunidades.

Lo ideal es que las comunidades en que agrupe a los clientes estén al menos relacionadas con el valor que tienen para su empresa, de modo que pueda identificar a los grupos más valiosos e introducir más servicios para ellos. Casi siempre es posible relacionar el valor de un cliente con sus necesidades, por lo menos hasta cierto punto, y si lo logra en la página Web, dispondrá de un vehículo para asegurarse de prestar una atención especial a los CMV.

Además de localizar y clasificar las "necesidades comunitarias" de los visitantes, deseará conocer las individuales (nombre, dirección, número de tarjeta de crédito, etcétera) para facilitarles los pedidos o la respuesta a un cuestionario o encuesta.

Al intentar integrar las necesidades comunitarias e individuales, piense en la página Web de una agencia de viajes para reservar billetes de avión. Las necesidades comunitarias de un pasajero en viaje de negocios comprenderían aspectos como la información sobre los horarios y los enlaces de vuelos (incluso de otras compañías), junto con el acceso a clubes e instalaciones preferentes de las líneas aéreas, los hoteles para ejecutivos, el servicio de automóviles e incluso los enchufes para ordenadores portátiles en los asientos del avión. Es probable que los pasajeros en viaje de negocios tengan en común estas necesidades que, en esencia, definen su "comunidad".

Las necesidades comunitarias de los pasajeros en viaje de placer serán distintas e incluirán factores como la comparación de los precios y la información sobre los destinos, los alojamientos familiares, los asientos para niños, los paquetes de actividades, etcétera.

En ambos casos —viajes de negocios y de placer—, las necesidades individuales de cada pasajero abarcarán aspectos como la preferencia del asiento, las comidas especiales, el número de teléfono, el número de cuenta de pasajero frecuente, etcétera.

Lo cierto es que hemos definido nuestras "comunidades" en cuanto al acontecimiento en vez de respecto al visitante, es decir, quien accede a esta página un día para reservar el billete para un viaje de negocios podría reservar otro para un viaje de placer al día siguiente. Sin embargo, las preferencias son más frecuentes e identificables en el primer caso. Así pues, definir de este modo las comunidades no está mal, siempre y cuando recordemos incluir la posibilidad de que cualquier visitante clasificado en el grupo de viajes de negocios pueda indicar en un momento dado que va a realizar un viaje de placer.

Puede identificar la comunidad a la que pertenece un visitante concreto a partir de las elecciones que efectúa al acceder por primera vez a la página. Si se dirige a los horarios o a los preparativos relativos a negocios, es probable que pertenezca al grupo de viajes de negocios, pero si intenta encontrar el billete más barato, seguramente se incluirá en el de viajes de placer. Si es indeterminado, puede preguntarle cuál de estos dos tipos de viaje planea. La cuestión es que su página Web individualizada debería crearse de forma que los primeros clics del ratón de cualquier visitante revelaran su naturaleza.

Una página Web constituye el lugar ideal para interactuar con los clientes. De hecho, cada clic supone una interacción, aunque también lo son las llamadas a un centro de atención telefónica y las transacciones en el punto de venta. Cuando piense en este tercer paso para poner en práctica la estrategia y en cómo aplicarlo a una

Interactuar con los visitantes

página Web, recuerde que, si bien Internet representa sólo un tipo de interacción, casi siempre se trata de la más rentable. Por una parte, eso significa que debería procurar relacionar las interacciones con un cliente en la página Web con todas las formas restantes de interacción a su disposición. Podría considerar, por ejemplo, la presencia de botones *call me* (llámeme) o de *chat* (conversación en tiempo real).

En segundo lugar, tiene que favorecer todas las interacciones posibles en Internet y trasladarlas a este medio desde vehículos más costosos como el centro de atención telefónica. En las fases iniciales, por lo menos para generar el movimiento inicial de sus clientes más frecuentes, quizá quiera plantearse un incentivo económico para fomentar el uso de la página Web en lugar del centro de atención telefónica; por ejemplo, para efectuar una compra o una transacción.

No obstante, a la larga, tiene que facilitar al cliente todo lo humanamente posible la interacción en la página Web, de modo que éste la prefiera por su comodidad. La página Web debería incluir todos los tipos imaginables de peticiones o iniciativas de los clientes. En el capítulo diez de *Enterprise One to One*, sugeríamos que una forma de empezar la transición hacia la empresa individualizada consistía en efectuar un "inventario de las interacciones" que documentara todos los medios por los que los clientes interactúan (Internet, teléfono, visita comercial, etcétera) y en combinar cada medio con los distintos motivos fundamentales de la interacción, tanto si la iniciaba el cliente como la empresa.

Sin embargo, la página Web es, por naturaleza, un vehículo de interacciones recibidas, ya que si el cliente no inicia la interacción, ésta no se produce. Así pues, al evaluarla para decidir el tipo de utilidad que ofrece a los visitantes, elabore una lista con todas las razones por las que un cliente podría querer iniciar una interacción con su empresa, y asegúrese de incluirlas todas.

El cliente debería poder acceder a la página Web y pedir o comprar un producto, comprobar la situación de su cuenta, solicitar un servicio para su producto, especificar o configurar su producto o servicio, obtener información o sugerencias sobre el uso adecuado de su producto, consultar la disponibilidad de un producto o la situación de un pedido remitido con anterioridad, presentar una queja, realizar una sugerencia, cuestionar una factura o remitir una carta de admiración. Al iniciar cualquiera de estas interacciones, el cliente tiene derecho a esperar que recuerde sus interacciones anteriores y que responda de modo que no tenga que repetirse nunca. Por tanto, si planea mantener una página Web individualizada, tenga previsto incorporar y procesar todas estas formas de interacción recibidas. Eso exigirá sin duda que integre el funcionamiento de la página en diversos sistemas de su empresa, desde la gestión de las existencias hasta la especificación y facturación de los productos.

Además de incluir estos tipos de interacciones, quizá desee contemplar también el permitir que el cliente contacte con otros (o por lo menos con páginas de referencia), o establezca comparaciones paralelas con productos y servicios competitivos de otras empresas.

Si ha realizado bien la diferenciación, el visitante que acceda a la página se incluirá con bastante rapidez en algún tipo de perfil, que se actualizará sin cesar a medida que la información del estudio se procesa y se controla el curso de sus clics. Como Internet es una interfaz tan interactiva, es importante permitir que los visitantes mantengan el máximo control posible sobre su perfil. Cuando prepare la página, incluya un botón de "actualización de perfil" en la barra de menú para que el visitante pueda modificar en cualquier momento la forma en que se presenta e indica sus necesidades. El ser humano es voluble: puede que lo que dije ayer hoy no sea cierto porque no entendí bien la pregunta, porque me imaginaba algo distinto o porque cambié de parecer. Con independencia del motivo, la página Web debe ser flexible.

Personalizar para los visitantes

¿Conoce el juego de las "veinte preguntas"? Debe tratar de adivinar lo que pienso y, para ello, puede hacerme veinte preguntas del tipo "sí o no". Cuantas menos haga antes de adivinar la respuesta, mayor será su puntuación.

Este juego constituye una buena analogía a la hora de elaborar bien una página Web individualizada, ya que cuanto mejor escuche al cliente, procese la información y personalice la próxima interacción, más rápido triunfará. A continuación, le presentamos unas cuantas lecciones inspiradas en el juego de las veinte preguntas:

- La respuesta más reciente de un cliente debería dar forma, o quizá suprimir, la siguiente pregunta. Si el cliente le indica que piensa en un ser vivo, no le pregunte si se trata de un mineral. Si afirma que es menor que un microondas, no le pregunte si se puede patinar en él.
- Haga sólo una o dos preguntas a la vez, es decir, aplique la metodología del "goteo". No intente obtener todos los detalles de la información de golpe. No saque conclusiones prematuras y moleste al visitante sólo con las preguntas cuyas respuestas necesita de inmediato.
- Haga las menos preguntas posibles necesarias para satisfacer las necesidades de un cliente.
- Efectúe sugerencias concretas sólo después de tener respuestas suficientes para hacer una suposición coherente. Intentar adivinar antes de cuenta provoca intentos absurdos de complacer al cliente: "Nuestro superbuscador de lujo ha encontrado 7.657 productos que satisfacen sus criterios. ¿Desea ver los 10 primeros?".

El verdadero secreto de la personalización de la página Web consiste en utilizar principios de personalización en masa. En lugar de estancarse en la incorporación de todas las diferencias imaginables entre sus visitantes, debería modularizar la página y el modo en que se presenta. Las opciones por las que se decanta un cliente pueden usarse así para ofrecerle páginas y configuraciones distintas.

Han surgido varias empresas para abordar los retos de la personalización en masa de la página Web. Nos ha causado muy buena impresión el trabajo de firmas como BroadVision, SMART Technologies y Vignette Corp. La sofisticada tecnología "centro de mando dinámico" de BroadVision permite que los directores de empresa cambien con rapidez las aplicaciones y las normas de la empresa para adaptarse a las necesidades y las preferencias individuales de sus clientes. Esto facilita la venta cruzada, la *up-selling* y la conservación de los clientes mediante la personalización del contenido a partir de la información del perfil, el comportamiento durante la sesión y otros tipos de entradas. Broadvision se concentra en los mercados de comercio electrónico, servicios financieros y gestión de conocimientos, y posee una amplia gama de clientes impresionantes que están llevando a la práctica sus tecnologías.

SMART Technologies vende sistemas de dirección de relaciones empresariales. Su producto eCostumer está diseñado para captar con eficacia al individuo y facilitar una interacción personalizada y dinámica en tiempo real. SMART se concentra en proporcionar un "punto de conexión integrado y dirigido por el cliente" que llega a todos los departamentos de la empresa para que el personal tenga acceso a una información rica y relevante para ellos. La empresa utiliza su tecnología SMART Touchpoints y SMART DNA para generar soluciones en Internet que reconocen a los usuarios, los grados de acceso, las preferencias y otros elementos del perfil. Por su parte, Vignette Corp., que se abre paso como proveedor de soluciones de gestión de relaciones, reduce al mínimo la función de la publicación dinámica y aumenta al máximo la necesidad de disponer de herramientas de apoyo de decisiones, perfil personal y conocimiento empresarial que permiten a las empresas interactuar con mayor eficacia con los clientes.

Resulta evidente que se produce una cantidad extraordinaria de innovación en este ámbito. La empresa que aspira a aplicar prácticas individualizadas tendrá que considerar y adoptar este tipo de soluciones si desea capitalizar las enormes oportunidades que Internet ofrece para establecer relaciones.

Allen, Cliff, Deborah Kania y Beth Yaeckel, *Internet World Guide to One to One Web Marketing*, John Wiley & Sons, 1998.

Lecturas recomendadas

Los autores proporcionan una excelente perspectiva general de las cuestiones a las que se enfrentan las empresas que intentan establecer relaciones individualizadas a través de Internet. Examinan algunas de las tecnologías cruciales que deben plantearse, y tratan aspectos estratégicos y empresariales clave. Con un título así ("guía mundial del marketing uno por uno en Internet"), sólo nos cabría desear que el libro hubiera profundizado algo más en el "cómo" de las prácticas individualizadas.

Bayne, Kim M., *The Internet Marketing Plan: A Practical Handbook for Creating, Implementing, and Assessing Your Online Presence*, John Wiley & Sons, 1997.

Este libro, que sienta las bases de una estrategia de marketing en Internet, incluye un disquete que contiene documentos, listas de control, hojas de cálculo y otro material para ayudar al encargado de marketing a elaborar un plan.

Brady, Regina, Edward Forrest y Richard Mizerski, *Cybermarketing: Your Interactive Marketing Consultant*, NTC Business Books, 1997.
Brady, Forrest y Mizerski presentan un compendio excelente de artículos que examinan los retos y las oportunidades del marketing interactivo en Internet. El libro ofrece una convincente perspectiva general de las tendencias que deben contemplar las empresas cuando desarrollan estrategias de relaciones con los clientes y de medios interactivos.

Godin, Seth, *eMarketing: Reaping Profits on the Information Highway*, Berkley Publishing Group, 1995.
Esta guía exhaustiva de las posibilidades del marketing electrónico, que incluye ensayos de Don Peppers y Martha Rogers, examina las posibilidades asociadas a varias tecnologías, entre las cuales figuran Internet, el fax a petición, los tablones de anuncios, los CD-ROM, los infomerciales y el audiotexto. Los ensayos explican en lenguaje muy accesible el funcionamiento de estas técnicas y cómo puede usarlas para potenciar muchísimo su forma de hacer negocios.

Schwartz, Evan I., *Webonomics: Nine Essential Principles for Growing Your Business on the World Wide Web*, Broadway Books, 1997.
Schwartz presenta algunas de las tendencias clave que las empresas deben tratar en un entorno empresarial interrelacionado en que los clientes exigen ser compensados por su información. Constituye una perspectiva general de alto nivel sobre el impacto del comercio a través de Internet.

Sterne, Jim, *Customer Service on the Internet: Building Relationships, Increasing Loyalty, and Staying Competitive*, John Wiley & Sons, 1996.
Consciente de las presiones por conseguir un servicio individualizado al cliente las veinticuatro horas del día, los siete días de la semana, que Internet fomenta y facilita, Sterne ofrece una imagen convincente de la dirección que ha tomado el servicio al cliente. El libro está lleno de estudios inteligentes y de consejos prácticos.

Vassos, Tom, *Strategic Internet Marketing*, Business Computer Library, 1996.

Vassos ofrece consejos prácticos, estudios e información específica para tomar decisiones de marketing y aplicar un plan de marketing en Internet. Como complemento al libro, existe una página en Internet que ofrece material de consulta exhaustivo con notas, recursos y hechos adicionales.

CAPÍTULO TRECE: INTERNET

Actividad 13A

Aspectos de Internet para ser comentados por el equipo de transición

Fecha de finalización propuesta: _____

1. Charla de ascensor: Cuando prepare una página Web individualizada, tendrá que derribar barreras entre departamentos. La página será intrínsecamente multidimensional y exigirá una comunicación electrónica constante entre las divisiones de funciones y productos.

_____

_____

_____

_____

Tras analizar las funciones que ofrecen mayor valor a sus clientes y a su organización, piense en cómo integrarlas mejor en la página Web. Una vez que el equipo haya comentado esta cuestión, prepare una charla de ascensor que explique a todos los empleados por qué esta integración es necesaria para el buen funcionamiento de la página Web y cómo la logrará.

2. Decida cuál será el objetivo básico de la página Web. Es probable que elija una o más de las tres posibilidades siguientes:
   - Generación de ingresos directos: venta de productos y servicios, cobro de cuotas de abono o pagos por publicidad
   - Reducción de costes o mejora de la eficacia: normalmente, servicios de autoayuda para los clientes, empleados o socios

- Generación de beneficios indirectos o a largo plazo: sobre todo, mejora del conocimiento o la imagen de la marca.

_____

_____

_____

3. ¿Está la empresa dispuesta y preparada para centrarse en esta tarea compleja y a largo plazo? ¿De dónde procederá el presupuesto anual de seis o siete cifras (en dólares) para apoyarla?

_____

_____

_____

4. ¿Cómo tendrá que cambiar su organización para incorporar las interacciones por Internet con sus clientes?

_____

_____

_____

5. ¿Quién será el responsable de la página Web?

_____

_____

_____

Actividad 13B
Control de la página Web

Responda sí o no a las siguientes preguntas. Repita esta actividad un año después de haberla finalizado.

Fecha de finalización propuesta: _____

Pregunta	Ahora	En un año
¿Tiene una página Web?	☐ Sí ☐ No	☐ Sí ☐ No
¿Identifica a cada visitante?	☐ Sí ☐ No	☐ Sí ☐ No

¿Incentiva a todos los visitantes a identificarse? ☐ Sí ☐ No ☐ Sí ☐ No

¿Diferencia a todos los visitantes, cada vez que acceden, según las necesidades que conoce? ☐ Sí ☐ No ☐ Sí ☐ No

¿Ha determinado cuántos visitantes diferencia sin presentarles un cuestionario largo y difícil? ☐ Sí ☐ No ☐ Sí ☐ No

¿Pueden los clientes interactuar con la empresa en su página Web? ☐ Sí ☐ No ☐ Sí ☐ No

¿Pueden interactuar en tiempo real (por ejemplo, líneas de *chat* o líneas telefónicas)? ☐ Sí ☐ No ☐ Sí ☐ No

¿Pueden los clientes comprar productos o servicios directamente en su página Web? ☐ Sí ☐ No ☐ Sí ☐ No

¿Puede un cliente comprobar la situación de un pedido en su página Web? ☐ Sí ☐ No ☐ Sí ☐ No

¿El cliente puede informarse sobre la configuración de un producto o servicio en la página Web? ☐ Sí ☐ No ☐ Sí ☐ No

¿Puede el cliente presentar una queja o efectuar una consulta relativa a un producto en su página Web? ☐ Sí ☐ No ☐ Sí ☐ No

¿Dispone de un sistema que advierta de modo automático a los clientes sobre productos, servicios o información en que han manifestado interés? ☐ Sí ☐ No ☐ Sí ☐ No

¿Puede utilizar vínculos a distintos puntos de su página para posibilitar ventas cruzadas? ☐ Sí ☐ No ☐ Sí ☐ No

¿Tiene la dirección electrónica de una parte de sus clientes? Calcule el porcentaje: _____ ☐ Sí ☐ No ☐ Sí ☐ No

Actividad 13C

Identificar y diferenciar a los visitantes en su página Web

Identificar				

Fecha de finalización propuesta: _____

¿Quién lo hará? (iniciales)	¿Para cuándo? (fecha)	Tarea	Acabada al 75%	Acabada al 100%
		Desarrolle un incentivo para que los visitantes de la página Web se identifiquen		
		Desarrolle una política de protección de la intimidad para su página Web que especifique la protección y la revelación de información		
		Diseñe un método de diálogo de "goteo" para no tener que formular demasiadas preguntas en la primera visita, ni en cualquier otra		
		Determine si necesita protección con contraseña y, en caso afirmativo, instálela		
		Determine si existen otras cuestiones relativas a la seguridad y cómo resolverlas		

Diferenciar				

Fecha de finalización propuesta: _____

¿Quién lo hará? (iniciales)	¿Para cuándo? (fecha)	Tarea	Acabada al 75%	Acabada al 100%
		Desarrolle un método para caracterizar a los clientes a partir de sus distintos tipos de necesidades. Concéntrese en los rasgos que distinguen a cada visitante en cuanto a las		

necesidades que intenta satisfacer al acceder a
su página Web

Planee dotar a su página Web de prestaciones
y ventajas diseñadas para atraer a comunidades
con intereses diferentes

Diseñe una serie de elecciones, opciones, preguntas o rutas que canalicen a los visitantes
hacia la comunidad adecuada

Examine el uso de generadores de correspondencias: selección a partir del perfil, filtrado
colaborador u otros

Averigüe cómo incorporar la reacción continuada de los clientes

Actividad 13D

Interacción y personalización en Internet

Fecha de finalización propuesta: _____

¿Quién lo hará? (iniciales)	¿Para cuándo? (fecha)	Tarea	Acabada al 75%	Acabada al 100%
		• Determine cómo promocionar la página Web		
		• Elabore un plan de promoción de la página Web a largo plazo		
		• Capte todos los clics de los visitantes identifi- cados para incorporarlos a su registro		
		• Determine cómo medir la frecuencia de las visitas reiteradas (¿*cookies*?)		
		• Determine quién controla, edita y actualiza la información de los grupos de debate		

- Conecte con las transacciones del centro de atención en el punto de venta para un mismo visitante

- Determine cómo manejar las consultas, las quejas y los mensajes recibidos en su página Web

- Establezca un tiempo máximo de respuesta

- Recompense a sus clientes por usar más la página Web, ya que las interacciones en este medio reducirán sus costes

- Localice y compare los costes relativos de varias funciones con el método tradicional frente a Internet (por ejemplo, facturación, entrada y actualización de datos, configuración de los productos, pedidos y situación actual de las órdenes de compra)

- Plantéese preparar un ordenador y un navegador, o una WebTV, para sus CMV y quizás incluso subvencionárselos

- Determine qué miembros del canal de recursos deberían tener acceso y si deberían tenerlo a la información de sus clientes

- Desarrolle un método para advertir a los clientes cuando un producto, un servicio o una información en que han manifestado interés están a su disposición

- Compruebe que la página Web está conectada con los sistemas de información internos necesarios

CAPÍTULO CATORCE

Publicidad y comunicaciones de marketing en la empresa individualizada

CÓMO USAR LOS MEDIOS DE DIFUSIÓN TRADICIONALES PARA GENERAR MEJORES RELACIONES CON LOS CLIENTES

Veamos, ¿qué hace un capítulo como éste en un libro como *Uno por uno: herramientas...* ¿No consiste el marketing uno por uno en competir en la era de los medios direccionables e interactivos? Sí, pero los medios que no son ni direccionables ni interactivos (desde la televisión y la radio hasta las publicaciones en papel y los medios externos) seguirán con nosotros durante mucho tiempo. Las empresas seguirán necesitando hacer llegar sus mensajes a una gran cantidad de personas desconocidas para atraerlas y lograr que entren en una relación de cliente. Llegar a un público de millones, o decenas de millones, seguirá lográndose sólo de forma práctica a través de los medios de difusión, así que no reduzca todavía su presencia en los canales de televisión y las revistas.

Además, en la era interactiva seguirá siendo importante imponer una imagen única de marca, aceptada comúnmente, en un producto o servicio que todo el mundo conoce del mismo modo, en parte porque aferrarse a la seguridad de una marca conocida permite al cliente manejar la avalancha de información y de variedad de productos que hoy en día nos rodea. Aun en el caso de que la avalancha remita, continuará deseando anunciar las marcas "insignia" a todo el mundo, incluidas aquellas personas que no están en su mercado. Al fin y al cabo, es probable que una parte del placer de calzar un par de zapatillas deportivas Nike nuevas obedezca al deseo de que los amigos se las vean puestas.

Dicho de otro modo, la publicidad y otras comunicaciones de marketing no interactivas están sanas y salvas, y continuarán prosperando, incluso cuando otros medios adquieran mayor interactividad.

Ahora bien, si pone en marcha un programa de marketing uno por uno, debería pensar cómo se dirigen los programas de comunicaciones de marketing no direccionables ni interactivos. En este capítulo, comentaremos cómo usar los medios de radiodifusión, los impresos y los externos, así como el correo directo, los catálogos, los quioscos y otros tipos de medios que no se dirigen a las masas. También analizaremos cómo deberían ajustarse algunas de las tareas de marketing más tradicionales, como el lanzamiento de productos, con objeto de representar el programa de marketing uno por uno.

¿CUÁL ES LA FUNCIÓN DE UNA MARCA?

A lo largo de la era industrial, las empresas se han ido centrando cada vez más en distinguirse de la competencia, esfuerzo en que la marca ha adquirido una función importante. Cobró importancia cuando el marketing de masas se convirtió en la forma dominante de competencia entre las empresas de consumo. Una forma de considerar una marca consiste en pensar en ella como en lo que usa la gran empresa para sustituir la relación que las pequeñas empresas familiares solían tener con los clientes. La marca simboliza la promesa de una compañía de entregar un buen producto a los clientes que carecen de una relación personal con sus empleados. También constituye un mecanismo para atraer a un consumidor a través de un entorno minorista y crear demanda para un producto que representa que está a la altura del estándar de la marca.

En la era del marketing de masas, las marcas distinguían a las empresas entre sí. Un experto en marketing podía incluso diferenciar su producto a partir sólo de los valores de la marca, sin referirse a las características del producto en sí. Dos bienes de consumo que casi no se distinguían podían considerarse diferentes (y a menudo esto era así) por la marca que llevaban.

Sin embargo, una marca no es una relación. Un individuo puede identificarse con una marca, y puede que ésta incluso le dé confianza en un producto o servicio desconocido. No obstante, la empresa tras la marca no tiene por qué saber nada sobre él. Dicho de otro modo, una marca no sustituye el conocimiento de las necesidades y preferencias concretas de un cliente y su tratamiento.

Por otra parte, al introducir un programa de marketing uno por uno sigue siendo de vital importancia tener en cuenta los puntos fuertes de una marca. Las relaciones individuales que establezca con los clientes deberían señalar la personalidad de su marca y potenciar sus puntos fuertes siempre que sea posible. Pero la función principal de la marca consiste en servir de vehículo para llevar un mensaje a la inmensa mayoría de las personas que todavía no son clientes de su empresa y que no cuentan con ninguna otra relación con ella para valorar sus méritos.

Identificar, diferenciar, interactuar y personalizar

Si es una empresa convencional, su objetivo al hacer propaganda será una combinación de promoción de las ventas, conocimiento e imagen positiva de la marca. No obstante, si también está lanzando un programa de marketing uno por uno (si trata de cultivar relaciones individuales con un número creciente de clientes a la vez que efectúa publicidad de masas) vale la pena que se pare un momento a pensar cómo podría ayudarlo el proyecto de publicidad a poner en práctica el programa individualizado.

Dado que la mayoría de los vehículos publicitarios no son direccionables ni interactivos, no necesita conocer la identidad del público antes de lanzar una campaña. Tampoco es posible usar la publicidad para diferenciar a los clientes entre sí, salvo en la medida en que sus características individuales puedan usarse junto con rasgos parecidos de otros clientes para definir mercados especializados más pequeños y ajustados.

Ahora bien, una campaña publicitaria contribuiría a identificar y diferenciar a los clientes si su mensaje en sí generara una respuesta. Así pues, un aspecto clave a la hora de poner la publicidad al servicio del marketing uno por uno consiste en generar esa respuesta (usar la publicidad para obtener una reacción de cada cliente). Otros aspectos clave comprenden cómo se gestiona el comportamiento de la empresa hacia los distintos clientes. ¿Puede averiguar cómo tratar de modo distinto a los distintos clientes en el extremo inicial de la campaña publicitaria si usa mensajes diferentes para atraer a distintos clientes o en el extremo final si logra que cualquier actividad de "cumplimiento" relacionada con la campaña sea lo más rápida, precisa y automatizada posible?

Tras estas consideraciones, reestructuraremos nuestra estrategia de puesta en marcha en cuatro pasos para aplicarla a la publicidad. Los métodos clave para utilizar los medios al servicio del lanzamiento de una campaña de marketing uno por uno, tanto si son externas como en formato impreso, de radiodifusión o de cualquier otro tipo, se resumen en tres actividades básicas: versionar, generar reacción y lograr cumplimiento.

Versionar

Lo primero en lo que debe centrarse es en lograr que los mensajes más importantes lleguen a los clientes pertinentes. En los medios impresos por lo menos, llegar a cada lector con versiones individuales de un mensaje no es nada nuevo.

En Estados Unidos, por ejemplo, las empresas agrícolas han ideado versiones concretas de anuncios impresos para los agricultores desde principios de los setenta como mínimo, cuando publicaciones como *Farm Journal* y *Ohio Farmer-Stockman* usaron por primera vez la encuadernación selectiva y las secciones localizadas ("rúbricas", en la jerga del impresor). Meredith Custom Publishing imprimió más de 3.700 versiones del ejemplar de *Successful Farming* correspondiente al mes de febrero de 1998, el cual permitía que una empresa vendiera herbicidas para el maíz a quienes lo cultivaban en el terreno seco de la zona sureste del país, por ejemplo, o promocionase distintas sustancias químicas en cada región, con la aportación de mensajes publicitarios particulares para, pongamos por caso, los agricultores que plantaban más de cuatrocientas hectáreas al año. Hace menos tiempo, las principales revistas han descubierto la encuadernación selectiva y la impresión digital. Así pues, *Time* puede ahora incluir un anuncio a cuatro colores de Buick que lo invite a probar un modelo Regal en la tienda Bob's Motors de su ciudad, junto con un dispositivo de respuesta que contenga el nombre del suscriptor y el nombre y la ubicación de los concesionarios más próximos.

Algo que debe evitar cuando prepare versiones diferentes y direccionables de un anuncio impreso es personalizarlo sin un buen motivo. No es probable que saludar al lector de una revista por su nombre en un anuncio publicado en ella favorezca su programa de marketing uno por uno, aunque sirva para captar su atención por un momento. Si quiere lograr que el anuncio sea leído, es un método de masas bueno, pero si desea empezar una relación, tendrá que utilizar la individualidad del anuncio para ofrecer alguna ventaja al cliente actual o posible.

Producir material colateral y catálogos versionados es más sencillo que publicar revistas o anuncios impresos versionados porque, en el caso de los catálogos, la empresa controla el proceso de producción. Elaborar correo directo versionado constituye hoy en día una ciencia bien desarrollada. Ahora bien, tanto si se plantea un anuncio impreso o un catálogo como un envío de correo directo, existen sólo dos buenas razones para personalizar:

Relevancia. La personalización refleja el conocimiento adicional del objeto que supone un valor tangible o intangible para el lector del anuncio. A la gente le gusta percibir un toque personal, por lo que presta un poco más de atención cuando ve su nombre, algo que los vendedores han usado desde la obra de Dale Carnegie *Cómo ganar amigos e influir sobre las personas.* Así pues, hasta cierto punto, recordar a un lector que lo conoce y se acuerda de él le resultará útil al vender, incluso aunque éste sepa de sobra que eso es obra, en su mayoría, de su base de datos de clientes.

Sin embargo, asegúrese de personalizar el anuncio de modo que no sólo signifique la "reproducción" de un nombre. Para que un mensaje personalizado adquiera relevancia, debe introducir algo que diferencie a este lector del resto, además de su nombre. "Como cliente que lleva cinco años con nosotros, es uno de los sólo 1.100 que recibe esta oferta especial..." dice mucho, lo mismo que "Como su garantía vence de aquí a tres meses, quizás encuentre interesante la oferta que le adjuntamos...".

Comodidad. Una relación de aprendizaje se cultiva si cada vez que un cliente trata con su empresa le resulta más sencillo que la anterior. Así que, además de asegurarse de que el mensaje tenga relevancia, debería intentar proporcionar alguna comodidad al lector o cliente. El objetivo consiste en facilitarle hacer negocios con su empresa gracias a lo que ésta sabe de él.

Si desea una reacción o entrada del lector del anuncio, utilice la personalización para facilitar su obtención. Rellene el formulario que debe ser devuelto con el nombre y el número de cuenta del lector, o incluya esa información en el cupón que se le ofrece. Prepare una opción "sugerida" para los nuevos pedidos o servicios de valor añadido, y use la información que ya posee sobre el cliente para que éste sólo tenga que "firmar en la línea de puntos".

Puede usar los principios de versión y segmentación para probar una oferta o mensaje frente a otro. Las publicaciones impresas y el correo, aunque no son del todo interactivos, le permiten comprobar sus ideas en todos los miembros de una población pequeña a la vez, e ir afinando la oferta para lograr los mejores resultados. Los expertos en marketing directo de gran radiodifusión saben que también puede medirse el éxito de un espacio con la inclusión de distintos números de teléfono en varios mensajes y la comparación de los resultados (eso no será nunca tan preciso desde el punto de vista estadístico como el correo directo, pero suele bastar).

Cultivar la reacción

El principal punto débil de la mayoría de los medios de difusión y de los vehículos de publicidad es que no son interactivos y, por tanto, la empresa no conoce la reacción de los distintos clientes. No obstante, si analiza la situación con detalle, averiguará cómo generar por lo menos alguna reacción, incluso aunque tenga que ofrecer un incentivo económico para ello.

Los agentes de seguros y de servicios financieros aplican esta técnica desde hace algún tiempo, aunque sus ofertas han sido en ocasiones bastante transparentes. "Remítanos una lista de sus inversiones actuales y le analizaremos la cartera de modo gratuito" constituye un mensaje habitual de los intermediarios financieros. Eso implica un valor tangible para la evaluación del colateral, lo que puede proporcionar valor o no, pero sin duda, anima al inversor a "levantar la mano" si es un cliente potencial.

La "Guía gratuita de cuentas de jubilación individual" o la "Guía para invertir de *The Wall Street Journal*" y ofertas similares de productos de terceros con un valor medido más objetivamente ("precio al por menor, 29,95 dólares", por ejemplo) son una oferta más explícita. Implican el intercambio de un bien de consumo con un valor objetivo, como un libro o una calculadora gratis, por la disposición de un consumidor a anunciarse como un cliente prospectivo.

Debería asegurarse de que todo el flujo de comunicaciones hacia el exterior favorece la respuesta del cliente a través de todos los dispositivos y vehículos prácticos posibles. Enumerar las direcciones en Internet, los números de teléfono y las direcciones postales en las vallas publicitarias o en los anuncios televisivos quizá no resulte práctico, pero el teléfono o la dirección de Internet, según el tipo de la base de clientes a la que se dirija, puede incluirse con un impacto mínimo en el aspecto creativo del anuncio.

Al perseguir que se genere una reacción, importa también prestar atención a la clase de información que desea en realidad. Solicite otros datos además del nombre, la dirección y el número de teléfono para diferenciar al cliente en la interacción inicial. Las compañías aseguradoras piden con regularidad la edad de su interlocutor, lo que para ellas supone un diferenciador muy útil pero no demasiado amenazador. Los intermediarios financieros preguntan la cantidad aproximada de fondos invertidos (solicitando la especificación de márgenes en lugar de cantidades específicas).

PUBLICIDAD EN INTERNET

Internet es, por supuesto, uno de los mejores vehículos para hacer publicidad interactiva. Aunque hemos dedicado todo un capítulo a la utilización de la página Web para establecer relaciones mejores y más rentables con los clientes actuales o posibles, ¿qué le parecería poner anuncios en Internet para vender sus productos? ¿Qué tal *banners* y *clickthroughs*, páginas de patrocinio, concursos, promociones, incentivos, etcétera?

En general, se admite que Internet es una herramienta más eficaz para estimular ventas directas y fidelizar a los clientes que para dar a conocer el conjunto de la marca. Cada empresa adopta un enfoque distinto a la hora de hacer publicidad en Internet, según su actitud respecto a estos dos tipos de actividad. Los estudios recientes sobre la publicidad en World Wide Web han demostrado que las empresas que venden bienes de consumo de bajo precio o productos para el hogar suelen concentrarse más en la marca, mientras que los vendedores de artículos o servicios de precio elevado gastan más dinero en desarrollar sus propias páginas.

La recomendación de Jupiter Communications es que, si se dedica a las ventas indirectas, debería dedicar el 75% de su presupuesto total a comprar publicidad en Internet, y el resto, a la página de la empresa. Si vende directamente, repártalo a partes iguales.

Este libro no debería considerarse un manual sobre la publicidad en Internet (ya se han publicado muchos), pero se podrían plantear un par de consideraciones prácticas más en cuanto a emprender una campaña publicitaria en este medio interactivo. En primer lugar, en torno a las publicaciones impresas y los medios de radiodifusión tradicionales se han desarrollado criterios estándar de medida muy aceptados que permiten a los encargados de marketing comparar los beneficios relativos de la compra de anuncios en distintos programas o distintos medios, mientras que los estándar para medir la eficacia de la publicidad en Internet aún no han aparecido.

Esto constituye un verdadero contratiempo al tratar de decidir cómo asignar el presupuesto. Podemos discutir qué se consigue en mayor medida en Internet (generar ventas o aumentar el conocimiento), pero sin un estándar útil de comparación seguimos sin conocer cómo comparar las ventajas de colocar un anuncio en una página o en otra. No cabe duda de que estos estándar se irán desarrollando, pero todavía puede tardarse cierto tiempo.

Otra cuestión guarda relación con las limitaciones legislativas que regulan la publicidad como actividad empresarial. En Estados Unidos, la Comisión Federal de Comercio obliga a cumplir las normas que abogan la "publicidad veraz", que exigen que los anunciantes puedan demostrar las afirmaciones que efectúan en los anuncios. Sin embargo, ¿qué sucede con las afirmaciones en las páginas de Internet que no corresponden a Estados Unidos? Suponga que hace negocios en ese país y que uno de sus clientes estadounidenses visita la página sudafricana de su empresa, donde ve una afirmación que, en Estados Unidos, necesitaría poder demostrar. ¿Es su empresa responsable? ¿Qué sucede con los comunicados de prensa? En Estados Unidos, por ejemplo, las regulaciones de la publicidad no afectan a los comunicados de prensa, pero ¿qué sucede si se encuentran en la página Web de la empresa a disposición no sólo de los periodistas sino también de los consumidores?

Las nuevas leyes de la Unión Europea que regulan el derecho a la intimidad de sus consumidores, afectarán también a la publicidad en Internet. Se trata de normas muy restrictivas, que prohíben en general cualquier uso de la información de un ciudadano de la Unión Europea sin su expreso consentimiento previo por escrito. No obstante, ¿son aplicables a Internet? Si un alemán accede al anuncio de una empresa estadounidense en Internet y cumplimenta el cuestionario para lograr que ésta le sirva sus pedidos electrónicos más deprisa, ¿limitan las leyes de derecho a la intimidad de la Unión Europea a esa empresa con respecto al uso de esa información en el futuro? (La respuesta correcta es "quizá".)

Si existe un secreto que suela pasarse por alto para el buen funcionamiento de un negocio en Internet o de una empresa de marketing directo, es el cumplimiento.

El problema más importante de la mayoría de las empresas, en cuanto a la estimulación del diálogo con sus clientes a través de los medios de difusión, consiste en un mal cumplimiento. Antes de hacer una oferta, asegúrese de que realmente puede enviar ese catálogo o esa información a tiempo. Su oficina de apoyo no funciona sola; tendrá que prestarle atención.

La necesidad de asegurar un cumplimiento rápido y de alta calidad obstaculizará sus esfuerzos para versionar la publicidad. Cuanto más versiones efectúe, más complejas serán las operaciones de su oficina de apoyo.

Cuando trate de dirigir el contenido o el cumplimiento de las distintas versiones de un anuncio, catálogo o algún otro vehículo, debería basarse en los principios de la personalización en masa. En primer lugar, divida las opciones de versión y cumplimiento en módulos de contenido no conflictivo. Asegúrese de que los módulos encajan entre sí con facilidad, es decir, de que conoce qué módulos pueden configurarse con qué otros. Cualquier "lenguaje de conexión" necesario para un anuncio —el lenguaje que relaciona los módulos— debería figurar ya en el mensaje o incorporarse a él con facilidad de modo automático. Si no, gastará tiempo y recursos en el ajuste manual del proceso.

Por otra parte, al centrarse primero en los módulos individuales, evitará el tipo de contaminación de la versión que, de otro modo, podría producirse. Usar datos individuales sin diseñar antes los módulos generaría un número de permutaciones de las comunicaciones difícil de controlar y manejar.

Además, eso le permite evaluar mejor la compensación real de su esfuerzo. Es importante considerar tanto el aspecto de la producción como el del cumplimiento de la versión porque, aunque el coste de producir comunicaciones individualizadas se reduce, el de gestionar y coordinar una creciente gama de respuestas posibles de los clientes no desciende con tanta rapidez.

Una forma de controlar el cumplimiento consiste en efectuar constantemente "compras misteriosas" a su empresa. Responda a un anuncio o a un catálogo. Solicite el material en venta o realice una llamada telefónica. Averigüe cuánto dura el proceso y cómo es el servicio.

Lo cierto es que si las organizaciones dedicadas a la venta directa pueden practicar el marketing uno por uno es gracias a dos revoluciones independientes, una de las cuales es la que hemos destacado en todos nuestros libros: la revolución informática. Sin embargo, para empresas como Amazon, Dell, Lands' End o Cisco tiene la misma importancia la revolución logística. Si trata con productos físicos, es probable que FedEx, UPS y otras empresas de mensajería de ámbito mundial le resulten tan vitales para lograr un éxito y una prosperidad continuados como la ley de Moore.

EL REGRESO AL QUIOSCO

Los años ochenta fueron, con pocas excepciones, una mala década para los quioscos minoristas. A pesar del entusiasmo, la mayoría de ellos no tuvieron éxito, pero las soluciones integradas y rentables de *hardware*, así como las conexiones locales con Internet, han revivido los quioscos, al facilitarles la interactividad *in situ* a una velocidad mayor y a un coste menor.

Por otro lado, a pesar de que los quioscos constituyen ahora vehículos de publicidad y de marketing de relaciones más capaces que nunca, la mayoría de los encargados de marketing no conceden la atención suficiente a la interacción y, a menudo, se centran en el diseño estético de su estructura física. Según el gurú en estas cuestiones Scott Randall, de la empresa Media Designs de Nueva York: "Muchos encargados de marketing no reparan en gastos para lograr que el quiosco tenga el aspecto de un plátano, pero prestan poca o ninguna atención a la parte del quiosco que en realidad atrae al comprador de plátanos y motiva una venta. Para ser eficaz, el *software* de un quiosco tiene que estar diseñado a partir del cliente".

Hasta hace poco, se consideraba a los quioscos como un medio de difusión unidireccional. Sin embargo los actuales, conectados con Internet, posibilitan una interacción muy barata con los clientes, y pueden usarse para ofrecerles la oportunidad de actualizar su perfil o de obtener información detallada de una base de datos central.

Los quioscos pueden, de hecho, servir como puntos elegantes e interactivos de obtención de datos, que captan información específica de los clientes en el mismo punto de venta. Si dispone de ubicaciones minoristas o de socios que cuenten con ellas, debería plantearse el uso de quioscos para obtener datos en aquellas con mucho movimiento. Los supermercados y los que se dedican al comercio de masas deberían estar encantados con la oportunidad de averiguar así el nombre y la dirección de los clientes, y quizás aumentar la cuota del cliente o los datos sobre sus preferencias. Las empresas de servicios, como las líneas aéreas y los hoteles, podrían usar sus propias instalaciones para captar la opinión, la cuota del cliente y los datos sobre sus preferencias de un modo mucho menos molesto y mucho más rentable que las encuestas por teléfono o por correo.

Intouch Group, la empresa de bases de datos de muestras musicales y creadora de un quiosco llamado "i-Station" en las tiendas de música, ofrece también ahora un quiosco con conexión a Internet dirigido a los minoristas de varios ámbitos. Imagine, por ejemplo, que un cliente acude a una tienda y usa un quiosco conectado permanentemente a Internet para buscar el libro, el disco compacto, el *hardware* o la cámara que desea comprar. La página Web que consulta lucirá la marca que identifica a esta tienda minorista. Una vez el cliente localiza lo que busca, la página Web lo dirige hacia el lugar adecuado de la tienda o, si no va a llevarse el producto, acepta su tarjeta de crédito para remitírselo directamente a casa. Cuando se marcha de la tienda, puede usar la identidad de su perfil de usuario o de miembro para acceder a la misma página desde casa para comprar otros productos directamente o para buscarlos en la tienda sin tener que salir a la calle. Intouch proporciona una solución cómoda y rápida.

EL LANZAMIENTO DE UN PRODUCTO

El marketing uno por uno se emmarca en la dimensión del cliente antes que en la del producto, de modo que preguntar cómo introducir un producto en el mercado utilizando este tipo de marketing carece de sentido. No puede lanzar un producto con un programa de marketing uno por uno como tampoco puede lanzar una relación con los clientes mediante una promoción de producto.

Por otro lado, el hecho de intentar cultivar relaciones individualizadas con los clientes no significa que su empresa no lance asimismo productos nuevos. En realidad, cuanto más estrechas sean sus relaciones con los distintos clientes, más productos nuevos se planteará. Así pues, ¿cómo se relacionan entre sí un programa de lanzamiento de un producto y un programa de marketing uno por uno? ¿Existen medidas adicionales que pueda adoptar durante el lanzamiento de un producto para mejorar sus relaciones con los clientes?

La primera pregunta que debe responder un encargado de marketing uno por uno es si el producto o programa nuevo es:

(a) Una oportunidad para aumentar la cuota de los clientes o, por lo menos, de algunos
(b) Un producto que sustituye de algún modo otro que ya fabrica
(c) Ninguna de las dos cosas

Si la respuesta es (*a*) o (*b*), lo que suele suceder como mínimo el 90% de las veces en la mayoría de las empresas, la ventaja que se obtiene con el marketing de este producto en su base de clientes existente tendría que ser evidente, siempre y cuando ya conozca la identidad de sus clientes y sus diferencias, y pueda contactar con ellos para explicarles el nuevo producto.

Sin embargo, para cualquier nuevo producto, debería pensar en una "solución total". Al empezar a pensar más allá de los bienes físicos que va a producir la empresa o del servicio que ofrecerá pronto, quizá pueda idear servicios nuevos y rentables para acompañar el lanzamiento, los cuales generarán ingresos añadidos a la empresa, además de contribuir a ganar la lealtad del cliente respecto al nuevo producto.

Pregúntese si algún grupo de clientes actuales o potenciales valoraría la personalización de los servicios en torno al producto base. ¿Existe un grupo de usuarios de peso que deseen un servicio de 24 horas al día, los siete días de la semana, para este nuevo producto, aunque esa condición no la planteen para otros productos? ¿O estarían interesados algunos nuevos compradores en pagar por recibir formación? ¿Puede personalizar la guía del producto, el manual de instrucciones u otro material colateral que se entregue con el mismo?

Por encima de todo, no olvide planear el lanzamiento de este producto de tal modo que le permita obtener la identidad y como mínimo una cierta información diferenciadora sobre quienes lo compran. Eso quizá suponga pedir a los clientes que inscriban el nuevo producto o que se conecten con la página Web, o tal vez signifique ofrecerles una prima o un descuento, pero lo importante es planear el lanzamiento de modo que consiga todas las conexiones posibles con nuevos clientes.

Al lanzar un producto, debería plantearse algunas preguntas:

- ¿Cómo hará un seguimiento de las compras?
- ¿Cuál es el sistema para conocer las reacciones de los compradores de este nuevo producto?
- ¿Se ha asegurado de que los datos sobre los compradores de este nuevo producto se introduzcan con exactitud y eficiencia en su base de datos de clientes?
- ¿Son sus mejores clientes posibles clientes de este nuevo producto?
- ¿Están dispuestos algunos de sus clientes actuales a cambiar al nuevo producto con el tiempo? ¿Sabe cuáles?
- ¿Puede personalizarse el producto tras la compra con la adición de opciones o servicios?
- ¿Pueden personalizar de algún modo el producto los miembros del canal?
- ¿Hay dos o más productos que necesiten "lanzarse por separado"?
- ¿Existe algún requisito especial de embalaje para ciertos clientes?
- ¿Se solicitará algún envío especial?
- ¿A qué diferencias idiomáticas o culturales se enfrenta como parte del lanzamiento?

- ¿Conoce ya a algunos clientes a los que les interesará el producto?
- ¿Permitirá el producto identificar a más clientes?
- ¿Usarán el producto clientes distintos para satisfacer necesidades diferentes, y en caso afirmativo, existen productos o servicios adicionales, relativos a esas necesidades, que también podrían ofrecerse?

Lecturas recomendadas

Novak, Thomas P. y Donna L. Hoffman, "New Metrics for New Media: Toward the Development of Web Measurement Standards", *World Wide Web Journal*, invierno 1997, 2 (1), pp. 213-246.
Los autores examinan los distintos tipos de modelos económicos que aparecen en el Word Wide Web. Comparan la publicidad en Internet con la convencional. También proponen formas de medir e investigar la eficacia de los anuncios en este medio.

Percy, Larry, *Strategies for Implementing Integrated Marketing Communications*, NTC Pub. Group, 1994.
Percy proporciona un marco estratégico para las comunicaciones de marketing integradas, y comenta aspectos y herramientas de planificación, así como tácticas y estudios.

Rossiter, John R. y Larry Percy (editor), *Advertising Communications & Promotion Management*, McGraw-Hill, 1997.
Rossiter y Percy sientan una valiosa base para las iniciativas publicitarias y muestran cómo planearlas, establecer un presupuesto y ponerlas en marcha.

Actividad 14A

Nueve elementos de control para planificar las comunicaciones individualizadas

En la actualidad, muy pocos anuncios impresos proporcionan un diálogo bidireccional. Las siguientes consideraciones aceleran su transformación, así como la de los recursos colaterales, para que obedezcan a técnicas individualizadas. La mayoría de estas cuestiones son aplicables a todas las comunicaciones de marketing uno por uno.

Fecha de finalización propuesta: _____

Control	Descripción
1. No pida información que no usará	• Los consumidores y los empresarios coinciden en las pocas ganas de proporcionar información a los encargados de marketing • Asegúrese de que toda la información que obtiene se usará antes de caducar, por regla general en un año
2. Escanee si es posible	• Consulte al proveedor de su escáner los parámetros óptimos para conseguir una buena legibilidad con aplicaciones de reconocimiento óptico de caracteres (OCR) • El ahorro en los costes puede ser considerable, así como la ventaja de capturar y digitalizar más información útil sobre el cliente
3. Evalúe el CPM progresivo comparado con los objetivos de un aumento de los beneficios	• No se trata de ninguna prueba. Use la sensatez empresarial para anotar los índices de respuesta progresiva previstos para los mensajes individualizados o centrados en las carteras de clientes, así como el margen bruto progresivo obtenido antes y después de añadir los costes de personalización

4. Calcule los costes de producción integrados	• Eso incluye el tiempo de dirección, escritura de material publicitario y la producción, así como el CPM más alto • Contemple potenciar las relaciones individualizadas como un beneficio adicional o asigne un valor monetario a la posible mejora del valor vitalicio del cliente
5. Evite las comunicaciones largas	• La tentación natural de los escritores de material publicitario que usan varios campos de datos individuales es "escribir mucho" y, a menudo, "alardear" de toda la información individualizada • En cualquier otro medio distinto del correo directo, eso puede levantar una barrera ante el lector, lo que afecta todas las ganancias que van a obtenerse con la individualización (en el correo directo, una comunicación más larga genera a menudo una respuesta más elevada)
6. Tenga cuidado con los grupos incompletos de datos	• Revise los datos de los clientes antes de diseñar la comunicación • Asegúrese de que, para cada campo usado, existen datos diferenciadores para el 75% de clientes como mínimo, y más si es posible • Los encargados de marketing que sólo conocen las actividades de ocio favoritas de una tercera parte de los clientes tendrán una tercera parte de posibilidades de usar este campo de datos para aumentar la eficacia
7. Muestre que conoce al cliente	• Demuestre con el texto y el tono que los datos que presenta a un lector concreto forman parte de la información que ha obtenido y que no la ha intuido • Eso añade siempre impacto al mensaje
8. Absténgase de personalizaciones estéticas	• Enviar el mensaje impreso "Fulanito de Tal ha ganado 1 millón de dólares" es tan viejo como el mismo marketing directo

	• Sea cual sea la personalización que añada debería potenciar el contenido de la oferta
9. Personalice la movilización	• Siempre que sea posible, destaque la opción de usar el modo de respuesta preferido del cliente (fax, teléfono o correo electrónico)

Actividad 14B

Obtener ventajas individualizadas de los materiales del marketing masivo

Antes de poner en marcha una iniciativa de comunicaciones individualizadas de publicidad o de marketing, examine los siguientes criterios:

Consideraciones creativas

Fecha de finalización propuesta: _____

Criterios	Descripción
1. Asegúrese de que la comunicación sea clara	• Examine una muestra representativa de las numerosas comunicaciones. Compruebe: • La claridad • La adecuación • Que la integración de párrafos o campos de datos reutilizados no ofusca los puntos clave
2. Tenga cuidado con la personalización estética	• Si un campo de datos se introduce o repite sólo "porque está ahí", suprímalo • Asegúrese de que todos los campos de datos de los clientes añaden valor a la "conversación" cada vez que se incluyen
3. No sea creativo en exceso	• Cuando una comunicación impresa contiene información individual atractiva, no es tan necesaria una producción de coste elevado con desplegables a cuatro colores y otros aspectos parecidos

4. Proteja la intimidad	• Plantéese expresar su firme compromiso para proteger la intimidad del cliente de forma breve hacia el final de cada *mailing* personalizado
	• Considere incluir en el texto su promesa de proteger la intimidad, así como destacarla gráficamente
5. Compruebe el valor de la personalización de la comunicación	• Asegúrese de que todos los campos de datos individualizados añaden valor e impacto al mensaje
	• La comprobación detallada es la mejor defensa frente a una personalización poco cuidada
	• Compare el *mailing* cada vez más personalizado con un grupo de control de ofertas estandarizadas antes de lanzar iniciativas individualizadas a gran escala

Consideraciones sobre la producción

Fecha de finalización propuesta: _____

Criterios	Descripción
1. Proteja la información personalizada	• No pida a los clientes que incluyan datos confidenciales en la tarjetas de respuesta comercial
	• No pida confirmación de los datos que ya conoce
	• Indique a los clientes cómo usará o no usará la información para atenderlos mejor
2. Contemple las economías de escala	• No permita que el uso de los datos individuales producidos genere un número de permutaciones de las comunicaciones imposible de controlar y manejar
	• Evalúe el coste progresivo y el posible rendimiento de un número creciente de versiones
	• Considere los aspectos relativos a la producción y la respuesta, ya que los costes de la

	producción de comunicaciones individualizadas descienden mucho más deprisa que los costes humanos, de errores y de formación que comporta la respuesta a una gama creciente de posibles reacciones de los clientes
3. Evalúe la capacidad de producción	• Adecuar el contenido a las cartas, las cartas a los sobres, las ofertas a las cartas, etcétera se está volviendo más fácil, pero no es lo que se dice una ciencia exacta • Use los métodos adecuados, como los códigos de barras
4. Aumente los esfuerzos para controlar la calidad de la producción	• Compruebe al azar varias versiones de todo lo que se versiona • No permita que se introduzca información en una base de datos sin una doble comprobación

Actividad 14C

Generar la reacción adecuada de los clientes

Usar la información que proporciona un cliente le hace la vida más fácil y contribuye a establecer una relación de aprendizaje. Utilice datos exactos proporcionados por el cliente para reducir la cantidad de energía física o de reflexión solicitada a un interlocutor con buena disposición.

Para optimizar la respuesta del cliente a la solicitud de datos, siga estas normas:

Fecha de finalización propuesta: _____

Normas	Descripción
1. Formule preguntas nuevas	• Reconozca que el marketing uno por uno es un proceso holístico e iterativo que intenta mantener activa la "conversación" • El uso de la información debería animar a los clientes a proporcionar más datos

2. Asegúrese de que la comunicación propicia una reacción a la solicitud de respuesta	• Muestre entusiasmo por averiguar más cosas del cliente, tanto si adjunta un pedido como si no • Propóngale beneficios por responder
3. Recuerde el diálogo "de goteo"	• Los clientes, en especial los CMV, suelen mostrarse reacios a la obtención molesta y exhaustiva de datos, incluso cuando se ofrece una ganga o recompensa explícita • Puesto que el establecimiento de la relación está en marcha, reúna los datos individuales poco a poco
4. Rellene los formularios	• Una vez que disponga de una impresora láser o de chorro de tinta, el coste progresivo de rellenar los formularios adicionales es a veces, si no siempre, nominal, en especial comparado con el impacto • Cuando una tarjeta de respuesta comercial u otro dispositivo de respuesta ya incluye el nombre, la dirección, el número de cuenta y otra información no confidencial del cliente, la respuesta es mucho más sencilla • Como ventaja adicional, los errores de proceso también se reducen muchísimo
5. Presente opciones simples y que reflejen su conocimiento del cliente	• Cuantas menos preguntas, mejor • Reducir al mínimo el número de opciones favorece la respuesta, siempre que las opciones presentadas se basen en un conocimiento real del cliente • Si las direcciones de entrega y facturación han cambiado, pida confirmación en lugar de solicitar la dirección en sí
6. Conserve y use datos relativos al código de las fuentes	• Identifique la oferta y el medio donde apareció como método valioso para estimular una respuesta en el futuro • Si se almacena el código de las fuentes de las ofertas que provocan una respuesta del cliente

los expertos en marketing pueden reducir la frecuencia de los mensajes que se le remiten eliminando otros tipos de envíos

Actividad 14D

Ideas para "versionar" los mensajes de difusión

Muchas de las ideas presentadas a continuación son más inteligentes que rentables y facilitan más la segmentación que la práctica individualizada. Sea muy consciente de la relativa facilidad con que muchos encargados de marketing se enamoran de estas nuevas técnicas. No obstante, las siguientes ideas podrían servirle para averiguar cuándo y cómo "versionar" sus mensajes de difusión:

Fecha de finalización propuesta: _____

Medidas	Descripción
1. Compruebe que las prestaciones, ventajas y beneficios de su producto o servicio son lo bastante variadas	• Deberían atraer de modos distintos a personas distintas, con un margen lo bastante importante como para que merezca la pena realizar la versión
2. Antes de proceder, calcule el índice de aumento de las ventas y el margen bruto que podría obtener con la actividad individualizada	• Recuerde calcular los costes de producción ocultos (por ejemplo, el tiempo de escritura de material publicitario) y restar el coste del marketing tradicional comparable ya incorporado a los beneficios y pérdidas del producto
3. No sea excesivamente optimista	• Estudie el mejor acto de promoción o marketing, o el "ascenso" que ha generado su empresa hasta la fecha, y use parte de esa cifra como el mejor resultado posible de su primera prueba
4. Empiece por identificar los "puntos buenos" que garanticen una comprobación y determinación inmediatas	• Efectúe una lluvia de ideas sobre el contenido de este capítulo y evalúe aquellas que surjan para elegir unas cuantas con la mayor posibilidad de impacto y de rentabilidad

5. Ponga a prueba de una a tres actividades de marketing uno por uno de golpe	• Una regla general consiste en intentar motivar a 200 individuos a actuar, un viejo dicho de marketing directo • Pruebe realizar un *mailing* a 10.000 personas si espera una respuesta del 2%
6. Sea valiente	• Consuélese con el modo de operar de Franklin Mint, una de las empresas especialistas en marketing directo más ambiciosas de Estados Unidos. Después de semanas de elaborar planes y cálculos, un consejero delegado invitó a sus mejores y más brillantes licenciados con cursos de posgrado en dirección y adminis tración de empresas a reuniones regulares para desarrollar y comprobar ideas de marketing a partir sólo de la valoración empresarial. No se tuvieron en absoluto en cuenta el modelo, las estadísticas ni las previsiones

CAPÍTULO QUINCE

Los siguientes pasos

QUÉ RUMBO SEGUIR A PARTIR DE AQUÍ

Una vez llegados a este punto del libro, le debemos por lo menos un plan sobre cómo llevar a la práctica lo que ha leído, y eso es lo que intentaremos ofrecerle en este capítulo. Procuraremos que sea tan breve y escueto como sea posible.

Para ello, supondremos que parte de cero y que desea asegurarse de que su empresa tiene las mejores posibilidades de mejorar sus relaciones individualizadas con los clientes y proteger sus márgenes unitarios a largo plazo.

Le aconsejamos un enfoque iterativo de diez pasos, que empieza con los proyectos relativos al departamento o división específicos y va progresando hacia un conjunto más amplio y ambicioso de iniciativas. En resumen, el plan funciona del siguiente modo:

1. Obtenga el apoyo de un directivo de alto nivel, ya que sin él no logrará nada.
2. Establezca el equipo, que tiene que ser multidisciplinario y actuar a largo plazo.
3. Desarrolle un plan. Incluya objetivos a corto plazo para divisiones y departamentos concretos, así como una perspectiva a largo plazo para la empresa.

4. Defina un conjunto específico de estrategias para los CMV y los CMC. Aplique los cuatro pasos de puesta en marcha a ambos grupos con objeto de definir programas concretos para su conservación y crecimiento.

5. Defina un conjunto específico de estrategias para los BC. Explique cualquier reducción de la actividad o de los costes respecto a estos clientes que sirva para financiar nuevas iniciativas individualizadas.

6. Evalúe los proyectos antes de ponerlos en práctica. A partir de las estrategias identificadas en los pasos 3, 4 y 5, decida qué iniciativas deberían aplicarse primero.

7. Empiece por implantar proyectos concretos. Establezca objetivos y medidas para cada proyecto, incluyendo los directores responsables, los resultados previstos, el calendario, etcétera.

8. Documente los éxitos y comparta lo que averigüe con toda la empresa. Cree algunos mecanismos, quizás una página en su intranet, para asegurarse de que lo que averigua un departamento se transmite a todos.

9. Realice una transición hacia medidas corporativas más exhaustivas. A medida que obtenga experiencia, empiece a reunir información más orientada a medir el valor vitalicio y la cuota de los clientes en todas las divisiones y departamentos.

10. Regrese al paso 4. A medida que acumule cada vez mejor información sobre el valor de los clientes en toda la empresa, vuelva a definir sus CMV, CMC y BC, y cree programas más transdivisionales para establecer relaciones individualizadas con ellos.

Paso 1. Obtenga el apoyo de un directivo de alto nivel

Como la iniciativa individualizada se enmarca en el ámbito del cliente, mientras que la mayoría de las empresas están organizadas para efectuar sus operaciones en el del producto, cualquier iniciativa para poner en marcha un programa individualizado está destinada a atravesar una gran cantidad de "fronteras" entre departamentos y divisiones.

Es vital que cuente con el visto bueno y la bendición de un ejecutivo de alto nivel para estas iniciativas. Sin la aprobación activa del director general y de sus directivos superiores, no vale la pena que se esfuerce mucho porque los programas que plantee se desestimarán pronto debido a la rivalidad entre los departamentos. Con independencia de las buenas intenciones y el trabajo en equipo de su empresa en conjunto, introducir una iniciativa individualizada no será sencillo. Habrá que resolver disputas y conflictos, y elegir entre presupuestos y departamentos igual de meritorios. Si no cuenta con el apoyo de la dirección de alto nivel al principio, más vale que se olvide.

Por otra parte, nuestra experiencia nos dice que no suele costar obtener la aprobación de la dirección superior. Los ejecutivos de alto rango suelen desear que su organización funcione en una dimensión más integrada y orientada al cliente. El problema más importante se producirá si aprueban la iniciativa sin darse cuenta de la magnitud total del conflicto y del cambio que ésta podría generar, de modo que, en algún momento, deberá mantener una charla larga y seria con algún ejecutivo de alto nivel de su empresa que entienda realmente la estrategia individualizada.

Éste es el primer paso. Antes de hacer nada, debe contar con el apoyo del director general o de un ejecutivo de rango muy elevado que conozca el marketing uno por uno y que esté dispuesto a intervenir para lograr que los objetivos se cumplan.

Como es inevitable que cualquier iniciativa individualizada se convierta en una cuestión entre departamentos, su equipo tiene que incluir personas que representen diversas funciones y tengan experiencia en muchas disciplinas distintas, no sólo en marketing o en ventas.

Paso 2. Establezca el equipo

Intente incorporar voluntarios en lugar de "sobrantes". Identifique a los empleados con empeño y dinamismo de su organización, comuníqueles el compromiso de su empresa en esta iniciativa y muéstreles lo que el éxito aportará a su trayectoria profesional. El apoyo de la dirección de alto nivel constituirá una ventaja poderosa para reunir el equipo adecuado.

Explique de entrada al personal el contenido y los objetivos exactos del proyecto. Las sesiones de planificación y coordinación de una iniciativa importante llevan muchas veces uno o dos días por semana, sin contar con el tiempo que un miembro del equipo pasa en su departamento para poner en práctica y supervisar los programas individualizados.

Condiciones de los miembros del equipo

1. *Reúna miembros con un cargo lo bastante elevado* en la organización como para "lograrlo", pero no tanto como para que otras prioridades les impidan asistir a las reuniones regulares o implicarse con entusiasmo en el proyecto.

2. *Use estrellas conocidas siempre que sea posible:* señale a toda la empresa que esta iniciativa no constituye uno más de esos compromisos que se lleva el viento. Pida a los ejecutivos que lo respalden que elijan a los empleados mejores y más brillantes para la tarea.

3. *Asegúrese de que tendrán tiempo* para participar con entusiasmo. Eso implica la dedicación de tiempo para reunirse, claro, pero también les exigirá tiempo para evaluar, poner en marcha y supervisar los procesos que se van a producir en la división del ejecutivo.

4. *Exija un grado mínimo de pericia en técnicas individualizadas:* debería recomendarse la lectura de *Enterprise One to One* y *Uno por uno* por lo menos.

5. *Incorpore a expertos en informática, creativos y entusiastas de los aspectos de atención al cliente:* El equipo se dedicará al trato individualizado y diferenciado al cliente en una amplia gama de formas. Las nuevas tecnologías serán importantes, y es probable que se examinen las nuevas definiciones de atención al cliente y satisfacción del mismo. Los entusiastas en estas áreas lograrán los mejores resultados.

Quién debería participar

En el equipo deberían estar representados todos los departamentos en contacto con el cliente. Sugerimos entre diez y quince miembros activos para lograr mejores resultados, seleccionados de los departamentos indicados a continuación según corresponda:

Principal	Secundario
Marketing	Fabricación
Ventas	Finanzas
Servicios (por ejemplo, reparación, posventa)	Publicidad
Atención al cliente (atención telefónica)	Investigación de mercado
Información o base de datos de clientes	Planificación de productos
Informática	
Servicios interactivos (página Web)	
Dirección del canal	

La primera reunión del equipo

Todas las lecturas necesarias tienen que haberse finalizado antes de la primera reunión. Los miembros del equipo deberían llevar los "Aspectos para ser analizados" de las actividades de los capítulos del uno y dos completadas. Pida a los miembros del equipo que identifiquen dos grupos de actividades de sus áreas de competencia y que acudan a la reunión preparados para comentarlos:

- Programas que parezcan individualizados y que funcionan en la actualidad
- Programas individualizados que se han contemplado o comentado, pero que no funcionan en la actualidad

El líder del equipo debería preparar una visión general de las estrategias individualizadas y su aplicación en la empresa. Él mismo o (mejor aún) el ejecutivo de alto nivel que lo respalda debería efectuar esta presentación como punto de partida, seguida de un debate sobre la necesidad de aplicar estrategias individualizadas a toda la empresa.

El programa de la primera reunión del equipo podría ser el siguiente:

I. Presentación de los miembros del equipo, incluidas su disciplina y función

II. Normas del proceso (calendario, asistencia, duración y lugar de celebración de las reuniones)

III. Presentación inicial de los principios individualizados

IV. Comentario y evaluación de las iniciativas individualizadas actuales y contempladas en cada departamento

V. Determinación de cómo y cuándo elaborará el grupo un plan a corto y a largo plazo

Lleve muchas pastas para comer. Este programa cubre mucho terreno.

Paso 3. Desarrolle una perspectiva a largo plazo y objetivos a corto plazo

Usted y su equipo tendrán que escribir una frase sobre la perspectiva a largo plazo que condense bien el objetivo (convertirse en una empresa individualizada) y explique con brevedad por qué es imperativo realizar este esfuerzo. La frase incluirá una descripción concisa de la conducta y organización ideales que se desarrollarán a lo largo de la puesta en práctica, y será breve y escueta. Una vez finalizada, ponga una copia en todos los tablones de anuncios de la empresa e inclúyala en la página de la red interna de la empresa. Mándela por correo electrónico a todos los empleados. Remita un correo telefónico del director general a todos los empleados. ¡Infórmeles de que ha empezado la revolución!

También tendrá que emprender una acción rápida respecto a una serie de objetivos a corto plazo. Tan pronto como sea posible, el equipo debería empezar a elaborar una lista de actividades inmediatas y asequibles que puedan lanzarse y controlarse con una inversión mínima de tiempo y de recursos. Éstas son las pautas generales:

1. *Mantenga la simplicidad.* No incluya demasiados cambios, personas o departamentos. El objetivo de cualquier programa de inicio rápido es obtener pronto un éxito mensurable, y cuanto más fácil se logre, mejor.

2. *No exija en exceso a ningún departamento.* Se suele bombardear al personal de informática con largas listas de tareas, ya que muchos programas individualizados las incluyen. Establezca un equilibrio entre todos los departamentos. Asegúrese de que todos ellos participan en unas cuantas iniciativas por lo menos.

3. *Consiga que los programas sean mensurables,* de modo que puedan cuantificarse y comunicarse los resultados iniciales a fin de generar entusiasmo para el avance de la actividad individualizada.

Intente que sea perceptible pronto para los clientes y los empleados por igual. Trate de lograr que la dirección general esté satisfecha de esta estrategia nueva de la empresa, centrada en el cliente.

Si busca ideas, repase con atención el capítulo dos, "Un inicio rápido". Someta a su equipo al ejercicio de lluvia de ideas para un inicio rápido de la Actividad 2B. Asimismo, debería asignar a alguien la compilación de una lista de las tácticas individualizadas que usan las empresas equivalentes y las competidoras. Esta lista no sólo le resultará útil a usted sino que podría servir como concienciación al personal que no se define y a los negativos.

Recuerde que es en esta fase cuando desea empezar la carrera. Considere su plan a corto plazo como un inicio rápido que pone en marcha el motor y pone en movimiento, los procesos más grandes.

Una vez que haya desplegado el plan internamente y sus empleados hayan empezado a incorporarse a él, ha llegado el momento de concentrarse en el público más importante: los clientes. Éstos son los dos tipos que deberían recibir su máxima atención:

Clientes muy valiosos (CMV): las personas que por regla general ya cierran a la empresa la mayoría de las operaciones de ésta. Quiere conservarlos, recompensar su lealtad y asegurarse de que reciben el mejor servicio. Forme al personal para reconocerlos, entender su valor para la empresa y prever sus necesidades.

Clientes de mucho crecimiento (CMC): las personas con mayores probabilidades de convertirse en CMV. Reconocer a los buenos clientes y convertirlos en clientes excelentes constituye el objetivo máximo de las prácticas individualizadas. También es una forma excelente de

Paso 4. Defina un conjunto de estrategias para los CMV y los CMC

aumentar mucho los beneficios. El truco consiste en reconocer a los CMC. A diferencia de los CMV, que son bastante sencillos de detectar y localizar, los CMC pueden esconderse en cualquier rincón de la base de datos de clientes. Puede tratarse de clientes leales de una subsidiaria o de una oficina remota que han escapado a su radar. Quizá sean clientes de un solo producto, o incluso han dejado de comprar. Forme al personal para buscarlos con tanta intensidad como los analistas de valores buscan las acciones infravaloradas.

Un consejo: definir estos dos tipos de clientes en sus propios términos (y con el menor número de palabras posible) es fundamental. Todos los empleados que se relacionan con los clientes necesitarán aptitudes y conocimientos para reconocer a un CMV o a un CMC en cuanto lo ven. También necesitarán saber qué hacer a continuación. No existe motivo para que el cajero de un banco no pregunte a un cliente de una cuenta corriente con un saldo importante si posee una cuenta de jubilación individual, por ejemplo.

Alinear los programas y las tácticas individualizadas con los tipos de clientes constituye la raíz del proceso de puesta en marcha. Cuanto más ajustada elabore la definición de sus tipos de clientes, más fácil resultará asignar programas concretos que se adecuen al comportamiento mostrado y previsto de los clientes.

Difundir la definición clave de los tipos de clientes es también básico en un entorno operativo. El personal de las líneas aéreas recibe instrucciones para tratar de modo preferente a los pasajeros más frecuentes, lo mismo que el de los hoteles se inclina ante los ejecutivos de fuera de la ciudad pertenecientes a empresas cuya oficina central se encuentra cerca.

Trate de elaborar un conjunto de definiciones de los clientes breve y objetivo. En la medida de lo posible, éstas deberían ser cuantitativas a la vez que enjuiciables. Según estos criterios, los CMC son el tipo de clientes más difícil de definir, y suele ser el que más cuesta reconocer al personal de primera línea. A continuación, le mostramos cómo podrían definirlos dos empresas distintas:

Líneas aéreas: CMC
- Realiza más de veinte viajes de negocios al año
- Como mínimo, contrata diez viajes al año con nosotros

- Compró como mínimo un 50% de los billetes sin descuento
- Participante de nuestro programa de pasajeros frecuentes
- Participante de elite en un programa de pasajeros frecuentes de la competencia

Fabricante: CMC
- Compra más de 30.000 dólares en productos al año
- Compra seis productos distintos por lo menos
- El comprador es como mínimo un director de la empresa
- La empresa es uno de tres o más proveedores en la categoría
- Grado de solvencia B+ o superior

Paso 5. Defina un conjunto de estrategias para los BC

Comparadas con el marketing tradicional, las técnicas indivi-dua-lizadas suelen exigir más trabajo y también una mayor carga para los sistemas de información. Sin embargo, a diferencia de los modelos tradicionales, están diseñadas para aumentar el valor de cada cliente, y no por fuerza la cuota de mercado del producto. Así pues, suponen una mayor fuente de beneficios para la mayoría de las empresas. No obstante, todo tiene un precio. Si planea dedicar más recursos a los CMV y los CMC, tendrá que obtenerlos en alguna parte.

La mejor forma de financiar a corto plazo un programa individualizado consiste en trasladar los recursos dedicados a atender a los clientes que no generan beneficios y con pocas esperanzas de que lo hagan: los BC o clientes "Bajo Cero".

Por tanto, no sólo es muy importante identificar pronto a estos clientes sino también los servicios y ventajas relacionados con ellos. Una vez que haya identificado estos servicios, podrá eliminar algunos por completo para reducir costes o cargar una comisión por otros para generar ingresos. Con ello no sólo liberará recursos financieros y humanos sino que enviará un mensaje interno claro de que la dirección no espera que el aumento de atención hacia los CMV y los CMC provenga de horas adicionales de trabajo del personal.

Precaución: Antes de reducir el servicio a los BC en una unidad de negocio es fundamental asegurarse de que el mismo cliente no sea un CMV o un CMC de alguna otra unidad.

Al definir un CMV o un CMC, básese en los criterios de una sola unidad de negocio, y especifique tipos muy distintos de clientes en unidades diferentes cuando corresponda. Más adelante, cuando llegue el momento de empezar a agrupar los datos de cada cliente para todas las unidades de negocio a fin de dirigir los esfuerzos hacia una perspectiva más orientada a la empresa, las iniciativas relativas a los CMV y los CMC cambiarán de modo notable pero natural. Quizá descubra más clientes de alto valor para el conjunto de la empresa, pero no habrá ejecutado ninguna opción respecto a los clientes de cada unidad individual.

Sin embargo, este proceso no supone la mejor forma de tratar a los BC. Cada unidad de negocio puede identificar a los suyos, pero *antes de reducir ningún servicio ni de emprender acción alguna con respecto a un BC concreto*, no olvide averiguar si figura en la lista de clientes preferentes de otra unidad.

Una vez que haya superado este obstáculo, existen varios enfoques para reducir la energía y los recursos que una empresa dedica a sus BC:

Servicio reducido: Proporcione menos opciones y elecciones, y unos métodos de envío más lentos.

Servicio alternativo: Use representantes de ventas, atención al cliente o ayuda "virtuales". Dirija las llamadas recibidas de los BC a una unidad de respuesta telefónica a través del uso creativo del número automático de identificación, o ANI.

Cargo por los servicios: Cargue por los servicios que antes eran gratuitos. Eso contribuye a rentabilizar el cliente, por lo menos a corto plazo.

Reducción de la comunicación: Disminuya la frecuencia del envío de catálogos y otras ofertas de correo directo, o elimínelos por completo. Anime a los clientes BC a pasar a canales electrónicos. Busque la ocasión de facturarles con menos frecuencia, eliminar las inserciones en las facturas o identificar otras vías para ahorrar costes.

Definir y divulgar los atributos de este tipo de clientes suele resultar un reto. El proceso va a menudo contra la corriente de la conducta de las empresas, en especial en las muy grandes, que quizá funcionen con la creencia tácita de que debe tratarse igual a todos los clientes, con independencia de su tamaño, potencial o cualquier otra medida. Es probable que la cuestión provoque un fuerte debate al principio del proceso de planificación. Considérelo algo que no sólo es saludable sino que además proporciona un foro excelente para examinar los motivos tras la decisión de convertirse en empresa individualizada. Úselo para educar al personal con respecto a las diferencias fundamentales entre los sistemas individualizado y tradicional. Seamos honestos: ¿Si trata igual a todos los clientes, cómo puede tratar a cada uno de modo distinto?

Paso 6. Evalúe y priorice proyectos específicos

En este momento, usted y su equipo habrán desarrollado una lista de las posibles iniciativas individualizadas. Examínelas con cuidado y decida cuáles deberían ponerse en marcha primero. Aplique estas preguntas al evaluar cada iniciativa:

A. *Si hacemos esto, ¿se darán cuenta los clientes?*
B. *¿Podemos implantar este programa con relativa facilidad?*
C. *¿Mejorará el programa, si funciona bien, la conservación de los clientes, estimulará su crecimiento o aumentará los beneficios de algún otro modo?*

Asigne una puntuación del uno al tres a cada pregunta para cada programa, de modo que el tres signifique "totalmente" y el uno indique "muy poco probable". A continuación, súmelas. Los ochos y los nueves señalan los puntos de partida mejores y más lógicos. Las puntuaciones más bajas corresponden a trimestres o años posteriores, según el entusiasmo del grupo. No diseñe en exceso este proceso, ya que cada idea que relegue a un período futuro volverá a evaluarse y a compararse con ideas más nuevas que surjan a medida que avance. Finalmente, siga animando a la gente a aportar nuevas ideas.

Paso 7. Empiece por *implantar* proyectos concretos

Ha tomado las decisiones y ha llegado el momento de empezar a lanzar los cohetes.

Primero, tendrá que asignar la responsabilidad de dirigir cada iniciativa a alguien que será responsable de la planificación, el lanzamiento y el funcionamiento del programa. Establezca plazos firmes con el suficiente margen para no poner a nadie contra la pared. Fomente informes semanales del progreso para asegurarse de que nadie queda demasiado rezagado.

Después, es fundamental seguir el progreso de cada iniciativa con todo el cuidado y la minuciosidad posibles. Recuerde que eligió estas iniciativas sobre todo por sus probabilidades de éxito, así que no pase por alto la ocasión de reforzarlo con la obtención de medidas plausibles (y esperamos que impresionantes). En este tipo de procesos, las anécdotas están bien, pero las cifras son mejores.

Por tanto, es importante establecer al principio las medidas adecuadas del éxito de cada programa, basadas en principios individualizados. Por ejemplo, podría medir el grado de satisfacción de los clientes entre los CMV y los CMC respecto al departamento de atención al cliente en lugar de medirlo de modo generalizado. Podría reconocer a los vendedores internos el aumento de la frecuencia de los contactos con los CMC, o quizá de la gama de artículos que compra ese grupo. Podría contar la cantidad de CMV identificados por primera vez. Podría calcular el ahorro de costes que ha supuesto la reducción de servicios a los BC o los beneficios obtenidos al atender a menos de estos clientes en conjunto. Asimismo, podría limitarse a calcular el aumento del porcentaje de registros de clientes exactos y actualizados de su base de datos.

Lo ideal sería que las medidas fueran lo más individualizadas posible. Las medidas globales, tales como el "porcentaje de llamadas contestadas antes del tercer timbre" o el "número de visitas de clientes al trimestre", son útiles pero no permiten evaluar los elementos de diferenciación de los clientes, tan fundamentales, del plan. A no ser que un proyecto individualizado concreto estuviera dirigido específicamente a algún aumento global del grado de atención al cliente, esta medida no sería demasiado útil.

Divida los objetivos en dos componentes: una perspectiva operativa y una perspectiva del cliente. Las medidas de aspectos como la satisfacción, la interacción y las ventas cruzadas son inherentes del enfoque al cliente, pero las medidas operativas siguen teniendo un fuerte impacto en el valor de los clientes, aunque sólo sea indirectamente. "Todas las peticiones de servicio atendidas el mismo día", o "los CMV reconocidos a los que se ofrece un servicio especial en cada visita" son medidas operativas por naturaleza, aunque bastante fáciles de medir y que, a la larga, tienen impacto.

Procure no medir en exceso. Si puede medirse el beneficio total de un programa con una sola estadística indiscutible, úsela. Si el objetivo es "el aumento de pedidos de los CMV al año en un 25%", fantástico.

Evite objetivos excesivos y confusos, y establezca otros que puedan lograrse sin esfuerzos sobrehumanos. Tendrá que percibir entusiasmo e impulso para migrar hacia las técnicas individualizadas, y el mejor modo de hacerlo consiste en mostrar un flujo continuado de éxitos cuantificados del programa.

El marketing uno por uno supone un territorio nuevo y desconocido para la mayoría de las empresas, y usted va a explorarlo. Querrá enviar postales a sus amigos, explicarles qué aspecto tiene, así como confeccionar un mapa para quienes sigan sus pasos. No obligue a quienes vengan detrás a volver a descubrir lo que usted está averiguando. No les vuelva vulnerables a los mismos errores y direcciones equivocadas.

Empiece a divulgar la noticia de sus éxitos incluyendo las cifras (y anécdotas) en una página dedicada de la empresa en la red interna, o prepare un boletín informativo para dar publicidad a las iniciativas y reafirmarlas. Como mínimo, envíe actualizaciones regulares por correo electrónico a todos los directivos. Cuanta más gente participe en el proceso total, más valiosa será la reacción que empezará a recibir, más útiles las ideas y mayor la aceptación. Quizá se plantee incluso establecer concursos y premios para estimular una mayor implicación de toda la empresa.

A medida que la empresa vaya ganando experiencia en varias áreas limitadas, los proyectos empezarán a ampliarse por sí solos. Los empleados de la división A que aplican un programa diseñado para ampliar al máximo sus relaciones con determinados CMV desearán pronto influir en cómo la división B trata a esos mismos clientes. Los vendedores que establecen los mejores contactos y obtienen la

**Paso 8.
Comparta lo
que averigüe**

**Paso 9.
Analice y
documente las
cuestiones que
afectan a toda
la empresa**

información más útil de los CMC querrán pronto ver cómo el personal de producción hace algo con esa información para adaptar los productos de la empresa a algunos de esos clientes.

En nuestra experiencia, poner en marcha un proyecto, aunque sea relativamente limitado, tiene una tendencia natural a motivar a la empresa a adoptar una perspectiva de los clientes más integrada y de conjunto. Coordine unos cuantos de estos proyectos y tendrá muy pronto que tratar una verdadera serie de cuestiones corporativas. Personas de distintas funciones y unidades de negocio trabajarán juntas con mayor frecuencia. Los directores de un proyecto intentarán relacionar sus medidas a los resultados de otros.

A medida que vaya adoptando una perspectiva más integrada de la empresa, empezarán a surgir cuestiones organizativas, así que tendrá que estar preparado. Algunos ejemplos de las que aparecerán pronto son:

- Si mide el valor de un cliente en más de una división, ¿se designará a alguien responsable de la relación con ese cliente? En caso afirmativo, ¿cómo va a estructurarse?
- ¿Debería la empresa establecer o modificar su sistema de ventas y cuentas clave?
- ¿Debería la empresa apostar por un sistema de información más exhaustivo y estandarizar los datos de los clientes para todas las divisiones?
- ¿Debería la empresa pensar en un centro de datos o en un almacén de datos?
- ¿Debería estar el departamento de ventas mejor automatizado? En caso afirmativo, ¿quién debería fijar la estrategia para las interacciones de los vendedores con cada cliente?
- ¿Es tan importante como antes tener diferentes departamentos de ventas para las distintas divisiones?
- ¿Es posible que los diversos centros de atención telefónica y páginas Web que tiene la empresa funcionen mejor juntos?
- ¿Debería la empresa agrupar más servicios con los productos que vende y, en caso afirmativo, cómo deberían entregarse esos servicios?

- ¿Debería la empresa plantearse en serio invertir en la personalización en masa para la fabricación?

A fin de tratar cuestiones de este tipo, tendrá que fomentar una actitud más integradora y de trabajo en equipo. Así pues, dedique cierto esfuerzo a programas que faciliten este proceso. Establezca una comisión multidepartamental para acordar un modo estándar de informar sobre los datos de los clientes, por ejemplo. Fije un estándar interdivisional para las llamadas de servicio al cliente. Proponga una medida ponderada para ordenar a los clientes por su valor total respecto a más de una división.

También ha llegado el momento oportuno de llevar el debate sobre las técnicas individualizadas al ámbito de toda la empresa. Compruebe que los directivos de alto rango que lo respaldan saben lo que sucede y siga preparado para tratar estas cuestiones.

Paso 10. Regrese al paso 4 y vuelva a empezar

Con cada nueva iniciativa para el conjunto de la empresa, tiene una nueva oportunidad de impulsar su esfuerzo. Por tanto, use las cuestiones de las medidas de la empresa para retroceder y volver a definir los CMV y los CMC. Esta vez, no los defina sólo con respecto a una unidad de negocio o función concreta, sino a un grupo más amplio e integrado de unidades de negocio de la empresa. Asimismo, puede analizar el valor de cada cliente para la empresa en conjunto si está preparado para ello.

Use definiciones lo más amplias posibles de CMV y CMC para priorizar las iniciativas de marketing uno por uno en toda la empresa. En cuanto a los programas relativos a más de una división, no será sencillo generar presupuestos, pero del mismo modo que definió los CMV para varias divisiones es probable que identifique también a los BC.

Inicie el viaje

"Las dificultades al principio", afirmaban los filósofos de la antigua China. Esta observación es tan cierta ahora como hace tres mil años. Es bastante probable que las fases iniciales de su viaje individualizado resulten las más laboriosas, precisamente porque es entonces cuando encontrará la oposición más fuerte. Los principales pensadores comparaban estas dificultades con la lucha de la brizna de hierba que se abre paso a través de la tierra hacia la luz del sol.

Es muy libre de idear sus propias analogías a medida que avance, pero recuerde lo siguiente: Lo que desea lograr se parece mucho a una revolución. Se ha embarcado en una misión para cambiar la conducta y la organización de su empresa. No se sorprenda, lastime o desmoralice cuando encuentre cierta resistencia, ya que constituye una parte inevitable del proceso. Si la brizna de hierba puede conseguirlo, usted también.

Toda revolución necesita un buen equipo de cronistas. Asuma la responsabilidad de narrar la crónica del progreso de su empresa y de compartir lo que ha averiguado con sus homólogos y colegas. Escriba la historia de su revolución a medida que ésta adquiere velocidad y gana seguidores. Cuando haya pasado la tormenta, tendrá mucho material de uso interno y externo, y podría haber reunido incluso el suficiente para escribir su propio libro.

Quizás haya observado que hemos incluido en esta obra toda la información humanamente posible sin que dejara de ser legible. No obstante, nuestra página Web contiene todavía más información, junto con actualizaciones que hemos elegido entre los acontecimientos que ocurrieron después de que nuestra obra fuera a imprenta. Si comparte con nosotros sus experiencias a través del correo electrónico, puede pasar a formar parte de este proceso de actualización continuada. Cuando efectúe la crónica de los progresos de su empresa, ofrézcala a otros pioneros. Cuéntenos sus problemas, las soluciones que adoptó y los baches inesperados que encontró en el camino.

Nuestro consejo final:

Paso 1: Vuelva a leer este libro.

Paso 2: Imprima las listas de control de nuestra página Web.

Paso 3: Siga adelante.

Puede que a nosotros se nos haya acabado el espacio, pero a usted se le acabaron las excusas.

Bayers, Chip, "The Promise of One to One (A Love Story)", *Wired*, mayo 1998, pp. 130-187.
El autor clasifica algunos de los obstáculos a los que se enfrentan las empresas que luchan por desarrollar una estrategia de marketing uno por uno. Aunque la obra no socava los argumentos a favor de la empresa individualizada, presenta a los profesionales algunas ideas de los retos que van a encontrar.

Fournier, Susan, Susan Dobscha y David Glen Mick, "Preventing the Premature Death of Relationship Marketing", *Harvard Business Review*, enero/febrero 1998, pp. 42-51.
Este artículo es interesante sobre todo por su comentario de las ansiedades y las inquietudes que les cruzan ahora por la cabeza a los consumidores cuando los bombardean con mensajes de marketing y solicitudes de información. No obstante, no estamos de acuerdo con la premisa de que las iniciativas del marketing de relaciones suelen fracasar. Creemos que los ejemplos que citan los autores son sintomáticos de un "falso marketing de relaciones", que no coincide con los principios del marketing uno por uno.

Actividad 15A

*La transición hacia la empresa individualizada:
el proyecto*

Fecha de finalización propuesta: _____

1. ¿Quién va a planificar el proyecto? (Observación: Esta persona supervisará la realización de las tareas de cada miembro del equipo y mantendrá al grupo al día de los progresos.)

Nombre y cargo: _____

2. ¿De dónde obtendrá los recursos para este proyecto?

_____

_____

_____

3. Enumere todos los miembros del equipo que serán responsables del cumplimiento de las tareas mencionadas a lo largo de este libro. Considere formar el equipo con un total de entre tres y quince personas pertenecientes a algunas de las áreas siguientes: marketing, ventas, atención al cliente, finanzas, producción, entrega y logística, dirección del producto y sistemas informáticos.

	Nombre	Iniciales	Departamento
1.			
2.			
3.			
4.			
5.			
6.			
7.			
8.			
9.			
10.			
11.			
12.			
13.			
14.			
15.			

Actividad 15B
Plan detallado del proyecto

Use este plan detallado del proyecto para mantener un registro de quién es responsable de comprobar el cumplimiento de cada tarea y cada plazo. Hemos establecido un proceso con un cumplimiento en dos fases, porque nuestra experiencia nos indica que las listas de tareas no parecen tan desalentadoras si existen áreas en que se ha logrado un progreso considerable, aunque no pueda señalarse la casilla de "Acabada al 100%".

Quién lo hará? (iniciales)	¿Para cuándo? (fecha)	Tarea de diseño	Acabada al 75%	Acabada al 100%
		Paso 1: Obtenga el apoyo de la dirección *de más alto nivel*		
		Proporcione material de lectura		
		Lleve a cabo un "taller de orientación" sobre la estrategia individualizada		
		Prepare un estudio de los principios individualizados		
		Mantenga una reunión cara a cara		
		Paso 2: Reúna el equipo		
		Defina los requisitos de los miembros del grupo		
		Realice la Actividad 15A		
		Identifique a los candidatos		
		Obtenga la aprobación de los departamentos		
		Organice la primera reunión del equipo		
		Paso 3: Desarrolle una perspectiva a largo plazo y objetivos a corto plazo		
		Redacte una frase sobre la perspectiva individualizada		
		Obtenga la aprobación para esa propuesta		
		Circule y difunda su propuesta		
		Reúna información sobre todos los proyectos a corto plazo que se planean		
		Realice la Actividad 2B: "Lluvia de ideas para un inicio rápido"		
		Elabore una lista de tácticas individualizadas que usan las empresas equivalentes y las competidoras		

Paso 4: Defina una estrategia para los CMV y los CMC

Caracterice estos tipos de clientes, con una definición distinta para cada unidad de negocio de su empresa si es preciso

Elabore perfiles comprensibles de estos clientes, adecuados para el personal de atención de primera línea

Ajuste de nuevo las definiciones para asegurarse de que son concisas y objetivas

Paso 5: Defina una estrategia para los BC

Caracterice este tipo de clientes, con una definición distinta para cada unidad de negocio de su empresa si es preciso

Compare la lista de BC de cada unidad de negocio con la de los CMV y los CMC de las demás para eliminar los duplicados de la primera

Considere reducir los servicios para los BC

- Reduzca opciones

- Suprima alternativas

- Envíe los productos a un precio un poco más barato

- Otros _____

Plantéese ofrecer otros servicios alternativos más baratos a los BC

- Representantes de ventas o de ayuda "virtuales"

- Dirija las llamadas recibidas a una unidad de respuestas telefónicas

- Otros _____

Considere cobrar por los servicios

- Comisiones de transacción

- Cuotas de suscripción

- Contratos de servicio o mantenimiento

Considere reducir el coste de las comunicaciones

- Reduzca el envío de catálogos

- Dirija al cliente a canales electrónicos

Prepare un programa cultural y educativo para dar a conocer a la empresa las ventajas de esta política

Prepare un plan para hacer frente a las cuestiones negativas, si surgen

Paso 6: Evalúe y priorice proyectos específicos

Ordene los proyectos en cuanto a:

- ¿Se darán cuenta los clientes?

- ¿Pueden ponerse en marcha?

- ¿Aportarán beneficios?

Prepare un plan para poner en práctica todos los proyectos adecuados

Paso 7: Empiece a *poner en marcha*

Asigne un director de proyecto a cada programa

Elija las medidas adecuadas para valorar el éxito de cada programa

Establezca medidas específicas para los clientes para cada programa

Establezca medidas respecto al funcionamiento de cada programa

Paso 8: Comparta lo que averigüe

Prepare una página en la red interna para mostrar los resultados

Divulgue las anécdotas y los éxitos a los directivos y los empleados. Considere:

- Un boletín informativo individualizado para varias divisiones

- Boletines por correo electrónico

- Tablones de anuncios

- Otros _____

Paso 9: Analice las cuestiones de los documentos que afectan a toda la empresa

Compare las iniciativas que se efectúan en unidades de negocio con bases de clientes que se superponen, y busque tipos de clientes o políticas comunes

Observe las cuestiones jurisdiccionales, como a quién le corresponde el diálogo con un cliente concreto o quién dirige las interacciones de una página Web que sirve a más de una unidad

Siga educando a la empresa respecto a la naturaleza integradora de la estrategia individualizada

Plantee las preguntas relativas a la infraestructura a los ejecutivos superiores que lo respaldan

- ¿Modificar el sistema de ventas?

- ¿Obtener un centro de datos y un almacén de datos?

- ¿Integrar varias páginas Web de la empresa en una?

- Otras cuestiones _____

Paso 10: Regrese al paso 4 y vuelva a empezar

Vuelva a definir los CMV y los CMC, esta vez con una perspectiva más integradora y que abarque toda la empresa

Consiga que el departamento financiero prepare mejores mecanismos de financiación, referidos a la empresa, para los programas individualizados multidivisionales

ANEXO

Las organizaciones no lucrativas individualizadas

CÓMO FORTALECER LAS RELACIONES CON MIEMBROS, DONANTES, ESTUDIANTES, PACIENTES Y CIUDADANOS

Muchas organizaciones sin ánimo de lucro reconocen de inmediato que también pueden aplicar los principios y estrategias de la empresa individualizada. Todas las organizaciones, con independencia de su orientación y objetivo, pueden beneficiarse de identificar y diferenciar a sus "clientes", de averiguar más cosas sobre ellos mediante la interactividad continuada y de establecer relaciones de aprendizaje estrechas e individualizadas con ellos.

En el ámbito no lucrativo, existen todo tipo de organizaciones, incluyendo las fundaciones y las asociaciones, las universidades, las instituciones sanitarias y los organismos gubernamentales. Cada una de ellas posee su propio grupo de "clientes" y cuenta con oportunidades especiales para individualizar sus ofertas. Aunque estas organizaciones no están enfocadas a generar beneficios, se enfrentan a una dura competencia. Por lo tanto, los enfoques individualizados son tan fundamentales para su éxito a largo plazo como en las empresas lucrativas.

Considere el caso de una asociación profesional. Si desea fomentar las relaciones con sus miembros, necesitará adquirir cada vez más importancia para ellos. Tendrá que identificar cuáles tienen más probabilidades de efectuar una donación valiosa o de comprar sus productos y servicios. Entonces podrá concentrarse en ofrecerles un tratamiento especial. ¿Y si les envían mensajes individualizados de correo electrónico que tratan sus inquietudes particulares? ¿Y se les proporcionan un servicio que vincule a los miembros que comparten intereses mutuos? ¿Y si les dan invitaciones personales para eventos especiales? Los miembros que participan más y que contribuyen a captar nuevos miembros serán los más valiosos. Podrá ganar su lealtad averiguando sus necesidades y colaborando después en su crecimiento profesional y personal.

Para las organizaciones benéficas y otras de carácter parecido, los "clientes" son (1) quienes usan sus servicios, (2) voluntarios que aportan su tiempo y (3) donantes, que aportan dinero. Con centenares de buenas causas que compiten por atraer la atención, una organización próspera averiguará lo que valoran sus componentes y atraerá sus necesidades individuales. También es fundamental conocer qué tipos de interactividad funcionan mejor con cada uno de ellos.

Botton Village, una comunidad de Florida cuyo objetivo es conseguir empleo para los discapacitados, consciente de que muchos de sus *mailings* frecuentes disgustaban a muchos de sus donantes, les preguntó con qué frecuencia debería ponerse en contacto con ellos. La mayoría optó por una campaña de recaudación de fondos anual. En consecuencia, Botton Village se ahorró una buena cantidad en costes de impresión y correo ese año y la siguiente temporada de vacaciones, y aun así logró un índice de respuestas y de donaciones más elevado que nunca.

Piense en la asistencia sanitaria. Se trata de un sector que podría beneficiarse sin duda de algunos planteamientos individualizados. En los últimos años, el sector se ha concentrado a menudo en recortar costes: un objetivo que ha conseguido a través de la estandarización.

Gary Adamson, presidente de Medimetrix/Unison Marketing de Denver, afirma que el objetivo de un prestador de asistencia sanitaria debería ser generar una relación perpetua e interactiva con el cliente-paciente (una que no se limite a girar en torno a lo que

sucede entre el ingreso y el alta). Indica que el *poder real de la integra-*
ción sanitaria consiste en generar la capacidad de hacer las cosas de un
modo distinto para cada cliente, no en la de hacer más de lo mismo para
todos ellos. Uno de sus clientes, Community Hospitals de Indianápolis,
está implantando una iniciativa individualizada que denomina "medicina enfocada al paciente", centrada en cuatro grupos: pacientes,
médicos, empleados y donantes.

Lo que Community ha descubierto es que la mayoría de los
profesionales médicos personaliza la parte de "cuidamos de usted"
del tratamiento mediante el diagnóstico y el tratamiento individuales de los trastornos médicos. Sin embargo, Community también
desea individualizar el componente de "nos preocupamos por usted", la parte que hace que la mayoría de los pacientes se sienta como
el miembro de un rebaño. Community reconoce que los actos de
amabilidad al azar de una enfermera entregada a su trabajo están
muy bien, pero no pueden equipararse con la personalización. Su
reto consiste ahora en tratar de un modo distinto a los distintos clientes de forma rentable y bien planeada.

Incluso los gobiernos podrían beneficiarse de los enfoques
individualizados. Aunque habrá limitaciones considerables a la capacidad de funcionar de modo individualizado de los organismos
gubernamentales (debido a inquietudes respecto a la intimidad, la
discriminación y la corrupción), observar los hechos desde la perspectiva del ciudadano (y no sólo desde la del gobierno) conlleva
muchas ventajas importantes. Uno de los objetivos clave consiste en
encontrar formas de gastar el dinero de los contribuyentes con mayor
eficacia, productividad, e incluso, justicia.

Tomemos como ejemplo una ciudad como Phoenix o Toledo,
en Estados Unidos. ¿Qué pasaría si todos los ciudadanos que lo de-
searan tuvieran asignado un número de identificación y una Tarjeta
Ciudadana (algo que facilitara su identificación y el mantenimiento
de registros y soportara transacciones)?

Cada vez que un ciudadano usa un servicio municipal, como
el autobús, un parque, una biblioteca o quizás un programa
extraescolar queda identificado, y la interacción, controlada. Cuando el gobierno sepa quién usa qué servicios y en qué cantidades,
podrá tomar mejores decisiones con respecto a la asignación de

recursos. Podría informar a cada ciudadano sobre las actividades que le interesaran, lo cual beneficiaría a todo el mundo. Permite al gobierno identificar y promover correctamente servicios que cuentan con demanda, a la vez que reduce la pérdida asociada a intentar contarlo todo siempre a todo el mundo.

Por descontado, también tendría que protegerse la intimidad, y hay quien opina que los gobiernos no tratan demasiado bien esta cuestión tan importante. Por poner un ejemplo, existe una preocupación creciente sobre cómo el gobierno del estado de Nueva York usará la información que obtiene con el sistema EZ-PASS, que permite un paso más rápido por los peajes pero también localizar a través de la base de datos el paradero de un individuo. Aunque las autoridades de tráfico sostienen que se protegerá la información, lo cierto es que la política de intimidad es bastante incierta.

Por otro lado, el EZ-PASS es una herramienta excelente para que el gobierno use información individual con objeto de mejorar su funcionamiento y la eficacia de sus servicios. El sistema personaliza el servicio de las personas que cruzan con frecuencia el puente de Nueva York de acuerdo con su uso y carga la tarjeta de crédito con cantidades calculadas automáticamente para cubrir sus necesidades. Los gobiernos deben adoptar, por supuesto, medidas para asegurarse de que los ciudadanos se sientan tranquilos respecto al uso que se le da a la información individual para que estas iniciativas prometedoras lleguen a buen puerto.

Es evidente que sería beneficioso adoptar enfoques individualizados en el sector no lucrativo. Todo el mundo desea que lo traten como a una persona, y la lealtad y la participación están directamente relacionadas con la capacidad de una organización de ofrecer tal trato.

Lecturas recomendadas

Hoben, John W.(ed.), *1998 Guide to Health Care Resources on the Internet*, Faulkner & Gray, 1997.

Esta valiosa obra incluye artículos sobre las tecnologías y las tendencias empresariales que prometen dar forma al sector de la asistencia sanitaria en los años venideros. También incluye vínculos a páginas Web del ámbito sanitario, así como reseñas de las mismas. Entre los artículos de la obra figura uno de Don, Martha y Gary Adamson titulado "Uno por uno: el marketing del siglo XXI of Health Care Systems".

Maxwell, Margaret(ed.), *Marketing the Non-Profit: The Challenge of Fundraising in a Consumer Culture,* Jossey-Bass Publishers, 1997.
Este libro incluye un conjunto de ensayos excelentes que examinan cómo las organizaciones deberían aplicar los nuevos principios y técnicas de marketing al sector no lucrativo. Incluye un ensayo de Peppers y Rogers titulado "The One-to-One Future of Fundraising".

Moore, Gwendolyn, John Rollins y David Rey, *Prescription for the Future,* Knowledge Exchange, 1996.
Los autores, todos ellos de Andersen Consulting, proporcionan una perspectiva convincente sobre cómo las nuevas tecnologías transformarán la medicina en los próximos años y sugieren que la calidad de la asistencia aumentará a pesar de que los costes se reducirán.

Sagalyn, Raphael, *The Great American Web Book: A Citizen's Guide to the Treasures of the U.S. Government on the World Wide Web,* Random House, 1996.
Constituye un material excelente para las personas que buscan organismos gubernamentales e información sobre Internet. Sagalyn ofrece una guía de fácil manejo que resume los tipos de información disponibles y proporciona enlaces a las páginas Web.

Notas finales

Capítulo 1

Página 28: Este comentario sobre "¿Quién es el cliente?" nos recuerda una cita clásica de Peter Drucker que reza así: "La empresa tiene sólo dos funciones básicas: el marketing y la innovación. Todo lo demás son costes". (Drucker, Peter F., *The Practice of Management; A Study of the Most Important Function in American Society*, ed. rev., Harper & Row, 1993).

Página 29: El comentario sobre "Aprendizaje, lealtad y rentabilidad" apareció en un artículo que Don y Martha escribieron con Joe Pine para *Harvard Business Review* titulado "Do You Want to Keep Your Customers Forever?" (*Harvard Business Review*, marzo/abril 1995, pp. 103-114). Véase también Gilmore, James H. y B. Joseph II Pine, "The Four Faces of Mass Customization", *Harvard Business Review*, enero/febrero 1997, pp. 91-101.

Página 31: El término "personalización en masa" fue acuñado por Stan Davis. Véase Davis, Stan y Bill Davidson, *2020 Vision: Transform Your Business Today to Succeed in Tomorrow's Economy*, Simon & Schuster, Nueva York, 1991. Véase también Davis, Stan, *Future Perfect*, Addison-Wesley Publishing Company Inc., Nueva York, 1996.

Página 32: Conocimos las cien iniciativas individualizadas distintas de Hewlett-Packard en una serie de reuniones con Lane Michel, director de la iniciativa de relaciones, y Andy Danver, asesor principal de Hewlett-Packard, durante la primavera de 1998. Lane explicó también que el presidente de esta empresa, Lew Platt, ha usado el término "planificación Hoshin", una abreviación del proceso japonés Hoshin kanri, para la planificación del tipo de administración por objetivos que, al parecer, funciona en Hewlett-Packard desde hace muchos años. Lane añadió que Lew Platt expresa sus objetivos innovadores, equivalentes a los objetivos de la planificación Hoshin, en términos de "Generar intensidad del cliente en toda la empresa" (Lew Platt, enero 1998).

Capítulo 3

Páginas 52-53: Owens-Corning lleva trabajando en el establecimiento de relaciones individualizadas con los clientes desde marzo de 1996. El 19 de marzo de 1998 hablamos por teléfono con Steve Smoot, director de los servicios de información al cliente. El 16 de abril de 1998 Smoot confirmó por fax detalles sobre los retos a los que se enfrenta su empresa.

Página 56: El socio de Peppers and Rogers Group, Bruce Kasanoff, comunicó que Mitchells usa una base de datos informática en equipos IBM AS/400 para hacer un seguimiento de los clientes en un relato que escribió en *INSIDE 1to1* el 6 de marzo de 1997 (http://www.1to1.com/articles/i1-3-6-97.html#a3). Jack Mitchell, propietario de Mitchells of Westport, nos confirmó por teléfono esta información el 30 de marzo de 1998.

Página 57: Hablamos con Chris Zane, propietario de Zane's Cycles, por un relato que apareció en *INSIDE 1to1* el 9 de abril de 1998. Además, hemos hecho referencia a artículos de *Nation's Business* (Barrier, Michael, "Ties That Bind", *Nation's Business*, agosto 1997, pp. 12-18) y de la revista *Inc. Magazine* (Fenn, Donna, "Leader of the Pack", *Inc. Magazine*, febrero 1996, pp. 30-38).

Página 57: El 6 de abril de 1998, Guillaume Pellet, especialista de ventas de SDW (almacén de datos dimensionable) de NCR en Francia, confirmó las cifras usadas para describir los programas de marketing de frecuencia de Groupe Casino.

Página 59: Daniel Nissan es presidente de NetGrocer, con sede en la ciudad de Nueva York, que se fundó en 1997. Peapod tiene sede en Skokie (Illinois), y fue fundada en 1989 por los hermanos Andrew y Thomas Parkinson. Streamline, una empresa de Westwood, con sede en Massachusetts, fue fundada en 1995. Su presidente es Tim DeMello.

Páginas 61-62: El 26 de febrero de 1998 hablamos con Patrick J. Kennedy, director general de La Mansion del Rio, sobre Preferred Hotels and Resorts Worldwide y Guestnet. El 28 de abril de 1998 Kennedy confirmó por fax la información referente a las tarjetas de preferencias de los huéspedes. Guestnet es una empresa de propiedad privada con muchos accionistas y con sede en San Antonio (Texas).

Página 65: El 16 de marzo de 1998 hablamos con Dave Ropes, director de publicidad corporativa y marketing integrado, sobre la consolidación de los esfuerzos globales del marketing orientado al cliente de Ford Motor Company. El 4 de mayo de 1998 Sandra Nicholls, coordinadora de publicidad del departamento de publicidad corporativa de la empresa, verificó la información.

Página 66: Entrevistamos a Bruce Hamilton, responsable del marketing enfocado al cliente de 3M y confirmamos nuestros comentarios sobre las bases de datos de esta empresa por correo electrónico el 25 de junio de 1998.

Páginas 67-68: Mencionamos por primera vez el programa Speedpass de Mobil en nuestro boletín informativo semanal por correo electrónico (Peppers, Don y Martha Rogers, "Fill' er up with Mobil Speedpass, *INSIDE 1to1*, 22 de mayo de 1997, http://www.1to1.com/articles/i1-5-22-97.html#a1). Jeanne Mitchell, ex asesora principal de asuntos públicos de Mobil, confirmó por fax la información el 15 de mayo de 1998.

Página 68: Nos enteramos de la PTT holandesa en un artículo que apareció en *AMS Connections*, una publicación del AMS Telecommunications Industry Group. El artículo se titulaba "Electronic Commerce: Breaking Boundaries" y se publicó en las páginas 2-3 del ejemplar de invierno/primavera de 1997. Con posterioridad, escribimos un par de relatos sobre la PTT holandesa en *INSIDE 1to1* (Peppers, Don, "On the Money: Dutch PTT Plans a Nationwide Smart Card", *INSIDE 1to1*, 23 de enero de 1997, http://www.1to1.com/articles/i1-1-23-97.html y Peppers, Don, "Dutch Redux: 1to1 Phone Bills for Businesses", *INSIDE 1to1*, 6 de febrero de 1997, http://www.1to1.com/articles/i1-2-6-97.html#a1). Ache Miedema, de Chipper Company, empresa con sede en los Países Bajos, añadió que está desarrollando usos adicionales para el quiosco (Chipper).

Páginas 69-70: Presten atención por si se encuentran con un escáner retiniano y de huellas digitales, así como un medidor del cuerpo tridimensional. Martha Rogers asistió a una demostración de estas tecnologías en una conferencia para minoristas organizada por el doctor Raymond Burke, del Centro de Educación e Investigación de la Venta Minorista de la Universidad de Indiana en Bloomington (Indiana), el 29 de mayo de 1998. La conferencia se denominaba "Knowledge-Based Retailing: Using Technology to Tailor the Physical Store to the Needs of Individual Customers".

Páginas 71-72: El 24 de junio de 1998 Lane Michel, director de la iniciativa de relaciones de Hewlett-Packard, confirmó por teléfono nuestro comentario sobre Test and Measurement Organization de esta empresa.

Página 73: Escribimos por primera vez sobre Schwab en nuestro boletín informativo semanal por correo electrónico (Peppers, Don y Martha Rogers, "Schwab Builds Powerful Customer Relationships", *INSIDE 1to1*, 26 de marzo de 1998, http://www.1to1.com/articles/i1-3-26-98.html#a1). También entrevistamos a Mary Kelley, vicepresidenta de marketing de relaciones y de bases de datos de Schwab, en marzo de 1998. El 28 de junio de 1998, Kelley confirmó por correo electrónico nuestro comentario sobre el uso de Schwab del teléfono y las conexiones a Internet para efectuar la mayoría de sus operaciones.

Capítulo 4

Página 87: Escribimos sobre FedEx en nuestro boletín informativo electrónico (Peppers, Don, "FedEx Focuses on Profitable Customers", *INSIDE 1to1*, 20 de noviembre de 1997, http://www.1to1.com/articles/i1-11-20-97.html#a1). Averiguamos los detalles del éxito del programa de diferenciación del valor de los clientes de FedEx en un artículo que Linda Grant publicó en la revista *Fortune*: "Why FedEx Is Flying High", 10 de noviembre de 1997, pp. 86-89 (http://pathfinder.com/fortune/1997/971110/fed.html).

Página 87: El 25 de junio de 1998 Mike Smith, vicepresidente de operaciones de Roden Electrical Supply, confirmó por correo electrónico nuestro comentario sobre la clasificación de los clientes de esta empresa a partir del volumen de ventas real del año más reciente y de la información de terceros para determinar el valor estratégico.

Página 87-88: El 6 de abril de 1998 Beth Rounds, vicepresidenta adjunta de Custom Research Inc., confirmó por fax nuestros comentarios sobre el trato a los CMV de esta empresa, así como el premio a la calidad nacional Malcolm Baldrige National Quality Award.

Página 88: El 31 de marzo de 1998 hablamos con Steve Weingrod, asesor principal de desarrollo de Great Lakes Communications. El mismo día, Weingrod confirmó por correo electrónico el material sobre Harry W. Schwartz Booksellers. Se lo puede contactar en sweingro@gl-nbc.com.

Página 88: El 26 de febrero de 1998 mantuvimos una entrevista telefónica con Patrick J. Kennedy, director general de La Mansion del Rio y presidente de Guest Information Network, Inc., en la que charlamos sobre The Charles Hotel de Boston y su programa para clientes distinguidos. El 28 de abril de 1998 confirmó la información por fax.

Página 94: Tom Shimko, ex director de marketing de grandes empresas estadounidenses, Pitney Bowes, verificó nuestro comentario sobre los influyentes más visibles de esta empresa en nuestras oficinas de Stamford el 24 de junio de 1998. Tom es ahora socio y asesor principal de Peppers and Rogers Group.

Página 97: El 24 de junio de 1998 Lane Michel, director de la iniciativa de relaciones de Hewlett-Packard, confirmó por teléfono nuestro comentario sobre la diferenciación de los clientes en esta empresa y sobre *HP-At-Home*.

Página 98: En junio de 1998 Sanjay Choudhuri, director de personalización masiva de Levi Strauss & Co., confirmó que esta empresa fabrica 227 combinaciones de cintura/cadera y 25 tallas de pernera en su programa Levi's® Original Spin™. Choudhuri afirmó que Levi's puede entregar así más de 5.700 vaqueros distintos. Además, cada combinación puede adoptar uno de los seis colores de los tejanos e incorporar botones o cremallera en la bragueta. En total, existen 68.000 combinaciones posibles.

Página 99: El 25 de junio de 1998 Bruce Hamilton, responsable del marketing enfocado al cliente de 3M, confirmó por correo electrónico nuestro comentario sobre la diferenciación de esta empresa a partir de los tipos de perfiles. En marzo de 1998 lo entrevistamos por teléfono.

Página 99: Escribimos por primera vez sobre la Universidad de Franklin en nuestro boletín informativo semanal (Rogers, Martha, "The University of Relationship Management", *INSIDE 1to1*, 4 de diciembre de 1997, http://www.1to1.com/articles/i1-12-4-97.html). Linda Steele, vicepresidenta de alumnos de la Universidad de Franklin, confirmó por correo electrónico nuestro comentario sobre los asociados de atención al alumno el 2 de abril de 1998.

Página 102: El 25 de junio de 1998 Bruce Hamilton, responsable del marketing enfocado al cliente de 3M, confirmó por correo electrónico nuestro comentario sobre las soluciones integradas de esta empresa. En marzo de 1998 lo entrevistamos por teléfono.

Página 107: El 26 de febrero de 1998 Patrick J. Kennedy, presidente de Guestnet, nos informó sobre Looking Glass, Inc. y Guestnet. El 28 de abril de 1998 confirmó la información por fax.

Capítulo 5

Página 123: El artículo citado en nuestro comentario sobre la interacción excesiva con los clientes apareció en el número de enero/ febrero de 1998 de *Harvard Business Review* (Fournier, Susan, Susan Dobscha y David Glen Mick, "Preventing the Premature Death of Relationship Marketing", pp. 42-51). El artículo se refiere al aumento del marketing de relaciones, pero lo iguala con una estrategia mejor de acoso dirigido a clientes concretos en lugar de con la capacidad de usar información sobre un cliente individual para servirle mejor y, de este modo, conservarlo más tiempo y aumentar su valor.

Página 129: Hablamos con Paola Benassi, directora de operaciones de producto de TRUSTe, el 30 de junio de 1998, la cual nos confirmó la información para el seguimiento. También escribimos sobre TRUSTe en nuestro boletín informativo electrónico ("TRUSTe-Branding Privacy on the Web", *INSIDE 1to1*, 19 de junio de 1997, http://www.1to1.com/articles/i1-6-19-97.html).

Página 130: Nuestro comentario sobre Cisco Systems procede en parte de su página Web, http://www.cisco.com. Además, hacemos referencia a dos artículos: Matson, Eric, "What's Online at Cisco", *Fast Company*, febrero/marzo 1997, pp. 34-36; y Peppers, Don, "Cisco's Customer Connection", *INSIDE 1to1*, 5 de marzo de 1998, http://www.1to1.com/articles/i1-3-5-98.html#a1.

Página 131: Owens-Corning lleva trabajando en el establecimiento de relaciones individualizadas con los clientes desde marzo de 1996. El 19 de marzo de 1998 hablamos por teléfono con Steve Smoot, director de los servicios de información al cliente, quien nos confirmó los detalles por fax el 16 de abril de 1998.

Página 131: Escribimos por primera vez sobre BuildNet, Inc., en nuestro boletín informativo electrónico (Rogers, Martha, "Building Houses in the Information Age: Construction That Works", *INSIDE 1to1*, 24 de julio de 1997, http://www.1to1.com/articles/i1-7-24-97.html#3a). BuildNet, fundada hace quince años como un consejo de apoyo para el *software* de los contratistas, se ha convertido en el proveedor más importante de información para los profesionales del sector de la construcción con una página Web (http://www.buildnet.com/) que cuenta con más de 900.000 páginas. BuildNet está asimismo orientada a los entusiastas de las mejoras en el hogar y dirige a los arquitectos hacia el buscador, BuildNet AEC Construction.

Página 132: El 16 de marzo de 1998 hablamos con Dave Ropes, director de publicidad corporativa y marketing integrado de Ford Motor Company, sobre la consolidación de los esfuerzos globales del marketing orientado al cliente de esta empresa. El 4 de mayo de 1998 Sandra Nicholls, coordinadora de publicidad del departamento de publicidad corporativa de Ford Motor Company, verificó la información.

Página 133: El 26 de junio de 1998 Peter Fisk, de PA Consulting Group en el Reino Unido, confirmó por correo electrónico nuestro comentario sobre el programa del limón de First Direct y los grupos de clientes de AT&T.

Página 134: Hablamos por primera vez de Schwab en nuestro boletín informativo semanal por correo electrónico (Peppers, Don y Martha Rogers, "Schwab Builds Powerful Customer Relationships", *INSIDE 1to1*, 26 de marzo de 1998, http://www.1to1.com/articles/i1-3-26.html#a1). También entrevistamos a Mary Kelley, vicepresidenta de marketing de relaciones y de bases de datos de Schwab, en marzo de 1998. El 28 de junio de 1998 Kelley confirmó por correo electrónico nuestro comentario sobre la diferenciación de los clientes de Schwab a partir de su actividad comercial y sus activos invertibles.

Página 135: Escribimos por primera vez sobre la Northwestern Medical Faculty Foundation (NMFF) en nuestro boletín informativo semanal por correo electrónico, cuando nuestra redacción entrevistó a Greg Padovani, director de marketing de NMFF (Niehaus, Tom: "Let the Healing Begin", *INSIDE 1to1*, 19 de marzo de 1998, http://www.1to1.com/articles/i1-3-19-98.html). Greg Padovani confirmó por correo electrónico nuestro comentario sobre las "Notas de salud" el 28 de junio de 1998.

Páginas 136-137: Escribimos por primera vez sobre British Airways en nuestro boletín informativo electrónico (Peppers, Don, "Overhead Overhead: The Hazards of Identifying MVCs", *INSIDE 1to1*, 30 de enero de 1997, http://www.1to1.com/articles/i1-1-30-97.html; y "British Airways May Soon Have Everything You Want on Board Every Time", *INSIDE 1to1*, 3 de abril de 1997, http://www.1to1.com/articles/i1-4-3-97.html). Además, el 17 de abril de 1998 confirmamos por teléfono los datos con un ejecutivo de British Airways.

Página 139: Owens-Corning lleva trabajando en el establecimiento de relaciones individualizadas con los clientes desde marzo de 1996. El 19 de marzo de 1998 hablamos por teléfono con Steve Smoot, director de los servicios de información al cliente, quien nos confirmó los detalles por fax el 16 de abril de 1998.

Capítulo 6

Página 155: El 26 de junio de 1998, Sanjay Choudhuri, director de personalización en masa de Levi Strauss & Co., confirmó por teléfono las cifras del programa Levi's® Original Spin™.

Páginas 161-162: El 27 de abril de 1998 Kathryn Dawson, directora de publicidad de GameTime Playground Company, confirmó por fax nuestro comentario sobre los sofisticados sistemas asistidos por ordenador de esta empresa.

Página 164-165: Escribimos por primera vez sobre British Airways en nuestro boletín informativo electrónico (Peppers, Don, "Overhead

Overhead: The Hazards of Identifying MVCs", *INSIDE 1to1*, 30 de enero de 1997, http://www.1to1.com/articles/i1-1-30-97.html; y "British Airways May Soon Have Everything You Want on Board Every Time", *INSIDE 1to1*, 3 de abril de 1997, http://www.1to1.com/articles/i1-4-3-97.html). Además, el 17 de abril de 1998 hablamos por teléfono con un ejecutivo de British Airways, quien nos confirmó los datos.

Página 165: El 26 de febrero de 1998 mantuvimos una entrevista telefónica con Patrick J. Kennedy, director general de La Mansion del Rio y presidente de Guestnet, en la que nos informó sobre sus objetivos para los hoteles que forman parte de su clientela. El 28 de abril de 1998 confirmó la información por fax.

Páginas 165-166: Escribimos por primera vez sobre la Northwestern Medical Faculty Foundation (NMFF) en nuestro boletín informativo semanal por correo electrónico, *INSIDE 1to1*, cuando nuestra redacción entrevistó a Greg Padovani, director de marketing de NMFF (Niehaus, Tom, "Let the Healing Begin", *INSIDE 1to1*, 19 de marzo de 1998, http://www.1to1.com/articles/i1-3-19-98.html). El 28 de junio de 1998 Greg Padovani confirmó por correo electrónico que producen 50.000 versiones distintas de las "Notas de salud".

Páginas 167-168: Owens-Corning lleva trabajando en el establecimiento de relaciones individualizadas con los clientes desde marzo de 1996. El 19 de marzo de 1998 hablamos por teléfono con Steve Smoot, director de los servicios de información al cliente, quien nos confirmó los detalles por fax el 16 de abril de 1998.

Página 168: El 24 de junio de 1998 Lane Michel, director de la iniciativa de relaciones de Hewlett-Packard, confirmó por teléfono nuestro comentario sobre la integración entre divisiones y la Test and Measurement Organization de esta empresa.

Página 169-171: Nuestro comentario sobre los tres tipos de agrupaciones de productos de solución integrada, productos relacionados con las necesidades y productos relacionados con la producción cubrirá la mayoría de situaciones. Técnicamente, existe asimismo una cuarta categoría para los productos carentes de toda asociación. Ahora bien, la mayoría de las veces, cuando los fabrica la misma empresa es sólo porque ésta constituye en sí un conglomerado grande con un control poco estricto.

Página 171: En marzo de 1998 Bruce Hamilton, responsable del marketing enfocado al cliente de 3M, nos comentó por teléfono las iniciativas del presidente de esta empresa. El 25 de junio de 1998 confirmó por correo electrónico la información.

Página 174: Nuestro comentario sobre las tres principales empresas automovilísticas estadounidenses y sobre la Red de Intercambio de la Automoción en Internet se elaboró, en parte, a partir de la página Web de esta última (http://www.aiag.org/anx/). Además, escribimos un artículo sobre la competencia en Internet en nuestro boletín informativo semanal electrónico (Peppers, Don: "Web-Based Competition Threatens Business-to-Business Relationships", *INSIDE 1to1*, 22 de enero de 1998, http://www.1to1.com/articles/i1-1-22-98.html#a2).

Página 174: Nuestro comentario sobre los socios revendedores de Cisco procede de la página Web de esta empresa, http://www.cisco.com. También hablamos de Cisco en nuestro boletín informativo semanal electrónico (Peppers, Don, "Cisco's Customer Connection", *INSIDE 1to1*, 5 de marzo de 1998, http://www.1to1.com/articles/i1-3-5-98.html#a1).

Páginas 174-175: Escribimos sobre Great Plains Software y su programa CORE en nuestro boletín informativo semanal electrónico (Peppers, Don, "The Elements of an Effective Channel Strategy", *INSIDE 1to1*, 25 de septiembre de 1997, http://www.1to1.com/articles/i1-9-25-97.html). Don Nelson, director general de CORE, verificó por fax nuestro comentario sobre este programa el 29 de junio de 1998.

Capítulo 8

Páginas 205-206: Nuestra información sobre Oxford procede de varios artículos: Smith, Lee, "Can Oxford Heal Itself?", *Fortune*, 29 de diciembre de 1997, pp. 238-240; Winslow, Ron y Scot J. Paltrow, "A Regulator's Ultimatum", *The Wall Street Journal*, 29 de abril de 1998, p. A1; Perman, Stacy, "Health: Code Blue at Oxford: A Computer Glitch and a Quarterly Loss Trigger Bloodletting at What Had Been the Healthiest HMO", *Time Magazine*, 10 de noviembre de 1997, p. 82; Hammonds, Keith H. y Susan Jackson, "Behind Oxford's Billing Nightmare", *Business Week*, 17 de noviembre de 1997, p. 98.

Página 206: Steve Wiggins, de Oxford Health Care, ha admitido ánte la prensa que el sistema informático de la empresa creció con mayor rapidez que la capacidad de manejarlo de ésta. Sin embargo, antes de que la implosión de sus sistemas de datos forzara la devaluación de las acciones de Oxford, su adopción de prácticas individualizadas no sólo contribuyó a un crecimiento sin precedentes de la empresa sino que también influyó en las prácticas que favorecían al paciente en otras organizaciones de asistencia sanitaria de todo el país y sirvió para elevar el listón en cuanto al modo en que se presta esa asistencia. Oxford fue pionera en la gestión de los clientes en este sector, al designar a un empleado como responsable de la resolución de las quejas y los problemas de un cliente sin pasárselo a nadie más. Oxford lo denominó programa de director de servicio dedicado (DSD). El DSD asignado a un cliente de Oxford controlaba y recordaba las cuestiones relativas al mismo, y trabajaba con él de modo individual a fin de resolver sus problemas de salud y facturación.

Un grupo de trabajo interdisciplinario formado por ocho personas y dirigido por el vicepresidente ejecutivo de Oxford, Bob Smoller, trabajó a jornada completa durante casi dos años para efectuar un rediseño exhaustivo del seguro médico alrededor de su activo más valioso: los miembros del plan individual. El equipo trabajó para impulsar la tecnología, mientras que el vicepresidente/ director de relaciones con el cliente de Oxford, Blythe Hamer, dirigía la individualización del trato de la empresa. Oxford desarrolló la capacidad de identificar e interactuar con cada miembro del plan individual a través de cualquier medio, incluidos los quioscos, Internet y el intercambio electrónico de datos. Además, fue la primera en aplicar programas que permitían a los miembros usar a veces quiroprácticos y otras prácticas de medicina alternativa, y les facilitaba información sobre médicos en Internet, así como una respuesta telefónica interactiva de sus currícula y referencias para facilitar su selección. Con la modernización de las medidas de éxito respecto al centro de atención telefónica, Oxford redujo costes a la vez que aumentó la satisfacción de los clientes en lo referente a la atención de las llamadas y la resolución de las quejas.

Aunque Oxford sufrió problemas graves como consecuencia de su crecimiento explosivo, ese crecimiento positivo puede atribuirse directamente a las iniciativas de marketing uno por uno.

Páginas 207-208: Bob Dorf averiguó que el cableado que recorría el techo de los aeropuertos sólo trasladaba cantidades limitadas de datos a una velocidad razonable en una conferencia celebrada en el Centro de Dirección Internacional de Saint-Paul-de-Vence (Francia) en 1995. La conferencia se titulaba: "Cut Airline Costs and Increase Customer Loyalty: Customerize".

Página 216: Peppers and Rogers Group no posee ninguna afiliación empresarial con *GoldMine* Software Company.

Capítulo 9

Páginas 238-239: Lane Michel, director de la iniciativa de relaciones de Hewlett-Packard, confirmó los datos de nuestro comentario sobre la estructura de la organización integrada de esta empresa en una reunión celebrada el 7 de abril de 1998 en nuestras oficinas de Stamford (Connecticut). El 24 de junio de 1998 confirmó los datos por teléfono.

Página 241: El 29 de mayo de 1998 conversamos por teléfono con Iones Montepietra, *procuratore* (director de producto) de Credito Emiliano. El 30 de mayo de 1998 Montepietra confirmó por fax la información sobre la clasificación y la diferenciación de los clientes de este banco.

Páginas 242-243: En marzo de 1998 conversamos por teléfono con Bruce Hamilton, responsable del marketing enfocado al cliente de 3M, quien confirmó por correo electrónico sus comentarios sobre el personal centrado en el cliente de esta empresa el 25 de junio de 1998.

Página 243: Estamos en deuda con Joe Pine, fundador de Strategic Horizons, LLP, por este término, que introdujo en un artículo que redactó junto con Don y Martha para *Harvard Business Review* (Pine, B. Joseph II, Don Peppers y Martha Rogers, "Do You Want to Keep Your Customers Forever?", *Harvard Business Review*, marzo/abril 1995, pp. 103-114).

Capítulo 10

Páginas 229-230: Hablamos de Great Plains Software y su programa CORE en nuestro boletín informativo semanal electrónico (Peppers, Don, "The Elements of an Effective Channel Strategy", *INSIDE 1to1*, 25 de septiembre de 1997, http://www.1to1.com/articles/i1-9-25-97.html). Don Nelson, director general de CORE, verificó por fax nuestro comentario sobre este programa el 29 de junio de 1998.

Página 270: El 30 de junio de 1998 hablamos con Rick June, director de ventas profesionales y farmacéuticas para Norteamérica de Procter & Gamble Health Care, que nos confirmó que Fayetteville (Arkansas) posee una de las oficinas de campo más grandes de esta empresa y que Wal-Mart es su principal cliente.

Página 270: Tuvimos conocimiento de la información de Cisco sobre los revendedores para sus socios del canal en la página Web de esta empresa (http://www.cisco.com.) También escribimos sobre Cisco en nuestro boletín informativo semanal electrónico (Peppers, Don, "Cisco's Customer Connection", *INSIDE 1to1*, 5 de marzo de 1998, http://www.1to1.com/articles/i1-3-5-98.html#a1).

Página 270: La información sobre los socios del canal de BroadVision aparece en su página Web (http://www.broadvision.com).

Capítulo 11

Páginas 289-290: Tom Shimko, socio de Peppers and Rogers Group, habló con el consejero delegado de un distribuidor de productos de oficina con sede en los Países Bajos. Pensamos que el relato de "derecha o izquierda" aporta el razonamiento para la automatización de las ventas.

Página 289: En junio de 1998 Bob Runge, vicepresidente de Pivotal Software, contribuyó por correo electrónico a nuestro comentario sobre lo que conlleva la automatización y la sincronización del departamento de ventas.

Página 290: El 30 de junio de 1998 Bob Metcalfe, inventor de Ethernet, fundador de 3Com y experto en tecnología de International Data Group, confirmó por correo electrónico nuestro comentario sobre la ley de Metcalfe.

Página 293: En *Life's a Pitch, Then You Buy* (Currency/Doubleday, 1995) de Don Peppers, capítulo diez, encontrará un comentario sobre las personalidades de tipo "hazme rico" o "hazme famoso".

Página 296: Estamos en deuda con Guy Pressault, de Presso.com, por sus sugerencias que nos recordaron el modo en que se pagaban las comisiones a los vendedores de seguros de vida a domicilio en los años setenta.

Página 296: Ian Thompson, ex director de educación y formación de *Midrange Computing*, envió un mensaje de correo electrónico a Don Peppers y Martha Rogers como respuesta a un artículo sobre la compensación y la lealtad de los clientes que apareció en el ejemplar de *INSIDE 1to1* correspondiente al 12 de febrero de 1998.

Páginas 297-298: El 12 de febrero de 1998 recibimos un mensaje electrónico de Eric Cohen, vicepresidente y consejero delegado de CACI, en respuesta a un artículo sobre la compensación y la lealtad de los clientes que apareció en el ejemplar de *INSIDE 1to1* correspondiente al 12 de febrero de 1998 (http://www.1to1.com/articles/i1-2-12-98.html#a1). Cohen confirmó la información por fax el 24 de junio de 1998.

Páginas 298-299: Barry Wrighton, de Vanguard Consulting Ltd., en el Reino Unido, nos envió un mensaje de correo electrónico en febrero de 1998 como respuesta a un artículo sobre la compensación y la lealtad de los clientes que apareció en *INSIDE 1to1* el 12 de febrero de 1998 (http://www.1to1.com/articles/i1-2-12-98.html#a1). En su mensaje, nos contó la historia sobre la empresa de financiación de automóviles del Reino Unido.

Páginas 302-303: Don Peppers tuvo noticia de Astra Merck en una teleconferencia con Kim Jacobs, Ken Medan, Nancy McDonald, Bob Harrell y Patrick Blair, de Astra Merck, que tuvo lugar el 23 de enero de 1998. Desde entonces, Astra Merck ha pasado a formar parte de Astra Pharmaceuticals LP. El 30 de junio de 1998 Bob Harrell, director de comunicaciones de Astra, confirmó la información.

Página 304: Escribimos por primera vez sobre Schwab en nuestro boletín informativo semanal por correo electrónico (Peppers, Don y Martha Rogers, "Schwab Builds Powerful Customer Relationships", *INSIDE 1to1*, 26 de marzo de 1998, http://www.1to1.com/articles/i1-3-26-98.html#a1). Nuestro personal editorial entrevistó a Mary Kelley, vicepresidenta de marketing de relaciones y de bases de datos de Schwab, en marzo de 1998, momento en que nos dio su opinión sobre cómo desean los clientes interactuar con esta empresa. El 28 de junio de 1998 Kelley confirmó la información por correo electrónico.

Páginas 305-306: El 8 de junio de 1998, Rich Bulat, director de marketing de las principales líneas comerciales de Hartford Insurance, confirmó nuestro comentario sobre esta empresa.

Páginas 307-308: Marilyn Keyes, directora de comunicaciones de marketing del programa de clientes preferentes de HARVEST PARTNERS® de American Cyanamid, confirmó los datos de nuestro comentario sobre el departamento de ventas de esta empresa y nos suministró información más detallada. Conversamos por teléfono con ella el 1 de julio de 1998. Queremos expresar nuestro agradecimiento especial a Dave Euson, de Carlson Marketing Group, por su contribución en la coordinación de las conversaciones entre American Cyanamid y nuestro equipo de investigación.

Páginas 309-310: El 30 de junio de 1998 Mark Ryan, director general de ventas de Norteamérica de IBM, confirmó por teléfono nuestro comentario sobre el programa Gold Service de esta empresa.

Capítulo 12

Página 321: Peppers and Rogers Group está asociada con Chordiant Software.

Página 327: El 1 de julio de 1998 conversamos con Lorrie Paul Crum en la oficina de Wolfgang Schmitt, presidente del consejo y director general de Rubbermaid. Crum confirmó que esta empresa incluye su número de llamada gratuita en todas las piezas de sus juguetes. La página Web de Rubbermaid es http://www.rubbermaid.com.

Páginas 328-329: Escribimos por primera vez sobre GTE Teleservices en *INSIDE 1to1* (Dorf, Bob: "To Transform Data Into Information, Create a Summary", *INSIDE 1to1*, 10 de abril de 1997, http://www.1to1.com/articles/i1-4-10-97.html). El 26 de junio de 1998 Rusty Carter, de GTE, confirmó por correo electrónico el comentario sobre el programa ChurnMaster de esta empresa.

Páginas 331: El 25 de junio de 1998 Chris Jarnot, director de publicidad de Vail Associates, Inc., confirmó por teléfono nuestro comentario.

Rob Perlman, de Vail Associates, Inc., añadió en un correo electrónico que nos remitió el 2 de julio de 1998 que el personal del centro de atención telefónica de la empresa también puede vender a quien llama transporte por aire y tierra a la estación, así como clases de esquí y otras actividades por separado o en paquetes. Perlman afirmó que los ingresos adicionales se generan a través de las comisiones en los billetes de avión y en las reservas del alquiler de automóviles, así como a través del aumento del volumen de negocios de la escuela de esquí y de otros centros de actividades. Vender *forfaits* y clases de esquí por teléfono reduce también las colas en las instalaciones, lo que ahorra tiempo al cliente y costes a la empresa. El cliente también ahorra tiempo si todavía no ha efectuado los preparativos para las vacaciones a través de una agencia de viajes o directamente con las líneas aéreas o con la empresa de alquiler de automóviles.

Página 332: El 30 de junio de 1998 David Houston, director de marketing de relaciones con los donantes de la American Cancer Society, confirmó por teléfono nuestro comentario sobre el Centro de Información Nacional del Cáncer de esta asociación.

Capítulo 13

Página 348: VeriSign, Inc., con sede en Mountain View (California), es un proveedor puntero de servicios de autenticación digital y productos para el comercio electrónico, así como de otras formas de comunicación seguras (http://www.verisign.com/about/about vs.html).

Página 350: Los datos acerca de la obtención de información sobre los clientes de Excite procede del artículo de portada del ejemplar correspondiente a mayo de 1998 de la revista *Wired* (Bayers, Chip, "The Promise of One to One [A Love Story]", *Wired*, mayo 1998, pp. 130-187).

Página 353: Net Perceptions es una empresa con sede en Minneapolis (Minnesota), que proporciona tecnología avanzada en forma de generadores de recomendaciones. Firefly, con sede en Cambridge (Massachusetts), ofrece productos y servicios para la gestión de las relaciones y la personalización avanzada.

Página 353: Escribimos sobre Moviefinder en nuestro boletín informativo semanal electrónico (Peppers, Don: "Moviefinder.com Provides Personalized Film Tips", *INSIDE 1to1*, 16 de octubre de 1997, http://www.1to1.com/articles/10-16-97.html#a1). La información puede encontrarse en la página Web de Moviefinder (http://www. moviefinder.com.)

Página 353: Puede comprobar el *software* de filtrado colaborador de Barnes and Noble en su página Web (http://www. barnesandnoble.com); no se pierda la página Web de Amazon.com en http://www.amazon.com.

Página 354: David Anderson, ex catedrático, nos dio su opinión sobre el problema del "arranque en frío" y el filtrado social en un correo electrónico que remitió a Don el 3 de noviembre de 1997.

Página 358: El 30 de junio de 1998 Deborah Long, directora de comunicaciones de marketing de SMART Technologies, Inc., escribió una crítica por correo electrónico a nuestro comentario sobre SMART eCustomer y el SMART DNA. SMART, fundada en 1995 y con sede en Austin (Texas), es líder de ventas en cuanto a *software* de gestión de relaciones de empresa enfocadas al cliente.

Página 358: El 29 de junio de 1998 Allen T. Cervi, director regional de Vignette Corporation, confirmó por fax nuestro comentario sobre la página Web de esta empresa (http://www.vignette.com).

<hr>

Capítulo 14

Página 370: El 29 de junio de 1998 Katie Kiyo, directora de publicidad en Detroit de *Time*, confirmó por teléfono nuestro comentario sobre la capacidad de esta revista de dirigir los anuncios de Buick a los lectores.

Páginas 373-374: Esta información procede de un estudio de Forrester Research sobre la publicidad en Internet (Maddox, Kate, "CMP Conference Explores Online Branding, *Advertising Age*, 4 de mayo de 1998, pp. 42-44). En el mismo artículo se cita un estudio de enero de Jupiter Communications. Véase *Lecturas recomendadas* al final del capítulo catorce para consultar artículos relacionados de Donna Hoffman.

Páginas 376-377: Scott Randall, presidente de Media Designs Interactive, empresa con sede en Nueva York, confirmó que el *software* de los quioscos debe diseñarse a partir del cliente en una reunión celebrada en nuestras oficinas de Stamford (Connecticut), el 29 de junio de 1998.

Página 377: El 24 de junio de 1998, Josh Kaplan, presidente y director general de Intouch Group, confirmó por fax nuestro comentario sobre los quioscos con conexión a Internet para minoristas.

Página 412: Medimetrix/Unison Marketing es una gestoría y asesoría de comunicaciones de asistencia sanitaria con sede en Denver,
Colorado. Su presidente, Gary Adamson, confirmó que Medimetrix/
Unison Marketing posee o dirige más de trescientos hospitales repartidos por todo el país.

Índice temático

F

Fabricación, procesos aplazados de, 271-272
Facturación, sistemas de
  boletines informativos y, 135, 155, 165, 424
  distribución de las políticas de privacidad a través de, 127
  obtención de datos de los clientes a través de, 54, 213
  personalización, 159, 162
Farm Journal, 370
Fax, interacciones con el cliente, 150
FedEx
  como miembro del canal, 376
  diferenciación de los clientes, 87, 420
  éxito, 24
Feitzinger, Edward, 273
Filtrado colaborador, 352-353, 431
Filtrado social (filtrado colaborador), 352-353, 431
Financiación, integración funcional que facilita la, 162
Firefly, *software*, 353, 430
First Direct Bank (Reino Unido), formación, 133
Fisk, Peter, 422
Ford Motor Company
  rentabilidad de la página Web, 132
  unificación de las bases de datos de clientes, 64
  valor de los usuarios finales frente a los concesionarios, 29
Formación
  a cargo de las empresas de bases de datos, 230
  de los vendedores, 289-293
  estrategias para toda la empresa, 247-249
  operadores de los centros de atención telefónica, 132-133, 245-246, 324, 330-331
  para la identificación de los clientes, 55, 60
Forrest, Edward, 113, 360
Fournier, Susan, 405
Franklin Mint, 387
Franklin, Universidad de (Columbus, Ohio), 99, 421
Frigon, Normand L., 188

G

GameTime Playground Company, integración funcional, 161-163
Garantía, servicios
  datos de los clientes, 54, 213
  personalización a través de, 158
  potenciación de la lealtad, 56
Gateway 2000
  éxito, 54, 133
  personalización masiva, 98
Generadores de correspondencias, 351-355
Gilder, George, 219, 290
Gilmore, James H., 35, 177
Godin, Seth, 360
GoldMine, software de bases de datos, 102, 216, 426
Gordon, Ian H., 74
"Goteo", diálogo de, 349, 358
Grand Regency Hotel (Kenia), 61
Great Plains Software (GPS) (Fargo, Dakota del Norte), relaciones con los canales, 174-176, 266, 425
  Groupe Casino (Francia), programa de marketing de frecuencia, 57
GroupLens, *software*, 247
GTE Teleservices, 328-329, 429
Guardianes, periodistas/redactores como, 94
Guest Information Network, Inc. (Guestnet), 61-62, 107, 165, 418

H

Halal, William E., 251
Hallberg, Garth, 109
Hamer, Blythe, 426
Hamilton, Bruce, 66, 72, 74, 171-172, 242, 419, 421, 424, 427
Hammer, Michael, 252
Harrell, Bob, 428
Harry W. Schwartz Booksellers (Milwaukee, Wisconsin), 88
Hartford Insurance Company, presentación comercial individualizada, 305-306
Harvard Business Review, 123
Heskett, James L., 109
Hessan, Diane, 188
Hewlett-Packard, 251
  diferenciación de los clientes, 97
  estándar de recopilación de información sobre los clientes, 66

Oxford Health Plans, desastre en la conversión de los datos, 205-206, 425-426